郭庆祥国学经典系列

用世之道
荀子详解

郭庆祥◎著

人民东方出版传媒
東方出版社

图书在版编目（CIP）数据

用世之道：荀子详解 / 郭庆祥 著 . — 北京：东方出版社，2018.6
（郭庆祥国学经典系列）
ISBN 978-7-5207-0376-5

Ⅰ. ①用…　Ⅱ. ①郭…　Ⅲ. ①儒家②《荀子》—研究　Ⅳ. ① B222.65

中国版本图书馆 CIP 数据核字（2018）第 092193 号

用世之道：荀子详解
（YONGSHI ZHI DAO:XUNZI XIANGJIE）

作　　者：郭庆祥
责任编辑：贺　方　王　萌
出　　版：东方出版社
发　　行：人民东方出版传媒有限公司
地　　址：北京市东城区东四十条 113 号
邮　　编：100007
印　　刷：北京京都六环印刷厂
版　　次：2018 年 6 月第 1 版
印　　次：2018 年 6 月第 1 次印刷
开　　本：710 毫米 ×1000 毫米　1/16
印　　张：32.25
字　　数：350 千字
书　　号：ISBN 978-7-5207-0376-5
定　　价：85.00 元
发行电话：（010）85924663　85924644　85924641

目　　录

序言

如果你想要了解中国传统思想文化，把握华夏民族精神，参悟秦汉之前先驱的“圣人之学”，那么，你就不能不读《荀子》。

荀子生卒年月无考，主要活动在公元前313年至公元前238年，是春秋战国“百家争鸣”的集大者，先秦诸子学说的总结者。

荀子被认为是先秦后世的儒学大家，他继承了儒家学说，并自成一体。荀子集哲学、政治、经济、教育、军事等于一体，其思想可谓博大精深，在中国历史上产生了深远的影响。

清代学者谭嗣同说：“二千年来之学，荀子也。”

清代学者梁启超说：“自秦汉以后，政治学术，皆出于荀子。”

当代学者冯友兰说：“荀子在中国历史中之地位如亚里士多德之在西洋历史，其气象之笃实似之。”

荀子海纳百川，几乎融会贯通了“诸子百家”的所有学说。

荀子弃恶扬善，为发展古代教育事业奠定了完备的理论基础。

荀子承前启后，开创了“说唱文学”和“赋”这两种文学体裁的先河。

荀子正误纠谬，“天人相分”取代“天人合一”，“人定胜天”代替“听天由命”。

荀子的思想，充满着积极的人生进取精神，并且具有一些唯物主义辩证法的智慧。

笔者认为：“历史证明，荀子的学说，是最实用的济世学说；荀子之道，是最实用的用世之道。”

《荀子》一书，是中国古代最富盛名的儒家经典之一。读《荀子》，可以品味古代先贤文化的精华，有心者将会从中汲取无限的人生智慧。

一、荀子所处的时代

在中国数千年思想史上，春秋战国时期无疑是一个空前伟大的时代。在其后两千多年里，不论在政治、思想、哲学、文化、学术、杰出人才等方面，都不曾超越“诸子百家”和“百家争鸣”时代的辉煌。

春秋战国时代，正是中国封建思想文化的发祥期。这一时期的思想文化，奠定了两千多年封建社会的政治思想基础，尤其是在思想、文化领域内，产生了博大精深的“四书五经”“诸子百家”的思想学说和杰出人才。

“四书五经”和“诸子百家”的思想学说，对中华民族几千年的文化有着极其深远的影响，为千秋万代留下了极其宝贵的精神财富，为人类文化做出了极其巨大的贡献，“四书五经”的作者和“诸子百家”的圣贤们，已成为中国传统文化的集大成者。

春秋战国时代是我国古代社会一个大动荡、大变革、风云变幻的伟大时期，社会、经济、政治、思想、文化，都在激烈而复杂的阶级斗争中发生了巨大的变化。在剧烈的社会变革中，各国诸侯的阶级关系不断出现新变化，不同的阶级与阶层的代表人物对社会变革发表了不同的政治主张，于是“诸子百家”应运而生，“百家争鸣”自然形成。

荀子是战国晚期儒家的代表人物，也是继孔子和孟子之后的儒学大家，《荀子》一书，是中国古代最负盛名的儒学经典之一，但又不完全拘泥于儒家学说精神。

二、荀子其人

荀子，名况，本姓孙卿。其生卒年不详。胡适认为，荀子年五十而游齐，约生于公元前315年至公元前310年，公元前230年左右卒于兰陵（胡适《中国哲学史大纲》卷上第303—305页）。游国恩认为，荀子生于公元前314年，卒于公元前217年（游国恩《荀卿考》）。众家说法不一。

按照《辞海》的记载，荀子生于公元前313年，卒于公元前238年，享年75岁。战国末期思想家、教育家。名况，时人尊而号为“卿”。汉代为避汉宣帝刘询讳，称之为荀卿，赵国人。荀子曾在齐国稷下游学，后来他的学术地位相当高，影响相当大，曾三次出任齐国的祭酒官；后来荀子出于某种原因遭到齐国人攻击和诽谤，于是被迫离开齐国到了楚国，被楚国的春申君任命为兰陵令（今山东苍山县兰陵镇）；春申君死后，荀子被罢官，但依旧住在兰陵，著书立说，直到老死并葬于兰陵。

荀卿的一生，聚徒讲学，弟子众多，桃李满天下。学生中不乏日后影响着中国历史的思想家和政治家，如法家宗师韩非子、秦国名相李斯等人。

关于荀子其人，司马迁所著的《史记》中是这样记载的："荀卿是赵国人，五十岁的时候才来到齐国游学。邹衍的学说迂曲，夸大而富于雄辩。邹奭的文章写得完善却难于实行。淳于髡如果跟他长久相处，往往能听到一些有益的言论。所以齐国人颂扬道：'善于谈天说地的是邹衍，善于修饰文章的是邹奭，智慧无穷的是淳于髡。'田骈等人已经死去。齐襄王时，荀卿是当时地位最高的老师。齐国还在补充列大夫的缺位，荀卿三次充当他们的领袖。齐国有人说荀卿的坏话，荀卿便前往楚国。楚国的春申君让他担任兰陵县令。春申君死后荀卿被罢免。因而就住在兰陵。李斯曾经做过他的学生，过后在秦朝当了丞相。荀卿憎恨混乱时代的政治，被灭亡的国家和昏乱的君主一个接着一个，不遵循正道而被巫祝所迷惑，迷信吉凶预兆，鄙陋的儒生拘泥于小节，像庄周等人又放诞无稽，伤风败俗，于是推究儒家、墨家、道家所作所为的成就和失败，整理写成好几万字的著作才去世。随后葬在兰陵。"——《史记》卷七十四《孟子荀卿列传第十四》

三、《荀子》其书

《荀子》面世的时候，已经是战国中晚期，据说最初有三百多篇，后经刘向的整理，编订为三十二篇，取名为《孙卿新书》。唐代的杨琼又将刘向的《孙卿新书》重新编排成二十卷三十二篇，取名为《荀子》，并为其作注。所谓全本《荀子》，指的是杨琼所编注的《荀子》。关于《荀子》三十二篇是否为荀子所作尚存有争议，刘向在他的《孙卿新书·叙录》里，断定三十二篇皆出于荀子之手笔。

笔者则认为，《荀子》一书，绝大部分是荀子的著述，最后一小部分是其弟子所补。

《荀子》一书，汇集了荀子一生的思想精华、学术观点，全书共三十二篇，涉及哲学思想、政治理论、治学方法、立身处世、学术论辩、经济军事等诸多方面，反映了荀子的思想体系和文章特色。

四、《荀子》的思想

《荀子》的中心思想，主要是阐述荀子治国、平天下政治思想的主张和理念。即怎样治理国家、怎样统一天下。而其他的哲学思想、经济思想、法律思想、教育思想、伦理学思想、军事思想等，则都是为了进一步论证、说明他的政治思想。

在政治上，荀子强调礼、义。他所说的礼，不是周代的礼，而是指封建社会的礼，也就是封建的道德范围、社会秩序和等级制度。

荀子的礼，也是统治人民的一种工具。法，是靠法律规定的刑法，是完全消极的、比较露骨的统治工具；而荀子强调的礼治，则要通过宣传教育的办法，使人民遵守封建道德，学习封建礼治的规章制度，遵守封建法纪，不做非分乱法的事，用来巩固封建统治。荀子也认为，单用礼治还不行，也要强调使用刑法，以作为礼治的补充。荀子还提倡义，是封建社会中的一种伦理规则。礼是制度，义是伦理，加上统治人民的刑法，这样，封建地主阶级统治人民的手段就完备了。荀子把这一套礼、义的制度看成是天经地义、永恒不变的。

荀子主张“法后王”，就是学习当世的君主。他到秦国去的时候，看到经过商鞅变法后的秦国，社会秩序良好，矛盾比较和缓，对外来的人恭敬有礼，中央集权的政治比较稳定，政府办事效率较高，出现一派勃勃生机、欣欣向荣的景象，赞扬备至，认为是“治之至也”。可见，荀子实际上要效法的是当世有为的君主，而不是儒家宣扬的古代圣王。

在认识论上，荀子批判了孟子的性善论，提出性恶论。他认为，凡人生下来的天性都是恶的，因为人都有欲望，要吃、要穿、要利，得不到的就要争，争了就会乱。要去掉恶性，就要用自己的努力来“化性去伪”，学习礼义，来培养善性。

荀子说，变恶为善，就要学习礼义；学好了礼义，路人都可以成为大禹那样的圣人。荀子认为，只有遵守封建礼仪和法律制度的人才算好人，违反的是恶人。因为荀子主张人性恶，他就特别重视教育，强调后天学习的重要性。他认为，只要有坚韧不拔、刻苦努力的精神，即使再硬的金石，也可以镂刻；再大的困难，也可以攻破。在学习上后来者可以居上，学生可以胜过老师。“青，取之于蓝，而青于蓝。”荀子的这句名言，说明在学习上只要刻苦努力、坚持不懈，后辈可以胜过前辈。虽然荀子主张学习的内容主要是诗、书、礼、义，但他总结的学习方法和规律，却是非常值得我们借鉴的。

荀子思想中最光辉的部分，是他对自然界的看法。针对商、周时代崇拜天，认为天意决定乱治的思想，荀子举了个通俗的例子：日月星辰天象历法，禹和桀统治时都是相同的，然而禹治理得好，而桀亡国了，难道社会治乱是由天决定的吗？他认为，天地的变化也就是自然界的变化，没有神在主宰。一切天象的变化，一切地上的灾异，都是自然界各种事物运动的必然表现。天意不能决定社会的治乱，社会的治乱也不会改变自然界的变化规律。所以他说：“天行有常，不为尧存，不为桀亡。”日食月食的发生，有时风雨不调，是每个时代都有的，如果国家政治搞得好，虽然自然界出现了这些现象，也不会伤害人类；如果政治腐败，即使这些现象不发生，对人民也没有益处。对自然现象感到有些奇怪是可以理解的，如果怕它就不对了。荀子的这些言论，把自然界的变化和人类社会的命运区别开来，充分揭露和批判了古代统治者利用天、神、鬼、怪的迷信来恐吓、统治人民的欺骗性。

荀子认为，人类可以通过自己的努力克服自然界的灾难，改善自己的生产和生活条件。他告诉人们：“强本而节用，则天不能贫。养备而动时，而天不能病。修道而不贰，则天不能祸。故水旱不能使之饥，寒暑不能使之疾，妖怪不能使之凶。”只要努力生产又注意节约，就不会穷困；注意营养又经常运动，就不会得病；遵循规律又坚持去做，就不会得祸害。荀子进一步提出“戡天”即征服自然的学说。他大声疾呼：与其尊崇天的规律而整天仰慕它，不如积蓄财物而来控制它！与其依从天来称颂它，不如掌握天的规律而来利用它！与其空望天时而坐待恩赐，不如顺应时节而来利用它！与其让自然物自己繁衍增多，不如发挥人的才能来帮助它生长和发展！

荀子的这种“人定胜天”的思想，是当时生产力的发展、科学文化技术知识有了进一步提高的反映。荀子认为，人就是自然的主人，人定胜天，人可以戡天，应该充分发挥人力的作用，来改造自然为人类服务。荀子“人定胜天”的唯物主义思想，反映了封建社会初期，新兴地主阶级不仅在国家的政治改革上，而且在改造自然以加强封建国家的经济实力上，有着生气勃勃的进取精神。

五、《荀子》的影响

荀子是一位朴素的唯物主义者，他认为“天行有常”，不以人的意志为转移，但他又提出“人定胜天”的观点，认为人类可以“制天命而为之”，这种观点是以前从来没人提及过的。荀子作为一位学者，既注重个人修养，又传道授业解惑，是当时著名的教育家。同时，荀子还是一位伟大的哲学家和富有创造精神的文学家。他作为新兴地主阶级的思想家，在我国古代哲学史上起了承前启后的作用。对于先秦“诸子百家”的哲学和学术思想，荀子都提出了自己独到的看法，并进行了批判与总结，对后来唯物主义的发展，起到了巨大的推动作用。他的散文，也被后人认为是战国诸子中成就最高的，说理周密且讲究文采，此后两千多年来的政治文论和学术论文，都继承和发扬了荀子的优良传统。

“前继孔孟之余续，后开儒家之新风。”荀子的思想，开创了儒学的一片新天地，是中国传统思想文化的主要奠基人之一。《用世之道：荀子详解》遵循古为今用、洋为中用、去粗取精、去伪存真的精神，从《荀子》中汲取有益的精华，可帮助读者领会感悟荀子丰富而深邃的思想内涵，从而对我国古代光辉灿烂的思想文化有更深入的了解和领会。

劝学第一

【题解】

荀子把“劝学篇”作为首篇，其重要性不言而喻，它不仅影响巨大，还比较系统地阐述了荀子的教育思想。本篇语言精练，用喻恰当，运用了大量排比句和对偶句，句法骈俪，铿锵优美，警句连篇，不仅具有启迪意义，还具有浓厚的文学色彩，并为后世广泛流传。

【原文】

君子曰：学不可以已。青，取之于蓝而青于蓝①；冰，水为之而寒于水。木直中绳②，輮以为轮③，其曲中规，虽有槁暴④，不复挺者，輮使之然也。故木受绳则直，金就砺则利，君子博学而日参省乎己⑤，则知明而行无过矣。故不登高山，不知天之高也；不临深溪，不知地之厚也；不闻先王之遗言，不知学问之大也。干、越、夷、貉之子⑥，生而同声，长而异俗，教使之然也。《诗》曰：“嗟尔君子，无恒安息。靖共尔位，好是正直。神之听之，介尔景福。”⑦神莫大于化道，福莫长于无祸。

【注释】

①蓝：蓼蓝草，一年生草木植物，其叶发酵后可以提制深蓝色的有机染料靛蓝。

②中：符合，适合。

③輮：通“煣”，用火熏，使直木变弯曲可以造车轮等物。

④槁：通“熇”，烤。暴：通“曝”，晒，暴晒。

⑤参：通“三”。省：察。

⑥干、越：犹言春秋时吴、越两国。夷、貉：分别指我国古代居住在东部和东北部的少数民族。

⑦“《诗》曰”句：见《诗经·小雅·小明》。靖，安，恭敬。共，通“供”。听，察。介，助。景，大。

【译文】

君子说：“学习是需要持之以恒，不可以停止的。染料靛青，是从蓼蓝中提取出来的，但它却比蓼蓝还要青；冰，是由水凝固而成的，但它比水还要冷。木材虽然非常挺直而符合木工笔直的墨线，然而用火烤使之弯曲就可以做成车轮，它的曲度能拿圆规来衡量，即使有时经过火烤暴晒，也不能再重新挺直，这是经过火烤暴晒之后的缘故。所以，木材经过墨斗画线加工就变得挺直，金属经过磨刀石磨就会锋利，君子经过广泛学习并且每天反省，就会明白人生的道理，行为上就不会有什么过错了。

所以，不登高山，就不知道天的高度；不走近深渊，就不知道地的厚度；不聆听先王的遗言，就不会知道学问的渊博。吴国、越国、夷族、貉族的孩子，出生时的哭声都是相同的，长大以后，他们的生活习俗却不同了，这是由于教育环境不同所引起的变化。《诗经》中说：“君子啊，不要总是贪图安逸。要恭敬地安于自己的职位，爱好正直。天上的神灵在听着呢，他将会赐福给你。”一个人精神上最好的境界，就是融合于“道”；最大的福分，就是没有灾祸。

【原文】

吾尝终日而思矣，不如须臾之所学也；吾尝跂而望矣[①]，不如登高之博见也。登高而招，臂非加长也，而见者远；顺风而呼，声非加疾也，而闻者彰。假舆马者，非利足也，而致千里；假舟楫者[②]，非能水也，而绝江河[③]。君子生非异也[④]，善假于物也。

【注释】

①跂：通“企”，踮起脚后跟。

②假：借，凭借，借助。楫：船桨。

③绝：渡，横渡，横穿。

④生：本性。

【译文】

我曾经整天冥思苦想，但却不如片刻学习所得到的收益多；我曾经踮起脚去眺望远方，但却不如登到高处看得远。登到高处招手时，我的手臂并没有加长，但却能被很远的人看见；顺着风向呼喊，我的声音并没有加大，但却使人听得更清楚。乘坐马车的人，并没有一双善于行走的脚，却能到达千里之外；乘坐船舟的人，并不会游泳，却能横渡江河。君子生来并没有什么不同，只是善于借助外物而已。

【原文】

南方有鸟焉，名曰蒙鸠①，以羽为巢，而编之以发，系之苇苕②，风至苕折，卵破子死。巢非不完也，所系者然也。西方有木焉，名曰射干③，茎长四寸，生于高山之上，而临百仞之渊，木茎非能长也，所立者然也。蓬生麻中，不扶而直④。兰槐之根是为芷⑤，其渐之滫⑥，君子不近，庶人不服，其质非不美也，所渐者然也。故君子居必择乡，游必就士⑦，所以防邪僻而近中正也。

【注释】

①蒙鸠：鹪鹩，又名“巧妇鸟”。

②苇苕：芦苇的嫩条。

③射干：又名“乌扇”，一种草木植物，其根可入药。

④此句下当脱“白沙在涅，与之俱黑”八字（王念孙说）。

⑤兰槐：一种香草，又名“白芷”，开白花，味香，一种中药。古人称其苗为“兰”，根为“芷”。

⑥渐：渍，侵染。滫：溺，尿，臭水，脏水。

⑦游：交际，交往。

【译文】

南方有一种鸟，名字叫蒙鸠，用羽毛筑巢，并用毛发编织在一起，系到芦苇上。偶尔有风吹过，芦苇折断了，鸟卵就会被摔碎，蒙鸠也就失去了自己的孩子。鸟巢不能说不完善，但它所系的地方却不对。

西方有一种草，叫作射干，茎长四寸，生长在高山之上，下临百仞的深渊，显得非常高大。这并不是木茎有所加长，而是由于它所生长的地方很高。蓬蒿生长在蓖麻之中，不用什么扶持就可以自己挺直；白色的沙子混合到黑泥里，就会和黑泥一样黑。兰槐的根有香气，若浸泡在尿中，君子也不会靠近它，百姓也不会佩戴它，它的香气不可谓不美，只是它周围的环境不好。

所以，君子居住一定要选择好邻居，交往的人也一定是有道德的人，以此来防止自己走邪路，以保持内心的平和。

【原文】

物类之起，必有所始。荣辱之来，必象其德。肉腐出虫，鱼枯生蠹①。怠慢忘身，祸灾乃作。强自取柱②，柔自取束。邪秽在身，怨之所构。施薪若一，火就燥也；平地若一，水就湿也。草木畴生③，禽兽群焉，物各从其类也。是故质的张而弓矢至焉④，林木茂而斧斤至焉⑤，树成阴而众鸟息焉，醯酸而蜹聚焉⑥。故言有召祸也，行有招辱也，君子慎其所立乎！

【注释】

①蠹：蛀虫。

②柱：通“祝”，折断。

③畴：同“俦”，同类，类别。

④质：箭靶。的：箭靶的中心。

⑤斤：斧子。

⑥醯：醋。蜹：同“蚋”，蚊子一类的昆虫。

【译文】

事物的发生，一定有其原因。荣辱的降临，一定是内心品德的表现。肉生了蛆就说明它已经腐烂，鱼干枯了就会生出虫子。人若是懈怠骄傲了，灾祸就会发生。刚强的东西容易折断，柔弱的东西容易受约束。自己行为邪恶肮脏，就会引起人们对你的怨恨。把干、湿两种不同的木材放在一起，火苗就会朝着干燥的一边烧去；地面是一样的平整，水也会朝着潮湿的一边流淌。野草和树木总是共生，飞禽和走兽也是成群结队地居住，这是万物跟随自己的同类。因此，箭靶张开，箭也就向这边射来了；森林茂盛，斧子也就跟着砍伐来了；树木长成荫，许多鸟类就在那里开始生活了；醋发酸，蚊虫就飞来了。所以，说话有时会招来祸患，行事有时会招致耻辱，君子应该谨慎地为人处世，安身立命。

【原文】

积土成山，风雨兴焉；积水成渊，蛟龙生焉；积善成德，而神明自得，圣心备焉。故不积跬步①，无以至千里；不积小流，无以成江海。骐骥一跃②，不能十步；驽马十驾③，功在不舍。锲而舍之，朽木不折；锲而不舍，金石可镂。螾无爪牙之利④，筋骨之强，上食埃土，下饮黄泉，用心一也；蟹六跪而二螯⑤，非蛇蟺之穴无可寄托者⑥，用心躁也。是故无冥冥之志者⑦，无昭昭之明⑧；无惛惛之事者，无赫赫之功。行衢道者不至⑨，事两君者不容。目不能两视而明，耳不能两听而聪。螣蛇无足而飞⑩，梧鼠五技而穷⑪。《诗》曰："尸鸠在桑，其子七兮。淑人君子，其仪一兮。其仪一兮，心如结兮。"⑫故君子结于一也。

【注释】

①跬：半步，行走间两脚之间的距离，等于现在的一步。古人所说的步，指左右脚都向前迈一次的距离，相当于现在的两步。

②骐骥：骏马。

③驽：劣马。驾：一天的行程。古代马拉车时，早晨套上车，晚上才卸去。套车叫驾，所以这里用"驾"，指代马车一天的行程。十驾，指马车十天的行程。此指千里的路程。

④螾：蚯蚓。后作“蚓”。

⑤六：疑当作“八”（卢文弨说）。跪：脚。螯：螃蟹身前如同钳形的大爪。

⑥蟺：通“鳝”。

⑦冥冥：昏暗不明。这里形容专心致志。下文“惛惛”意同。

⑧昭昭：显著。

⑨衢道：歧路。

⑩螣蛇：古代传说中的一种能飞的蛇。

⑪梧鼠：当作“鼫鼠”（杨倞说）。五技：能飞但不能飞上屋，能爬树但不能爬上树顶，能游泳但不能渡过山谷，能挖洞但不能藏身，能跑但不能追上人。

⑫“《诗》曰”句：见《诗经·曹风·尸鸠》。尸鸠，布谷鸟。

【译文】

土堆积起来成为山陵，风雨就会在这里兴起；水汇集起来成为深渊，蛟龙就会在这里生长；长年累月不断地做好事就会自然聪明睿智，久而久之就达到了圣人的思想境界。

所以，没有一步一步的积累前行，就不会到达千里；没有小溪小河涓涓细流的凝聚，就不会有江河湖海的浩瀚无际。骐骥一类的千里马，一跃不能超过十步的距离；劣质的驽马跑上十天，也可以达到千里之遥，成功的主要因素在于锲而不舍。雕刻东西若是半途而废，就是一根腐朽的木材也不能折断；雕刻的东西若是锲而不舍，就是坚硬的金属石头也可以雕刻成美丽花纹的器皿。蚯蚓虽没有锋利的爪牙和强壮的筋骨，但它能吃地上的泥土、饮地下的泉水，这是用心专一的缘故。螃蟹虽有八只脚和两只螯，但若没有蛇、鳝的穴洞，就没有它的容身之处，这是它性情懒惰浮躁的缘故。

没有精诚专一的志向，就不会有通达事理的品行；没有埋头苦干的行为，就不会有显赫的功绩。在交叉路口徘徊的人不会达到目的地，同时侍奉两个君主的人是不为世人所容的。眼睛不能同时看两样东西还能看清楚，耳朵不能同时听两种声音还能听清楚。螣蛇没有脚却能够飞翔，鼫鼠有五种技艺却还是困顿。《诗经》中说：“布谷鸟住在桑树上，它抚养七只幼鸟。贤良的君子啊，他们的行为非常专一。行为专一，心才像打个结那样牢固。”所以，君子总是专心致志做一件事。

【原文】

昔者瓠巴鼓瑟而流鱼出听[①]，伯牙鼓琴而六马仰秣[②]。故声无小而不闻，行无隐而不形；玉在山而草木润，渊生珠而崖不枯。为善不积邪，安有不闻者乎?

【注释】

①瓠巴：楚国人，善于弹瑟的人。流：疑当作“沈”字（卢文昭说），即“沉”。

②伯牙：古代善于弹琴的人。六马：古代天子驾车要用六马。此泛指拉车之马。秣：饲料。

【译文】

春秋时期楚国的瓠巴在鼓瑟的时候，沉在水底的鱼也会浮出水面倾听；伯牙在弹琴的时候，正在吃草的马也会停下来仰头倾听。所以，声音无论怎样细小，都会被听到；行为无论多么隐蔽，都会被人知道。山中若是藏有宝玉，草木就会显得润泽；深渊中生有珍珠，岸边的悬崖就不会显得干枯。如果经常做善事，哪里会有不闻名于世的道理呢?

【原文】

学恶乎始[①]？恶乎终？曰：其数则始乎诵经[②]，终乎读礼；其义则始乎为士，终乎为圣人。真积力久则入，学至乎没而后止也[③]。故学数有终，若其义则不可须臾舍也。为之，人也；舍之，禽兽也。故《书》者，政事之纪也；《诗》者，中声之所止也；《礼》者，法之大分、类之纲纪也[④]。故学至乎《礼》而止矣。夫是之谓道德之极。《礼》之敬文也[⑤]，《乐》之中和也[⑥]，《诗》《书》之博也，《春秋》之微也，在天地之间者毕矣。

【注释】

①恶：疑问代词，哪里，怎么。

②数：学习的顺序。

③没：通“殁”，死。

④类：与法相类似的条例。

⑤文：文采，花纹，引申指义的礼仪制度，如表示等级制度的车制、旗章、服饰、各种礼节仪式等。

⑥中：不高不低，中等。

【译文】

学习从哪里开始？又在哪里结束呢？君子说：学习的程序，是从诵读《诗经》《尚书》开始的，到《礼记》结束；做学问的意义，从做一个读书人开始，到成为圣人结束。只有真心实意，日积月累，持之以恒地力行，才能够入门而有所成就，学习要学到死才能够停止。所以，虽说学习的程序是有终点的，但从学习的意义上来说，是一刻也不能停止。坚持这样做的就是堂堂正正的人，不这样做就和禽兽一样。所以说，《尚书》是记载古代政事的，《诗经》是收集了符合乐章标准的诗歌编辑而成的，《礼记》是礼法的总纲，也是各种条例的纲要，所以学习一定要达到《礼记》的要求才算到了终点。这就达到具备了道德的最高境界。《礼记》是敬重礼仪的规则，《乐经》使人能够中正和悦，《诗经》《尚书》的内容广博，《春秋》包含微妙的道理，这些典籍把天地间的一切道理都寓于其中了。

【原文】

君子之学也，入乎耳，箸乎心①，布乎四体，形乎动静，端而言②，蝡而动③，一可以为法则。小人之学也，入乎耳，出乎口。口耳之间则四寸耳，曷足以美七尺之躯哉④！古之学者为己，今之学者为人。君子之学也，以美其身；小人之学也，以为禽犊⑤。故不问而告谓之傲⑥，问一而告二谓之囋⑦。傲，非也；囋，非也。君子如向矣⑧。

【注释】

①箸：同“著”，明，附着。

②端：通“喘”，微言。

③蝡：同“蠕”。

④曷：何。

⑤禽犊：家禽和小牛犊，古时用来做馈赠的礼物。

⑥傲：急躁。

⑦囋：唠叨，啰唆。

⑧向：通“响”，回声。

【译文】

君子的学习，要把学到的听进耳朵里，记在心上，融会贯通到整个身心中，表现在一切举动上，即使是细微的言行，都可以成为别人效法的榜样。小人的学习，把学到的听在耳朵里，又从嘴巴说出来。嘴巴和耳朵之间，只有四寸的距离，怎么能使自己七尺之躯的品德得到修养而完美起来呢？古代学者的学习，是为了自己进德修业；当今学者的学习，是为了向人炫耀。君子的学习，是用来美化自己的身心；小人的学习，只是把学问当作家禽、小牛之类的礼物去讨好别人。所以，别人不问却告诉他，这是急躁；别人问一却答二，这是啰唆。急躁是不对的，啰唆也是不正确的。君子问一答一，就像回声一样。

【原文】

学莫便乎近其人。《礼》《乐》法而不说[①]，《诗》《书》故而不切，《春秋》约而不速。方其人之习君子之说[②]，则尊以遍矣[③]，周于世矣。故曰：学莫便乎近其人[④]。

学之经莫速乎好其人[⑤]，隆礼次之。上不能好其人，下不能隆礼，安特将学杂识志[⑥]，顺《诗》《书》而已耳，则末世穷年，不免为陋儒而已。将原先王[⑦]，本仁义，则礼正其经纬蹊径也[⑧]。若挈裘领，诎五指而顿之[⑨]，顺者不可胜数也。不道礼宪，以《诗》《书》为之，譬之犹以指测河也，以戈舂黍也，以锥飡壶也[⑩]，不可以得之矣。故隆礼，虽未明，

法士也；不隆礼，虽察辩，散儒也。

问楛者[11]勿告也，告楛者勿问也，说楛者勿听也，有争气者勿与辩也。故必由其道至，然后接之，非其道则避之。故礼恭而后可与言道之方，辞顺而后可与言道之理，色从而后可与言道之致。故未可与言而言谓之傲，可与言而不言谓之隐，不观气色而言谓之瞽[12]。故君子不傲，不隐，不瞽，谨顺其身。《诗》曰[13]："匪交匪舒，天子所予。"此之谓也。

【注释】

①说：解说。

②方：通"仿"，仿效，比拟。

③以：而。

④故：事，故事。

⑤经：通"径"。

⑥安：犹"则"。特：只。识：当为衍文（王引之说）。

⑦原：追究根源。

⑧蹊径：小路。

⑨诎：弯曲。顿：引。

⑩飡：同"餐"。壶：古人盛食品的器具。

⑪楛：粗劣，恶劣，不正当，指不合礼法。

⑫瞽：眼睛瞎。

⑬"《诗》曰"句：见《诗经·小雅·采菽》。匪，同"非"，不。交，通"绞"，急迫。予，通"与"，赞许。

【译文】

学习的途径没有比接近良师益友更便捷的了。《礼记》《乐记》记载了法度典章，但没有详尽地阐述其义理；《诗经》《尚书》记载了古代的掌故，但有些不切合实际。《春秋》简约晦涩，难以使人迅速理解。只有效仿良师益友并学习君子的学说，才能培养崇高的品德，以通达事理。所以说，学习没有比接近良师益友更好的了。

学习的途径没有比向良师益友请教更迅速的了，其次便是崇尚礼法。如果不能请教良师益友，又不能崇尚礼法，只是支离破碎地读一些书，读通《诗经》《尚书》罢了，那么即使穷其一生，也只不过是一个知识浅陋的儒生而已。如果要从古代圣王那里追源溯流，寻找仁义的根本，那么学习礼法就是一条正确的途径。这就像提起衣服的领子，五指弯曲去拉它，被理顺的绒毛就不可胜数了。如果做事不遵守礼法，只空谈《诗经》《尚书》，就像是用手指去测量河水的深度，用戈矛去舂米，用锥子代替筷子吃饭一样，是不能达到目的的。所以，崇尚礼法虽然不能明白事理，但仍然可以称作遵循礼法的读书人；不崇尚礼法，即使能够明察善辩，也不过是一个放荡不羁的人。

有人问不合礼法的事，不要告诉他；有人告诉不合礼法的事，不要去问他；有人谈论不合礼法的事，不要去听他；有意气用事的人，不要跟他辩论。所以，恭敬有礼然后才可以与他谈论大道的方向，言辞和顺然后才可以与他谈论大道的道理，态度谦逊然后才可以与他谈论大道的奥妙。所以，在还不能与他谈论却谈论了叫作急躁，应该同他谈却不谈叫作隐瞒，不看对方的脸色而谈叫作目盲。所以，君子应不急躁，不隐瞒，不目盲，谨慎地顺从对方来行事。《诗经》中说："不急躁不懈怠，这是连天子也要赞许的。"说的就是这个道理。

【原文】

百发失一，不足谓善射；千里跬步不至，不足谓善御；伦类不通，仁义不一，不足谓善学。学也者，固学一之也。一出焉，一入焉，涂巷之人也[①]。其善者少，不善者多，桀、纣、盗跖也[②]。全之尽之，然后学者也。

【注释】

①涂：通"途"。

②桀、纣：分别是夏朝和商朝最后的君主，皆因暴政而亡国。跖：盗跖，相传是春秋战国时期的一个大盗。

【译文】

射箭一百次其中有一次没有中的，就不能称之为善于射箭；驾车行走千里，只要半步不到，就不能叫作善于驾车；对于天下各种事物不能融会贯通，对仁义不能完全掌握了解，就不能称之为善于学习。所谓学习，就应该一心一意地坚持不懈。一会儿这样学，一会儿那样学，这只是街头巷尾的普通人；学习善的少，不善的多，就是桀、纣、盗跖一样的人；学习达到完全彻底，才算是好学的人。

【原文】

君子知夫不全不粹之不足以为美也，故诵数以贯之，思索以通之，为其人以处之，除其害者以持养之，使目非是无欲见也，使耳非是无欲闻也，使口非是无欲言也，使心非是无欲虑也。及至其致好之也，目好之五色①，耳好之五声，口好之五味，心利之有天下。是故权利不能倾也，群众不能移也，天下不能荡也。生乎由是，死乎由是，夫是之谓德操。德操然后能定，能定然后能应，能定能应，夫是之谓成人。天见其明②，地见其光③，君子贵其全也。

【注释】

①之：相当于“于”。以下三“之”皆同。

②见：同“现”，呈现。

③光：通“广”，广大，广阔。

【译文】

君子应懂得，做学问不完备、不纯正，就不被看作完美的，所以要反复诵读诗书以求贯通，用心思索以求真正理解，把良师益友作为自己的榜样，设身处地的去领会实行，除掉自身有害的东西，培养有益的学识。对于不符合礼义的东西，眼睛不去看，耳朵不去听，嘴巴不去说，内心不去考虑。等到极其爱好学习时，就像眼睛爱看五色，耳朵爱听五声，嘴巴爱吃五味，心里想拥有天下一样。这样的人，权势不会动摇他，众人不能改变他，天下的事物都不能诱惑他。活着是这样，死时也是这样，这就是具有高尚道德情操的人。高尚道德情操的人，既坚定不移，又能应付自如，可以称之为完美的人了。天空显现他道德的光明，大地显露他心胸的广阔，君子贵在德行的完美。

修身第二

【题解】

本篇主要阐述如何修养身心。荀子强调，修养身心的准则是“礼”，人们的一切行为都应由“礼”来约束；修养身心的方法，一是学礼，二是有好老师，三是自己专心致志地主观努力。

【原文】

见善，修然必以自存也[①]；见不善，愀然必以自省也[②]。善在身，介然必以自好也[③]；不善在身，菑然必以自恶也[④]。故非我而当者，吾师也；是我而当者，吾友也；谄谀我者，吾贼也[⑤]。故君子隆师而亲友，以致恶其贼。好善无厌，受谏而能诫，虽欲无进，得乎哉？小人反是，致乱而恶人之非己也，致不肖而欲人之贤己也，心如虎狼、行如禽兽而又恶人之贼己也。谄谀者亲，谏争者疏，修正为笑，至忠为贼，虽欲无灭亡，得乎哉？《诗》曰：“噏噏呰呰，亦孔之哀。谋之其臧，则具是违；谋之不臧，则具是依。”[⑥]此之谓也。

【注释】

①修然：整饬的样子。存：察，省问。

②愀然：忧虑恐惧的样子。

③介然：意志坚定的样子。

④菑然：灾祸在身的样子。菑，同“灾”，祸害，灾祸。

⑤贼：害人的人。

⑥“《诗》曰”句：见《诗经·小雅·小旻》。噏噏，同“吸吸”，吸取，

相附和。呰呰，相诋毁。孔，甚，很。

【译文】

看到好的行为，一定要认真检查自身是否具有；看到不好的行为，一定要心怀忧惧地反省自己。好的品行在身，一定要坚定不移地加以珍视；不好的品行在身，一定要像受到灾害似的痛恨自己。所以，批评我而又中肯的人，是我的老师；肯定我而又适当的人，是我的朋友；阿谀奉承我的人，是陷害我的贼人。所以，君子尊敬老师、亲近朋友，而极度憎恨贼人。追求善良的行为不满足，受到规劝能引以为戒，即使自己不想进步，可能吗？

小人恰恰相反，自己胡作非为，却怨恨别人责备自己；自己无能，却希望别人说自己贤能；心像虎狼一样残暴，行为像禽兽一样凶残，却又憎恨别人说自己坏话。亲近阿谀奉承的人，疏远忠言规劝的人，把纠正自己错误的人当作讥笑，把对自己忠心耿耿的行为当作陷害，这样的人，即使不想灭亡，可能吗？《诗经》中说：“既相附和，又互相诋毁，是一种悲哀啊！为自己出谋划策的，不采纳；对自己进行陷害的，却照着做。”说的就是这种人啊！

【原文】

扁善之度①，以治气养生则后彭祖②，以修身自名则配尧、禹③。宜于时通④，利以处穷，礼信是也。凡用血气、志意、知虑，由礼则治通，不由礼则勃乱提僈⑤；食饮、衣服、居处、动静，由礼则和节，不由礼则触陷生疾；容貌、态度、进退、趋行，由礼则雅，不由礼则夷固僻违⑥，庸众而野。故人无礼则不生，事无礼则不成，国家无礼则不宁。《诗》曰：“礼仪卒度，笑语卒获。”⑦此之谓也。

【注释】

①扁：通“遍”，普遍，全面。

②“后”前应补一“身”字（王引之说）。彭祖：尧臣，名铿，封于彭城，传说他经历了虞、夏、商、周，活了八百岁。

③名：当为“强”字（王引之说）。“配”前应补一“名”字（同上）。

④时：处。

⑤勃：通“悖”。提：通“偍”“媞”，舒缓。僈：通“漫”。

⑥夷固：倨傲。固，倨。

⑦“《诗》曰”句：见《诗经·小雅·楚茨》。

【译文】

处处符合美德法则的礼法，用它来调气养生，就能像彭祖那样长寿；用它来修身强壮身心，就会像帝尧和大禹一样名垂千古。既适应顺境，又善于渡过逆境，是靠礼仪法度的。凡是运用血气、意志、智慧和思虑去处理问题，又遵循礼法的就会事事通达，不遵循礼法，就会混乱松懈；凡是饮食、衣服、居住、行为举动遵循礼法的，就能和谐而有节奏，不遵循礼法的，就毛病百出；凡是容貌、态度、进退、走路，遵从礼法的，就会文雅，不遵从礼法的，就会傲慢、孤僻、庸俗、粗野。所以，做人没有礼法就不能生存，做事没有礼法事情就不能成功，国家没有礼法就国无宁日。《诗经》中说：“礼仪恰如其分，就是言笑行动恰到好处的时候。”说的就是这个道理。

【原文】

以善先人者谓之教，以善和人者谓之顺；以不善先人者谓之谄，以不善和人者谓之谀。是是、非非谓之知，非是、是非谓之愚。伤良曰谗，害良曰贼。是谓是、非谓非曰直。窃货曰盗，匿行曰诈，易言曰诞。趣舍无定谓之无常[①]**，保利弃义谓之至贼。多闻曰博，少闻曰浅；多见曰闲，少见曰陋。难进曰偍**[②]**，易忘曰漏。少而理曰治，多而乱曰秏**[③]。

【注释】

①趣：赴，趋向，进取，前往。

②偍：迟缓。

③秏：通“眊”，昏昧，昏乱，糊涂，不明。

【译文】

用善意去教导别人叫作教化，用善意去附和别人叫作随顺；用恶意去教导别人叫作谄媚，用恶意去附和别人叫作奉承。对正确的言行加以肯定，对错误的言行加以否定，叫作明智；对正确的言行加以否定，对错误的言行加以肯定，叫作愚蠢。中伤那些善良的人叫作谗毁，陷害善良的人叫作迫害。正确的就是正确，错误的就说错误，这是正直。偷别人的东西叫作盗窃，隐瞒的行为叫作奸诈，信口开河叫作荒诞。取舍没有一定的标准叫作无常，见利忘义叫作大贼。广识多闻叫作渊博，孤陋寡闻叫作浅薄，见多识广叫作广博，孤陋寡闻叫作浅陋，难于进取叫作迟缓，健忘叫作遗漏。遇事措施简明又条理分明叫作善治，头绪繁多而又杂乱无章叫作昏乱。

【原文】

治气养心之术：血气刚强，则柔之以调和；知虑渐深①，则一之以易良；勇胆猛戾，则辅之以道顺②；齐给便利③，则节之以动止；狭隘褊小，则廓之以广大；卑湿重迟贪利，则抗之以高志；庸众驽散，则刦之以师友④；怠慢僄弃⑤，则炤之以祸灾⑥；愚款端悫⑦，则合之以礼乐，通之以思索。凡治气养心之术，莫径由礼，莫要得师，莫神一好。夫是之谓治气养心之术也。

【注释】

①知：通“智”。渐：通“潜”，城府太深。

②道顺：导训（俞樾说），即训导。

③齐：疾。

④刦：同“劫”。

⑤僄：轻薄。

⑥炤：通“昭”，明显，显著。

⑦悫：忠厚，诚实，谨慎。

【译文】

调理血气、修身养心的方法是：气血方刚的人，就用平心静气来柔化他；思想深沉的人，就用平易率直来调整他；凶猛残暴的人，就用循规蹈矩来训导他；行为轻率的人，就用安详来节制他；心胸狭隘的人，就用宽宏大度来开导他；卑贱迟钝贪婪的人，就用高尚的志向来激发他；庸庸碌碌的人，就用良师益友来改造他；懒散放荡的人，就晓以利害惊醒他；单纯朴实的人，就用礼乐来调和他，启发他深思熟虑。凡是实行了调理性情的方法，没有比遵循礼法更直接的了，没有比得到良师的指导更重要的了，没有比专心致志更神妙的了。这就叫作调理血气、修身养性的方法。

【原文】

志意修则骄富贵，道义重则轻王公，内省而外物轻矣。传曰："君子役物，小人役于物。"此之谓矣。身劳而心安，为之；利少而义多，为之。事乱君而通，不如事穷君而顺焉。故良农不为水旱不耕，良贾不为折阅不市[①]，士君子不为贫穷怠乎道。

【注释】

①折阅：亏损。阅，卖。市：做买卖。

【译文】

志向高远的人就会鄙视富贵的人，道义为重的人就会藐视王侯大公，注意内在修养的人就会看轻外物。古书上说："君子支配外物，小人被外物所支配。"说的就是这个道理。即使身体劳苦，但心安理得，就去做；利益虽少，但意义重大，也去做；通过侍奉暴君而通达显赫，还不如侍奉穷国的君主而顺从道义。所以，好的农民不因为水涝旱灾，就放弃耕种；好的商人不会因为一时的亏损，就放弃经营；士人君子不会因为贫穷，就不在乎操守。

【原文】

体恭敬而心忠信，术礼义而情爱人[①]，横行天下，虽困四夷，人莫不贵。劳苦之事则争先，饶乐之事则能让，端悫诚信，拘守而详，横行天下，虽困四夷，人莫不任。体倨固而心执诈，术顺墨而精杂污[②]，横行天下，虽达四方，人莫不贱。劳苦之事则偷儒转脱[③]，饶乐之事则佞兑而不曲[④]，辟违而不悫[⑤]，程役而不录[⑥]，横行天下，虽达四方，人莫

不弃。

行而供冀⑦，非渍淖也⑧；行而俯项，非击戾也⑨；偶视而先俯，非恐惧也。然夫士欲独修其身，不以得罪于比俗之人也。

【注释】

①术：通“述”，遵循。

②顺：当为“慎”字（杨倞说），指慎到，战国中期赵国人，主张“法”“势”，是一个由黄老学派演变而来的早期法家人物。墨：指墨翟，春秋战国之际鲁国人，墨家学派的创始人。精：为“情”字（杨倞说）。

③儒：通“懦”，怯懦，指谨小慎微，怕事。

④佞：口齿伶俐，在此指施展口才，不顾一切地争抢。兑：通“锐”，锐利，也指口齿伶俐。不曲：不转弯，指毫不谦让地直取之。

⑤辟：通“僻”，邪僻。

⑥程役：逞欲。录：检束。

⑦供：通“恭”。冀：当为“翼”字（杨倞说），敬。

⑧渍淖：陷在烂泥里。

⑨击戾：抵触。

【译文】

外表恭敬而内心诚实，遵循礼法而性情仁爱，这样的人走遍天下，即使穷困潦倒地在周边少数民族地区，人们也尊敬他；吃苦在前，享受在后，忠厚诚信，谨守法度而又明察事理，这样的人走遍天下，即使被困在周边少数民族地区，人们也信任他。态度傲慢，心术险恶，遵循慎到和墨子的学说，而精神驳杂污秽，这样的人走遍天下，即使显赫四方，人们也没有不鄙视他的；见了劳苦的事情就逃避退缩，见了享乐的事情就伶牙俐齿地肆意争夺，毫无谦让之心的人，即使显赫四方，人们也没有不厌弃他的。

走路时小心谨慎，并不是害怕陷在烂泥里；走路时低着头，并不是因为害怕碰撞着东西；与人对视时先低下头，并不是由于害怕对方。这是士人独善其身、修身养性的要求，并不是害怕得罪那些世俗的人。

【原文】

夫骥一日而千里，驽马十驾则亦及之矣。将以穷无穷，逐无极与？其折骨绝筋，终身不可以相及也。将有所止之，则千里虽远，亦或迟或速，或先或后，胡为乎其不可以相及也？不识步道者，将以穷无穷、逐无极与？意亦有所止之与①？夫坚白、同异、有厚无厚之察②，非不察也，然而君子不辩，止之也；倚魁之行③，非不难也，然而君子不行，止之也。故学曰："迟，彼止而待我，我行而就之，则亦或迟或速，或先或后，胡为乎其不可以同至也？"故跬步而不休，跛鳖千里；累土而不辍，丘山崇成④；厌其源⑤，开其渎，江河可竭；一进一退，一左一右，六骥不致。彼人之才性之相县也⑥，岂若跛鳖之与六骥足哉？然而跛鳖致之，六骥不致，是无它故焉，或为之，或不为尔。

道虽迩，不行不至；事虽小，不为不成。其为人也多暇日者，其出入不远矣⑦。

【注释】

①意：同"抑"，选择连词，还是。

②坚白："离坚白"。这是战国时名家公孙龙提出的一个命题。公孙龙曾以石头为例，论证坚硬和白色两种属性是各自独立的，不能同时存在于石头上，以此说明共性和个性的区别。参见《公孙龙子 · 坚白论》。同异：战国时名家惠施提出的一个命题，认为事物之间的同异是相对的。有厚无厚：也是惠施提出一个命题，认为"无厚，不可积也，其大千里"（《庄子 · 天下》），没有厚度的东西，是不能累积起来的，但面积仍可大至千里。一说是春秋时邓析的命题，参见《邓析子 · 夫厚》。

③倚魁：怪异，奇怪。

④崇：终。

⑤厌：同"压"，堵塞。

⑥县：同"悬"，距离远，悬殊大。

⑦入：疑当为"人"字之误（王念孙说）。

【译文】

千里马一天能行走千里，劣马行走十天也可以达到。你想用有限的精力追求无限吗？那样即使累断了筋骨，一辈子也难以达到。如果行程是有目的地和终点的，即使有千里之遥，也将会或迟，或快，或先，或后地到达，怎么会不能达到呢？不了解人生的人，是应该用人生有限的精力去追求无限的止境呢？还是应该有一定的范围和终点呢？

对所谓“坚白”“同异”“有厚无厚”等学说，并不是不能理解的，然而君子羞于与他们辩解，是因为这些命题有一定的范围限度。那些怪异的行为，并不是难于做到，是君子羞于去做，因为君子的行为有一定的范围限度。所以说：“他慢慢停下来等待我，我却快步跟上了他，而或慢，或快，或先，或后，为什么不能一同到达目的地呢？”所以，只要一步一步不停地走，即使跛脚的甲鱼也能行走千里；只要一筐一筐不停地堆土，即使是山丘也终将能堆成。堵住水源，开通沟渠，那么长江、黄河也会枯竭。一会儿前进，一会儿后退，一会儿向左，一会儿向右，即使天子坐骑的六匹千里马，也不能到达目的地。人的性格才情的相差悬殊，难道会比跛脚的甲鱼和天子坐骑的千里马的差距更大吗？然而跛脚甲鱼能够到达的地方，天子的六匹千里马却达不到，这没有别的原因，只是一个去做、一个不去做的缘故。

道路虽然很近，但不走永远都不会达到目的地；事情虽然很小，但不去做永远不可能成功。那些活在世上浪费时间的人，即使有超人的能力，也绝不会超出常人很远。

【原文】

好法而行，士也；笃志而体，君子也；齐明而不竭，圣人也。人无法，则伥伥然；有法而无志其义[①]**，则渠渠然**[②]**；依乎法而又深其类，然后温温然。**

礼者，所以正身也[③]**；师者，所以正礼也。无礼，何以正身？无师，吾安知礼之为是也？礼然而然，则是情安礼也；师云而云，则是知若师也。情安礼，知若师，则是圣人也。故非礼，是无法也；非师，是无师也。不是师法而好自用，譬之是犹以盲辨色，以聋辨声也，舍乱妄无为也。**

故学也者，礼法也。夫师，以身为正仪而贵自安者也。《诗》云："不识不知，顺帝之则。"④此之谓也。

【注释】

①志：识。

②渠渠然：局促不安的样子。渠，通"遽"，匆忙。

③所以：用来……的东西。

④"《诗》云"句：见《诗经·大雅·皇矣》。则，法则。

【译文】

坚持按照礼法办事的，是士人；有坚定的意志而又身体力行的，是君子；思想敏捷而又力行不止的，是圣人。一个人不遵守礼法，将无所适从；有了礼法但不理解它的含义，就会局促不安；依照礼法而又深知各种事物的准则，就会得心应手。

礼法，是用来端正自己行为的；老师，是为了正确解释礼法的。没有礼法，拿什么来端正自己的行为呢？没有老师，我怎么知道礼法是什么样子呢？礼法如何规定就如何去做，这就是性情符合礼法，知识如同老师，就是圣人了。所以，没有礼法，就没有法度；违背老师，就是心中没有老师。不尊重老师和礼法，喜欢自以为是，就像是让盲人来辨别颜色，让聋子来辨别声音一样，除胡作非为以外，再也不会有什么作为了。所以，学习的宗旨就是学习礼法。老师，就是以身作则而又安守礼法的人。《诗经》中说："看上去不知不觉，实际上顺应上天的法则。"说的就是这个道理。

【原文】

端悫顺弟①，则可谓善少者矣；加好学逊敏焉，则有钧无上，可以为君子者矣。偷儒惮事，无廉耻而嗜乎饮食，则可谓恶少者矣；加惕悍而不顺②，险贼而不弟焉，则可谓不详少者矣，虽陷刑戮可也。老老而壮者归焉，不穷穷而通者积焉；行乎冥冥而施乎无报，而贤不肖一焉。人有此三行，虽有大过，天其不遂乎？

【注释】

①悫：诚实。弟：同"悌"，尊敬兄长。

②惕：放荡。

【译文】

忠厚诚实而又顺从兄长，就可以称为好少年了；再加上好学、谦逊、敏捷，那就只有和他相等而没有超过他的，便可以成为君子了。懒惰、懦弱、怕事，没有廉耻而又贪图享受，那就可以称为坏少年了；再加上放荡凶悍而不顺从礼法，奸诈害人而又不尊重兄长，就可以称为不祥的少年了，即使遭受刑罚诛杀也是可以的。爱护老人，青壮年就会归顺，不使穷困的人走投无路，显达的人就会聚集，偷偷地做好事而不求回报，贤能的人和无能的人都会来归附过来。人有了这三种品行，即使有大祸，上天也会保佑他的。

【原文】

君子之求利也略，其远害也早，其避辱也惧，其行道理也勇。君子贫穷而志广，富贵而体恭，安燕而血气不惰，劳勌而容貌不枯①，怒不过夺，喜不过予。君子贫穷而志广，隆仁也；富贵而体恭，杀势也；安燕而血气不惰②，柬理也；劳勌而容貌不枯，好交也③；怒不过夺，喜不过予，是法胜私也。《书》曰："无有作好，遵王之道；无有作恶，遵王之路。"④此言君子之能以公义胜私欲也。

【注释】

①勌：同"倦"。

②燕：通"宴"，安逸。

③交：当作"文"字（王念孙说）。

④"《书》曰"句：见《尚书·洪范》。

【译文】

君子对于追求利益是淡泊的，对于远离祸害是有预见的，他谨慎地避开灾祸，勇敢地奉行道义。君子处境困难而心志宽广，身处富贵而态度恭敬，生活安逸而不懈怠，劳动疲惫而容貌庄重，在愤怒的时候却不惩罚过重，在喜悦的时候却不赏识过多。君子处境困难而心志宽广，这是推崇仁爱的缘故；身处富贵而态度恭敬，这是由于不以权势作威作福；生活安逸的时候精神不懈怠，这是遵礼奉法所致；在劳累疲倦的时候容貌庄重，是由于注重礼节；在愤怒的时候能够惩罚不过重，在喜悦的时候能够赏赐不过多，这是由于礼法战胜了私欲。《尚书》中说："没有个人的喜好，只有遵循古代圣王之道；没有个人的憎恶，只有遵循古代先王之路。"这说的就是君子能够用公理正义战胜私欲。

不苟第三

【题解】

本篇系统地阐述了君子与小人的不同，指出君子立身行事要以“礼”为准则，不苟且，不欺世盗名。强调真诚是君子的美德，是君子的立身之基，是君子的政事之本。

【原文】

君子行不贵苟难，说不贵苟察，名不贵苟传，唯其当之为贵。故怀负石而赴河，是行之难为者也，而申徒狄能之①；然而君子不贵者，非礼义之中也。山渊平，天地比②，齐、秦袭③，入乎耳，出乎口④，钩有须⑤，卵有毛⑥，是说之难持者也，而惠施、邓析能之⑦；然而君子不贵者，非礼义之中也。盗跖吟口⑧，名声若日月，与舜、禹俱传而不息；然而君子不贵者，非礼义之中也。故曰：君子行不贵苟难，说不贵苟察，名不贵苟传，唯其当之为贵。《诗》曰：“物其有矣，惟其时矣。”⑨此之谓也。

【注释】

①申徒狄：相传为殷朝末年人，因恨道不行而怀抱石头投河自杀。

②山渊平，天地比：此是惠施的命题。《庄子·天下》作“天与地卑，山与泽平”。谓从空间高低的差别都是相对的方面来说，高山与深渊一样平，天与地一样高。比，相等。

③齐、秦袭：春秋战国时齐国在今山东北部，秦国在今陕西境内，两国相距甚远，但从宇宙角度来看，二者可合为一体。袭，合。

④入乎耳，出乎口：这二句文意不明，有人说是指山有耳、口，人站在山上呼喊，群山都回荡他的声音，这就好似山听到了人的声音，又回答了人的呼喊。

⑤钩有须：妇女生出来的孩子有胡须，指妇女体内含有产生胡须的因素，所以说妇女有胡须。钩，通“姁”，妇女。

⑥卵有毛：卵中含有产生羽毛的因素，所以说卵有毛。

⑦惠施：战国时宋国人，曾任梁（魏）相，名家的代表人物之一，与庄子为好友。邓析：春秋时郑国人，刑名学家。

⑧吟口：传颂于众人之口。

⑨“《诗》曰”句：见《诗经·小雅·鱼丽》。

【译文】

君子的行为，不以做了不合乎礼仪的难事为可贵；君子的学说，不以不合乎礼仪的明察为可贵；君子的名声，不以不合乎礼仪的流传为可贵。君子的所作所为，一切只以合乎礼仪为可贵。所以，因道义怀抱石头投河自尽，这是难以做到的事情，但是殷朝末期的申徒狄做到了；然而君子并不推崇这种行为，因为这是不符合礼仪的。高山和深渊是相平的，天和地是一样高的，齐国和秦国是相连的，从耳朵进去从嘴巴里出来，妇女长有胡须，卵上生有羽毛，这是学说中难以承认的事情，然而惠施和邓析却这么说；君子不这么说，是因为它不符合礼仪。盗跖为民间所传颂，名声好比日月，与舜、禹齐名流传不息；然而君子不看重这样的名声，因为它并不符合礼仪。所以说，君子的行为，不以做了不合礼仪的难事为可贵；君子的学说，不以合乎礼仪的明察为可贵；君子的名声，不以不合乎礼仪的流传为可贵。《诗经》中说：“多么丰富的物产啊！都是适时而生的啊！”说的就是这种道理。

【原文】

君子易知而难狎[①]，易惧而难胁，畏患而不避义死，欲利而不为所非，交亲而不比[②]，言辩而不辞。荡荡乎，其有以殊于世也。

君子能亦好，不能亦好；小人能亦丑，不能亦丑。君子能则宽容易

直以开道人[3]，不能则恭敬繜绌以畏事人[4]；小人能则倨傲僻违以骄溢人，不能则妒嫉怨诽以倾覆人。故曰：君子能则人荣学焉，不能则人乐告之；小人能则人贱学焉，不能则人羞告之。是君子、小人之分也。

【注释】

①知：交接。狎：没有礼貌地亲近或亲近而不庄重。

②比：结党。

③道：同“导”。

④繜：通“撙”，抑制。绌：通“黜”，减损，贬低，使不足。

【译文】

君子容易结交却不可以亵渎，容易恐惧却不可以胁迫，害怕祸患却甘愿为正义而死，追求利益却不为非作歹，与人亲密无间却不结党营私，善于言谈却不卖弄辞藻。君子的胸怀坦坦荡荡啊！遗世独立，与世人有所不同。

君子有才能很美好，没有才能也美好；小人有才能很丑恶，没有才能也丑恶。君子有才能就能宽容大度、诚心诚意地开导别人，没有才能也可恭敬地尊重侍奉他人；小人有才能就倨傲不逊对人骄横无礼，没有才能就忌妒埋怨排挤他人。所以说，君子有才能，别人就以向他学习为荣，没有才能别人也乐于教导他；小人有才能，别人以向他学习为耻辱；没有才能，别人也羞于告诉他。这就是君子和小人的区别。

【原文】

君子宽而不僈[1]，廉而不刿[2]，辩而不争，察而不激，寡立而不胜[3]，坚强而不暴，柔从而不流，恭敬谨慎而容，夫是之谓至文。《诗》曰：“温温恭人，维德之基。”[4]此之谓矣。

【注释】

①僈：怠惰，懈怠。

②廉：棱角。刿：以刃伤人。

③寡：当为“直”字（王念孙说）。

④“《诗》曰”句：见《诗经·大雅·抑》。

【译文】

君子宽容却不懈怠，方正却不伤害别人，善辩却不争吵，明察却不偏激，为人正直却不盛气凌人，坚定刚强却不凶暴，宽柔和顺却不随波逐流，恭敬谨慎却从容不迫，这就是最好的礼仪了。《诗经》中说：“温良恭俭让的人啊，以道德为根基。”说的就是这种人。

【原文】

君子崇人之德，扬人之美，非谄谀也；正义直指[①]，举人之过，非毁疵也；言己之光美，拟于舜、禹，参于天地，非夸诞也；与时屈伸，柔从若蒲苇，非慑怯也；刚强猛毅，靡所不信[②]，非骄暴也。以义变应，知当曲直故也。《诗》曰：“左之左之，君子宜之；右之右之，君子有之。”[③]此言君子能以义屈信变应故也。

【注释】

①义：通“议”，议论。

②信：通“伸”，伸展。

③“《诗》曰”句：见《诗经·小雅·裳裳者华》。

【译文】

君子崇尚别人的道德，宣扬他人的美德，这不是阿谀奉承；匡扶正义，勇于指出他人的过错，这不是诽谤污蔑；说自己道德高尚，可以和舜、禹相比拟，和天地相并列，这并不是荒诞不羁；在形势不利的时候能屈能伸，柔顺得好像芦苇蒲草一样，这不是胆小怯懦；刚强猛毅，勇往直前，任何时候都不屈服，这不是骄傲狂暴。这是君子根据道义随机应变，懂得依据形势能屈能伸的缘故。《诗经》中说：“该在左就在左，君子在左无不可；该在右就在右，君子在右也常有。”这就是说君子用道义来融会贯通权变的缘故。

【原文】

君子，小人之反也[1]。君子大心则天而道[2]，小心则畏义而节；知则明通而类，愚则端悫而法；见由则恭而止，见闭则敬而齐；喜则和而理，忧则静而理；通则文而明，穷则约而详。

小人则不然，大心则慢而暴，小心则淫而倾；知则攫盗而渐[3]，愚则毒贼而乱；见由则兑而倨[4]，见闭则怨而险；喜则轻而翾[5]，忧则挫而慑；通则骄而偏，穷则弃而儑[6]。传曰："君子两进，小人两废。"此之谓也。

【注释】

①反：与"对"相对。

②"天而道"前当补一"敬"字（王念孙说）。

③攫：夺。渐：奸诈。

④兑：通"悦"。

⑤翾：通"儇"，轻佻。一说，急躁的意思。

⑥儑：通"隰"，卑下。

【译文】

君子，与小人恰恰相反。君子大的方面敬天道，小的方面也知道义和礼节；有智慧的明白事理而融会贯通，愚笨的端正诚信而遵守法纪；如果被任用，就会恭敬而不放纵；如果不被任用，就会肃静而庄重；如果高兴了，就会平和而守礼；如果忧愁了，就会冷静而理智；如果显贵了，就会文雅而明智；如果困窘了，就会自我约束而明察事理。

小人则不是这样，如果心往大的方面用，就会傲慢而粗暴；如果心往小的方面用，就会邪恶而倾轧别人；如果聪明，就会巧取豪夺而用尽心机；如果愚钝，就会狠毒残忍而作乱；如果被任用，就会高兴而傲慢；如果不被任用，就会怨恨而险恶；如果高兴了，就会轻浮而急躁；如果忧愁了，就会垂头丧气而心惊胆战；如果显贵了，就会骄横而弄权；如果困窘了，就会自暴自弃而神情沮丧。古书上说："君子在不同的情况下都会进步，小人在不同的情况下都会堕落。"说的就是这个道理。

【原文】

君子治治[①]，非治乱也。曷谓邪？曰：礼义之谓治，非礼义之谓乱也。故君子者，治礼义者也，非治非礼义者也。然则国乱将弗治与？曰：国乱而治之者，非案乱而治之之谓也[②]，去乱而被之以治；人污而修之者，非案污而修之之谓也，去污而易之以修。故去乱而非治乱也，去污而非修污也。治之为名，犹曰君子为治而不为乱，为修而不为污也。

【注释】

①治：治理，管理。治，治理得好，太平。与“乱”相对。

②案：通“按”，按照，依据。

【译文】

君子治理安定有序的国家，不治理混乱的国家。这是什么意思呢？回答是：合乎礼仪叫作安定，不合礼仪叫作混乱。所以，君子治理符合礼仪的国家，不治理不符合礼仪的国家。那么，国家混乱就不治理了吗？回答是：国家混乱而去治理，并不是在混乱的基础上去治理它，而是要先除去混乱，再给它加上秩序以治理。就像人的外表或思想肮脏了去整治他一样，并不是在他肮脏的基础上去整治他，而是先去掉肮脏换上美好的外表或思想。所以，除去混乱并不等于治理混乱，除去肮脏并不等于整治肮脏。治理作为一个概念，就等于说，君子治理安定的国家而不治理混乱的国家，做美好的事而不做肮脏的事一样。

【原文】

君子絜其辩而同焉者合矣[①]，善其言而类焉者应矣。故马鸣而马应之[②]，非知也，其势然也。故新浴者振其衣，新沐者弹其冠，人之情也。其谁能以己之潐潐[③]，受人之掝掝者哉[④]！

【注释】

①絜：通“洁”。辩：当为“身”字（卢文弨说）。

②此句下当脱“牛鸣而牛应之”六字（同上）。

③潐潐：明察。

④掝掝：不明。

【译文】

君子洁身自好，那么志同道合的人就会聚集过来；言论美好，那么有相同观点的人就会响应。所以，马叫就有马来应和，牛叫就有牛来应和，并不是因为它们有智慧，而是客观形势就这样。所以，刚洗过澡的人会抖抖自己的衣服，刚洗过头的人会弹弹自己的帽子，这是人之常情。谁愿意以自己的明察接受别人的昏昧呢！

【原文】

君子养心莫善于诚，致诚则无它事矣，唯仁之为守，唯义之为行。诚心守仁则形，形则神，神则能化矣；诚心行义则理，理则明，明则能变矣。

变化代兴[①]，谓之天德[②]。天不言而人推高焉，地不言而人推厚焉，四时不言而百姓期焉。夫此有常，以至其诚者也。君子至德，嘿然而喻[③]，未施而亲，不怒而威。夫此顺命，以慎其独者也。善之为道者，不诚则不独，不独则不形，不形则虽作于心，见于色，出于言，民犹若未从也[④]，虽从必疑。

天地为大矣，不诚则不能化万物；圣人为知矣，不诚则不能化万民；父子为亲矣，不诚则疏；君上为尊矣，不诚则卑。夫诚者，君子之所守也，而政事之本也。唯所居以其类至[⑤]，操之则得之，舍之则失之。操而得之则轻，轻则独行，独行而不舍则济矣。济而材尽，长迁而不反其初，则化矣。

【注释】

①变：改变旧质叫作“变”。化：使人向善叫作“化”。这种除旧布新的德行交相为用，就像天道阴阳更替一般，所以称为“天德”。

②天德：阴阳交替，四时运兴，合乎自然规律的德行。

③嘿：同“默”，不说话。

④若：然。

⑤唯所居以其类至：指天地诚则能化万物，圣人诚则能化万民，父子诚则亲，君上诚则尊。

【译文】

君子修养身心莫过于诚信，诚信做到极致就万事大吉了。只要保持一颗仁爱之心，行为符合道义就行了。真心实意地坚持仁德，仁德就会在行为上表现出来，仁德在行为上表现出来，就显得神明，显得神明就能感化别人了；真心实意地奉行道义，就会变得理智，理智就能明察事理，明察事理就能改造别人了。

改造感化轮流起作用，就叫作天德。上天不说话而人们都推崇它的高远，大地不说话而人们都推崇它的深厚，四季不说话而人们都知道春、夏、秋、冬的变换。这些都是有了常规而让人感到诚信。君子有了极高的德行，虽然沉默不言，人们也都明白；没有施舍，人们却亲近他；不用发怒，就很威严。这是因为君子顺从了天道，因而能在独自一人时也谨慎不苟。君子之道是这样改造感化人的：如果不真诚，就不能慎独；不能慎独，道义就不能在日常行动中表现出来；道义不能在日常行动中表现出来，那么即使发自内心，表现在脸色上，发表在言论中，人们仍然不会顺从他；即使顺从他，也会迟疑不决。

天地是最大的，不真诚就不能化育万物；圣人是最明智的，不真诚就不能感化万民；父子之间是最亲密的，不真诚就会疏远；君主是最尊贵的，不真诚就会受到鄙视。真诚是君子的操守，也是政事的根本。只有真诚，同类才会聚拢过来；保持真诚，才会获得同类的认可；丢掉真诚，就会失去同类。保持真诚并获得了同类，那么感化他们就容易了；感化他们容易了，那么慎独的风气就能流行了；慎独的风气流行了再紧抓不放，那么所做的事情就会成功了。事情成功了，他们的才能就会完全发挥出来，永远前进而不后退，人们就完全被感化了。

【原文】

君子位尊而志恭，心小而道大，所听视者近而所闻见者远。是何邪？则操术然也。故千人万人之情，一人之情是也；天地始者，今日是也；百王之道，后王是也。君子审后王之道而论于百王之前，若端拜而议[①]。推礼义之统，分是非之分，总天下之要，治海内之众，若使一人，故操弥约而事弥大。五寸之矩，尽天下之方也。故君子不下室堂而海内之情举积此者，则操术然也。

【注释】

①拜：当为“拱”字（王念孙说）。

【译文】

君子的地位尊贵而内心恭敬，心虽小但志向却很远大，能听到、看到的很近，但见多识广。这是为什么呢？是由于君子掌握了一定的方法。所以，那成千上万人的心情，和一个人的心情是一样的；天地开辟时的情况，和今天是一样的；百代帝王的统治之道，和后代的帝王是一样的。因此，君子考察了当代帝王的统治方法，再去考察上百代帝王之前的政治措施，就像端坐拱手来议论一样从容不迫。推究礼义的纲领，分清是非，总揽天下的要领，用来治理天下的民众，就像役使一个人一样。所以，掌握的方法越简约，能办成的事业就越大。就像拿着只有五寸长的曲尺，就能画出天下所有的方形一样。所以，君子不用走出厅堂，而天下的情况就都聚集在他这里了，这是因为他掌握了事物的方法和规律。

【原文】

有通士者，有公士者，有直士者，有悫士者，有小人者。上则能尊君，下则能爱民，物至而应，事起而辨[①]，若是，则可谓通士矣。不下比以暗上，不上同以疾下[②]，分争于中，不以私害之，若是，则可谓公士矣。身之所长，上虽不知，不以悖君[③]；身之所短，上虽不知，不以取赏[④]，长短不饰，以情自竭，若是，则可谓直士矣。庸言必信之，庸行必慎之，畏法流俗而不敢以其所独甚[⑤]，若是，则可谓悫士矣。言无常信，行无

常贞，唯利所在，无所不倾，若是，则可谓小人矣。

【注释】

①辨：通“办”，治理。

②疾：伤害，非难。

③悖：掩蔽，引申为隐瞒。

④以：为。

⑤甚：当为“是”字（王念孙说）。

【译文】

有通达事理的人，有公正无私的人，有耿直爽快的人，有拘谨老实的人，还有小人。上能尊敬君主，下能爱抚民众，事情来了能应付，事情发生了能处理，像这样的人就可以称为通达事理的人。不在下面互相勾结去愚弄君主，不向上迎合君主去残害臣民，有了分歧争执，不因为个人的利益去陷害他人，像这样的人就可以称为公正无私的人。本身的长处，君主即使不知道，也不因此怨恨；本身的短处，君主即使不知道，也不靠它骗取奖赏；长处短处都不加掩饰，将真实的情况主动地说出来，像这样的人就可以称为耿直爽快的人。说一句平常的话也一定诚实可信，做一件平常的事也一定小心谨慎，不敢独行而效法流行的习俗，也不敢自以为是做特别爱好的事，像这样的人就可以称为拘谨老实的人。说话不讲信用，行为经常不忠贞，唯利是图，无所不作，像这样的人就可以称为小人。

【原文】

公生明，偏生暗，端悫生通①，诈伪生塞，诚信生神，夸诞生惑。此六生者，君子慎之，而禹、桀所以分也。

【注释】

①通：通达。

【译文】

公正会产生明察，偏私会产生愚昧，端正谨慎会产生通达，欺诈虚伪会产生闭塞，真诚忠厚会产生神明，荒诞不羁会产生惑乱。这六种情况，君子要谨慎地对待，这也是禹和桀不同的地方。

【原文】

欲恶取舍之权：见其可欲也，则必前后虑其可恶也者；见其可利也，则必前后虑其可害也者；而兼权之，孰计之[①]，然后定其欲恶取舍。如是，则常不失陷矣。凡人之患，偏伤之也。见其可欲也，则不虑其可恶也者；见其可利也，则不顾其可害也者。是以动则必陷，为则必辱，是偏伤之患也。

【注释】

①孰：同“熟”，周密，详细。

【译文】

喜欢还是厌恶、获取还是舍弃的衡量标准是：看见喜欢的东西，就必须前前后后考虑一下它令人厌恶的一面；看到有利可图的事情，就必须前前后后考虑一下它的危害性；权衡两方面的利害，深思熟虑，然后决定是追求还是厌恶、是获取还是舍弃。像这样，就不会陷于被动的局面了。大多数人的祸患，往往是片面性害了自己。一看见喜欢的东西，就不考虑它可恶的一面；一看到有利可图的事情，就不考虑它危害的一面。因此，行动起来必然出错，做事必然受辱，这是片面性造成的祸患。

【原文】

人之所恶者，吾亦恶之。夫富贵者则类傲之[①]，夫贫贱者则求柔之[②]，是非仁人之情也，是奸人将以盗名于晻世者也[③]，险莫大焉。故曰：盗名不如盗货。田仲、史鳝不如盗也[④]。

【注释】

①类：皆，都。

②求：务。

③晻：同“暗”。

④田仲：又叫“陈仲子”，战国时齐国人，其兄在齐国做官，他认为兄之禄为不义之禄，兄之室为不义之室，便离兄独居，不食兄禄，故以廉洁清高著称。史鳝：字子鱼，故又叫“史鱼”，春秋时卫国大夫，曾屡谏卫灵公罢免弥子瑕，卫灵公不听，临死时叫儿子不要入殓，以尸谏灵公来尽忠，后人称之为“尸谏”，孔子称其正直。

【译文】

别人厌恶的人，我也厌恶。对富贵的人一律傲视，对贫贱的人一味屈就，这并不是仁人应该采取的态度，这只是奸恶之徒在黑暗的乱世中沽名钓誉的一种做法，用心险恶极了。所以说：“盗取名誉的人还不如盗窃财物的人。”田仲、史鳝连盗贼还不如呢。

荣辱第四

【题解】

本篇主要阐述荀子的荣辱观。荀子认为君子、小人都好荣恶辱，其自身的行为是招致荣辱的主要原因，它不是先天的，而是后天自身修养的结果。

【原文】

憍泄者①，人之殃也。恭俭者，偋五兵也②。虽有戈矛之刺，不如恭俭之利也。故与人善言，暖于布帛③；伤人之言，深于矛戟。故薄薄之地④，不得履之，非地不安也。危足无所履者⑤，凡在言也。巨涂则让⑥，小涂则殆，虽欲不谨，若云不使⑦。

【注释】

①憍：同“骄”，自高自大。泄：通“媟”，轻慢，傲慢，不庄重。

②偋：同“屏”，屏除，却。五兵：古代的五种兵器，刀、剑、矛、戟、矢，泛指古代的五种兵器。偋五兵：指免除杀身之祸。

③布帛：麻布和丝织品，此指衣服。

④薄薄：磅礴，广大无边的样子。之：当作“以”（王念孙说）。

⑤危足：侧足。

⑥涂：同“途”。让：通“攘”，扰攘，拥挤。

⑦云：有。此句承上句，“不使”下省去“不谨”两字。

【译文】

骄傲轻慢，这是人的祸患；恭敬谦逊，可以避免杀身之祸。即使有戈矛的尖刺，也不如用恭敬谦逊来感化人对自己更有利。所以，和别人说话恭敬，比给他穿件衣服还温暖；用恶语伤人，比用戈矛刺痛得还深。因此，广袤的大地，却不能走在上面，并不是地面不平。踮着脚尖没有地方可以立足的原因，都是说话伤人的缘故。大路很拥挤，小路又危险，即使想不谨慎，也是不可能的。

【原文】

快快而亡者，怒也；察察而残者，忮也[①]**；博而穷者，訾也**[②]**；清之而俞浊者**[③]**，口也；豢之而俞瘠者，交也；辩而不说者**[④]**，争也；直立而不见知者，胜也；廉而不见贵者，刿也；勇而不见惮者**[⑤]**，贪也；信而不见敬者，好剸行也**[⑥]**。此小人之所务而君子之所不为也。**

【注释】

①忮：忌妒，忌恨。

②訾：诋毁。

③俞：通“愈”，更加。

④说：通“悦”。

⑤惮：害怕。

⑥剸：同“专”。

【译文】

图一时的痛快却导致灭亡，是愤怒招致的；明察一切却遭到残害，是忌妒招致的；知识渊博而处境困窘，是毁谤招致的；想要好的名声却名声更坏，是口舌招致的；款待别人而交情却越来越淡薄，是待人接物不当招致的；能言善辩而不被人喜欢，是争执招致的；立身正直而不被人理解，是好胜招致的；廉洁正直却不受人尊重，是尖刻伤人招致的；勇猛无比而不被人敬畏，是贪婪招致的；恪守信用而不受人尊敬，是独断专行招致的。这些都是小人作为，君子是不会做的。

【原文】

斗者，忘其身者也，忘其亲者也，忘其君者也。行其少顷之怒而丧终身之躯，然且为之，是忘其身也；家室立残，亲戚不免乎刑戮，然且为之，是忘其亲也；君上之所恶也，刑法之所大禁也，然且为之，是忘其君也。

忧忘其身，内忘其亲，上忘其君，是刑法之所不舍也，圣王之所不畜也。乳彘触虎[①]，乳狗不远游，不忘其亲也。人也，忧忘其身，内忘其亲，上忘其君，则是人也而曾狗彘之不若也。

【注释】

①宋浙刻本作“乳彘不触虎”。

【译文】

争斗的人，忘记了自己的身体，忘记了自己的亲人，忘记了自己的君主。发泄一时的愤怒，却丧失了自己的生命，然而还是这样做，这便是忘记了自己的身体；家庭立刻破裂，亲人不免受到刑法的惩罚，然而还是这样做，这便是忘记了自己的亲人；争斗是君主厌恶的，也是刑法所不允许的，然而还是这样做，这便是忘记了自己的君主。

就可忧虑的事来说，是忘记了自身；从家庭来说，是忘记了亲人；对上来说，是忘记了君主；这是刑法所不能赦免的，也是圣君所不容忍的。哺乳期的母猪不去触犯老虎，喂奶的母狗不到远处游逛，这是因为它们没忘记自己的亲骨肉。作为一个人，忘记了自身，忘记了亲人，忘记了君主，这种人连猪狗都不如。

【原文】

凡斗者，必自以为是而以人为非也。己诚是也，人诚非也，则是己君子而人小人也，以君子与小人相贼害也。忧以忘其身，内以忘其亲，上以忘其君，岂不过甚矣哉！是人也，所谓“以狐父之戈钃牛矢”也[①]。将以为智邪？则愚莫大焉。将以为利邪？则害莫大焉。将以为荣邪？则

辱莫大焉。将以为安邪？则危莫大焉。人之有斗，何哉？我欲属之狂惑疾病邪[②]，则不可，圣王又诛之。我欲属之鸟鼠禽兽邪，则不可，其形体又人，而好恶多同。人之有斗，何哉？我甚丑之！

【注释】

①狐父：古代地名，在今安徽砀山附近，以出产优质的戈著名。镉：刺或砍。

②属：归。

【译文】

凡是喜欢打架斗殴的人，一定认为自己是对的而别人是错的。即使自己的确是对的，别人的确是错的，那也是把自己当作君子而把别人当作小人了。这就是以君子的身份去和小人互相残害了。忧患忘记了自身，对内忘记了亲人，对上忘记了君主，这难道不是大错特错吗？这种人，就是平常所说的“用狐父生产的利戈来刺牛粪”。能说他聪明吗？其实没有比这更愚蠢的了。能说他有利吗？没有比这更有害的了。能说他光荣吗？没有比这更可耻的了。能说他安全吗？没有比这更危险的了。

人们打架斗殴，到底是为了什么呢？我想把这种行为归于疯狂、迷乱等精神病吧，但不行，因为圣王又要诛杀他们。我想把他们归到鸟鼠等禽兽一类，但又不行，因为他们的形体还是人，而且爱憎也和大多数人相同。那么人们斗殴争斗的原因究竟是为什么呢？我很鄙视这种行为。

【原文】

有狗彘之勇者，有贾盗之勇者，有小人之勇者，有士君子之勇者[①]：争饮食，无廉耻，不知是非，不辟死伤[②]，不畏众强，恈恈然唯利饮食之见[③]，是狗彘之勇者也。为事利，争货财，无辞让，果敢而振[④]，猛贪而戾，恈恈然唯利之见，是贾盗之勇也。轻死而暴，是小人之勇也。义之所在，不倾于权，不顾其利，举国而与之不为改视，重死持义而不桡[⑤]，是士君子之勇也。

【注释】

①士君子：有志向、操守、学问的人。

②辟：通“避”，躲避。

③恈恈然：眼睛放光，形容非常贪婪的样子。利：当为衍文（王引之说）。

④振：当为“很”字（同上）。

⑤桡：屈从。

【译文】;

有狗和猪的勇敢，有商人和盗贼的勇敢，有小人的勇敢，有士君子的勇敢：争抢吃喝，没有廉耻，不分是非，不顾死伤，不怕众人的强大，贪婪得只看到吃喝，这是狗和猪的勇敢；做事贪图利益，争夺财物，毫不谦让，行动果敢而狠毒，凶猛、贪婪而暴戾，只看到利益，这是商人、盗贼的勇敢；轻视死亡而又残暴，这是小人的勇敢；合乎道义的事情，不屈服于权势，不计较自己的利益，即使把整个国家给他也不改变观点，虽然看重生命，但坚持正义而不屈不挠勇于献身，这是士君子的勇敢。

【原文】

鲦𩵾者①，浮阳之鱼也，胠于沙而思水②，则无逮矣。挂于患而欲谨，则无益矣。自知者不怨人，知命者不怨天，怨人者穷，怨天者无志。失之己，反之人，岂不迂乎哉！

【注释】

①鲦𩵾：鱼名。

②胠：通“阹”，遮拦。

【译文】

鲦𩵾，是喜欢浮出水面感受阳光的鱼，一旦搁浅在沙滩上再想回到水里，已经来不及了。遭受灾祸而再想谨慎，已经没用了。有自知之明的人不埋怨别人，知道命运的人不埋怨上天，埋怨别人的人就会困窘，埋怨上天的人没有见识。失误在自己，却反过来责难别人，难道不是离事实太远了吗？

【原文】

荣辱之大分，安危利害之常体：先义而后利者荣，先利而后义者辱；荣者常通，辱者常穷；通者常制人，穷者常制于人，是荣辱之大分也。材悫者常安利，荡悍者常危害；安利者常乐易，危害者常忧险；乐易者常寿长，忧险者常夭折，是安危利害之常体也。

夫天生蒸民，有所以取之。志意致修，德行致厚，智虑致明，是天子之所以取天下也。政令法，举措时，听断公，上则能顺天子之命，下则能保百姓，是诸侯之所以取国家也。志行修，临官治，上则能顺上，下则能保其职，是士大夫之所以取田邑也。循法则、度量、刑辟、图籍，不知其义，谨守其数，慎不敢损益也，父子相传，以持王公，是故三代虽亡，治法犹存，是官人百吏之所以取禄秩也。孝弟原悫①，軥录疾力②，以敦比其事业而不敢怠傲③，是庶人之所以取暖衣饱食，长生久视，以免于刑戮也。饰邪说，文奸言，为倚事，陶诞、突盗④，惕、悍、憍、暴⑤，以偷生反侧于乱世之间，是奸人之所以取危辱死刑也。其虑之不深，其择之不谨，其定取舍楛僈⑥，是其所以危也。

【注释】

①弟：同“悌”。原：同“愿”，诚实。

②軥录：劳碌的意思。

③敦：治。比：通“庀”，治理。

④陶诞：欺诈荒诞。陶，通“謟”，荒诞，虚妄。

⑤惕：放荡。

⑥楛僈：轻率。僈，轻慢。

【译文】

光荣、耻辱的根本区别，安危、利害的一般情形是：以道义为先而以利益为后的就光荣，以利益为先而以道义为后的就耻辱；光荣的人常常显达，耻辱的人常常穷困；显达的人常常统治别人，穷困的人常常被人统治。这是光荣和耻辱的区别。纯朴的人常常安全受益，放荡凶悍的人常常危险受害；安全受益的人常常快乐平和，危险受害的人常常忧愁不安；欢乐平和的人常常长寿，忧愁不安的人常常夭折，这是安危利害的一般情形。

上天生下众民，都有取得各自地位的道理。思想感情极其美好，德行极其忠厚，智虑极其高明，这是天子取得天下的原因。政令合乎法度，措施合乎时宜，处理事情公正，对上能顺从天子的命令，对下能保护百姓，这是诸侯取得国家的原因。志向和行为美好，为官善于治理，对上能顺从国君，对下能坚守职位，这是士大夫取得田地封邑的原因。遵守法令、度量、刑法、地图和户籍，即使不了解它们的意义，也严格地遵守它们的规定，小心地不敢增减，代代相传，来扶持王公，因此夏、商、周三代虽然灭亡了，它们的政策法令仍然存在着，这是各级官吏取得俸禄职位的原因。孝顺父母、尊敬兄长，忠厚诚实，勤劳努力，从事他的事业而不敢轻慢，这是老百姓穿得暖吃得饱，健康长寿，避免刑法杀戮的做法。粉饰异端邪说，美化邪恶的言论，干荒诞不经的事情，这是奸邪的人所招致危险、耻辱、死刑的原因。他们考虑问题不深入，选择不慎重，决定自己的取舍时太轻率，这是他们所以危险的原因。

【原文】

材性知能[①]，君子小人一也。好荣恶辱，好利恶害，是君子小人之所同也，若其所以求之之道则异矣。小人也者，疾为诞而欲人之信己也[②]，疾为诈而欲人之亲己也，禽兽之行而欲人之善己也。虑之难知也，行之难安也，持之难立也，成则必不得其所好[③]，必遇其所恶焉。

故君子者，信矣，而亦欲人之信己也；忠矣，而亦欲人之亲己也；修正治辨矣[④]，而亦欲人之善己也。虑之易知也，行之易安也，持之易立也，成则必得其所好，必不遇其所恶焉。是故穷则不隐，通则大明，身死而名弥白。小人莫不延颈举踵而愿曰："知虑材性，固有以贤人矣[⑤]！"夫不知其与己无以异也，则君子注错之当[⑥]，而小人注错之过也。故孰察小人之知能[⑦]，足以知其有馀，可以为君子之所为也。譬之越人安越，楚人安楚，君子安雅[⑧]，是非知能材性然也，是注错习俗之节异也。

仁义德行，常安之术也，然而未必不危也；污僈、突盗[⑨]，常危之术也，然而未必不安也。故君子道其常而小人道其怪。

【注释】

①知：通“智”。

②疾：极力。

③成：终。

④辨：通“辩”（办），治理。

⑤贤：胜过。

⑥注错：安排措置。注，投。错，通“措”，措置。

⑦孰：同“熟”。

⑧雅：通“夏”，华夏，指中国（中原地区）。

⑨污僈：也作“污漫”，污秽奸诈卑鄙的意思。僈，通“漫”。

【译文】

资质、秉性、智力和才能，君子和小人是一样的。爱好荣誉、厌恶耻辱，喜欢利益、憎恶祸害，君子和小人是相同的，至于他们所求得荣誉、利益的途径就不同了。那些小人，极力做荒诞的事情却还要别人相信自己，尽力欺诈却还要别人亲近自己，所作所为如禽兽一般却还要别人赞美自己。他们心怀叵测，做起事来诡诈多端，自己坚持的一套难以站得住脚，最终就一定不能获得荣誉和利益，而必然会遭受耻辱和祸害。

至于君子，以诚待人，也希望别人相信自己；对别人忠诚，也希望别人亲近自己；善良正直而处理事务适宜，也希望别人赞美自己。他们品行端正，办事稳妥，坚持的主张容易得到别人的认可，结果就一定能够得到荣誉和利益，一定不会遭受耻辱和祸害。所以他们穷困时名声也不会被埋没，通达时名声就会十分显赫，死了以后会更加辉煌。小人无不伸长脖子踮起脚尖而羡慕地说：“这些人的智慧、思想、资质、本性，肯定有超过别人的地方啊！”其实，他们不知道君子的资质才能与自己并没有什么不同，只是君子将它用得恰当，而小人将它用错了。所以，仔细考察一下小人的智慧、才能，就能够知道他们的资质是可以绰绰有余地做君子所做的一切的。这好像越国人习惯于越国，楚国人习惯于楚国，君子习惯于华夏，这并不是智慧、才能、资质、本性造成的，而是对其资质才能的使用以及习俗节制的不同所造成的。

仁义和道德，这是能得到永久安全的办法，然而不一定就不发生意外；污浊卑鄙、强取豪夺，这是经常会遭受危险的根源，然而不一定不会安全。所以，君子遵循正常的途径，小人遵循诡异怪癖的途径。

【原文】

凡人有所一同：饥而欲食，寒而欲暖，劳而欲息，好利而恶害，是人之所生而有也，是无待而然者也，是禹、桀之所同也。目辨白黑美恶，耳辨音声清浊[①]，口辨酸咸甘苦，鼻辨芬芳腥臊，骨体肤理辨寒暑疾养[②]，是又人之所常生而有也，是无待而然者也，是禹、桀之所同也。可以为尧、禹，可以为桀、跖，可以为工匠，可以为农贾，在势注错习俗之所积耳[③]，是又人之所生而有也，是无待而然者也，是禹、桀之所同也。[④]

为尧、禹则常安荣，为桀、跖则常危辱；为尧、禹则常愉佚，为工匠、农贾则常烦劳。然而人力为此而寡为彼，何也？曰：陋也。尧、禹者，非生而具者也，夫起于变故，成乎修修之为[⑤]，待尽而后备者也。

【注释】

①音声：《礼记·乐记》（郑玄注），宫、商、角、徵、羽，杂比曰音，单出曰声。

②理：皮肤上的纹理。养：通“痒”。

③势：无实义，当为衍文（王先谦说）。

④“是又人”三句：当为衍文（王念孙说）。

⑤修之：此二字疑为衍文（俞樾说）。

【译文】

大凡人都有相同的地方：饥饿了就想吃东西，寒冷了就想暖和，劳累了就想休息，喜欢利益而厌恶祸害，这是人生下来就会有的本性，不需要学习也是这样的，这是禹和桀所相同的。眼睛能分辨黑白美丑，耳朵能分辨声音的清浊，嘴巴能分辨酸甜苦咸，鼻子能分辨芳香恶臭，身体肌肤能分辨热冷痛痒，这也是人生下来就具有的本性，是不需要学习的，这也是禹、桀所共有的。

人可以成为尧、禹，也可以成为桀、跖，可以成为工匠，也可以成为农民和商人，这都是人们的行为举止和习惯长期积累形成的。成为尧、禹就会常常安乐光荣，成为桀、跖就会经常危险耻辱；成为尧、禹就会常常安逸，成为工匠、农民、商人就会常常烦恼劳累。然而人们极力做烦恼劳累的事而很少做欢乐安逸的事，为什么呢？回答是：由于他们浅陋无知啊！尧、禹这样的人，并不是生下来就具备圣人品德的，而是从经历各种患难开始，成功于长期的身心修养，等把原有的恶劣本性去掉之后，才具备圣人高尚的品德啊！

【原文】

人之生固小人，无师无法则唯利之见耳。人之生固小人，又以遇乱世，得乱俗，是以小重小也，以乱得乱也。君子非得势以临之，则无由得开内焉①。

今是人之口腹，安知礼义？安知辞让？安知廉耻隅积②？亦呥呥而嚌③，乡乡而饱已矣④。人无师无法，则其心正其口腹也。

今使人生而未尝睹刍豢稻粱也⑤，惟菽藿糟糠之为睹⑥，则以至足为在此也。俄而粲然有秉刍豢稻粱而至者，则瞲然视之曰⑦：“此何怪也？”彼臭之而无嗛于鼻⑧，尝之而甘于口，食之而安于体，则莫不弃此而取彼矣。

今以夫先王之道，仁义之统，以相群居，以相持养，以相藩饰，以相安固邪？以夫桀、跖之道，是其为相县也⑨，几直夫刍豢稻粱之县糟糠尔哉！然而人力为此而寡为彼，何也？曰：陋也。陋也者，天下之公患也，人之大殃大害也。故曰：仁者好告示人。告之示之，靡之儇之⑩，鈆之重之⑪，则夫塞者俄且通也，陋者俄且僩也⑫，愚者俄且知也。是若不行，则汤、武在上曷益⑬？桀、纣在上曷损？汤、武存则天下从而治，桀、纣存则天下从而乱。如是者，岂非人之情固可与如此，可与如彼也哉！

【注释】

①内：同“纳”。

②隅积：指大道的局部和整体。

③呥呥：与“冉冉”同源，慢慢咀嚼的样子。噍：咀嚼。

④乡：通“芗”，谷类的香气。

⑤刍豢：牛羊猪狗等。吃草料的牛羊之类为“刍”，吃粮食的猪狗为“豢”。

⑥菽藿：豆和豆叶。

⑦瞲然：惊奇的样子。

⑧无：当为衍字（王念孙说）。嗛：快，满足。

⑨县：远，差距。

⑩靡：积。儇：积。

⑪鈆：亦作“铅”，通“沿”，遵循。下同。

⑫僩：宽大。

⑬汤：商汤，姓子，名履，又称“成汤”，率部灭掉了夏桀，建立了商朝。武：周武王，姓姬，名发，周文王之子，打败了商纣，建立了周朝。

【译文】

人的天性，本来就是性恶的小人，假如没有老师的教导，没有法度的约束，就只会看到财利。人的天性本来就是性恶的小人，又因为生在乱世，沾染了恶俗，这样，就在卑鄙的本性上又加重了卑鄙，使恶劣的资质又染上了恶劣的习俗。君子如果不用道义来引导他们，那就没有办法打开他们的心智来引导他们向善了。

人们只知道喂饱嘴巴和肠胃，哪里懂得什么礼节道义？哪里懂得什么推辞谦让？哪里懂得什么廉耻、大道的局部和整体？不过是知道慢吞吞地咀嚼东西、香喷喷地吃饱罢了。人若没有老师的教导，没有法度的约束，那么他的心灵也就完全和他的嘴巴肠胃一样只知道吃喝了。

现在假如人生下来之后从来没有见过牛羊猪狗等肉食和稻米谷子等细粮，只见过豆叶之类的蔬菜和糟糠之类的粗食，那就会认为最满意的食物就是这些东西了。但是如果忽然有个拿着肉食和细粮的人来到你跟前，他就会瞪着眼睛惊奇地说："这东西多奇怪呀！"去闻闻它，鼻子里闻到好的味道，嘴巴尝尝它，嘴巴里香香甜甜的，吃了它，身体感到很舒服；那就没有谁不抛弃这豆叶糟糠之类的东西而求取那些肉食和细粮了。

现在，我们是用那古代圣王的办法和仁义的纲领，来协调人们的关系，帮助人们相互照顾，帮助人们得到服饰，帮助人们获得安定团结呢？还是用夏桀、盗跖的办法呢？这两种办法是相差悬殊的，它们岂只是那肉食细粮和豆叶糟糠的区别吗？然而人们竭力来运用夏桀、盗跖的方法，而很少去运用古代圣王的方法，这是为什么呢？我说：这是浅陋无知的缘故。浅陋无知，是天下人的通病，是人们的大灾难。所以说：讲究仁德的人喜欢把道理告诉给别人，做榜样给别人看，使他们顺从，使他们明智，使他们遵循仁义之道，向他们反复重申，使那些闭塞的人很快会开窍，见识浅陋的人很快就会眼界开阔，愚蠢的人很快就会聪明了。如果不这样做，那商汤、武王即使处在君主的位上又有什么好处？夏桀、商纣王这样的暴君处在君主的位上又有什么损害？商汤、武王在，那么天下随之而安定；夏桀、商纣王在，那么天下就混乱。这样看来，岂不是人们的性情本来可以这样，也可以那样吗？

【原文】

人之情，食欲有刍豢，衣欲有文绣，行欲有舆马，又欲夫馀财蓄积之富也，然而穷年累世不知不足①，是人之情也。今人之生也，方知蓄鸡狗猪彘，又蓄牛羊，然而食不敢有酒肉；馀刀布，有囷窌②，然而衣不敢有丝帛；约者有筐箧之藏，然而行不敢有舆马。是何也？非不欲也，几不长虑顾后而恐无以继之故也③。于是又节用御欲，收敛蓄藏以继之也，是于己长虑顾后，几不甚善矣哉！

今夫偷生浅知之属，曾此而不知也，粮食大侈，不顾其后，俄则屈安穷矣④，是其所以不免于冻饿，操瓢囊为沟壑中瘠者也⑤。况夫先王之道，仁义之统，《诗》《书》《礼》《乐》之分乎⑥？彼固天下之大虑也，将为天下生民之属长虑顾后而保万世也，其汗长矣，其温厚矣⑦，其功盛姚远矣⑧，非孰修为之君子莫之能知也⑨。故曰：短绠不可以汲深井之泉，知不几者不可与及圣人之言⑩。夫《诗》《书》《礼》《乐》之分，固

非庸人之所知也。故曰：一之而可再也，有之而可久也，广之而可通也，虑之而可安也，反铅察之而俞可好也。以治情则利，以为名则荣，以群则和，以独则足，乐意者其是邪？

【注释】

①不知不足：当作“不知足”（杨倞说）。

②囷：圆形的谷仓。窌：地窖。

③几不：当为衍文（王念孙说）。

④屈：竭尽。

⑤瘠：通“胔”，未完全腐烂的尸体。

⑥分：义，道理。

⑦温：通“蕴”，积蓄。

⑧姚：通“遥”，远。

⑨“孰”前当补一“顺”字（王念孙说）。孰，同“熟”，熟悉，精通。

⑩几：尽。

【译文】

人之常情，吃东西都希望有美味佳肴，穿衣服都希望有锦绣绸缎，出行都希望有车马四驾，家境都希望财富充足富裕。然而即使这样，他们一年年，一代代，还是不知足，这就是人们贪婪的常情。人们活着，刚刚知道畜养鸡狗猪，又要畜养牛羊，然而吃饭却不敢有酒肉；有剩余的财富钱财，又有粮仓地窖，但是穿衣却不敢穿丝绸巾帛；人们拥有一箱箱贵重的物品，但出行却不敢乘用车马。这是为什么呢？这并不是他们不想这么做，而是从长远打算，害怕以后没有财物继续维持生活的缘故啊。于是，省吃俭用、抑制欲望、收敛财物、储存粮食，以便继续维持以后的生活，这种长远的打算，顾及今后的生活，岂不是很好吗？

那些苟且偷生、浅陋无知的人，竟连这种道理都不懂。他们极度浪费粮食，不顾及以后的生活，很快就把财物消耗殆尽而陷入了困境。这就是他们不免挨冻受饿的原因，只好拿着讨饭的瓢、背着布袋沿街乞讨，最终成为山沟中的饿死鬼。他们连自己怎样过日子都不懂，更何况是那些古代圣王的思想，仁义的纲领，《诗经》《尚书》《礼记》《乐记》经典的道理呢？那些原则、纲领之类，本来就是治理天下的重大谋略，是为天下人民深思熟虑的，为了天下人民的长治久安的；它源远流长，积蓄丰厚，功业无穷。如果不是谨慎、熟练、精通、学习它的君子，是不能够理解它的。所以说：短绳不能用来汲取深井中的泉水，智慧达不到的人就不能和他谈论圣人的言论。《诗经》《尚书》《礼记》《乐记》中的道理，本来就不是平庸人所能理解的，所以说：精通了其一，才可以精通其二；掌握了它才可以长期拥有它，将它推而广之，就可以触类旁通；按照它去谋划，才可以平安无事；始终遵循它、观察事物，才会把事情做好。用它陶冶情操，才能够从中受益；用它博取名声，才会感到荣耀；用它来和众人相处，才能够和睦融洽；即使用它来独善其身，也能够心情愉悦，其乐无穷。大概就是这样的吧。

【原文】

夫贵为天子，富有天下，是人情之所同欲也。然则从人之欲则势不能容①，物不能赡也②。故先王案为之制礼义以分之，使有贵贱之等，长幼之差，知愚、能不能之分，皆使人载其事而各得其宜，然后使悫禄多少厚薄之称，是夫群居和一之道也。

故仁人在上，则农以力尽田，贾以察尽财，百工以巧尽械器，士大夫以上至于公侯，莫不以仁厚知能尽官职，夫是之谓至平。故或禄天下而不自以为多，或监门、御旅、抱关、击柝而不自以为寡③。故曰："斩而齐④，枉而顺⑤，不同而一⑥。"夫是之谓人伦。《诗》曰⑦："受小共大共，为下国骏蒙。"此之谓也。

【注释】

①势不能容：因为天子只能有一个，所以说"势不能容"。

②物不能赡：因为只有天子才能拥有天下，所以说"物不能赡"。

③御旅：旅店负责迎接的人。御，通"迓"，迎接。柝：巡夜打更用的梆子。

④斩：通"儳"，不整齐，指有等级的差别。齐：指有条不紊的社会

秩序。

⑤枉：曲，委屈，指人们受到礼义的约束。顺：《臣道篇》：“从命而利君谓之顺。”

⑥不同：指职分不同。

⑦“《诗》曰”句：见《诗经·商颂·长发》。共，通“拱”，法度。骏蒙，笃厚。

【译文】

贵为天子，富有天下，这是人情共同追求的。然而，顺从人们的欲望，是客观形势所不能容许的，从物质上也是不能满足的。所以，古代的圣君给人们制定了礼义来区别他们，使人们有高贵低贱的等级，有年龄长幼的差别，有聪明与愚蠢、贤能与无能的区别；使每个人各尽其才、各得其所，然后俸禄的厚薄与其地位和工作相称，这就是使整个社会和谐一致的办法。

所以，仁德的人处在统治者的地位，农民就会竭尽全力种好庄稼，商人就会把自己的聪明才智全部用在理财上，各行各业的工匠们就会把技能全部用在制造机械上，士大夫以上的直到王公侯伯，没有不以仁义忠厚聪明才智尽职尽责的，这就称之为天下大治。所以，有人拥有天下也不认为自己拥有多，有人看守城门、招待旅客、守卫关卡、巡夜打更，也不认为自己拥有少。所以说：“有了参差不齐才能达到整齐，有了枉曲不直才能归于顺，有了不同才能归于统一。”这就是人理伦常。《诗经》中说：“接受小的法度和大的法度，才能庇护各国诸侯。”说的就是这个道理。

非相第五

【题解】

本篇用大量的事实，对相术进行了批评，指出“相形不如论心，论心不如择术”的道理，进而要求人们以礼规范自己的行为，严格遵守封建等级秩序。

【原文】

相人，古之人无有也，学者不道也。古者有姑布子卿[①]，今之世，梁有唐举[②]，相人之形状颜色而知其吉凶妖祥，世俗称之。古之人无有也，学者不道也。故相形不如论心，论心不如择术[③]。形不胜心，心不胜术[④]。术正而心顺之，则形相虽恶而心术善，无害为君子也；形相虽善而心术恶，无害为小人也。君子之谓吉，小人之谓凶。故长短、小大、善恶形相，非吉凶也。古之人无有也，学者不道也。

【注释】

①姑布子卿：姓姑布，字子卿，春秋时郑国人，曾给孔子和赵襄子看过相。

②梁：魏国。公元前361年，魏惠王迁都大梁（今开封），故魏国也称梁国。唐举：战国时魏国（即梁）人，善于看相的人，曾看过李兑、蔡泽的相。

③论：察。择：区别，引申为鉴别。

④心不胜术：荀子认为，人性本恶，必须经常用礼义之道（“术”）来改造思想（“心”），所以说“心不胜术”。

【译文】

以人的容貌来判断人的命运，古代是没有的，有见识的学者也不谈论这种事情。古代有个叫姑布子卿的人，现在魏国有个叫唐举的人，都声称根据人的容貌来推算此人的祸福吉凶，世人都称道他们的相术。古代是没有的，有见识的学者也不谈论这种事情。

所以，观察一个人的相貌不如考察他的思想，考察他的思想不如鉴别他立身处世的方法原则。相貌不如思想重要，思想不如立身处世的方法原则重要。立身处世的方法正确而思想又顺应了它，那么相貌即使丑陋但思想美好，也不会妨碍他成为君子；相貌即使好看而思想行为恶劣，也不能掩盖他为小人。君子就是吉祥，小人就是凶险。所以，高矮、大小、相貌的美丑，都和吉凶没有关系。古人没有这种事，有见识的学者也不谈论这种事。

【原文】

盖帝尧长，帝舜短，文王长①，周公短②，仲尼长③，子弓短④。昔者卫灵公有臣曰公孙吕⑤，身长七尺，面长三尺，焉广三寸⑥，鼻目耳具，而名动天下。楚之孙叔敖⑦，期思之鄙人也⑧，突秃长左，轩较之下⑨，而以楚霸。叶公子高⑩，微小短瘠，行若将不胜其衣。然白公之乱也⑪，令尹子西、司马子期皆死焉⑫；叶公子高入据楚，诛白公，定楚国，如反手尔，仁义功名善于后世。故事不揣长，不挈大⑬，不权轻重，亦将志乎尔。长短、大小、美恶形相，岂论也哉！

【注释】

①文王：周文王，姓姬，名昌，商朝时周部落的领袖，周武王之父，以贤明著称。

②周公：周文王的儿子，武王的弟弟，成王的叔叔，姓姬，名旦，因采邑封地在周（今陕西岐山县东北），故称之为周公。他曾辅佐周武王灭商，有功而受封于鲁，但他未到封地而留在京都辅佐周成王执政，是著名的贤臣，有“周公吐哺，天下归心”的美名。

③仲尼：孔子（前551—前479），名丘，字仲尼，儒家学派的创始人。

④子弓：孔子的弟子，姓冉，名雍，字仲弓。

⑤卫灵公：名元，春秋时卫国国君。公孙吕：人名。事迹不详。

⑥焉：通“颜”，额。

⑦孙叔敖：春秋时楚庄王的宰相，辅助楚庄王成就了霸业。

⑧期思：楚国邑名。在今河南淮滨县东南。

⑨轩较：古代士大夫以上乘坐的车。轩，车前的直木。较，车前的横木。

⑩叶公子高：姓沈，名诸梁，字子高，春秋时楚国大夫。因封地在叶（今河南叶县），楚国大夫僭越称公，故称“叶公”。

⑪白公之乱：公元前479年，白公以献战利品为名，带兵入郢，杀了子西、子期，劫走惠王，史称“白公之乱”。事见《左传·哀公十六年》。白公，名胜，楚平王之孙。

⑫令尹：古时掌管行政的最高长官。子西：公子申，楚平王的儿子。司马：古时掌管军事的最高长官。子期：公子结，楚平王的儿子。

⑬揳：同“絜”，度量，估计。

【译文】

据说帝尧个子高，帝舜个子矮；周文王个子高，周公旦个子矮；孔子个子高，冉雍个子矮。从前，卫灵公有个臣子叫公孙吕，身高七尺，脸长三尺，额宽三寸，鼻子、眼睛、耳朵都很平常，而他却名动天下。楚国的孙叔敖，是期思这个地方的老百姓，头顶秃，左手长，坐在车上还没有车前的横木高，但他却使楚国称霸诸侯。叶公子高，弱小矮瘦，走路时好像支撑不住自己的衣服似的。但是，白公作乱的时候，令尹子西、司马子期都死在白公的手中；叶公子高领兵入楚，杀掉白公，安定楚国，就像把手反过来一样容易，他的仁义功名被后人所赞美。所以，对于士人，不是去看他的个子的高矮，不是去看他的胖瘦，不是去称量他身体的轻重，而只能看他的志向高低。高矮、大小、美丑等形体相貌方面的问题，哪能用来评判人呢？

【原文】

且徐偃王之状[①]，目可瞻马；仲尼之状，面如蒙倛[②]；周公之状，身如断菑[③]；皋陶之状[④]，色如削瓜；闳夭之状[⑤]，面无见肤；傅说之状[⑥]，身如植鳍[⑦]；伊尹之状[⑧]，面无须麋[⑨]；禹跳，汤偏，尧、舜参牟子[⑩]。从者将论志意，比类文学邪？直将差长短，辨美恶，而相欺傲邪？

【注释】

①徐偃王：西周时徐国国君，其人偃仰而不能俯，故谓之“偃王”。他自称为王，所以周王命楚国消灭了他。徐，诸侯国名，地处今安徽泗县一代。

②蒙倛：古时驱疫避邪用的一种假面具。

③菑：立着的枯树。

④皋陶：传说是东夷族的部落首领，曾被舜任命为掌管刑法的官，后助禹有功，被禹选为继承人，因早死，未继位。

⑤闳夭：周文王的大臣，周文王被殷纣王囚于羑里时，他曾设法解救。

⑥傅说：商王武丁的相。

⑦植鳍：竖起的鱼鳍，这里指驼背。植，立。

⑧伊尹：商汤王的相，他辅佐商汤灭了夏桀。

⑨麋：通“眉”。

⑩牟：通“眸”。

【译文】

而且徐偃王的相貌奇特，眼睛只能看到远处的马；孔子的脸好像蒙上一个丑恶难看的驱疫辟邪的面具；周公旦的身体好像一棵折断的枯树；皋陶的脸色就像削去了皮的瓜那样呈青绿色；闳夭的相貌，鬓须多得看不见皮肤；傅说的身体好像竖着的鱼鳍；伊尹的脸上没有胡须眉毛。禹瘸着腿走路，汤半身偏枯，舜的眼睛里有两个并列的瞳仁。学者应考察他们的志向思想，比较他们的学识呢？还是只区别他们的高矮，分辨他们的美丑来互相欺骗、傲视呢？

【原文】

古者桀、纣长巨姣美，天下之杰也；筋力越劲[①]，百人之敌也。然而身死国亡，为天下大僇[②]，后世言恶则必稽焉[③]。是非容貌之患也，闻见之不众，论议之卑尔。今世俗之乱君[④]，乡曲之儇子[⑤]，莫不美丽姚冶，奇衣妇饰，血气态度拟于女子；妇人莫不愿得以为夫，处女莫不愿得以为士，弃其亲家而欲奔之者，比肩并起。然而中君羞以为臣，中父羞以为子，中兄羞以为弟，中人羞以为友，俄则束乎有司而戮乎大市，莫不呼天啼哭，苦伤其今而后悔其始。是非容貌之患也，闻见之不众，论议之卑尔。然则从者将孰可也？

【注释】

①越劲：敏捷有力。

②僇：通“戮”，耻辱。

③稽：考，引证。

④乱君：疑当为“乱民”（俞樾说）。

⑤儇子：轻薄巧慧的人。

【译文】

古时候，夏桀、商纣王魁梧英俊，是天下相貌出众的人；他们体魄强壮，足可以抵挡上百人。然而却身死国亡，为天下人所耻笑，后世说到坏人就一定会拿他们做例证。这显然不是容貌造成的祸患啊，这是相面人的孤陋寡闻，见识浅陋，行为卑下所致的缘故。现在世俗的乱民，乡里的轻薄少年，个个美丽妖艳，穿着奇装异服，像妇女那样装饰打扮自己，精神状态模仿妇女；妇女没有谁不想得到这样的人做丈夫，姑娘没有谁不想得到这样的人做未婚夫，甚至抛弃了自己的父母亲人而想和他们私奔的女人，比比皆是。然而一般的国君都羞于把这种人作为臣子，一般的父亲都羞于把这种人当作儿子，一般的哥哥都羞于把这种人当作弟弟，一般的人都羞于把这种人当作朋友。不久，当这种人被官吏绑了去而在大街闹市中杀头时，追随他们的妇女无不呼天喊地号啕大哭，痛恨自己今天的下场和悔恨自己当初所作所为。这并不是容貌造成的祸患啊！

而是见识浅陋，行为卑下所致。既然这样，那么在以相貌论人与思想论人两者之间，将选择哪一种意见呢？

【原文】

人有三不祥：幼而不肯事长，贱而不肯事贵，不肖而不肯事贤，是人之三不详也。人有三必穷：为上则不能爱下，为下则好非其上，是人之一必穷也。乡则不若①，偝则谩之②，是人之二必穷也。知行浅薄，曲直有以相县矣③，然而仁人不能推，知士不能明④，是人之三必穷也⑤。人有此三数行者，以为上则必危，为下则必灭。《诗》曰："雨雪瀌瀌，宴然聿消。莫肯下隧，式居屡骄。"⑥此之谓也。

【注释】

①乡：通"向"，面对面。若：顺。

②偝：同"背"。

③有：通"又"。县：通"悬"，差距，远。

④知：通"智"。明：尊。

⑤三：疑为衍文（王引之说）。

⑥"《诗》曰"句：见《诗经·小雅·角弓》。瀌瀌，雪下得大的样子。宴然，日出天晴的样子。宴，通"曣"，日出。聿，语助词。隧，通"坠"。

【译文】

人有三种不吉利的事：年幼的不肯侍奉年长的，卑贱的不肯侍奉尊贵的，没有德才的不肯侍奉贤能的，这是人的三种不祥。人有此三种不祥，必然会陷于穷困的事：作为君主却不能爱护臣民，作为臣民却喜欢非议君王，这是人们必然陷于穷困的第一种情况；当面不顺从，背后又毁谤，这是人们必然陷于穷困的第二种情况；知识浅陋，德行不厚，辨别是非曲直的能力又与人相差悬殊，但对仁爱之人却不能推崇，对明智之士却不能尊重，这是人们必然陷于穷困的第三种情况。人有了这三不祥、三必穷的行为，当君主就必然危险，做臣民就必然灭亡。《诗经》中说："大雪纷纷漫天飘，太阳出来便融消。人却不肯屈下位，在位却又常骄傲。"说的就是这种人。

【原文】

人之所以为人者，何已也[①]？曰：以其有辨也。饥而欲食，寒而欲暖，劳而欲息，好利而恶害，是人之所生而有也，是无待而然者也，是禹、桀之所同也。

然则人之所以为人者，非特以二足而无毛也，以其有辨也。今夫狌狌形笑[②]，亦二足而毛也[③]，然而君子啜其羹，食其胾[④]。故人之所以为人者，非特以其二足而无毛也，以其有辨也。夫禽兽有父子而无父子之亲，有牝牡而无男女之别[⑤]，故人道莫不有辨。

【注释】

①已：同“以”。

②狌狌：猩猩。形笑：疑为“形状”（俞樾说）。笑，通“肖”，似。

③“毛”前疑脱一“无”字（同上）。

④胾：大块的肉。

⑤牝牡：雌雄。

【译文】

人之所以称为人，到底是根据什么来确定的呢？我说：这是因为人有区别事物的能力。饿了就想吃饭，冷了就想取暖，累了就想休息，喜欢得利而厌恶受害，这是人与生俱来的本性，是无师自通、不学自会的，它是禹、桀所相同的。

然而，人之所以称为人，并不只是因为人有两只脚、身上无毛，而是因为人有区别事物的能力。猩猩的形状与人相似，也是两只脚、脸上无毛，可是人却品尝它的肉羹，吃它的肉。所以人之所以称为人，并不是因为他们有两只脚而脚底无毛，而是因为人有区别事物的能力。禽兽有父子，却没有父子亲情；有雄雌，却没有男女的界限。所以为人之道，就在于对事物有所区别。

【原文】

辨莫大于分[①]，分莫大于礼，礼莫大于圣王。圣王有百，吾孰法焉？

故曰[②]：文久而息[③]，节族久而绝[④]，守法数之有司极礼而褫[⑤]。故曰：欲观圣王之迹，则于其粲然者矣，后王是也。彼后王者，天下之君也。舍后王而道上古，譬之是犹舍己之君而事人之君也。故曰：欲观千岁则数今日，欲知亿万则审一二，欲知上世则审周道，欲知周道则审其人所贵君子。故曰：以近知远，以一知万，以微之明。此之谓也。

【注释】

①分：名分，指各种和人或物的名称所相应的职分、地位、等级、权力、身份、亲疏、关系等，也就是人或物的一种规定。

②故：则。疑为衍文（王念孙说）。

③文：文采，花纹，引申指表现义的礼仪制度，如表示等级制度的车制、旗章、服饰、各种礼节仪式等。

④族：通“奏”。

⑤极礼：远于礼。极，远。礼，疑为衍文（俞樾说）。褫：废弛。

【译文】

人与人之间的区别没有比等级名分更重要的了，等级名分没有比礼法更重要的了，礼法没有比圣明的帝王更重要的了。圣明的帝王有上百个，我们效法哪一个呢？所以说：礼仪制度因为年代久远而湮没了，音乐的节奏因为年代久远而失传了，掌管礼的官吏因为年代久远也废弛了。所以说：想要考察圣王的事迹，就要考察其中最显著的人物，这就是后代帝王实施的治国之道。所谓的后代帝王，就是现在统治天下的君王；舍弃了后代的帝王而去称道上古的帝王，这就好像舍弃了自己的君主去侍奉别国的君主。所以说：要想考察千年的往事，就要仔细审视现在；要想知道万事万物，就要弄清楚一两件事物；要想知道上古的社会情况，就要审视现在周王朝的治国之道；要想知道周王朝的治国之道，就要审查他们所尊重的君子。所以说：由近及远，见一知万，见微知著，见暗知明，把握事物的规律。说的就是这个道理。

【原文】

夫妄人曰："古今异情，其以治乱者异道[①]。"而众人惑焉。彼众人者，愚而无说，陋而无度者也。其所见焉，犹可欺也，而况于千世之传也！妄人者，门庭之间，犹可诬欺也，而况于千世之上乎！

圣人何以不欺[②]？曰：圣人者，以己度者也。故以人度人，以情度情，以类度类，以说度功，以道观尽，古今一度也[③]。类不悖，虽久同理，故乡乎邪曲而不迷[④]，观乎杂物而不惑，以此度之。

五帝之外无传人[⑤]，非无贤人也，久故也。五帝之中无传政，非无善政也，久故也。禹、汤有传政而不若周之察也，非无善政也，久故也。传者久则论略，近则论详，略则举大，详则举小。愚者闻其略而不知其详，闻其详而不知其大也[⑥]，是以文久而灭，节族久而绝。

【注释】

①"以"前当脱一"所"字（王念孙说）。

②"欺"前当脱一"可"字（王念孙说）。

③度：当为衍文（同上）。

④乡：通"向"。

⑤五帝：传说中的黄帝、颛顼、帝喾、唐尧、虞舜。

⑥详：疑当为"小"字（王念孙说）。

【译文】

那些狂妄无知的人说："古今情况不同，所以古代安定、现在混乱，是因为治国之道不同。"于是众人迷惑不解。那些一般人，才性愚昧而说不出道理，见识浅陋而不能判断是非。他们亲眼看见的东西，尚且受人欺骗，更何况是几千年前的传闻呢！那些狂妄的骗子，就是近在门庭之间的事，还可以欺骗人，更何况是几千年之前的事情呢！

圣人为什么不能被欺骗呢？回答是：圣人能根据自身的经验来判断事物。所以说，根据自身推断他人，根据现代的人情推断古代人情，根据某一类事物推断同类的事物，根据言论去推断个人的功业，根据事物的普遍规律去观察一切事物，这些无论古今，都是一样的。只要是同类而不相互违背的事物，那么即使相隔很久，它们的基本性质还是相同的，所以圣人不会被歪理邪说所迷惑，不会被观察复杂的事物困惑，这是因为圣人能按照事物的规律去衡量它们。

在黄帝、颛顼、帝喾、唐尧、虞舜，这五位帝王之前没有流传到后世的人和事，并不是那时没有贤能的人，而是时间太久未能流传下来的缘故。在五帝中没有流传到后世的政治措施，并不是他们没有好的政治措施，而是时间太久未能流传下来的缘故。夏禹、商汤虽然有流传到后世的政治措施，但又不及周代的清楚，并不是他们没有好的政治措施，而是时间太久未能流传下来的缘故。流传的东西时间一长，谈论起来就简略了；近代的事情，谈论起来才比较详尽。简略的，就只能列举它的大概；详尽的，才能列举它的细节。愚蠢的人听了大略不知道详情，听到了细节却不知道大要。所以，礼仪制度由于年代久远而湮没了，音乐节奏也由于年代久远而失传了。

【原文】

凡言不合先王，不顺礼义，谓之奸言，虽辩，君子不听。法先王，顺礼义，党学者[①]，然而不好言，不乐言，则必非诚士也。故君子之于言也[②]，志好之，行安之，乐言之。故君子必辩。凡人莫不好言其所善，而君子为甚。故赠人以言，重于金石珠玉；观人以言[③]，美于黼黻、文章[④]；听人以言，乐于钟鼓琴瑟。故君子之于言无厌。鄙夫反是，好其实，不恤其文，是以终身不免埤污佣俗[⑤]。故《易》曰："括囊，无咎无誉。"[⑥]腐儒之谓也。

【注释】

①党：亲近。

②言：一说当为"善"字（王引之说）。

③观：当为"劝"字（王念孙说）。

④黼黻：古代礼服上所绣的花纹，黑白相间的叫黼，青黑相间的叫黻，青赤相间的叫文，赤白相间的叫章。

⑤埤：通"卑"，低下。佣：平庸，庸俗。

⑥"《易》曰"句：见《周易·坤卦》。括，扎结。

【译文】

只要说的话不符合古代圣王的道德原则、不遵循礼义的，就叫作邪说；即使说得动听，君子也不会听从。效法古代圣王，遵循礼义，亲近有学识的人，但是不喜欢谈论，不乐意谈论，那也一定不是真诚的学士。所以，君子对于正确的学说，心里喜欢它，行动上一定遵循它，乐意谈论它。所以，君子一定是能言善辩的。人们没有不喜欢谈论自己认为好的东西，而君子更是这样。所以，君子把道理赠送给别人，觉得比赠送金石珠玉还要贵重；把道理讲给别人听，觉得比让人观看礼服上的彩色花纹还要美好；把道理讲给别人听，觉得比让人听琴瑟还要快乐。所以，君子对于道理的谈论永不厌倦。鄙陋的小人与此相反，他们只注重实惠，而不顾及文采，因此一辈子也免不了鄙陋庸俗。所以，《易经》中说："就像扎住了口的袋子，既没有责怪，也没有赞誉。"说的就是这种迂腐的儒生。

【原文】

凡说之难[①]，以至高遇至卑，以至治接至乱。未可直至也，远举则病缪[②]，近世则病佣[③]。善者于是间也，亦必远举而不缪，近世而不佣，与时迁徙，与世偃仰，缓急嬴绌[④]，府然若渠匽檃栝之于己也[⑤]，曲得所谓焉，然而不折伤。

故君子之度己则以绳[⑥]，接人则用抴[⑦]。度己以绳，故足以为天下法则矣。接人用抴，故能宽容，因求以成天下之大事矣[⑧]。故君子贤而能容罢[⑨]，知而能容愚，博而能容浅，粹而能容杂，夫是之谓兼术。《诗》曰："徐方既同，天子之功。"[⑩]此之谓也。

【注释】

①说：劝说。

②缪：通"谬"，荒谬。

③世：当为"举"字（俞樾说）。下同。

④嬴：通"赢"，盈余。绌：屈，不足。

⑤府：通"俯"。渠匽：拦水坝。匽，通"堰"。檃栝：矫正曲木的

工具。

⑥度：法度，规范。此处作动词。

⑦枻：通“栧”，短桨。这里指船。

⑧求：当为“众”字之误（王念孙说）。

⑨罢：通“疲”，疲弱，无能。

⑩“《诗》曰”句：见《诗经·大雅·常武》。徐方，徐国，诸侯国名，地处今安徽泗县一带。

【译文】

大凡劝说人的难处是：用最高深的道理去劝说那些最卑鄙的人，用治世的道理去改变最混乱的局面。这不能直接达到目的，因为列举远古的例子就会陷于荒谬，列举近代的事例就会陷于庸俗。善于劝说的人选择两者之间，一定会做到列举远古的例子而不荒谬，列举近代的例子而不庸俗；随着世俗的变化而抑扬；言语缓急、多寡，都能应付自如，就像阻拦流水的渠坝、矫正曲木的工具那样得当；婉转得当，恰如其分地说给了对方听，但是又不能挫伤对方。

所以，君子严于律己像木工用墨线来取直一样，待人用心引导像艄公用舟船来接客一样。用墨线似的准则严于律己，足以成为天下人效法的榜样；待人像舟船接客一样耐心，足以显示宽容大度，就能够依靠众人成就天下大业。所以，君子贤能而能容纳无能的人，聪明而能容纳愚昧的人，博学而能容纳浅陋的人，纯粹而能容纳驳杂的人，这就叫作兼容并包。《诗经》中说：“徐国已经来归顺，这是天子的功劳。”说的就是这个道理。

【原文】

谈说之术：矜庄以莅之，端诚以处之，坚强以持之，分别以喻之[①]，譬称以明之，欣驩芬芗以送之[②]，宝之珍之，贵之神之，如是则说常无不受。虽不说人，人莫不贵，夫是之谓为能贵其所贵[③]。传曰：“唯君子为能贵其所贵。”此之谓也。

【注释】

①分别：应与下文的“譬称”互换（王念孙说）。

②驩：通“欢”。芬芗：和气。芗，香。

③为：当为衍文（王引之说）。

【译文】

劝说人的方法是：以严肃庄重的态度去面对他，以端庄诚恳的态度去对待他，以坚定刚强的信心去扶持他，用比喻的方法去启发他，用事例分析的方法来开导他，用和颜悦色的表情来温暖他，使自己的劝说显得格外宝贵、珍重、神奇。像这样劝说人，就容易被接受，即使不使人高兴，也会得到别人的尊重。这就叫作能使自己重视的东西得到尊重。古书上说：“只有君子才能使自己所珍重的东西得到珍重。”说的就是这个道理。

【原文】

君子必辩。凡人莫不好言其所善，而君子为甚焉。是以小人辩言险而君子辩言仁也。言而非仁之中也，则其言不若其默也，其辩不若其呐也[①]；言而仁之中也，则好言者上矣，不好言者下也。故仁言大矣。起于上所以道于下，正令是也；起于下所以忠于上，谋救是也。故君子之行仁也无厌[②]。志好之，行安之，乐言之，故言君子必辩。小辩不如见端，见端不如见本分[③]。小辩而察，见端而明，本分而理，圣人士君子之分具矣。

【注释】

①呐：同“讷”，不善于讲话，语言迟钝。

②厌：满足。

③见：当为衍文（王引之说）。分：名分，此指身份、资格、地位。

【译文】

君子一定是能言善辩的人。一般人没有不喜欢谈论自己喜欢的东西，而君子更胜过一般人。小人能说会道，是具有险恶用心的；而君子能言善辩，是怀有仁义之心的。说起话来如果不符合仁爱之道，那么开口说话还不如沉默不语，能说会道还不如笨嘴拙舌；说起话来如果符合仁爱之道，那么喜欢谈说的人就是上等的了，而不喜欢谈说的人就是下等的了。所以，合乎仁爱之道的言论是十分重要的。这种言论产生于君主而用来指导臣民的，就是政策和命令；产生于臣民而用来效忠于君主的，就是建议与劝谏。所以，君子奉行仁爱之道从不厌倦，心里喜欢它，行动上遵循它，乐意谈论它，所以说君子一定是能言善辩的人。辩论细节不如揭示头绪，揭示头绪不如揭示固有的名分。辩论细节能发现问题，揭示头绪能说明问题，根据固有的本分能够做到有条理，那么就起到圣人、士君子的作用了。

【原文】

有小人之辩者，有士君子之辩者，有圣人之辩者：不先虑，不早谋，发之而当，成文而类①，居错迁徙②，应变不穷，是圣人之辩者也。先虑之，早谋之，斯须之言而足听，文而致实③，博而党正④，是士君子之辩者也。听其言则辞辩而无统，用其身则多诈而无功，上不足以顺明王，下不足以和齐百姓，然而口舌之均，噡唯则节⑤，足以为奇伟偃却之属⑥，夫是之谓奸人之雄。圣王起，所以先诛也，然后盗贼次之。盗贼得变，此不得变也。

【注释】

①成：通“盛”。

②居错：通“举措”，举起与安置，即采取措施，这里指措辞。迁徙：变动。

③致实：诚实。

④党：通“谠”，正直。

⑤噡：同“谵”，多言。唯：惟若，少言。节：有节制，适度。

⑥偃却：同“偃蹇”，高耸，骄傲，引申为出众。

【译文】

有小人式的辩说，有士君子式的辩说，有圣人式的辩说：不预先考虑，不早做谋划，一发言就很得当，既富有文采，又合乎礼法，措辞和改换话题，都能随机应变而不会穷于应答，这是圣人式的辩说。预先考虑好，及时谋划好，语言简短而动听，既有文采又细密实在，既渊博又公正，这是士君子式的辩说。听他说话夸夸其谈而没有逻辑，任用他做事则诡诈多端而没有功效，上不能顺从英明的帝王，下不能团结百姓，但是他们讲话却很有分寸，或夸夸其谈，或唯唯诺诺，调节得宜；这类人足以靠口才而自夸自傲，可称之为坏人中的奸雄。圣明的帝王一上台，这种人是首先要杀掉的，镇压盗贼还在其次。因为盗贼还能够转变，而这种人是不可能悔过自新的。

非十二子第六

【题解】

本篇对于了解先秦诸子流派及其思想的评价，具有学术价值。文中列举了六种学说，十二个代表人物，并逐一进行了评判。

【原文】

假今之世[①]，饰邪说，文奸言，以枭乱天下[②]，矞宇嵬琐[③]，使天下混然不知是非治乱之所存者有人矣。

【注释】

①假今之世：如今之世，指战国时代。假，如。

②枭：通“挠”，扰。

③矞宇：谲诡。矞，通“谲”，诡诈。宇，通“讦”，虚夸，夸大。嵬：通“傀”，怪诞，怪异，险诈。琐：卑微。

【译文】

如今这个时代，以粉饰邪恶的学说，美化奸诈的言论，来搞乱天下，欺骗愚昧人民，用诡诈、夸大、怪异、猥琐的言论，使天下人混混沌沌，不知道是非标准治乱原因的，这样的人有很多。

【原文】

纵情性，安恣睢[①]，禽兽行，不足以合文通治；然而其持之有故，

其言之成理，足以欺惑愚众，是它嚣、魏牟也[②]。

【注释】

①恣睢：放纵。

②它嚣：人名，生平不详。魏牟：战国时魏国的公子牟，《汉书·艺文志》将其归入道家，著录有《公子牟》四篇。

【译文】

放纵性情，恣意汪洋，肆无忌惮而又心安理得，行为像禽兽一样，谈不上遵循礼义，也达不到治国的目的。但他们的立论却有根有据，解说论点时又头头是道，足以欺骗愚昧民众。它嚣、魏牟就是这样的人。

【原文】

忍情性，綦谿利跂[①]**，苟以分异人为高**[②]**，不足以和大众、明大分**[③]**；然而其持之有故，其言之成理，足以欺惑愚众，是陈仲、史䲡也**。

【注释】

①綦谿：指在人生的道路上节制自己而只在小路上行走。綦，一只脚瘸了而踮着脚走路。谿，通"蹊"，小路。利跂：指背离世俗而独行。利，通"离"。跂，通"企"，立，踮起脚尖。

②苟：苟且，不正当，指不合礼义。分异人："分于人、异于人"，与别人区别、与别人不同。

③大分：这里指忠孝的大义。

【译文】

抑制性情，偏离大道，离世独行，不循礼法，追求标新立异，不能和大众打成一片，不能彰明忠孝大义；但是，他们立论时却有根有据，解说论点时又头头是道，足以欺骗蒙蔽人民大众。陈仲、史䲡就是这种人。

【原文】

不知壹天下、建国家之权称[①]，上功用、大俭约而僈差等[②]，曾不足以容辨异、县君臣[③]；然而其持之有故，其言之成理，足以欺惑愚众，是墨翟、宋钘也[④]。

【注释】

①权称：等于说“权衡”，即秤，喻指法度。权，秤锤。称，同“秤”。

②上：同“尚”。大：重视。僈：轻慢。

③县：悬殊。

④墨翟：战国初鲁国人，一说宋国人，墨家学派的创始人，主张“节用”“节葬”，反对礼乐，主张“兼爱”“平等”等主张。宋钘：战国时宋人，又称宋荣子，主张禁欲，认为人的本性是少欲的。

【译文】

不懂得统一天下、建立国家的法度，崇尚功利实用，重视节俭而轻慢等级差别，甚至不容许人与人之间有分别和差异的存在，也不让君臣之间有上下悬殊；但是他们立论时却有根有据，解说论点时又头头是道，足以用来欺骗蒙蔽人民大众。墨翟、宋钘就是这种人。

【原文】

尚法而无法，下修而好作[①]，上则取听于上，下则取从于俗，终日言成文典，反紃察之[②]，则倜然无所归宿[③]，不可以经国定分；然而其持之有故，其言之成理，足以欺惑愚众，是慎到、田骈也[④]。

【注释】

①下修：当作“不循”（王念孙说）。

②紃察：循省审察。紃，通“循”。

③倜然：远离的样子，形容迂阔而远离实际。

④田骈：战国时齐国人，与慎到同为早期法家代表人物。

【译文】

推崇法治但又没有法度，鄙视贤能的人而喜欢自作主张，上则听从君主，下则依从世俗，整天谈论制定礼义法典，但如果反复考查这些典制，就会发现它们虚无缥缈、不切实际，不能用来治理国家、确定名分；但他们立论时却有根有据，解说论点时又言之有理，足以用来欺骗蒙蔽民众。慎到、田骈就是这种人。

【原文】

不法先王，不是礼义，而好治怪说，玩琦辞[①]，甚察而不惠[②]，辩而无用，多事而寡功，不可以为治纲纪；然而其持之有故，其言之成理，足以欺惑愚众，是惠施、邓析也。

【注释】

①琦：通“奇”。

②惠：当为“急”字（王念孙说）。

【译文】

不效法古代圣明的帝王，不遵循礼义，而喜欢钻研奇谈怪论，玩弄奇异的词语，这种理论非常精辟但毫无用处，雄辩动听但不切合实际，做了很多事但功效却很少，不可以作为治国的纲领；但是他们立论时却有根有据，解说论点时又头头是道，足以用来欺骗蒙蔽民众。惠施、邓析就是这种人。

【原文】

略法先王而不知其统，犹然而材剧志大[①]，闻见杂博。案往旧造说[②]，谓之五行[③]，甚僻违而无类[④]，幽隐而无说，闭约而无解，案饰其辞而祇敬之曰[⑤]：“此真先君子之言也。”子思唱之[⑥]，孟轲和之[⑦]，世俗之沟犹瞀儒[⑧]，嚾嚾然不知其所非也[⑨]，遂受而传之，以为仲尼、子游为兹厚于后世[⑩]，是则子思、孟轲之罪也。

【注释】

①材：通“才”，剧：繁多。

②案：通“按”。

③五行：五常，仁、义、礼、智、信。

④僻违：邪僻。类：法。

⑤案：语助词。祗：恭敬。

⑥子思：孔子的孙子，名伋，字子思，战国时鲁国人，儒家代表人物之一，著有《中庸》一书，被称为“述圣”。

⑦孟轲：孟子，字子舆，是子思学生的学生，战国中期邹国人，是孔子之后儒家的重要代表人物，著有《孟子》一书，被称为“亚圣”。

⑧沟、犹、瞀：都是愚昧的意思。

⑨嚾嚾然：喧嚣的样子。

⑩子游：当为“子弓”之误（郭嵩焘说）。

【译文】

大致上能够效法古代圣明的帝王，然而却不知道他们的要领，还自以为才华横溢、志向远大、见闻丰富广博。根据传统的旧学说来创新新说，把它称为“五行”，非常怪癖悖理而不符合礼法，幽深隐微而难以讲说，晦涩难懂而无从解释，却还粉饰他们的言论而郑重其事地说：“这正是先师孔子的言论啊！”子思倡导、孟轲附和，社会上愚昧无知的儒生七嘴八舌地称颂而不知道他们的错误，于是就接受了这种学说而传授它，以为是孔子、子弓立此学说，被后代所推崇。这就是子思、孟轲的罪过了。

【原文】

若夫总方略，齐言行，壹统类，而群天下之英杰而告之以大古[①]，教之以至顺[②]；奥窔之间[③]，簟席之上[④]，敛然圣王之文章具焉[⑤]，佛然平世之俗起焉[⑥]；六说者不能入也，十二子者不能亲也；无置锥之地，而王公不能与之争名，在一大夫之位，则一君不能独畜[⑦]，一国不能独容；成名况乎诸侯[⑧]，莫不愿以为臣[⑨]。是圣人之不得势者也，仲尼、子弓是也。

【注释】

①大古：太古。

②顺：理。

③奥窔：堂室之内。奥，屋子的西南角。窔，屋子的东南角。

④簟席：竹席。

⑤敛然：聚集的样子。

⑥佛然：兴起的样子。佛，通“勃”。平世：政治清明的时代。

⑦一君不能独畜：这种圣人应该是天子的辅佐，所以说“一君不能独畜”。畜，养，任用，君主任用臣子，便用俸禄来养活臣子，所以“畜”即指任用人。

⑧成：通“盛”，盛大。况：益。

⑨“愿”后脱一“得”字（王引之说）。

【译文】

至于总揽治国的方针政策，统一人们的言行，统一治国的纲纪法度，从而会聚天下的英雄豪杰，把上古帝王的业绩告诉人们，教导人们最高的治国道理；在厅堂之内，在竹席之间，圣明帝王的礼义制度集中地具备于此，蓬勃地兴起太平盛世的风俗。上述六种学说不能进入讲堂，十二子也不能接近讲席的。这样的人虽然贫困没有立锥之地，但天子诸侯不能与之竞争名望；他们虽然只是处在一个大夫的职位上，但不是一个诸侯国的国君所能单独任用的，不是一个诸侯国所能单独容纳的，他们的盛名超过诸侯，君王们无不希望他们来当自己的臣子。这是圣人中没有得到权势的人，孔子、子贡就是这样的人。

【原文】

一天下，财万物①，长养人民，兼利天下，通达之属，莫不从服，六说者立息，十二子者迁化，则圣人之得势者，舜、禹是也。今夫仁人也，将何务哉？上则法舜、禹之制，下则法仲尼、子弓之义，以务息十二子之说。如是，则天下之害除，仁人之事毕，圣王之迹著矣②。

【注释】

①财：通“裁”，控制，安排。

②著：明显，显著。

【译文】

统一天下，管理万物，养育人民，使天下人民都得到好处，凡是权力能够达到的地方，没有人不服从，上述六种学说立刻销声匿迹，十二子也弃邪归正。这是圣人中得到了权势的人，舜、禹就是这种人。当今仁德的人该怎么做呢？上应学习舜、禹的政治制度，下应学习仲尼、子贡的道义，以消除上述十二子的学说。这样一来，天下的祸害除去了，仁德的人的事业完成了，圣明帝王的事迹也就彰显了。

【原文】

信信，信也；疑疑，亦信也。贵贤，仁也；贱不肖，亦仁也。言而当，知也；默而当，亦知也。故知默犹知言也。故多言而类①，圣人也；少言而法，君子也；多少无法而流湎然②，虽辩，小人也。故劳力而不当民务谓之奸事，劳知而不律先王谓之奸心，辩说譬谕、齐给便利而不顺礼义谓之奸说。此三奸者，圣王之所禁也。知而险，贼而神，为诈而巧③，言无用而辩，辩不惠而察④，治之大殃也。行辟而坚⑤，饰非而好，玩奸而泽，言辩而逆，古之大禁也。知而无法，勇而无惮，察辩而操僻⑥，淫大而用之⑦，好奸而与众，利足而迷，负石而坠，是天下之所弃也。

【注释】

①故：犹“夫”，发语词。

②流湎：沉湎。

③为：通“伪”，诡诈。

④惠：当为“急”字（王念孙说）。

⑤辟：通“僻”，怪僻，邪僻。

⑥操僻：指上文所说的“治怪说，玩琦辞”。

⑦淫：过分，放荡。大：同“汰”，过分，骄奢。

【译文】

相信可信的东西，是诚实；怀疑可疑的东西，也是诚实。尊重贤能的人，是仁爱；鄙视不贤的人，也是仁爱。说话恰当，是明智；沉默得当，也是明智。所以，懂得沉默等于懂得说话。话说得多，但合于法度，是圣人；话说得少，而又合乎法度，是君子；说得多，却不合乎法度而又滔滔不绝，即使能言善辩，也是小人。用尽力气而不合民众的需求，就叫作奸事；费尽心思而不以古代圣王的法度为准则，就叫作邪心；辩说比喻起来迅速敏捷而不遵循礼义，叫作奸说。这三种奸邪的东西，是圣明的帝王所禁止的。

生性聪明而险恶，手段狠毒而高明，行为诡诈而巧妙，言论不切实际而雄辩动听，辩说毫无用处而明察入微，这些都是政治方面的大祸害。为非作歹而又坚决，文过饰非而似完美，玩弄奸计而圆滑，能言善辩而违反常理，这些是古代的大忌讳。聪明而不守法度，勇敢而肆无忌惮，明察善辩而所持论点邪僻，荒淫骄奢而刚愎自用，喜欢搞阴谋诡计而同党众多，这就像善于奔走而误入迷途，背负着石头而失足深渊，这都是天下人所厌弃的行为。

【原文】

兼服天下之心：高上尊贵不以骄人，聪明圣知不以穷人，齐给速通不争先人，刚毅勇敢不以伤人；不知则问，不能则学，虽能必让，然后为德。遇君则修臣下之义，遇乡则修长幼之义，遇长则修子弟之义，遇友则修礼节辞让之义，遇贱而少者则修告导宽容之义。无不爱也，无不敬也，无与人争也，恢然如天地之苞万物[①]，如是则贤者贵之，不肖者亲之。如是而不服者，则可谓訞怪狡猾之人矣[②]，虽则子弟之中，刑及之而宜。《诗》云：“匪上帝不时，殷不用旧。虽无老成人，尚有典刑。曾是莫听，大命以倾。”[③]此之谓也。

【注释】

①恢然：广大的样子。苞：通“包”。

②讠夭怪：怪异邪恶。讠夭，通“妖”。

③“《诗》云”句：见《诗经·大雅·荡》。殷：殷商，此指殷纣王。老成人：经历多，做事稳重之臣，像商汤的相国伊尹之类。大命：指国家的命运，政权。倾，倾覆。

【译文】

使天下人心悦诚服的办法是：不因高高在上、身份尊贵，而傲视别人；不因聪明睿智、通达事理，而使人难堪；才思敏捷、迅速领悟，但不在别人面前抢先逞能；刚强坚毅、勇敢无畏，但不因此而伤害别人。不懂就请教，不会就学习，即使能够胜任也要谦让，这样才是有德行。看到君王就奉行做臣子的道义，看到乡亲就讲究长幼之间的道德标准，看到父母兄长就遵行子弟的规矩，看到朋友就讲求礼节谦让的规范，看到地位卑贱而年纪幼小的人就实行教导宽容的原则。无所不爱，无所不敬，从不与人争执，心胸宽广得就像天地包容万物一样。这样，就会使贤能的人尊重你，不贤的人亲近你。如果这样还不对你心悦诚服的，那就可以称之为怪异奸猾的人了，即使他在你的亲属子弟之中，刑罚加到他身上也是应该的。《诗经》中说：“并非上天不善良，是纣王不用旧典章。虽然没有老成之臣，还有典章可依循。竟连这个也不听，王朝因此而断送。”说的就是这个道理。

【原文】

古之所谓士仕者[①]，厚敦者也，合群者也，乐富贵者也[②]，乐分施者也，远罪过者也，务事理者也，羞独富者也。今之所谓士仕者，污漫者也，贼乱者也，恣睢者也，贪利者也，触抵者也，无礼义而唯权势之嗜者也。

古之所谓处士者，德盛者也，能静者也，修正者也，知命者也，著是者也。今之所谓处士者，无能而云能者也，无知而云知者也，利心无足而佯无欲者也，行伪险秽而强高言谨悫者也[③]，以不俗为俗，离纵而跂訾者也[④]。

【注释】

①士仕：与下“处士”对应，当为“仕士”（王念孙说）。同下。

②乐富贵：荀子赞成当官者应乐富贵。

③伪：通“为”。

④纵：通“踪”，车迹，踪迹。訾：通“跐”，走路。一说“纵”是放纵的意思，“訾”是诋毁的意思，那么“离纵而跂訾”可译为“背离世俗而放任自己，高人独行而诋毁别人”。

【译文】

古代所谓做官的，都是朴实厚道的人，是和人民打成一片的人，是乐于富贵的人，是乐于施舍的人，是远离罪过的人，是努力按照事理办事的人，是以独自富裕为羞耻的人。现在所谓做官的，都是污秽卑鄙的人，是破坏捣乱的人，是恣肆放荡的人，是贪图私利的人，是触犯法令的人，是不顾礼义而只求权势的人。

古代所说的隐士，是品德高尚的人，是恬淡安分的人，是善良正直的人，是乐天安命的人，是彰明正道的人。现在所说的隐士，是没有才能而自吹有才能的人，是没有智慧而自吹有智慧的人，是欲壑难填而又假装清心寡欲的人，是行为阴险肮脏而又要吹嘘自己谨慎老实的人，是把不同于世俗作为自己的习俗而自命清高的人。

【原文】

士君子之所能不能为：君子能为可贵，不能使人必贵己；能为可信，不能使人必信己；能为可用，不能使人必用己。故君子耻不修，不耻见污；耻不信，不耻不见信；耻不能，不耻不见用。是以不诱于誉，不恐于诽，率道而行[1]**，端然正己，不为物倾侧，夫是之谓诚君子。《诗》云：“温温恭人，维德之基。”**[2]**此之谓也。**

【注释】

①率：循。

②"《诗》云"句：见《诗经·大雅·抑》。

【译文】

士君子所能做和不能做的是：君子能够做到被人尊重，但不能使别人一定尊重自己；能够做到被人相信，但不能使别人一定相信自己；能够做到被人任用，但不能使别人一定任用自己。所以，君子把自己的品德不好看作耻辱，而不把被人污蔑看作耻辱；把自己不诚实看作耻辱，而不把不被信任看作耻辱；把自己无能看作耻辱，而不把不被人任用当作耻辱。因此，君子不被荣誉所诱惑，也不被诽谤所吓退，遵循道义来做事，严肃地端正自己，不被外界事物弄得神魂颠倒，这就叫作真正的君子。《诗经》中说："温良恭俭让的人，是以道德为根本的人。"说的就是这种人。

【原文】

士君子之容：其冠进[①]，其衣逢[②]，其容良，俨然，壮然，祺然，蕼然[③]，恢恢然，广广然，昭昭然，荡荡然，是父兄之容也。其冠进，其衣逢，其容悫，俭然，恀然[④]，辅然，端然，訾然[⑤]，洞然，缀缀然，瞀瞀然，是子弟之容也。

【注释】

①进：通"峻"，高耸状。

②逢：宽大。

③蕼然：宽舒的样子。

④恀然：依顺的样子。

⑤訾然：勤勉的样子。訾，通"孜"，勤勉。

【译文】

士君子的容貌是：帽子戴得高高的，衣服宽宽大大的，面容和蔼可亲，庄重、伟岸、安泰、洒脱、宽宏、开阔、明朗、坦荡，这是做父兄的仪态。帽子高高竖起，衣服宽宽大大，面容谨慎诚恳，谦虚、温顺、亲热、端正、勤勉、恭敬，追随左右而不敢正视，这是子弟应该有的仪态。

【原文】

吾语汝学者之嵬容：其冠絻[①]，其缨禁缓[②]，其容简连；填填然，狄狄然[③]，莫莫然，瞡瞡然[④]，瞿瞿然，尽尽然，盱盱然，酒食声色之中则瞒瞒然，瞑瞑然；礼节之中则疾疾然，訾訾然；劳苦事业之中则儢儢然[⑤]，离离然，偷儒而罔[⑥]，无廉耻而忍諆訽[⑦]，是学者之嵬也。

【注释】

①絻：当为“俛”，俯。

②缨：帽带。禁：通“襟”“紟”，结，系，腰带。

③狄狄然：跳跃的样子。狄，通“趯”，跳跃。

④瞡瞡然：见识短浅的样子。瞡，同“规”。

⑤儢儢：懈怠的样子。

⑥罔：不怕别人议论。

⑦諆訽：同“谿诟”，辱骂。訽，同“垢”，骂。

【译文】

我来告诉你那些学者的丑态：他的帽子戴得很低，帽带束得很松；他的面容傲慢自大，骄傲自满，时而跳来跳去，时而一言不发，或眯起眼睛东张西望，或睁大眼睛盯着不放，似乎要一览无余的样子。在吃喝玩乐的时候，就神情迷乱，沉溺其中；在行礼节的时候，就面有怨色，口出怨言；在劳苦的工作之中，就懒懒散散，躲躲闪闪，苟且偷安而无所顾虑，没有廉耻之心而忍受侮辱谩骂。这就是那些学者的丑态。

【原文】

弟佗其冠[①]，神禫其辞[②]，禹行而舜趋[③]，是子张氏之贱儒也[④]。正其衣冠，齐其颜色，嗛然而终日不言[⑤]，是子夏氏之贱儒也[⑥]。偷儒惮事，无廉耻而耆饮食[⑦]，必曰君子固不用力，是子游氏之贱儒也[⑧]。彼君子则不然，佚而不惰[⑨]，劳而不優[⑩]，宗原应变，曲得其宜，如是，然后圣人也。

【注释】

①弟佗：颓唐，帽子歪斜，形容陨落的样子。

②神禫：同“冲淡”，形容言语平淡无味。

③禹行而舜趋：传说大禹治水时，腿瘸了，只能踮起脚尖走路。据说舜在父母面前总是低头而趋行（礼貌地小步快走），以表示恭敬。这里指子张氏之贱儒仿效禹、舜走路，故作圣人之态。

④子张：姓颛孙，名师，春秋时陈国人，孔子的弟子。

⑤嗛然：口中含着东西的样子。

⑥子夏：姓卜，名商，春秋时卫国人，孔子的弟子。

⑦耆：同“嗜”。

⑧子游：姓言，名偃，字子游，春秋时吴国人，孔子的弟子。

⑨佚：安逸。

⑩僈：懈怠，怠惰。

【译文】

帽子戴得歪歪斜斜，说话平淡无味，模仿大禹的跛脚和舜低头快走的样子，这是子张氏一派的贱儒生。衣冠整齐，表情严肃，沉默不言，这是子夏氏一派的贱儒生。苟且偷懒怕事，没有廉耻之心，而热衷于吃喝，总是说“君子本来就不用从事体力劳动”，这是子游氏一派的贱儒生。那些真正的君子不是这样。他们虽然安逸却不懒惰，即使劳苦也不懈怠，遵守原则来应付各种事变，各方面处理得非常恰当，像这样的人才可以称为圣人。

仲尼第七

【题解】

本篇取文章开头两字为篇名，与全文内容无关。本章主要阐述王者的治国思想和保全职位的为官之道，接着又论述了君子立身处世的用世之道。

【原文】

仲尼之门人[①]，五尺之竖子[②]言羞称乎五伯[③]，是何也？曰：然。彼诚可羞称也。齐桓[④]，五伯之盛者也，前事则杀兄而争国[⑤]；内行则姑姊妹之不嫁者七人，闺门之内，般乐奢汏[⑥]，以齐之分奉之而不足；外事则诈邾[⑦]，袭莒[⑧]，并国三十五。其事行也若是其险污淫汏也，彼固曷足称乎大君子之门哉！

【注释】

①人：当为衍文（王念孙说）。下同。

②尺：战国时一尺合今0.231米。

③五伯：春秋五霸。荀况以齐桓公、晋文公、楚庄王、吴王阖闾、越王勾践为“五霸”。伯，通“霸”。

④齐桓：齐桓公，姓姜，名小白，齐国国君，以管仲为相，实行改革，使齐国国富兵强，成为春秋时期的第一个霸主。

⑤杀兄而争国：公元前686年，因齐襄公昏庸无道，齐国将乱，管仲、召忽奉公子纠出奔鲁国，鲍叔奉公子小白出奔莒国。第二年，齐襄公被杀，小白先回到齐国，立为桓公，大败鲁军，迫使鲁国杀死了哥哥公子纠。

⑥般乐：大乐，指过度玩乐。

⑦郝：古国名，即“邹”，在今山东邹县一带。

⑧袭莒：指齐桓公与管仲谋划攻打莒国一事。莒，古国名，在今山东莒县一带。

【译文】

孔子的门下，即使是未成年的童子，都以谈论五霸为耻。这是为什么呢？回答说：是的，因为五霸的确让人感到羞耻。齐桓公，是五霸中最负盛名的，但他在没有继位之前，杀了他的哥哥夺取了国家政权；在家庭内部，姑姑、姊妹中没有出嫁的有七人；在宫廷内，他纵情作乐、奢侈放纵，用齐国赋税的一半供养他还不够；对外，他欺骗郝国、袭击吕国，吞并了三十五个国家。他的所作所为如此的险恶肮脏、放荡奢侈。他哪有资格被孔子的门下称道呢？

【原文】

若是而不亡，乃霸，何也？曰：於乎[①]！夫齐桓公有天下之大节焉，夫孰能亡之？倓然见管仲之能足以托国也[②]，是天下之大知也。安忘其怒，出忘其仇[③]，遂立以为仲父，是天下之大决也。立以为仲父，而贵戚莫之敢妒也；与之高、国之位[④]，而本朝之臣莫之敢恶也[⑤]；与之书社三百[⑥]，而富人莫之敢距也[⑦]。贵贱长少，秩秩焉莫不从桓公而贵敬之[⑧]，是天下之大节也。诸侯有一节如是，则莫之能亡也；桓公兼此数节者而尽有之，夫又何可亡也？其霸也宜哉！非幸也，数也。

【注释】

①於乎：同“呜呼”。

②倓然：安然不疑的样子。管仲：名夷吾，字仲，春秋时著名的政治家，具有法家的思想，起初辅助公子纠出奔鲁国，公子纠争夺君位失败被杀后，经鲍叔向齐桓公推荐做了齐相，辅佐齐桓公成就了霸业，齐桓公尊之为“仲父”。

③“安忘”二句：公元前686年，齐襄公被杀后，公子小白（齐桓公）次年自莒国回国，鲁国也派兵送公子纠回国争夺王位，并派管仲带兵去拦击回

齐国的公子小白，管仲用箭射中小白的衣带钩，小白装死逃脱回国，但小白立为桓公后，不记此管仲的一箭之仇，听从鲍叔牙的推荐，任用管仲为相，并尊之为“仲父”。安，语气词。出，当为衍文（王念孙说）。

④高、国：指高氏和国氏，均是齐国世袭贵族，世代位列齐国上卿，地位十分尊贵。

⑤本朝：朝廷。朝廷是立国之本，故称“本朝”。

⑥书社：按社登记入册的人口和土地。古代二十五家为一里，每个里分别立社。把社内户口登入在簿册上，称之为“书社”。因而“书社”指按社登记入册的人口与土地。

⑦距：通“拒”。

⑧秩秩焉：有顺序的样子。

【译文】

齐桓公如此不遵循古道，为什么他没有灭亡，竟然还能称霸天下呢？回答说：哎！齐桓公掌握了治理天下的关键，谁还能灭掉他呢？他一见到管仲，就坚定地相信他的才能，把整个国家大事完全托付给他，这是天下最大的智慧啊。他当上了齐国君主，能忘掉自己危机时的愤怒，逃出险境后忘掉了对管仲的一箭之仇，最终把管仲尊称为仲父，这是天下最英明的决断。他把管仲尊称为仲父，国君的内外亲族没有人敢忌妒他的；给高氏、国氏那样的尊贵地位，朝廷上的大臣没有谁敢怨恨他的；给他三百社的封地，富有的人没有谁敢违抗的；高贵的、卑贱的、年长的、年轻的，都秩序井然，没有谁不顺从桓公去尊敬他；这些都是治理天下的重要的原则啊。诸侯们只要掌握了其中一个关键原则，就没有人能灭掉他；齐桓公掌握了这么多关键原则，又怎么可能被灭掉呢？他称霸诸侯，是理所当然的啊！并非侥幸，而是必然的。

【原文】

然而仲尼之门人，五尺之竖子言羞称乎五伯，是何也？曰：然。彼非本政教也，非致隆高也①，非綦文理也②，非服人之心也。乡方略③，审劳佚④，畜积修斗而能颠倒其敌者也⑤。诈心以胜矣。彼以让饰争，依

乎仁而蹈利者也，小人之杰也，彼固曷足称乎大君子之门哉！

【注释】

①致：极。

②綦：极。文理：区别等级的礼仪制度。

③乡：通“向”，趋向，崇向，追求。

④佚：通“逸”，安逸。

⑤畜：蓄。

【译文】

然而孔子的门下，即使是未成年的门童，说起话来都以称道五霸为羞耻。这是为什么呢？回答说：是的。因为五霸没有把政治教化作为立国之本，没有把礼仪推崇到应有的高度，没有使礼仪制度有条不紊，因此不能使人心悦诚服；他们只是注重方法策略，注意使民众有劳有逸，积蓄财物、加强战备因而能颠覆打败敌人，依靠阴谋诡计来获取胜利。他们以谦让来掩饰争夺，打着仁爱的名义谋求利益，是小人中的佼佼者。他们哪有资格被孔子的门人称道呢！

【原文】

彼王者则不然。致贤而能以救不肖，致强而能以宽弱，战必能殆之而羞与之斗，委然成文以示之天下①，而暴国安自化矣，有灾缪者然后诛之②。故圣王之诛也，綦省矣。文王诛四③，武王诛二④，周公卒业⑤，至于成王则安以无诛矣⑥。故道岂不行矣哉！文王载百里地而天下一⑦，桀、纣舍之，厚于有天下之势而不得以匹夫老。故善用之，则百里之国足以独立矣；不善用之，则楚六千里而为仇人役⑧。故人主不务得道而广有其势，是其所以危也。

【注释】

①委然：安详的样子。

②缪：通“谬”，谬误。

③文王诛四：指周文王灭掉了密、阮、共、崇四个小国（在今陕西、

甘肃一带)。

④武王诛二:指周武王灭掉了商朝和奄国(在今山东曲阜一带)。

⑤周公卒业:指周公帮助武王灭商,后又辅佐成王执政,平定了叛乱,完成了周王朝的最后大业,巩固了周王室的统治。

⑥成王:周武王的儿子,姓姬,名诵。武王死时,他尚年幼,由叔叔周公旦摄政,后来成王年长,周公旦归政于他。

⑦载:行。

⑧楚:春秋战国时的诸侯国,在今湖北和湖南北部,后为秦所灭。仇人:仇敌,此指秦国。楚怀王死于秦,其子楚顷襄王受制于秦国,因此楚以秦为仇人。

【译文】

那些称王天下的人就不这样。他们最贤能却能够去救助不贤的人;自己最强大却能宽容弱者;打起仗来一定能战胜对方,但耻于战争;详尽地制定了礼仪制度并把它们昭示天下,而暴虐的国家就自然被感化了;如果还有犯上作乱、行为乖戾的,然后再去诛灭他。所以,圣明帝王诛杀乱党,是极少数的。周文王只讨伐了四个国家,周武王只诛灭了两个国家,周公旦完成了称王天下的大业,到了周成王的时候就没有杀伐了。那礼义之道难道就不能实行了吗?文王实行礼义之道,虽然只占有百里见方的国土,但天下被他统一了;夏桀、纣王抛弃了礼义之道,虽然掌握了统治天下的权力,却不能像平民百姓一样终老。所以,若是善于利用礼义之道,那么百里见方的国家也完全可以独自存在下去;而不善于利用礼义之道,那么就像楚国那样虽拥有六千里的国土,也还是被仇敌秦国所役使。所以,君主不致力于掌握礼义之道而只求扩张他的势力,这就是他危险的原因。

【原文】

持宠处位终身不厌之术:主尊贵之,则恭敬而僔[①];主信爱之,则谨慎而嗛[②];主专任之,则拘守而详;主安近之,则慎比而不邪[③];主疏远之,则全一而不倍;主损绌之[④],则恐惧而不怨。贵而不为夸,信

而不处谦[⑤]，任重而不敢专，财利至则善而不及也，必将尽辞让之义然后受，福事至则和而理，祸事至则静而理，富则施广，贫则用节，可贵可贱也，可富可贫也，可杀而不可使为奸也，是持宠处位终身不厌之术也。虽在贫穷徒处之势，亦取象于是矣，夫是之谓吉人[⑥]。《诗》云："媚兹一人，应侯顺德。永言孝思，昭哉嗣服。"[⑦]此之谓也。

【注释】

①僔：同"撙"，抑制，谦让。

②嗛：同"谦"。

③慎比：顺从亲近。慎，通"顺"。

④损：贬损，指降职。绌：通"黜"，罢免。

⑤谦：通"嫌"，嫌疑。

⑥吉人：指道德高尚而有地位的君子。

⑦"《诗》云"句：见《诗经·大雅·下武》。媚，爱。服，事，指周文王伐纣的事业。

【译文】

保持尊崇、守住官位、终身不被君主厌弃的方法是：君主重视你，你就恭敬而保持自我克制；君主信任喜爱你，你就谨慎而谦虚；君主一心一意任用你，你就谨慎守职而仔细地了解所托付的事情；君主亲近你，你就小心地依顺而不搞歪门邪道；君主疏远你，你就忠心耿耿而不背叛；君主贬损罢免你，你就戒慎恐惧而不埋怨。地位高贵时，不奢侈过度；得到君主信任时，不忘记回避嫌疑；担负重任时，不独断专行；财利来临时，若是自己的善行还不够资格得到它，就一定要尽到推让的礼节；福事来临时，就安和地去对待它；祸事来临时，就冷静地处理它；富裕了就广泛施舍，贫穷了就节约费用。能屈、能伸、可贵、可贫，可以杀身成仁却不可以被迫使做奸邪的事；这就是保持尊崇、守住官位、终身不被君主厌恶抛弃的方法。即使处在贫穷孤立的境况，也能按照这种方法来立身处世，那就可以称之为吉祥的人了。《诗经》中说："用心服侍一个人，顺应祖先的德行，永远想着要孝敬，继承父业多贤明！"说的就是这种人。

【原文】

求善处大重[①]，理任大事[②]，擅宠于万乘之国，必无后患之术：莫若好同之，援贤博施，除怨而无妨害人。能耐任之[③]，则慎行此道也。能而不耐任，且恐失宠，则莫若早同之，推贤让能而安随其后。如是，有宠则必荣，失宠则必无罪，是事君者之宝而必无后患之术也。故知者之举事也，满则虑嗛，平则虑险，安则虑危，曲重其豫，犹恐及其祸，是以百举而不陷也。孔子曰："巧而好度必节[④]，勇而好同必胜，知而好谦必贤。"此之谓也。愚者反是。处重擅权，则好专事而妒贤能，抑有功而挤有罪，志骄盈而轻旧怨，以吝啬而不行施道乎上，为重招权于下以妨害人，虽欲无危，得乎哉！是以位尊则必危，任重则必废，擅宠则必辱，可立而待也，可炊而僥也[⑤]。是何也？则堕之者众而持之者寡矣[⑥]。

【注释】

①重：权，此指重要的官位。

②理：当为衍文（俞樾说）。

③能：当为衍文（王念孙说）。下同。耐：同"能"，能够。

④节：适当，适度的意思。

⑤僥：同"竟"，完毕。

⑥堕：毁。

【译文】

谋求善于保持高位，掌握大权，能够在万乘大国独自拥有君主的恩宠，绝不会有后患的方法：莫过于和君主同心协力，引进贤能的人，广泛地施舍，消除对别人的怨恨，不要伤害和妨碍别人。若有能力胜任重任，那就小心谨慎地奉行这种方法；若不能胜任重任，害怕因此而失去君主对自己的宠爱，那就不如及早和君主同心同德，推荐贤能的人，把职务让给能胜任者，自己心甘情愿追随其后。像这样，拥有了君主的恩宠就必定荣耀，失去了君主的宠爱也一定没有罪过。这是侍奉君主的法宝，也是没有后患的方法。所以，聪明人办事，圆满时考虑不足，顺利时考虑艰难，安全时考虑危险，周到地从多方面加以防范，仍然怕遭到祸害，所以办了上百件事也不会失误。孔子说："灵活而又遵循法度，就一定能做得恰到好处；勇敢而善于和别人合作，就一定能够胜利；聪明而又比较谦逊，就一定会有德才。”说的就是这个道理。愚蠢的人恰恰相反：他们身居要职、独揽大权的时候，就独断跋扈、嫉贤妒能，压制有功的人，排挤打击得罪过自己的人，内心骄傲自满，歧视与自己有旧怨的人，吝啬而不施舍，独揽大权，以致伤害和妨碍了别人。这种人即使希望平安无事，可能吗？所以，他们身居高位却十分危险，权位过重而必定被废，独受宠幸却一定会遭受耻辱，这种情景随时随地就可以发生，只要一顿饭的工夫就可以了。这是为什么呢？这是因为毁害他的人多而扶持他的人少。

【原文】

天下之行术：以事君则必通，以为仁则必圣[①]，立隆而勿贰也。然后恭敬以先之，忠信以统之，慎谨以行之，端悫以守之[②]，顿穷则从之疾力以申重之。君虽不知，无怨疾之心；功虽甚大，无伐德之色；省求，多功，爱敬不倦。如是，则常无不顺矣。以事君则必通，以为仁则必圣，夫是之谓天下之行术。

【注释】

①仁：通“人”。

②端悫：端正诚实。

【译文】

有一种放之四海而皆准的真理和办法：用它来侍奉君主就一定会通达，用它来做人就必定会圣明。确定礼义作为崇高的标准而不动摇，然后用恭敬的态度来引导，以忠信来贯通，小心谨慎地实行，真心诚意地捍卫，即使身处困境也尽力反复强调它；君主即使不了解、不重用自己，也没有怨恨的心情；功劳即使很大，也没有夸耀的表情；索取少而贡献多，敬爱君主永不厌倦。像这样，那就永远没有不顺利的时候了。用它来侍奉君主就一定会通达，用它来做人就一定会圣明，这就叫作放之四海而皆准的真理和办法。

【原文】

少事长，贱事贵，不肖事贤，是天下之通义也。有人也，势不在人上而羞为人下，是奸人之心也。志不免乎奸心，行不免乎奸道，而求有君子圣人之名，辟之是犹伏而咶天[①]，救经而引其足也[②]。说必不行矣，俞务而俞远[③]。故君子时诎则诎[④]，时伸则伸也。

【注释】

①辟：通“譬”，譬喻。咶：舔，舐。

②经：上吊。

③俞：通“愈”。

④诎：屈从，屈服。

【译文】

年少的侍奉年长的，卑贱的侍奉高贵的，不贤的侍奉贤能的，这是天下的普遍原则。有一种人，地位不在别人之上，却耻于处在人下，这是奸邪的想法。内心没有去掉邪念，行动上没有离开邪道，却想要求有君子、圣人的名声，就好像是趴在地上去舔天，挽救上吊的人却拉他的脚一样，是一定行不通的，越是用力，就离目标越远。所以，君子在形势需要屈从忍耐时就屈从忍耐，在时势容许施展抱负时就施展抱负。

儒效第八

【题解】

本篇主要阐述儒者的社会功效。荀子批评了俗儒的社会危害，赞美了大儒的“志安公，行安修”的美好品德，肯定了他们“法后王，隆礼义，定名分”的政治主张，并对其在统一天下中所发挥的作用予以肯定。

【原文】

大儒之效：武王崩，成王幼，周公屏成王而及武王以属天下①，恶天下之倍周也②。履天子之籍③，听天下之断，偃然如固有之，而天下不称贪焉；杀管叔，虚殷国④，而天下不称戾焉；兼制天下，立七十一国，姬姓独居五十三人，而天下不称偏焉。教诲开导成王，使谕于道，而能掩迹于文、武⑤。周公归周，反籍于成王，而天下不辍事周，然而周公北面而朝之。天子也者，不可以少当也，不可以假摄为也。能则天下归之，不能则天下去之，是以周公屏成王而及武王以属天下，恶天下之离周也。成王冠⑥，成人，周公归周反籍焉，明不灭主之义也。周公无天下矣，乡有天下⑦，今无天下，非擅也⑧；成王乡无天下，今有天下，非夺也，变势次序节然也。故以枝代主而非越也，以弟诛兄而非暴也，君臣易位而非不顺也。因天下之和，遂文、武之业，明枝主之义，抑亦变化矣，天下厌然犹一也⑨。非圣人莫之能为，夫是之谓大儒之效。

【注释】

①屏：庇护。及：兄终弟继为“及”。属：使……归属，统属。

②恶：等于说“患”，担心。倍：通“背”。

③履：践。籍：帝位。

④杀管叔，虚殷国：武王灭殷商诛杀纣王后，封纣王的儿子武庚于殷以统管殷的遗民，使管叔、蔡叔、霍叔监督殷民，叫作三监。武王死后，年幼的成王继位，周公摄政，管叔等三监不服，于是策动商纣王的儿子武庚带领殷国遗民一起造反，背叛周王朝。于是周公东征平叛，杀了管叔、武庚，将殷民迁到洛邑，使殷都成了废墟。管叔，武王的弟弟，周公旦的哥哥叔鲜，被封于管（今河南郑州），故称为“管叔”。

⑤掩：袭。

⑥冠：古代男子二十行加冠之礼，表示成人。

⑦乡：通“向”，从前。

⑧擅：通“禅”，禅让。

⑨厌然：安然。

【译文】

大儒的作用是：周武王驾崩的时候，继位的成王还年幼，其叔父周公旦庇护年幼的成王继承武王的大统之位来维系天下，是因为他担心天下人背叛周家王朝。他代理天子摄政之后，处理天下政务，心安理得地就像他本来就拥有这样的权力似的，而天下人并不说他贪婪；他杀了管叔，使殷国成了废墟，但天下人并不说他残暴；他全面控制了天下，设置了七十一个诸侯国，其中姬姓的诸侯就占了五十三个，但天下人并不说他偏私。他教诲、开导成王，使成王明白礼仪之道，从而能够继承文王、武王的大业。周公把周家的天下和王位归还给成王，而天下人并没有停止侍奉周王朝，然而周公自己也立于臣位向北朝拜。天下之位，不可以让年轻人掌管，也不可以由别人代理行使。能担负起这个重任，天下人就会归顺他；不能担负这个重任，天下人就会背离他。因此，周公庇护成王而继承武王之位来维系天下，是怕天下人背叛周王朝。成王行了冠礼，已经长大成人，周公便把周家的天下和王位归还给成王，以此来表明他不敢泯灭主上的道义。于是周公就没有统治天下的权力了。他过去拥有天下，现在没有了天下，这并不是禅让；成王过去没有天下，现在拥有天下，这并不是篡夺；这是君权更替的法定次序，受礼法节制而又根据实际情况来变通的结果。所以，周公以旁支的身份来代替嫡长子执政并不算超越本分，以弟弟的身份诛杀兄长管叔也不算残暴，君与臣变换了位置也不算不顺。周公凭借天下人的同心协力，完成了文王、武王的事业，彰明了庶子与嫡长子之间的关系准则，虽然有了这样的变化，但天下却依然安稳。除了圣人没有人能够做到这一点，这就是大儒的作用。

【原文】

秦昭王问孙卿子曰[①]："儒无益于人之国？"孙卿子曰："儒者法先王，隆礼义，谨乎臣子而致贵其上者也。人主用之，则势在本朝而宜；不用，则退编百姓而悫，必为顺下矣。虽穷困冻餧[②]，必不以邪道为贪；无置锥之地，而明于持社稷之大义；呜呼而莫之能应[③]，然而通乎财万物、养百姓之经纪。势在人上则王公之材也，在人下则社稷之臣、国君之宝也。虽隐于穷阎漏屋[④]，人莫不贵之，道诚存也。仲尼将为司寇[⑤]，沈犹氏不敢朝饮其羊，公慎氏出其妻，慎溃氏逾境而徙，鲁之粥牛马者不豫贾[⑥]，必蚤正以待之也[⑦]。居于阙党，阙党之子弟罔不分[⑧]，有亲者取多，孝弟以化之也。儒者在本朝则美政，在下位则美俗，儒之为人下如是矣。"

【注释】

①秦昭王：秦昭襄王（前324—前251），名稷。孙卿子：荀子。

②餧：同"馁"，饥饿。

③呜：当为"嗚"字之误，"嗚"同"叫"。

④阎：里巷。漏：通"陋"。

⑤司寇：当时的最高司法官。

⑥粥：同"鬻"，卖。豫：欺骗。贾：同"价"。

⑦蚤：同"早"。

⑧罔：网。不：通"罘"，捕兽的网。

【译文】

秦昭王问荀子说："儒者对于国家有什么好处呢？"荀子说："儒者效法先王，

遵循礼义，谨慎地守着臣子的职位而极其尊敬他的君主。君主用他，他在朝廷做事合乎礼仪；不用他，就退居民间老实安稳地生活，必定做一个顺从的百姓。即使贫困受冻挨饿，也不会用歪门邪道贪求财利；即使无立足之地，也明白维持社稷的重要性；即使奋声疾呼而无人响应，可他们通晓管理万物、抚育百姓的纲纪。职位在别人之上就会具有王公大臣的才干，职位在别人之下也是社稷的大臣、国家的珍宝。即使隐居于偏僻的小巷和陋室之内，人们也没有不尊重他的，大道掌握在他们手中。孔子将要做鲁国的司寇时，沈犹氏不敢在早晨让他的羊喝水，公慎氏休掉了自己荒淫的妻子，慎溃氏越过边境逃走了，鲁国卖牛卖马的也不敢哄抬价格了，他们必定要及早改正自己不良的行为来等待孔子。孔子住在阙党时，阙党的弟子将网获的鱼和野兽分配时，有父母兄弟的就必定多分些，这是孔子提倡的孝悌感化了他们。儒者在朝廷上做官就会使政治美好，在下做百姓就会使风俗纯朴，儒者作为臣民就是这样啊！”

【原文】

王曰：“然则其为人上何如？”孙卿曰：“其为人上也广大矣：志意定乎内，礼节修乎朝，法则度量正乎官，忠信爱利形乎下，行一不义、杀一无罪而得天下，不为也。此君义信乎人矣，通于四海，则天下应之如讙[①]。是何也？则贵名白而天下治也[②]。故近者歌讴而乐之，远者竭蹶而趋之[③]，四海之内若一家，通达之属莫不从服，夫是之谓人师。《诗》曰[④]：‘自西自东，自南自北，无思不服。’此之谓也。夫其为人下也如彼，其为人上也如此，何谓其无益于人之国也？”昭王曰：“善。”

【注释】

①讙：喧，齐声回答。

②治：当为“愿”字（顾千里说）

③竭蹶：竭尽全力，不辞劳苦。

④“《诗》曰”句：见《诗经·大雅·文王有声》。

【译文】

秦昭王说：“如果儒者位在人上，又怎么样呢？”荀子回答说：“如果儒者位在人上作用就大了！他内心有坚强的意志，善于运用礼节治理朝廷，使法律准则及规章制度在各级官吏中得到公正的实施，使忠诚、老实、仁爱的品德流行于天下，做一件不义的事情，杀害一个无罪的人而得到天下，他也不做。这样君主的道义就会取信于民，传遍四海，天下人就会异口同声地欢呼来响应。这是为什么呢？是因为他尊贵的名声而显著天下，天下人都非常仰慕他。所以，近处的人歌颂他欢迎他，远处的人不辞劳苦来投奔他，四海之内就像一家人一样，凡是能够到达的地方没有不顺从的，这就叫作人民的表率。《诗经》中说：'从东到西，从南到北，没有人不顺从。'说的就是这种情况。儒者位在人下像那样，位在人上也像那样，怎么能说他们对于国家没有益处呢？"昭王说："好啊！"

【原文】

先王之道，仁之隆也，比中而行之①。曷谓中？曰："礼义是也。道者②，非天之道，非地之道，人之所以道也，君子之所道也。君子之所谓贤者，非能遍能人之所能之谓也；君子之所谓知者③，非能遍知人之所知之谓也；君子之所谓辩者，非能遍辩人之所辩之谓也；君子之所谓察者，非能遍察人之所察之谓也：有所正矣④。相高下，视墝肥⑤，序五种⑥，君子不如农人；通财货，相美恶，辩贵贱，君子不如贾人；设规矩⑦，陈绳墨，便备用，君子不如工人；不恤是非然不然之情，以相荐撙⑧，以相耻怍，君子不若惠施、邓析。若夫谪德而定次⑨，量能而授官，使贤不肖皆得其位，能不能皆得其官，万物得其宜，事变得其应，慎、墨不得进其谈，惠施、邓析不敢窜其察⑩，言必当理，事必当务，是然后君子之所长也。

【注释】

①比：顺。中：正，不偏不倚，无过无不及。

②道：遵行。

③知：通"智"，睿智，智慧。

④正：当为"止"字（王念孙说）。

⑤垸：土地贫瘠。

⑥序：次序，指合理安排，不失农时。五种：“五谷”，指黍、稷、豆、麦、稻。一说指黍、稷、豆、麦、麻。此处泛指各种庄稼。

⑦设：措置，此指使用。

⑧荐：通“践”。

⑨谪：当为“谲”字（王念孙说），决。

⑩窜：使……得容纳。

【译文】

先王的治国之道，是仁德的最高体现，因为他们是顺着中正之道来实行的。什么叫中正之道呢？回答：就是礼义。这里所说的道，不是指上天的运动规律，也不是指大地的变化规律，而是指人类所要遵行的准则，是君子所遵循的原则。君子所说贤能的人，并不是能够全部做到别人所能做到的一切；君子所谓的智慧，并不是能够知道别人所知道的一切；君子所谓的善辩，并不是能够全部分析别人所辩论的一切；君子所谓的明察，并不是能够详察到别人所观察到的一切。其实，君子的能力也是有一定限度的。观察地势的高低，识别土质的贫瘠与肥沃，安排各种庄稼的种植季节，君子在这个方面不如老农；使财物流通，鉴别货物的好坏，区别货物的价值，君子在这个方面不如商人；使用圆规和矩尺，弹画墨线，完善各种器具，君子在这个方面不如工匠。不顾是与非，对与不对的实际情况，互相贬损，互相侮辱，君子在这个方面不如能说会道的惠施、邓析。至于评估德行来确定等级，衡量才能来授予官职，使有德与无德的人都得到应有的地位，有才能与没有才能的人都得到应有的职分，使各种事物都各归其位，妥善处理各种突发事件，使慎到、墨翟不能推出他们的言论，惠施、邓析貌似明察的诡辩没有立足之地，说话必定合理，做事符合礼义，这些才是君子所擅长的方面。

【原文】

凡事行，有益于理者立之，无益于理者废之，夫是之谓中事。凡知说，有益于理者为之，无益于理者舍之，夫是之谓中说。事行失中谓之奸事，

知说失中谓之奸道。奸事奸道，治世之所弃，而乱世之所从服也。若夫充虚之相施易也[①]，坚白、同异之分隔也，是聪耳之所不能听也，明目之所不能见也，辩士之所不能言也，虽有圣人之知，未能偻指也[②]。不知无害为君子，知之无损为小人。工匠不知无害为巧，君子不知无害为治。王公好之则乱法，百姓好之则乱事。而狂惑戆陋之人[③]，乃始率其群徒，辩其谈说，明其辟称，老身长子，不知恶也。夫是之谓上愚，曾不如相鸡狗之可以为名也。《诗》曰："为鬼为蜮，则不可得。有靦面目，视人罔极。作此好歌，以极反侧。"[④]此之谓也。

【注释】

①施：通"移"。易：改变，转化。

②偻指：屈指可数。偻，通"屡"，快速。

③戆：纯朴而愚蠢。陋：见闻少，知识浅薄。

④"《诗》曰"句：见《诗经·小雅·何人斯》。蜮，短狐，传说一种可以含沙射人的动物。靦，面貌丑陋狡猾的样子。视，通"示"，给人看。罔，无。极，指看穿。

【译文】

所有的事情和行为，有益于理的就去做，无益于理的就不去做，这就叫作正确地处理事情。所有的知识和学说，有益于理的就实行它，无益于理的就废除它，这就叫作正确地对待学说。做事和行为不得当，就叫作奸邪的事情；知识和学说不得当，就叫作奸邪的学说。奸邪的事情和奸邪的学说，是太平盛世所抛弃的，却是混乱社会所依从的。至于天地间盈和虚的互相转化，坚白同异的分辨，是耳朵灵敏的人也不能听懂，眼睛明亮的人也不能看清楚，能言善辩的学者也不能说明白的，即使有了圣人的智慧，也不能很快地将它们理解得清楚明白。但是，不知道这些学说，不妨害成为君子；懂得了这些学说也还是小人。工匠不了解这些，不影响他们掌握技巧；士大夫不懂得这些，不影响他们从事政治。帝王、诸侯爱好这些学说，就会乱了法度；百姓喜欢这些学说，就会把各项工作搞乱。但是那些狂妄糊涂、愚蠢浅陋的人，却率领着他们的门徒，辩护他们的主张学说，阐明他们的比喻引证，直到衰老，儿子都长大了，也不知道厌弃。这就叫作极端愚蠢，还不如爱好鉴别鸡狗优劣的人可以出名。《诗经》上说："不知你是鬼是怪，让人无法看清楚；你的狰狞丑陋，终会有人看透。作此好歌唱一唱，用来揭穿你的反复无常。"说的就是这种人。

【原文】

我欲贱而贵，愚而智，贫而富，可乎？曰：其唯学乎！彼学者，行之，曰士也；敦慕焉，君子也；知之，圣人也。上为圣人，下为士君子，孰禁我哉！乡也，混然涂之人也，俄而并乎尧、禹，岂不贱而贵矣哉！乡也，效门室之辨，混然曾不能决也，俄而原仁义，分是非，图回天下于掌上而辩白黑[①]，岂不愚而知矣哉！乡也，胥靡之人[②]，俄而治天下之大器举在此，岂不贫而富矣哉！今有人于此，屑然藏千溢之宝[③]，虽行贷而食[④]，人谓之富矣。彼宝也者，衣之不可衣也，食之不可食也，卖之不可偻售也，然而人谓之富，何也？岂不大富之器诚在此也？是杅杅亦富人已[⑤]，岂不贫而富矣哉！

【注释】

①图回：运转。而：如。

②胥靡：空无所有。胥，空，疏。靡，无。

③溢：重量单位。后作"镒"，古代计量单位，先秦以黄金二十两或二十四两为一镒。

④贷：乞讨。

⑤杅杅：同"于于"，广大。已：语气词。

【译文】

我想由卑贱变成高贵，由愚昧变成明智，由贫穷变成富裕，可以吗？回答说：那就只有学习了。那些善于学习的人，能将学到的东西付诸实践，就可以称之为士人了；能勤奋努力的就是君子了；能将学到的东西融会贯通，就是圣人了。善于学习的人，最高可以成为圣人，至少也可以成为士人、君子，又有谁能阻止我学习上进呢？过去，一无所知的乡村百姓，忽然间就可以和尧、禹这样的贤君相比，这难道不是由卑贱变得高贵了吗？过去，考察门外和室内的礼节，他还糊涂得不能区分，忽然间就能追溯仁义的本源，分辨是非，运转天下于手掌之中，就像辨别黑与白一样容易，这难道不是由愚昧变得明智了吗？过去，一个一无所有的人，忽然间治理天下的大权握在了手中，这难道不是由贫穷变得富裕了吗？假如有这么一个人，他收藏着价值千金的珍宝，即使他靠外出乞讨来糊口，人们还认为他是富有的。那些珍宝，穿又不能穿，吃又不能吃，卖又不能很快地出售。但是人们却说他富有，为什么呢？难道不是因为最值钱的宝器在他那里吗？如此看来，知识广博的学者也是富有的了，难道不是由贫穷变得富有了吗？

【原文】

故君子无爵而贵，无禄而富，不言而信，不怒而威，穷处而荣，独居而乐，岂不至尊、至富、至重、至严之情举积此哉！故曰：贵名不可以比周争也，不可以夸诞有也，不可以势重胁也，必将诚此然后就也。争之则失，让之则至，遵道则积①，夸诞则虚。故君子务修其内而让之于外，务积德于身而处之以遵道，如是，则贵名起如日月，天下应之如雷霆。故曰：君子隐而显，微而明，辞让而胜。《诗》曰："鹤鸣于九皋，声闻于天。"② 此之谓也。鄙夫反是，比周而誉俞少③，鄙争而名俞辱，烦劳以求安利，其身俞危。《诗》曰："民之无良，相怨一方。受爵不让，至于己斯亡。"④ 此之谓也。

【注释】

①遵道：当为"遵循"（王念孙说），即"逡巡"，谦虚退让。下同。

②"《诗》曰"句：见《诗经·小雅·鹤鸣》。皋：沼泽。

③俞：通"愈"。

④"《诗》曰"句：见《诗经·小雅·角弓》。

【译文】

所以，君子即使没有爵位也尊贵，没有俸禄也富裕，不用言语也能让人信任，不怒而威，处境贫困也荣耀，居处偏僻孤独也快乐，难道不是因为那最尊贵、最富裕、最庄重、最威严的东西都聚集在这种学识之中了吗？所以说，尊贵的名声，不可能靠结党营私来争得，不可能靠自吹自擂来拥有，不可能靠权势地位来胁迫得到，一定要真正地在学习上下功夫，然后才能得到。争夺名誉就会丧失名誉，谦让才会得到；遵循正确的原则就能积累，夸耀吹牛就会落空。所以，君子致力于自己内在的思想修养，在外表和行动上要谦让；致力于自身德行的修养，遵循正确的原则来处世。这样，尊贵的名声就会如日月悬空，天下人就会像雷霆那样轰轰烈烈地响应他。所以说，君子即使隐居也会显赫，即使地位卑微也会荣耀，即使谦让别人也会胜过别人。《诗经》中说："鹤在九曲沼泽叫，声音直传到九霄。"说的就是这种情况。鄙陋的人则相反，他们结党营私谋取名誉，名誉却更差；用卑鄙的手段争夺名誉，但名声却更加受污；挖空心思追求安逸与利益，自身却更加危险。《诗经》中说："一个人存心不良，只知埋怨对方，接受爵禄丝毫不谦让，事关私利就把礼仪忘。"说的就是这种情况。

【原文】

故能小而事大，辟之是犹力之少而任重也①，舍粹折无适也②。身不肖而诬贤，是犹伛伸而好升高也③，指其顶者愈众。故明主谲德而序位，④所以为不乱也；忠臣诚能然后敢受职，所以为不穷也。分不乱于上，能不穷于下，治辩之极也⑤。《诗》曰："平平左右，亦是率从。"⑥是言上下之交不相乱也。

【注释】

①辟：通"譬"。

②粹折：破碎断折。粹，通"碎"。

③伛：驼背。伸：当为"身"字（杨倞说）。

④谲：通"决"，决断。

⑤辩：通"辨"，办，治理。

⑥"《诗》曰"句：见《诗经·小雅·采菽》。平平，又作"便便"。

【译文】

所以，能力小却想去做大事，就好像是力气小而挑重担，除了伤筋断骨，也就没有别的下场了。自己不贤却妄称贤能，这就好像是驼背却喜欢直腰升高一样，指着他的头而笑他的就更多了。所以，英明的君主评定德行来安排官职，是为了防止混乱；忠诚的臣子确实有能力胜任，然后才敢接受官职，是为了不使自己陷入困境。君主安排的职分不混乱，大臣有能力胜任而不致于陷入困境，这是治国的最高境界了。《诗经》中说："左右臣子很公正，人民就会很顺从。"这就是说君臣上下的关系互相不错乱。

【原文】

以从俗为善，以货财为宝，以养生为己至道，是民德也。行法至坚[①]，不以私欲乱所闻，如是，则可谓劲士矣。行法至坚，好修正其所闻以桥饰其情性[②]，其言多当矣而未谕也，其行多当矣而未安也，其知虑多当矣而未周密也，上则能大其所隆，下则能开道不己若者[③]，如是，则可谓笃厚君子矣。修百王之法若辨白黑；应当时之变若数一二，行礼要节而安之[④]若生四枝[⑤]，要时立功之巧若诏四时，平正和民之善[⑥]，亿万之众而博若一人[⑦]，如是，则可谓圣人矣。

【注释】

①至：当作"志"字（王念孙说）。

②桥：通"矫"。饰：通"饬"，整治。

③道：通"导"。

④要：会，迎合。

⑤枝：通"肢"。

⑥平：治理。正：通"政"。

⑦博：当作"抟"字（王念孙说），聚集。

【译文】

把顺从习俗看作美德，把钱财货物看作珍宝，把保养身体作为自己最高的追求，这是老百姓的德行。行为公正，意志坚定，不因为个人的私欲而歪曲所学的东西，这样，就可以称为正直的士人了。行为坚定不移地遵守法度，喜欢修正自己所学到的东西来矫正自己的性情，所说过的话多半是恰当的，但还没有完全揭示道理；行为多半是恰当的，但还没有完全妥当；智慧和思考多半是恰当的，但还不够周密；上能推崇自己所尊重的人，下能开导不如自己的人，这样，就可以称为忠诚厚道的君子了。遵循历代帝王的法度，就像分辨黑白一样清楚；应付当前的变化，就像数一、二那样容易；行动符合礼法而习以为常，就像生长出四肢一样自然；善于适时地抓住机会建功立业，就像预告四季的到来一样准确；处理政事、协调百姓的善政，使亿万人民因而团结得像一个人一样。像这样，就可以叫作圣人了。

【原文】

井井兮其有理也，严严兮其能敬己也①，分分兮其有终始也②，猒猒兮其能长久也③，乐乐兮其执道不殆也④，炤炤兮其用知之明也⑤，修修兮其用统类之行也⑥，绥绥兮其有文章也⑦，熙熙兮其乐人之臧也，隐隐兮其恐人之不当也，如是，则可谓圣人矣。此其道出乎一。

【注释】

①敬己：使自己受尊敬，指别人不能用不礼貌的态度去侵犯他。

②分分：是“介介”之误（王念孙说），坚固的样子。

③猒猒：安静的样子。长久：可以理解为心满意足而与世无争，就会平安无事，所以能长久地立足于社会。

④殆：通“怠”。

⑤炤炤：同“照照”，照射，明白地照见。知：通“智”。

⑥统类：纲纪法度，即指礼法。

⑦文章：指礼义制度。

【译文】

井井有条啊，做事有条不紊；威风凛凛啊，使自己受人尊敬；坚定不移啊，始终如一；怡然自得啊，长久不息；满腔热忱啊，执行原则毫不怠慢；洞察一切啊，运用智慧是那样明明白白；一丝不苟啊，符合礼仪法度；安泰自若啊，文采风流；温文尔雅啊，那样喜欢别人的善言善行；忧心忡忡啊，担心别人不守名分。像这样，就可以称为圣人了。因为他的道德品质始终如一。

【原文】

曷谓一？曰：执神而固。曷谓神？曰：尽善挟治之谓神①，万物莫足以倾之之谓固。神固之谓圣人。圣人也者，道之管也②。天下之道管是矣③，百王之道一是矣。故《诗》《书》《礼》《乐》之归是矣。《诗》言是，其志也；《书》言是，其事也；《礼》言是，其行也；《乐》言是，其和也；《春秋》言是，其微也。故《风》之所以为不逐者④，取是以节之也；《小雅》之所以为《小雅》者，取是而文之也；《大雅》之所以为《大雅》者⑤，取是而光之也；《颂》之所以为至者⑥，取是而通之也：天下之道毕是矣。乡是者臧⑦，倍是者亡。乡是如不臧⑧，倍是如不亡者，自古及今，未尝有也。

【注释】

①挟：通“浃”，周洽。

②道：指根本性的政治原则与思想学说。管：用作动词，是集中的意思。

③是：指儒家的学说。

④《风》：《国风》，与下文的《雅》《颂》都是《诗经》内容的名称。风：主要是各地民歌。逐：追赶，指赶时髦而追逐歪风邪气。

⑤《小雅》：《诗经》中朝廷的正声雅乐被名为《雅》，其中再分《小雅》《大雅》。

⑥《颂》：《诗经》的一部分，它是宗庙祭祀的舞曲。

⑦乡：通“向”，迎合。

⑧如：通“而”。

【译文】

什么叫作专一？回答：对事物掌握得完美而又坚定不移。什么叫作神明？答案是：能使天下尽善尽美叫作神明。什么叫作稳固？世间的一切都不能够使他动心就叫作稳固。做到神明与稳固，就叫作圣人了。所谓的圣人，就是思想道德的枢纽。天下的思想原则都集中在他这里，历代圣王的思想原则也统一在他这里。所以，《诗》《书》《礼》《乐》也都归属到他这里了。《诗》，说的是圣人的心意；《书》，说的是圣人的政事；《礼》，说的是圣人的行为；《乐》，说的是圣人的和谐心情；《春秋》，说的是圣人微妙的语言和精辟的道义。因此，《国风》之所以不失于流荡的作品，是因为它所选取的诗篇是有节制的；《小雅》之所以为小雅，是因为它所选取的文章文采斑斓；《大雅》之所以为大雅，是因为它所选取的诗篇是待人推广的；《颂》之所以成为登峰造极的作品，是因为它所选取的诗篇能贯穿人的精神。天下的思想原则全在这里了。顺从它的就会有好结果，背离它的就会灭亡。顺从它而没有得到好结果，违背它而不灭亡的，从古到今，还不曾有过。

【原文】

客有道曰："孔子曰：'周公其盛乎！身贵而愈恭，家富而愈俭，胜敌而愈戒。'"应之曰："是殆非周公之行，非孔子之言也。武王崩，成王幼，周公屏成王而及武王，履天子之籍，负扆而坐①，诸侯趋走堂下。当是时也，夫又谁为恭矣哉！兼制天下，立七十一国，姬姓独居五十三人焉，周之子孙苟不狂惑者，莫不为天下之显诸侯，孰谓周公俭哉！武王之诛纣也，行之日以兵忌②，东面而迎太岁③，至汜而泛④，至怀而坏⑤，至共头而山隧⑥。霍叔惧曰⑦：'出三日而五灾至，无乃不可乎？'周公曰：'刳比干而囚箕子⑧，飞廉、恶来知政⑨，夫又恶有不可焉？'遂选马而进，朝食于戚⑩，暮宿于百泉⑪，厌旦于牧之野⑫，鼓之而纣卒易乡，遂乘殷人而诛纣。盖杀者非周人，因殷人也。故无首虏之获，无蹈难之赏，反而定三革，偃五兵，合天下，立声乐，于是《武》《象》起而《韶》《護》废矣⑬。四海之内，莫不变心易虑以化顺之，固外阖不闭，跨天下而无蕲⑭。当是时也，夫又谁为戒矣哉！"

【注释】

①扆：宫殿中门和窗之间的屏风。天子接见诸侯时，背靠这屏风而面向南。坐：当为"立"字（王念孙说）。

②兵忌：古代迷信，出兵要选择吉日，在忌日出师则不利。

③迎：逆。太岁：木星，又名岁星。古代占星家认为岁星是吉星，它运行到某一星宿，则地上与这一星宿对应的国家就吉利。谁如果冲犯了它所在

的方位，就会遭殃。

④氾：今河南氾水。

⑤怀：地名，怀城，在今河南焦作市附近。

⑥共头：山名，在今河南辉县。隧：通“坠”。

⑦霍叔：周文王之子，周武王的同母弟弟，姓姬，一说名武，封于霍（在今山西霍县西南），故称霍叔。

⑧刳：剖开挖空。比干：纣王的叔父，商王文丁（太丁）的儿子，故又称王子比干。因劝谏殷纣王而被剖腹挖心。箕子：纣王的叔父，为太师，封于箕（在今山西太谷东北），因进谏殷纣王而被囚禁，周武王灭商后获释放。

⑨飞廉、恶来：都是纣王的宠臣。

⑩戚：地名，在今河南濮阳县。

⑪百泉：地名，在今河南淇县。

⑫厌旦：当作“旦厌”（俞樾说），早晨逼近牧野。牧：在今河南淇县。

⑬《武》《象》：周武王时的乐曲名。《韶》《頀》：分别是舜和汤时的乐曲名。

⑭蕲：通“圻”，疆界。

【译文】

有人说：“孔子说：‘周公可以算得上是圣人了！他身份高贵却更加谦逊有礼，家庭富裕却更加节约简朴，战胜了敌人却更加戒备警惕。’”荀子回答说：“这大概不是周公的行为，也不是孔子所说的话。武王驾崩时，成王还很年幼，周公庇护成王而继承武王的王位，登上天子之位，背靠屏风而立，诸侯在堂下按照礼仪小步快跑前来朝见。在这个时候，他又对谁谦逊了呢？他全面控制了天下，设置了七十一个诸侯国，其中姬姓诸侯就占了五十三个；周族的子孙，只要不是发疯糊涂的人，无不成为天下显贵的诸侯。谁说周公谦让节俭了呢？武王伐纣王的时候，出发的那天是兵家禁忌的日子，向东进军，冲犯了太岁，到达氾水时河水泛滥，到达怀城时城墙倒塌，到达共头山时山崖崩落。霍叔恐惧地说：‘出兵三天遇到了五次灾害，是否是上天的警示呢？’周公说：‘纣王将比干剖心挖肝，还囚禁了箕子，奸臣飞廉、恶来当政，讨伐他又有什么不可以的呢？’于是挑选了良马继续前进，早晨在戚地吃饭，晚上在百泉宿营，第二天黎明来到牧地的郊野。战鼓一响，纣王的士兵就调转方向倒戈起义了，于是就凭借殷人的力量而诛杀了殷纣王。原来杀殷纣王的不是周国的人，而依靠的是殷商的人。所以，周国的将士没有斩获敌将的首级和俘虏殷商的将士，也没有因为冲锋陷阵而得到奖赏。周国的军队回去以后不再动用铠甲、头盔与盾牌，放下了各种兵器，统一天下，并创作了乐曲，从此《武》《象》兴起，而《韶》《護》被废弃了。四海之内，无不转变思想，因为这种仁政的教化而归顺周王朝。所以，国门不闭，走遍天下也没有什么疆界。在这个天下归心的时期，他又警惕戒备谁呢？”

【原文】

造父者①，天下之善御者也，无舆马则无所见其能②。羿者③，天下之善射者也，无弓矢则无所见其巧。大儒者，善调一天下者也，无百里之地则无所见其功。舆固马选矣，而不能以至远一日而千里，则非造父也。弓调矢直矣，而不能以射远中微，则非羿也。用百里之地，而不能以调一天下，制强暴，则非大儒也。

彼大儒者，虽隐于穷阎漏屋，无置锥之地，而王公不能与之争名；在一大夫之位，则一君不能独畜，一国不能独容，成名况乎诸侯，莫不愿得以为臣；用百里之地而千里之国莫能与之争胜，笞棰暴国④，齐一天下，而莫能倾也。是大儒之征也。其言有类，其行有礼，其举事无悔，其持险应变曲当，与时迁徙，与世偃仰，千举万变，其道一也。是大儒之稽也。其穷也，俗儒笑之；其通也，英杰化之，嵬琐逃之，邪说畏之，众人愧之。通则一天下，穷则独立贵名，天不能死，地不能埋，桀、跖之世不能污，非大儒莫之能立，仲尼、子弓是也。

【注释】

①造父：周穆王的车夫，善于驾驭车马的人。

②见：同“现”。

③羿：也叫“后羿”“夷羿”，夏代东夷族有穷氏（居于今山东德州市南）部落的首领，善于射箭。

④笞：用鞭子、竹板抽打。棰：用木棍打。

【译文】

造父，周穆王的车夫，是天下善于驾驭车马的人，如果没有车马就不能表现他的才干；后羿，东方少数民族的首领，是天下善于射箭的人，如果没有弓箭就不能表现他的技巧；大儒，博学多才，德才兼备，是善于治理统一天下的人，如果没有百里见方的国土就没有办法显示他的功用。如果车子坚固、马匹精良，却不能用它来到达远方、日行千里，那就不是造父了；弓调好了、箭笔直了，却不能用它来射到远处的东西、命中微小的目标，那就不是后羿了；统辖百里见方的领土，却不能靠它来治理国家统一天下、制服强暴的国家，那就不是大儒了。

那些大儒，即使隐居在偏僻的里巷与简陋的房子内，贫困得无立锥之地，但天下的诸侯也没有能力和他竞争名望；他统辖虽然只有百里见方的封地，但千里见方的诸侯国没有一个能够与之争胜；他鞭挞强暴的国家，统一天下，也没有谁能够推翻他。这就是伟大的儒者所具有的特征。他的言语符合法度，行动符合礼义，做事没有因失误而引起的悔恨，处理危机，应付突发事变都恰到好处；顺应时世，因时制宜，即使采取上千种措施，不管外界千变万化，但他奉行的原则却始终如一。这是大儒的标准。在他穷困失意的时候，庸俗的儒者讥笑他；在他显达得志的时候，英雄豪杰都受到他的感化，怪诞鄙陋的人都逃避他，持异端邪说的人都害怕他，一般民众在他面前都自惭形秽。他得志了就统一天下，不得志就卓然独处而博得高贵的名声。上天不能使他死亡，大地不能把他埋葬，桀、纣最昏暗的时代也不能污染他，不是大儒不能这样立身处世，仲尼、子弓就是这样的人。

【原文】

故有俗人者，有俗儒者，有雅儒者[①]，有大儒者。不学问，无正义，以富利为隆，是俗人者也。逢衣浅带[②]，解果其冠[③]，略法先王而足乱世术，缪学杂举[④]，不知法后王而一制度，不知隆礼义而杀《诗》《书》[⑤]；其衣冠行伪已同于世俗矣[⑥]，然而不知恶者；其言议谈说已无以异于

墨子矣，然而明不能别；呼先王以欺愚者而求衣食焉，得委积足以掩其口则扬扬如也；随其长子，事其便辟⑦，举其上客，億然若终身之虏而不敢有他志⑧，是俗儒者也。法后王，一制度，隆礼义而杀《诗》《书》，其言行已有大法矣，然而明不能齐法教之所不及⑨，闻见之所未至，则知不能类也；知之曰知之，不知曰不知，内不自以诬，外不自以欺，以是尊贤畏法而不敢怠傲，是雅儒者也。法先王，统礼义，一制度，以浅持博，以古持今，以一持万，苟仁义之类也，虽在鸟兽之中，若别白黑；倚物怪变⑩，所未尝闻也，所未尝见也，卒然起一方⑪，则举统类而应之，无所儗怍⑫，张法而度之，则晻然若合符节⑬，是大儒者也。故人主用俗人则万乘之国亡，用俗儒则万乘之国存，用雅儒则千乘之国安，用大儒则百里之地久，而后三年，天下为一，诸侯为臣，用万乘之国则举错而定，一朝而伯⑭。

【注释】

①雅：正。

②逢：蓬松宽大。浅带：指宽阔的腰带。阔带子束衣服很浅，所以称“浅带”。

③解果：又作“蟹蜾”，中间高两旁低的帽子。

④缪：通“谬”。

⑤不知隆礼义而杀《诗》《书》：指不懂得把奉行礼义放在首位，把诵《诗》《书》降到次要的地位。杀，减少，降等。

⑥伪：通“为”。

⑦便辟：通“便嬖”，君王左右受宠爱的小臣。

⑧億然：心安理得的样子。億，当为“亿”字（王念孙说）。

⑨齐：通“济”，补救。教：教令，诸侯的命令。

⑩倚：通“奇”。

⑪卒：同“猝”，苍猝。

⑫儗怍：因疑惑不解而羞愧。怍，惭愧。

⑬晻然：形容合拍。晻，通“奄”，重叠，合拍。符节：古代做凭证的信物，一分为二，双方各执一半。

⑭伯：通“白”，名声显著。

【译文】

所以有庸俗的人，有庸俗的儒者，有高雅的儒者，有伟大的儒者。不学习知识，不讲求正义，把谋取财富利益当作自己的最高目标，这是庸俗的人。穿着宽大的衣服，束着宽阔的腰带，戴着中间高起的帽子，粗略地效仿古代圣明的帝王，实际上只能扰乱当时的社会秩序；学说荒谬，论述杂乱，不懂得效法后代的帝王去统一制度，不懂得把礼义置于最高地位而轻视诗书的作用；他的穿戴行为已经与社会上的流俗相同了，但还不知道厌恶它；他的言论已经和墨子没有什么两样了，但是他的智慧却不能分辨儒家和墨家的区别；他用古代圣王来欺骗愚昧的人而向他们求取衣食，得到别人的一点赏赐只够用来糊口，就得意扬扬了；跟随君主的太子，侍奉君主的宠幸小臣，吹捧他们的贵客，心甘情愿好像是终身的奴仆，而不敢有其他的志向，这就是庸俗的儒者。效法后代的帝王来统一制度，推崇礼义而轻视诗书的作用；他的言论和行为基本符合法规了，但是他的智慧却不能补救礼法教育没有涉及的地方，自己没有听见、看见的地方还不能触类旁通；懂就说懂，不懂就说不懂，对内不自欺，对外不欺人，根据这种观念而尊重人、畏惧法令、不敢懈怠傲慢，这就是雅正的儒者。效法古代的圣明帝王，以礼义为纲领而统一制度，根据浅显的知识推测博大精深的知识，根据古代的情况把握现在的情况，根据一件事物把握上万件事物；如果是合乎仁义的事情，即使存在于鸟兽之中，也能像辨别黑白一样把它辨别出来；奇特的事物、怪异的变化，虽然从来没有听见过，从来没有看到过，突然在某一地方发生，也能够应付自如而没有迟疑和惭愧的表现，用礼仪法度来衡量它，还是完全一致，就像合乎符节一样，这就是大儒。所以，君主如果任用庸俗的人，那么万乘之国也会灭亡。如果任用了庸俗的儒者，那么万乘之国仅能保存。如果任用了雅正的儒者，那么就是拥有千辆兵车的小国也能安定。如果任用了伟大的儒者，那么即使只有百里见方的国土也能长久。三年之后，天下就能够统一，诸侯就能够成为臣属；如果是治理万乘之国，那么一采取措施就能够平定天下，一日之间就能够声名显赫。

【原文】

不闻不若闻之，闻之不若见之，见之不若知之，知之不若行之，学至于行之而止矣。行之，明也，明之为圣人。圣人也者，本仁义，当是非，齐言行，不失豪厘①，无它道焉，已乎行之矣②。故闻之而不见，虽博必谬；见之而不知③，虽识必妄；知之而不行，虽敦必困。不闻不见，则虽当，非仁也。其道百举而百陷也。

【注释】

①豪厘：古代长度单位，十丝为一毫，十毫为一厘，十厘为一分，十分为一寸。“毫厘”，比喻微小的数量。豪，通“毫”。

②已：止。

③知：记住。

【译文】

没有听到不如听到，听到不如见到，见到不如知道，知道不如付诸实践。学习到了实践也就终止了。付诸实践，才能明白事理，明达事理就是圣人。所谓圣人，以仁义为根本，能恰当地判断是非，能使言行保持一致而不差丝毫，这并没有其他的原因，就在于他能把学到的东西付诸行动罢了。所以听到却没有见到，即使听到了很多，也必然有谬误；见到了而不理解，即使全记住了，也必然虚妄；理解了而不付诸实践，即使知识丰富，也必然会陷入困惑。不去聆听教诲，不去实际考察，即使偶尔做对了，也不算是仁德，这种办法运用一百次就会失败一百次。

【原文】

故人无师无法而知，则必为盗；勇，则必为贼；云能①，则必为乱；察，则必为怪；辩，则必为诞。人有师有法而知，则速通；勇，则速威；云能，则速成；察，则速尽；辩，则速论②。故有师法者，人之大宝也；无师法者，人之大殃也。

【注释】

①云：有。

②论：决断。

【译文】

所以，人要是没有老师、不懂法度、没有智慧，就一定会成为强盗；勇敢，就会抢劫；有才能，就会作乱；明察，就会搞奇谈怪论；善辩，就会大言欺诈。人要是有了老师、懂了法度、有了智慧，就会通情达理；勇敢，就会很快变得威武；有才能，就会很快成功；明察，就会很快理解一切；善辩，就能很快辨别是非。所以有老师、懂法度、有知识能力，是人生最有价值的事情；没有老师、不懂法度、没有知识能力，是人生的大患害。

【原文】

人无师法则隆性矣，有师法则隆积矣，而师法者，所得乎情[①]，非所受乎性，不足以独立而治[②]。性也者，吾所不能为也，然而可化也；情也者，非吾所有也，然而可为也。注错习俗，所以化性也；并一而不二，所以成积也。习俗移志，安久移质，并一而不二则通于神明，参于天地矣。

【注释】

①情：指合乎礼义的高尚情操。

②不足以独立而治：指老师、法度不可能自我完善，也得依靠礼义来完善。

【译文】

人没有老师的教诲、不懂法度，就会放纵本性，而有了老师的教诲、懂得了法度，就会约束自己的性情、遵纪守法、注重后天的学习积累，但还不能完善自我，仍然需要依靠礼义来自完善自我。本性，是我们不能选择的，却可以通过后天的学习教育来改变，学习的积累，不是我们天生就有的，却是可以通过后天的学习加以造就。人的生活方式以及风俗习惯，是可以改变性情的；专心致志地学习，就能形成知识的积累。风俗习惯能够改变人的思想，保持一种习惯的时间长了就会改变人的本质；学习时专心致志，就能通于神明，与天地相并存了。

【原文】

故积土而为山，积水而为海，旦暮积谓之岁，至高谓之天，至下谓之地，宇中六指谓之极[①]，涂之人百姓积善而全尽谓之圣人[②]。彼求之而后得，为之而后成，积之而后高，尽之而后圣。故圣人也者，人之所积也。人积耨耕而为农夫[③]，积斵削而为工匠[④]，积反货而为商贾[⑤]，积礼义而为君子。工匠之子莫不继事，而都国之民安习其服。居楚而楚，居越而越，居夏而夏，是非天性也，积靡使然也[⑥]。

【注释】

①宇：空间。六指：指上、下、东、西、南、北六个方向。指，向，延伸。

②涂：通“途”。

③耨：锄草。

④斵：斫，砍。

⑤反：通“贩”。

⑥靡：通“摩”“磨”，接触，磨炼，指受外力的影响。

【译文】

所以，堆积泥土就能汇集成山，积聚水流就能汇集成大海，一朝一夕积累起来就叫作年，最高的叫作天，最低的叫作地，宇宙中六个方向叫作极，普通百姓积累善行达到尽善尽美，就叫作圣人。这些都是努力追求以后才能得到的结果，努力做到了以后才能成功，不断积累以后才能提高，尽善尽美以后才能成为圣人。所以，圣人实际上是普通人长期积累的结果。人积累了除草耕地的本领就成为农夫，积累了砍削的技巧就成为工匠，积累了贩卖货物的经验就成为商人，积累了符合礼仪法度德行的就成为君子。工匠的儿子无不继承父亲的事业的，而国都里的居民都习惯于本地的习俗，居住在楚国就像楚国人，居住在越国就像越国人，居住在中原各国就像中原各国的人。这不是天性，而是后天的学习、感染和环境影响的结果。

【原文】

故人知谨注错，慎习俗，大积靡，则为君子也；纵性情而不足问学，则为小人矣。为君子则常安荣矣，为小人则常危辱矣。凡人莫不欲安荣而恶危辱，故唯君子为能得其所好[①]，小人则日徼其所恶[②]。《诗》曰："维此良人，弗求弗迪；维彼忍心，是顾是复。民之贪乱，宁为荼毒。"[③]此之谓也。

【注释】

①故：通"顾"，但是。

②徼：通"邀"，求取，招致。

③"《诗》曰"句：见《诗经·大雅·桑柔》。

【译文】

所以，人懂得谨慎地安排自己的生活，认真地对待风俗习惯，加强德行的积累和历练，就会成为君子；如果放纵自己的本性而不注重学习，就会成为小人。成为君子，就会得到永久的安宁与光荣；成为小人，就会遭受永远的危险和耻辱。所有人没有不希望安宁、光荣，而厌恶危险、耻辱的，但是只有君子才能得到他喜欢的，小人却是天天在招致他所厌恶的。《诗经》中说："这些贤良的人，你不求取任用他；那些残忍的人，你却照顾又重用他。老百姓一心要作乱，难道甘心受残害？"说的就是这个道理。

【原文】

人论[①]：志不免于曲私而冀人之以己为公也，行不免于污漫而冀人之以己为修也，其愚陋沟瞀而冀人之以己为知也[②]，是众人也。志忍私然后能公，行忍情性然后能修，知而好问然后能才，公修而才，可谓小儒矣。志安公，行安修，知通统类，如是则可谓大儒矣。大儒者，天子

三公也③。小儒者，诸侯大夫士也④。众人者，工农商贾也。礼者，人主之所以为群臣寸尺寻丈检式也⑤，人伦尽矣。

【注释】

①论：通“伦”，类。

②其：当为“甚”字（王念孙说）。沟瞀：愚昧无知。

③三公：辅佐君王掌握军政大权的最高官员，各个朝代不同，周朝的三公为太师、太博、太保。一说司马、司徒、司空。

④士：官名，有上士、中士、下士三等，其位次于大夫。

⑤寻：长度单位，八尺为一寻。

【译文】

人的类别是：思想没有脱离私心杂念，却希望别人认为自己大公无私；行为没有脱离污秽肮脏，却希望别人认为自己品行美好；极其愚昧浅陋，却希望别人认为自己聪慧明智；这样的人是一般的民众。思想上克制了私心杂念，然后才能大公无私，行动上抑制了邪恶的本性，然后才能品行美好，聪明而喜欢请教他人，然后才能多才多艺，去私为公、行为美好又有才干，可以称为小儒了。思想上习惯于公正无私，行动上习惯于善良，智慧能够精通礼仪，像这样的人就是大儒了。大儒，可以担任天子的三公；小儒，可以担当诸侯的士大夫；民众，只能当工匠、农民、商人。礼仪，是君主用来权衡群臣等级的标准，人的类别就是这些。

【原文】

君子言有坛宇①，行有防表②，道有一隆。言道德之求③，不下于安存；言志意之求，不下于士；言道德之求，不二后王。道过三代谓之荡，法二后王谓之不雅。高之下之，小之臣之④，不外是矣。是君子之所以骋志意于坛宇宫廷也⑤。故诸侯问政不及安存，则不告也；匹夫问学不及为士，则不教也；百家之说不及后王，则不听也。夫是之谓君子言有坛宇，行有防表也。

【注释】

①坛宇：引申为界限。坛，堂基。宇，屋檐。

②防表：标准。防，堤防，引申为限度。表，标志，标准。

③道德：疑为“政治”（杨倞说）。

④臣：当为“巨”字（杨倞说）。

⑤骋：尽情施展，充分活动。宫廷：室内的厅堂，引申为范围。

【译文】

君子说话有一定的界限，行动有一定的标准，主张有一定的重点。说到政治的要求，不能低于使国家安定和生存；说到思想的要求，不低于做一个有德才的士大夫；说到道德的要求，不背离当代的帝王。治国之道超过了夏、商、周三代的久远便叫作流荡，法度背离了当代的帝王便叫作不正。使自己的主张或高，或低，或小，或大，都不超越这个范围，这是君子的思想驰骋在这些界限内的原因。所以，君子请教政治不涉及国家安定生存，就不告诉他；普通人来请教，如果不涉及如何做一个有德才的学士，就不教导他；百家的学说，如果不涉及当代的帝王，就不听他。这就是君子说话有一定的界限，行动有一定的标准。

王制第九

【题解】

本篇为荀子的政治理想。荀子主张政治上要行仁义，法后王，隆礼义，定名分，尚贤任能，赏罚分明，加强法制；经济上要加强农业生产，减轻赋税，合理利用资源，并使货物顺利流通；军事上要走富国强兵，不战而屈人之兵之路。

【原文】

请问为政？曰：贤能不待次而举，罢不能不待须而废①，元恶不待教而诛，中庸民不待政而化。分未定也则有昭缪②。虽王公士大夫之子孙③，不能属于礼义④，则归之庶人。虽庶人之子孙也，积文学，正身行，能属于礼义，则归之卿相士大夫。故奸人、奸说、奸事、奸能、遁逃反侧之民，职而教之，须而待之，勉之以庆赏，惩之以刑罚，安职则畜，不安职则弃。五疾⑤，上收而养之，材而事之，官施而衣食之⑥，兼覆无遗。才行反时者死无赦。夫是之谓天德，王者之政也⑦。

【注释】

①罢：通“疲”，软弱，没有德才。须：须臾，一会儿。

②昭缪：同“昭穆”。据古代宗法制度，宗庙或墓地的辈次的排列顺序，以祖庙居中，二世、四世、六世位于始祖的左侧，称“昭”；三世、五世、七世位于右侧，称“穆”，以此来区别上下次序。

③句末当脱一“也”字（王先谦说）。

④属：系结，归附。

⑤五疾：五种疾病，即哑、聋、瘸、断臂、侏儒。

⑥官：职事。施：施设，安排。衣：给……穿。食：给……吃。

⑦句首当脱一“是”字（王念孙说）。

【译文】

请问如何治理国家？回答说：对于有德才的人，不必依级别次序而提拔；对于无德无能的人，不用等待应马上罢免；对于罪魁祸首，无须教育而马上诛杀；对于普通民众，不靠行政手段就可以进行教化。在名分还没有确定的时候，就应该像宗庙有昭穆那样来排列臣民的等级次序。即使是帝王公侯大夫的子孙，如果不能遵循礼义，就把他们归入平民。即使是平民子孙，如果掌握了古代文献经典为政的知识，品行端正，能遵循礼义，就把他归入卿相大夫。对于那些散布邪恶的言论、鼓吹邪恶的学说、做邪恶的事情、有邪恶的才能、逃亡流窜、不守本分的人，就安排强制性的工作并教育他们，静待他们转变；用奖赏的方式去激励他们，用刑罚去惩处他们；安心工作的就留用，不安心工作的就流放出去。对有残疾的五种人，政府应当收养他们，根据他们的才能来安排适当的工作，根据才能任用并提供给他们吃穿，全部加以照顾而不遗漏。对于那些用才能和行为来反对现行制度的人，坚决处死，绝不赦免。这就叫作天德，是圣王的政治措施。

【原文】

听政之大分：以善至者待之以礼，以不善至者待之以刑。两者分别则贤不肖不杂，是非不乱。贤不肖不杂则英杰至，是非不乱则国家治。若是，名声日闻，天下愿，令行禁止，王者之事毕矣。凡听，威严猛厉而不好假道人[①]，则下畏恐而不亲，周闭而不竭，若是，则大事殆乎弛，小事殆乎遂[②]。和解调通，好假道人而无所凝止之，则奸言并至，尝试之说锋起[③]，若是，则听大事烦，是又伤之也。

【注释】

①假：宽容。道：由从。

②遂：通“坠”，失落。

③锋：通“蜂”。

【译文】

在朝廷上处理政事的要领是：对那些带着好的建议而来的人，就以礼相待；对于那些怀着恶意来的人，就以刑相待。把这两种情况区别对待，那么有德才的人和没有德才的人就不会混杂在一起，是非也就不会混淆。有德才的人和没有德才的人不混杂，那么英雄豪杰就会前来投奔；是非不混淆，那么国家就得到治理。像这样做下去，名声就会一天天传扬出去，天下的人就会仰慕向往，就能够做到令行禁止，这样，圣王的事业也就完成了。凡是在处理政事的时候，威严凶猛而不喜欢宽容地对待别人，那么臣下就会害怕恐惧而不敢亲近，就会隐瞒真相而不把心里话全部说出来；像这样做下去，那么大事恐怕会废弛，小事也会落空。如果一味地随和，喜欢宽容地顺从别人而漫无限度，那么奸邪的言论就会纷至沓来，试探性的谈论就会蜂拥而至，像这样，听到的事情太多，事情就会烦琐，这就又对处理政事有害了。

【原文】

故法法而不议[①]，则法之所不至者必废；职而不通，则职之所不及者必队[②]。故法而议，职而通[③]，无隐谋，无遗善，而百事无过，非君子莫能。故公平者，职之衡也[④]；中和者[⑤]，听之绳也。其有法者以法行，无法者以类举，听之尽也；偏党而无经，听之辟也[⑥]。故有良法而乱者有之矣；有君子而乱者，自古及今，未尝闻也。传曰："治生乎君子，乱生乎小人。"此之谓也。

【注释】

①故：犹“夫”，发语词。

②队：通“坠”。

③职：当是“听”字之误。

④衡：秤，引申指准则。

⑤中和：适中和谐，指处理政事时宽严适中，分寸恰当。

⑥辟：通“僻”，邪僻，不公正。

【译文】

所以，制定了法律而不听取臣下的意见，那么法律没有涉及的事情就一定会出差错。规定了各级官吏的职权范围而不彼此沟通，那么职权范围涉及不到的地方就必然会落空。所以，制定了法律而又依靠臣下的讨论研究，规定了各级官吏的职权范围而又彼此沟通，就不会有隐藏的图谋。有法律依据的按照法律来办理，没有法律条文可遵循的就按照类推的办法来办理，这就可以使政事得到全面的处理。偏袒而没有原则，政事就难免处理得不公正。所以，有了良好的法制仍然可能产生动乱；但有了德才兼备的君子而国家动乱的，从古至今，还不曾听说过。古书上说：“国家的安定产生君子，国家的动乱来源于小人。”说的就是这种情况。

【原文】

分均则不偏[①]，势齐则不壹，众齐则不使。有天有地而上下有差，明王始立而处国有制。夫两贵之不能相事，两贱之不能相使，是天数也。势位齐而欲恶同，物不能澹则必争[②]，争则必乱，乱则穷矣。先王恶其乱也，故制礼义以分之，使有贫富贵贱之等，足以相兼临者[③]，是养天下之本也[④]。《书》曰：“维齐非齐。”[⑤]此之谓也。

【注释】

①偏：部属。这里用作动词，表示“使之……成为部属”，即统率、指挥对方的意思。

②澹：通“赡”，满足。

③相：单指“兼临”的对象，这里指被统治者。

④养：养育，引申为统治。君主统治臣民，给他们安排一定的职务事情，使他们赖以生存，所以美称其统治为“养”。

⑤“《书》曰”句：见《尚书·吕刑》。

【译文】

名分相同就谁也不能统率谁，权势相等就谁也不能归属谁，众人平等就谁也不能役使谁。有了天地，就有了上和下的差别；圣明的帝王一登上王位，治理国家就有了一定的等级制度。两个同样高贵的人不能相互奉承，两个同样卑贱的人不能互相役使，这是合乎自然的道理。如果人们的权势地位相等，而爱好与厌恶又相同，那么由于财物不能满足需要，就一定会发生争夺，一发生争夺就一定会混乱，社会混乱就会陷于困境了。古代圣王痛恨这种混乱，所以制定了礼义来使他们有所分别，使人们有贫穷与富裕、高贵与卑贱的差别，使自己能够凭借这些来全面统治他们，这是统治天下的根本原则。《尚书》中说："要使全社会统一意志，就不能人人平等。"说的就是这个道理。

【原文】

马骇舆则君子不安舆，庶人骇政则君子不安位。马骇舆则莫若静之，庶人骇政则莫若惠之。选贤良，举笃敬，兴孝弟[①]，收孤寡，补贫穷，如是，则庶人安政矣。庶人安政，然后君子安位。传曰："君者，舟也；庶人者，水也。水则载舟，水则覆舟。"此之谓也。

故君人者欲安则莫若平政爱民矣，欲荣则莫若隆礼敬士矣，欲立功名则莫若尚贤使能矣，是君人者之大节也[②]。三节者当，则其馀莫不当矣；三节者不当，则其馀虽曲当，犹将无益也。孔子曰："大节是也，小节是也，上君也。大节是也，小节一出焉，一人焉，中君也。大节非也，小节虽是也，吾无观其馀矣[③]。"

【注释】

①弟：同"悌"。

②大节：关系存亡安危的大事，重要关键。

③无观其馀：是因为已经可以断定这位君主属于下等。无，通"毋"，不重要的意思。

【译文】

马在拉车时受惊而狂奔，君子就不能稳坐车中；老百姓在政治上受惊，君子就不能稳坐江山。马拉车受惊，那就没有比让它安静下来更好的了；老百姓在政治上不满现状，那就没有比给他恩惠更好的了。选用德才兼备的人，提拔忠厚恭谨的人，提倡孝顺父母、敬爱兄长，收养孤儿寡母，救济贫穷的人，这样做，老百姓就会安于政治。老百姓安于政治了，君子才能安居上位。古书上说："君主，好比是船；百姓，好比是水。水能载船，也能使船倾覆。"说的就是这个道理。

所以，统治人民的君主，要想政治安定，没有比实行好政策、爱护人民更好的了；要想得到荣耀，没有比遵从礼义、敬重文人更好的了；要想建功立业和获得名望，没有比推崇贤人、使用能人更好的了。这些是做君主的关键。这三个关键都做得恰当，那么其余的就没有什么值得忧虑的了。这三个关键做得不恰当，那么其余的即使处处恰当，还是没有用处。孔子说："大节对，小节也对，这是上等的君主。大节对，小节有些出入，这是中等的君主。大节错了，小节即使对，我也不用看其他方面了。"

【原文】

成侯、嗣公[①]，聚敛计数之君也，未及取民也；子产[②]，取民者也，未及为政也；管仲，为政者也，未及修礼也。故修礼者王，为政者强，取民者安，聚敛者亡。故王者富民，霸者富士，仅存之国富大夫，亡国富筐箧，实府库。筐箧已富，府库已实，而百姓贫，夫是之谓上溢而下漏。入不可以守，出不可以战，则倾覆灭亡可立而待也。故我聚之以亡，敌得之以强。聚敛者，召寇、肥敌、亡国、危身之道也，故明君不蹈也。

【注释】

①成侯、嗣公：皆战国时卫国国君。

②子产：春秋时郑国大夫，著名的政治家，姓公孙，名侨，字子产，在郑国实行改革，并推行法治。

【译文】

卫成侯、卫嗣公，是聚敛钱财、精打细算的国君，没有能够得到民心；子产取得民心了，却没有处理好政事；管仲是善于处理政事的人，但没能遵循礼义。遵循礼义的能成就帝王，善于处理政事的能使国家强大，取得民心的能使国家安定，聚敛钱财的会使国家灭亡。行王道的君主使臣民富足，称霸天下的君主使将士富足，勉强生存的国家使大夫富足，亡国的君主只是富足了自己的箱子、充实了自己的府库。自己的箱子已经装满了，府库已经充实了，而老百姓则贫穷了，这就叫作上面溢出下面漏空。这样的国家，内不能守国土，外不能抵御强敌，它的垮台灭亡就指日可待了。所以，自己搜刮民财以致灭亡，敌人得到这些财物因而富强。搜刮民财，实是招致贼寇、养肥敌人、灭亡本国、危害自身的绝路。所以，贤明的君主是不走这条路的。

【原文】

王夺之人，霸夺之与[①]，强夺之地。夺之人者臣诸侯，夺之与者友诸侯，夺之地者敌诸侯。臣诸侯者王，友诸侯者霸，敌诸侯者危。

【注释】

①之：指代他国。可以看作间接宾语，也可以解为“其”。

【译文】

王者争夺民心，霸者争夺同盟国，好战的强国争夺土地。争夺民心的王者可以使诸侯成为自己的臣子，争夺同盟国的霸主可以使诸侯成为自己的朋友，争夺土地的强国就会使诸侯成为自己的敌人。使诸侯国臣服的能称王，同诸侯国友好的能称霸，和诸侯成为敌人的就危险了。

【原文】

用强者，人之城守，人之出战[①]，而我以力胜之也，则伤人之民必甚矣。伤人之民甚，则人之民恶我必甚矣；人之民恶我甚，则日欲与我

斗。人之城守，人之出战，而我以力胜之，则伤吾民必甚矣。伤吾民甚，则吾民之恶我必甚矣；吾民之恶我甚，则日不欲为我斗。人之民日欲与我斗，吾民日不欲为我斗，是强者之所以反弱也。地来而民去，累多而功少，虽守者益，所以守者损，是以大者之所以反削也[②]。诸侯莫不怀交接怨而不忘其敌[③]，伺强大之间，承强大之敝[④]，此强大之殆时也。

知强大者不务强也，虑以王命全其力[⑤]，凝其德。力全则诸侯不能弱也，德凝则诸侯不能削也，天下无王霸主则常胜矣。是知强道者也。

【注释】

①出：当为“士”字（俞樾说）。下同。

②上“以”字当为衍文（俞樾说）。

③怀交接怨：当为“怀怨交接”（俞樾说）。

④承：通“乘”，趁。强大：当为“强道”（王引之说）。敝：疲惫，衰败。

⑤虑：考虑，打算。

【译文】

穷兵黩武的君主，人家的士兵或据城守卫，或出城迎战，而我用武力去战胜了他们，那么伤害人家的民众一定很厉害。伤害人家的民众很厉害，人家的民众对自己的怨恨也必然很厉害。人家的民众怨恨自己很厉害，就会天天想着和自己战斗。人家的士兵或据城守卫，或出城迎战，即使自己用武力去战胜他们，伤害自己的民众也必然很厉害。自己的民众怨恨自己很厉害，那就天天不想为自己战斗。人家的民众天天想和自己战斗，而自己的民众天天不想为自己战斗，这就是强国变弱的原因。

土地夺来了而民众离心离德了，忧患很多而功劳减少，虽然需要守卫的土地增加了，而用来守卫土地的民众却减少了，这就是大国反而被削弱的原因。诸侯无不互相结交、联结那些对强国心怀怨恨的国家而不忘记他们的敌人，他们窥视强国的可乘之机，趁着强大之国的困顿来进攻，这就是强大之国的危险时候了。

懂得强国之道的君主不会恃强凌弱，穷兵黩武，而是考虑用天子的命令来保全自己的实力、积聚自己的威望。实力保全了，那么各国诸侯就不会使他衰弱了；威望积聚了，那么各国诸侯就不能削弱他了；如果天下没有能成就王业、霸业的君主，那么他就能立于不败之地了。这是懂得强国之道的君主。

【原文】

彼霸者不然，辟田野，实仓廪，便备用①，案谨募选阅材伎之士②，然后渐庆赏以先之③，严刑罚以纠之。存亡继绝④，卫弱禁暴，而无兼并之心，则诸侯亲之矣；修友敌之道以敬接诸侯，则诸侯说之矣⑤。所以亲之者，以不并也，并之见则诸侯疏矣⑥；所以说之者，以友敌也，臣之见则诸侯离矣。故明其不并之行，信其友敌之道，天下无王霸主⑦，则常胜矣。是知霸道者也。闵王毁于五国⑧，桓公劫于鲁庄⑨，无它故焉，非其道而虑之以王也。

【注释】

①便：改进。备用：设备器用。

②案：语助词。选阅：选拔，容纳。材：通“才”。伎：通“技”，技能，才能。

③渐：加重。先：引导。

④继绝：“继绝世”的省称，使断绝了后代继承关系得以继续，指让亡国之君的后代继续祭祀其祖先，使其香火不断。

⑤说：通“悦”。

⑥见：同“现”。

⑦霸：当为衍文（王念孙说）。

⑧闵王毁于五国：指齐闵王（也作湣王）四十年，燕将乐毅联合燕、赵、楚、魏、秦攻迫齐国，闵王逃到莒（今山东莒县）。后来楚国派卓齿率兵救齐，闵王为卓齿所杀。

⑨桓公劫于鲁庄：公元前681年，齐桓公与鲁庄公结盟于柯，桓公被鲁臣曹沫劫持，被迫答应归还鲁国土地。

【译文】

那些奉行霸道的君主就不是这样。他开垦田野荒地，充实粮仓，加强军备，并且严格谨慎地招募、选择、接纳有才能有技艺的士人，之后用重赏来引导他们，加重惩罚来纠正他们；使将要灭亡的国家得以保存，延续已经灭绝的国家，让其后代能够延续香火；保护弱小的国家，制止残暴的国家，但是并没有吞并他国的野心，那么各国诸侯就会亲近他。他与别的国家搞好关系，对别国采取恭敬的态度，那么各国诸侯就喜欢他。各国诸侯之所以亲近他，是因为他不吞并别国；一旦吞并别国的野心暴露出来，那么各国诸侯就会疏远他了。各国诸侯之所以喜欢他，是因为他和别的国家非常友好；一旦暴露出他有征服别国的意图，那么各国诸侯就会背离他了。所以，表明自己不会有吞并别国的行为，信守自己和别的国家友好相处的原则，天下如果没有成就王业的君主，这奉行霸道的君主就能立于不败之地了。这是懂得称霸之道的君主。齐闵王被燕、秦、魏、韩、赵五国联军摧毁，齐桓公被鲁庄王的臣子劫持，这没有其他的缘故，就是因为他们实行的不是王道却想靠它来称王。

【原文】

彼王者不然，仁眇天下[①]，义眇天下，威眇天下。仁眇天下，故天下莫不亲也；义眇天下，故天下莫不贵也；威眇天下，故天下莫敢敌也。以不敌之威，辅服人之道，故不战而胜，不攻而得，甲兵不劳而天下服。是知王道者也。知此三具者[②]，欲王而王，欲霸而霸，欲强而强矣。

【注释】

①眇：高。

②三具：指上文所述或强，或霸，或王的条件。

【译文】

那些奉行王道的君主就不是这样。他的仁爱高于天下各国，道义高于天下各国，威势高于天下各国。仁爱高于天下各国，所以天下没有谁不亲近他；道义高于天下各国，所以天下没有谁不尊重他；威势高于天下各国，所以天下没有谁敢与他为敌。他以无敌的威望，辅助于仁义之道，所以不战而胜，不攻而得，不废一兵一卒天下就归服了。这是懂得称王之道的君主。如果懂得了上述三种治国之道的君主，想称王就称王，想称霸就称霸，想强大就强大。

【原文】

王者之人：饰动以礼义[①]**，听断以类，明振毫末，举措应变而不穷。夫是之谓有原。是王者之人也。**

【注释】

①人：指辅佐大臣。饰：通“饬”，整饬，端正。

【译文】

王者应该是这样：用礼义来端正自己的行为，用法度来处理决断政事，明察秋毫之末能够看出细微的小事，能随机应变而采取相应的措施，不会被动和穷于应付。这就是掌握了为政的根本。这就是行王道的君主。

【原文】

王者之制：道不过三代[①]**，法不贰后王。道过三代谓之荡，法贰后王谓之不雅。衣服有制，宫室有度，人徒有数，丧祭械用皆有等宜**[②]**，声则凡非雅声者举废，色则凡非旧文者举息**[③]**，械用则凡非旧器者举毁**[④]**。夫是之谓复古。是王者之制也。**

【注释】

①三代：指夏、商、周三代。

②宜：通“仪”，法度、标准。

③旧：指夏、商、周三代旧制。旧文：原色组成的文彩，指青、黄、赤、白、黑五种颜色（古人将这五种颜色视为正色，将诸如紫色、粉红色、绿色等杂色视为间色）交错画成的花纹。

④旧器：指珍奇玩物之类。

【译文】

王者的制度：治国原则不超出三代，施行的法度不背离当代的帝王。治国原则超过了三代的便叫作荒诞，法度背离了当代帝王的便叫作不正。不同等级人的衣服各有规格，住房各有标准，随从人员各有数目，丧葬祭祀用的器具各有相称的规定。音乐，凡是不合乎正声雅乐的全部废除；色彩，凡是不合乎原色文彩的全部禁止；器具，凡是不同于原来器具的全部毁掉。这就叫作复古。这是王道的君主所施行的制度。

【原文】

王者之论①**：无德不贵，无能不官，无功不赏，无罪不罚，朝无幸位，民无幸生。尚贤使能而等位不遗，析愿禁悍而刑罚不过**②**，百姓晓然皆知夫为善于家而取赏于朝也，为不善于幽而蒙刑于显也。夫是之谓定论。是王者之论也。**

【注释】

①论：通“伦”，审察及处理。

②析愿：当作“折愿”（王念孙说），制裁狡诈的人。愿，通“傆”，狡诈。

【译文】

王者的用人方针：没有德行的不让他显贵，没有才能的不让他当官，没有功劳的不给他奖赏，没有罪过的不加处罚。朝廷上没有无德无功侥幸获得官位的，百姓中没有游手好闲而侥幸获得生存的。崇尚贤德，任用才能，授予的等级地位与德才相当而没有疏失；制裁狡诈，禁止凶暴，施加的刑罚与罪行相当而不过分。老百姓都清楚地知道：既能在家里行善修德，也能在朝廷上取舍奖赏；即使在暗地里为非作歹，也会在光天化日之下受到惩罚。这就叫作不变的原则。这是行王道的君主的用人方针。

【原文】

王者之等赋①，政事②，财万物，所以养万民也。田野什一，关市几而不征③，山林泽梁以时禁发而不税，相地而衰政④。理道之远近而致贡⑤，通流财物粟米，无有滞留，使相归移也⑥。四海之内若一家，故近者不隐其能，远者不疾其劳，无幽闲隐僻之国莫不趋使而安乐之。夫是之谓人师。是王者之法也。

【注释】

①“之”字当后脱一“法”字（王念孙说）。本句应作“王者之法”。等：使……有等。

②政：通“正”，治。

③几：通“讥”，检查，察看。

④衰：差别，差异。政：通“征”。

⑤理：分别。

⑥归：通“馈”，供给。移：运输。

【译文】

王者的法度：规定好赋税等级，处理好民众事物，管理好所有财富，这是用来养育亿万民众的。对于农田，按照收入的十分之一征税；对于关卡和集市，进行检查而不征税；对于山林湖堤，按时封闭和开放而不收税。考察土地的肥沃和贫瘠分别征税，区别道路的远近来收取贡品。使财物、粮米流通，没有滞留积压；使各地互通有无供给对方，四海之内就像一家人。所以，近处的人不隐藏自己的才能，远处的人奔走劳苦也没有怨言，即使是偏远的国家，也无不乐于前来归附而听从役使。君主就是人民的师表。这就是王者的法度。

【原文】

北海则有走马吠犬焉①，然而中国得而畜使之；南海则有羽翮、齿革、曾青、丹干焉②，然而中国得而财之③；东海则有紫、纮、鱼、盐焉④，然而中国得而衣食之；西海则有皮革、文旄焉⑤，然而中国得而用

之。故泽人足乎木，山人足乎鱼，农夫不斫削、不陶冶而足械用，工贾不耕田而足菽粟。故虎豹为猛矣，然君子剥而用之。故天之所覆，地之所载，莫不尽其美，致其用⑥，上以饰贤良⑦，下以养百姓而安乐之⑧。夫是之谓大神⑨。《诗》曰："天作高山，大王荒之。彼作矣，文王康之。"⑩此之谓也。

【注释】

①北海：特指北方边远的少数民族地区。下文的"东海""西海"亦类同。

②曾青：铜精，矿产品，是铜的化合物，色青，可供绘画及熔化黄金，产于四川西昌一带。一说即碳酸铜。丹干：丹砂。

③财：通"裁"，指根据情况安排使用。

④紫：通"絺"，细麻布。紶：当为"绤"字（王引之说），粗麻布。

⑤文旄：染上色彩的牦牛尾。

⑥致：极，尽。

⑦饰：装饰，指装饰车服。

⑧养：供养，指供给衣食。

⑨神：治。

⑩"《诗》曰"句：见《诗经·周颂·天作》。大王，即古公亶父，周文王的祖父，古代周族领袖。相传他因戎、狄所逼，由豳（今陕西彬县东北）迁至岐山下的周（今陕西岐山北），周族从此逐渐强盛。

【译文】

北方出产快马和猎犬，然而中原地区可以得到并畜养役使它们；南方出产羽毛、象牙、犀牛皮、曾青、丹砂，而中原地区可以得到并使用它们；东方出产粗细麻布、鱼和盐，然而中原地区能够得到并制衣和食用它们；西方出产皮革和色彩斑斓的牦牛尾，而中原地区可以得到并使用它们；所以，渔民会有足够的木材，山民会有足够的鲜鱼，农民不砍伐、不用烧窑冶炼而有足够的器皿，工匠、商人不种地而有足够的粮食。虎、豹够凶猛的了，但是君子能够剥下它们的皮来使用。所以，苍天所覆盖的，大地所承载的，没有不充分发挥它们的优势、竭尽它们的效用。《诗经》中说："天生高大的岐山，太王使它大发展；太王创造了雄伟的都城，文王使它长治久安。"说的就是这个意思。

【原文】

以类行杂[1]，以一行万[2]，始则终，终则始，若环之无端也，舍是而天下以衰矣。天地者，生之始也；礼义者，治之始也；君子者，礼义之始也。为之，贯之，积重之，致好之者，君子之始也[3]。故天地生君子，君子理天地。君子者，天地之参也，万物之总也，民之父母也。无君子则天地不理，礼义无统，上无君师，下无父子，夫是之谓至乱。君臣、父子、兄弟、夫妇，始则终，终则始，与天地同理，与万世同久，夫是之谓大本。故丧祭、朝聘、师旅一也，贵贱、杀生、与夺一也，君君、臣臣、父父、子子、兄兄、弟弟一也，农农、士士、工工、商商一也。

【注释】

①类：同一类事物的法则，即同类事物所共有的规律。这里用作复数。行：做治理。

②一：指统括一切之道，这里指礼义。

③之始：当为衍文（王引之说）。

【译文】

以事物的总法则去治理纷杂的事物，用统一的原则来贯穿万事万物，从始到终，周而复始，就像圆环一样无始无终。如果舍弃了这个原则，那么天下就要衰微了。天地，是生命的本源；礼义，是治国的本源；君子，是礼义的本源。学习研究礼义，熟悉贯通礼义，积累增多礼义方面的知识，极其爱好礼义，这是做君子的开始。所以天地生养君子，君子治理天地。君子，是天地的参赞，万物的总管，人民的父母。没有君子，那么天地就不能治理，礼义就没有头绪，上没有君主、师长的尊严，下没有父子之间的伦理道德，这就叫作极其混乱。君臣、父子、兄弟、夫妻之间的伦理关系，从始到终，从终到始，它们与天地有上下之分是同样的道理，与千秋万代同样长久，这就叫作最大的根本。所以丧葬祭祀的礼仪、诸侯定期朝见天子的礼仪、军队中的礼仪，其道理是一样的。

使人高贵或卑贱、将人处死或赦免、给人奖赏或处罚，其道理是一样的。君主要像君主、臣子要像臣子、父亲要像父亲、儿子要像儿子、兄长要像兄长、弟弟要像弟弟，其道理是一样的。农民要像农民、士人要像士人、工人要像工人、商人要像商人，其道理也是一样的。

【原文】

水火有气而无生[①]，草木有生而无知，禽兽有知而无义，人有气、有生、有知，亦且有义，故最为天下贵也。力不若牛，走不若马，而牛马为用，何也？曰：人能群，彼不能群也。人何以能群？曰：分。分何以能行？曰：义。故义以分则和，和则一，一则多力，多力则强，强则胜物，故宫室可得而居也。故序四时，裁万物，兼利天下，无它故焉，得之分义也。

【注释】

①气：古代哲学概念，指构成宇宙万物的基因，它是一种物质性的东西。

【译文】

水火有气却没有生命，草木有生命却没有知觉，禽兽有知觉却不讲道义；人有气、有生命、有知觉，而讲究道义，所以人是天下最尊贵的。人的力气不如牛，奔跑不如马，但牛、马却被人役使，为什么呢？是因为人能结合成社会群体，而它们不能结合成社会群体。人为什么能结合成社会群体？就是因为人有等级名分。等级名分为什么能实行？就是因为人有道义。所以，根据道义确定名分，人们就能和睦相处；和睦相处，就能团结一致；团结一致，力量就大；力量大了，就强盛；强盛了，就能战胜外物；正因为如此，人才有可能在宫室中安居。所以，人才能依据四季的顺序，管理好万事万物，使天下都受益，这没有别的原因，就是因为有了名分和道义。

【原文】

故人生不能无群[①]，群而无分则争，争则乱，乱则离，离则弱，弱则不能胜物，故宫室不可得而居也，不可少顷舍礼义之谓也。能以事亲谓之孝，能以事兄谓之弟，能以事上谓之顺，能以使下谓之君。君者，善群也。群道当则万物皆得其宜，六畜皆得其长[②]，群生皆得其命。故养长时则六畜育，杀生时则草木殖，政令时则百姓一，贤良服。

【注释】

①故：犹“夫”，发语词。这里以“群”来解释“君”，在训诂学上叫作声训，即以语音相近的字来训释，它往往揭示了词汇之间的同源现象。

②六畜：猪、羊、牛、马、鸡、狗。长：抚养。

【译文】

人要生存就不能没有社会群体，结合成了社会群体而没有等级名分的限制就会争夺，发生争夺就会产生动乱，产生动乱就会离心离德，离心离德就会使力量削弱，力量弱就不能胜过外物，不能胜过外物就不能安居在宫室中了，所以说人不能片刻舍弃礼义。能够按照礼义来侍奉父母的叫作孝，能够按照礼义来侍奉兄长的叫作悌，能够按照礼义来侍奉君主的叫作顺，能够按照礼义来役使臣民的叫作君。所谓君，就是善于把人组织成社会群体的意思。组织成社会群体的原则恰当，万物都能得到恰当适宜的安排，六畜都能得到应有的生长，一切生物都能得到应有的寿命。所以，饲养适时，六畜就生育兴旺；砍伐种植适时，草木就繁殖茂盛；政策法令适时，老百姓就能被统一起来，有才德的人就会乐于为社会服务。

【原文】

圣王之制也，草木荣华滋硕之时则斧斤不入山林[①]，不夭其生，不绝其长也；鼋鼍、鱼鳖、鳅鳣孕别之时[②]，罔罟毒药不入泽，不夭其生，不绝其长也；春耕、夏耘、秋收、冬藏四者不失时，故五谷不绝而百姓有余食也；洿池、渊沼、川泽谨其时禁[③]，故鱼鳖优多而百姓有馀用也；

斩伐养长不失其时，故山林不童而百姓有馀材也④。

【注释】

①荣华：草木植物开花叫“荣”，本木植物开花叫“华”。滋：生长。硕：大。

②鼋：大鳖，背青黄色，头有疙瘩，俗称癞头鼋。鼍：鳄鱼的一种，扬子鳄，俗称猪婆龙。别：指离别母体，即生育。

③洿池：池塘。渊：深水潭。沼：水池。川：河流。泽：湖泊。

④童：山无草木。

【译文】

圣王的制度是：草木正在开花长大的时期，砍伐的斧头不准进入山林，是为了使它们的生命不夭折，而能够继续生长；鼋、鼍、鱼、鳖、泥鳅、鳝鱼等产卵的时候，渔网、毒药不准投入湖泽，是为了使它们的生命不夭折，而能够继续生长。春天耕种、夏天锄草、秋天收获、冬天储藏，一年四季不失时节，使五谷不断地生长而老百姓就有多余的粮食；池塘、水潭、河流、湖泊，严格禁止在规定的时期内捕捞，所以鱼、鳖丰饶繁多而老百姓就有多余的资财；树木的砍伐与培育养护不错过季节，山林就不会光秃秃的而老百姓就有多余的木材。

【原文】

圣王之用也，上察于天，下错于地①，塞备天地之间，加施万物之上，微而明，短而长，狭而广，神明博大以至约②。故曰：一与一是为人者谓之圣人③。

【注释】

①错：通“措”，处置，采取措施。

②以：而。至约：极其简约，指礼义而言。

③一与一：从礼义到礼义的意思。指不论做什么事，都以礼义为原则。一，指统括一切之道，这里指礼义。

【译文】

圣王的作用是：上能体察天时的变化，下能安排土地的开发，充满天地之间，作用于万物之上，隐微而又明显，短暂而又长久，狭小而又广阔，神明博大而又十分简约。所以说：用道义去统率一切的人就是圣人。

【原文】

序官：宰爵知宾客、祭祀、飨食、牺牲之牢数①，司徒知百宗、城郭、立器之数②，司马知师旅、甲兵、乘白之数③。修宪命，审诗商，禁淫声，以时顺修，使夷俗邪音不敢乱雅，大师之事也。修堤梁，通沟浍，行水潦，安水臧，以时决塞，岁虽凶败水旱，使民有所耘艾，司空之事也④。相高下，视肥垸，序五种，省农功，谨蓄藏，以时顺修，使农夫朴力而寡能，治田之事也。修火宪，养山林薮泽草木鱼鳖百索⑤，以时禁发，使国家足用而财物不屈，虞师之事也。顺州里，定廛宅⑥，养六畜，闲树艺，劝教化，趋孝弟⑦，以时顺修，使百姓顺命，安乐处乡，乡师之事也。论百工，审时事，辨功苦，尚完利，便备用，使雕琢文采不敢专造于家，工师之事也。相阴阳，占祲兆，钻龟陈卦，主攘择五卜⑧，知其吉凶妖祥，伛巫、跛击之事也⑨。修採清⑩，易道路，谨盗贼，平室律，以时顺修，使宾旅安而货财通⑪，治市之事也。抃急禁悍⑫，防淫除邪，戮之以五刑⑬，使暴悍以变，奸邪不作，司寇之事也⑭。本政教，正法则，兼听而时稽之，度其功劳，论其庆赏，以时慎修，使百吏免尽而众庶不偷，冢宰之事也⑮。论礼乐，正身行，广教化，美风俗，兼覆而调一之，辟公之事也。全道德，致隆高，綦文理，一天下，振毫末，使天下莫不顺比从服，天王之事也。故政事乱，则冢宰之罪也；国家失俗，则辟公之过也；天下不一，诸侯俗反，则天王非其人也。

【注释】

①宰爵：官名，掌管接待宾客，祭祀时供应酒食祭品等事务。知：掌管。飨：用酒食招待人，与“宾客”相应。牺牲：古代供祭祀用的纯色的整猪、牛、羊等，与“祭祀”相应。牢：作祭品用的牛、羊、猪的计量单位。

②司徒：官名，掌管民政与教化的官。百宗：百族。

③司马：官名，掌管军队的官。师旅：古代军制以两千五百人为师，五百人为旅，故以“师旅”泛称军队。乘：量词，包括一辆战车，四匹战马，三个甲士，七十二个步兵。白：通“伯”。古代军队编制，十人为“什”，百人为“伯”。

④司空：官名，掌管土木工程的官。

⑤索：当为“素”字（王引之说），蔬菜。

⑥廛：古代城市居民的房子。

⑦趋：敦促。

⑧五卜：指占卜时出现的雨、霁、蒙、驿、克五种兆形。

⑨击：通“觋”，男巫。

⑩揉：当为“埰”字（俞樾说），坟墓。清：同“圊”，厕所。

⑪宾：当作“商”字（王引之说）。

⑫抃急：当作“折愿”（王念孙说），制裁奸诈。

⑬五刑：墨（脸上刺字）、劓（割鼻子）、剕（断足）、宫（阉割）、大辟（砍头）。

⑭司寇：官名，掌管刑罚的官。

⑮冢宰：官名，宰相。

【译文】

论述官吏的职责：宰爵掌管接待宾客、祭祀、宴饮、祭品的数量，司徒掌管宗族的事物、修筑城郭和管理各种器械的数量，司马掌管军队和铠甲、兵器、车马、士兵的数量。修订法令，审查诗歌乐章，禁止淫荡的音乐，根据时势整治，使蛮夷的风俗和邪恶的音乐不敢乱正声雅乐，这是太师的职责。修理堤坝，疏通沟渠，排除积水，修固水库，根据时势来放水堵水；即使是饥荒歉收、涝灾旱灾不断的凶年，也使民众能够继续耕耘有所收获，这是司空的职责。观察地势高低，识别土质肥沃与贫瘠，合理安排各种庄稼的种植季节，检查农事，认真储备，使农民朴实地尽力耕作而不求兼有其他技能，这是农官的职责。制定禁止焚烧山泽的法令，养护山林湖泊中的草木鱼蟹，满足人们的各种需求，根据时节来禁止与开放，使国家有足够的物质而不匮乏，这是虞师的职责。治理乡里，划定各店铺与民居的区域，使百姓饲养六畜，熟悉种植，劝导人们接受教育感化，促使人们孝顺父母，敬爱兄长，根据时势去整治，使百姓服从命令，安居地住在乡里，这是乡师的职责。考察各种工匠的手艺，审查各个时节的生产事宜，辨别产品质量的好坏，提倡产品的坚固好用，使设备用具便于使用，雕刻图案的器具与有彩色花纹的礼服不敢私家制造，这是工师的职责。观察阴阳的变化，视云气来预测吉凶，钻龟甲占卜，排列卦象，掌管驱除不祥，选择吉日以区分占卜时出现的各种征兆，预见吉凶祸福，这是驼背的巫婆与瘸腿的男巫的职责。整治厕所，平整道路，严防盗贼，公正地审定市场交易，根据时势来整治，使来往的商人旅客安全而货物钱财流畅，这是管理市场官员的职责。制裁狡猾奸诈的人，禁止凶残强暴的人，防止淫乱，铲除邪恶，用五种刑罚来惩治罪犯，使强暴凶悍的人因此而得到改造，使淫乱邪恶的事不再发生，这是司寇的职责。把政治教化作为治国的根本，端正法律准则，多方听取意见并按时对臣民进行考核，衡量他们的功劳，评定他们的奖赏，根据时势来整治，使各级官吏都尽心竭力而老百姓都不敢偷懒马虎，这是宰相的职责。讲究礼制音乐，端正立身行事，推广教化，改善风俗，普遍庇护百姓并使他们协调一致，这是诸侯的职责。成全道德，达到崇高的政治境界，使礼仪制度极其完美，统一天下，明察秋毫之末，使天下没有谁不依顺亲近，听从归服，这是天子的职责。所以政事混乱，就是宰相的罪过；国家风俗败坏，就是诸侯的过错；天下不统一，诸侯想造反，那便是因为天子不是理想的人选。

【原文】

具具而王[①]，具具而霸，具具而存，具具而亡。用万乘之国者，威强之所以立也，名声之所以美也，敌人之所以屈也，国之所以安危臧否也[②]，制与在此[③]，亡乎人[④]。王、霸、安存、危殆、灭亡，制与在我，亡乎人。夫威强未足以殆邻敌也，名声未足以县天下也[⑤]，则是国未能独立也，岂渠得免夫累乎[⑥]！天下胁于暴国，而党为吾所不欲于是者[⑦]，日与桀同事同行，无害为尧，是非功名之所就也，非存亡安危之所堕也。功名之所就，存亡安危之所堕，必将于愉殷赤心之所[⑧]。诚以其国为王者之所[⑨]，亦王；以其国为危殆灭亡之所，亦危殆灭亡。

【注释】

①具具：前一“具”是动词，具备；后一“具”是名词，条件。

②安危：此偏指“安”，“危”无义。臧否：好坏。此偏指“臧”，“否”无义。

③与：通“举”，都。此：近指代词，指自己。

④亡：通“无”，不。乎：于，在。

⑤县：“悬”的古体字，挂。此指挂在天下人嘴边，到处宣扬。

⑥渠：通“讵”，难道，与“岂”同义。

⑦党：同“倘”，假如。

⑧愉：快乐，指得志。殷：强盛富裕。

⑨诚：诚心，指专心。

【译文】

具备了一定的条件就能称王，具备了一定的条件就可以称霸，具备了一定的条件就能生存，具备了一定的条件就会灭亡。治理拥有万乘兵车的大国君主，他那威武强大的地位之所以能够确立，他的名声之所以能够美好，他的敌人之所以屈服，他的国家之所以又安全又好，决定性的关键都在自己而不在别人。是称王、称霸、安全生存，还是危险、灭亡，决定性的关键都在自己而不在别人。如果威武强大的程度还不能够使相邻的敌国危险，名声还不足以名扬天下，那么这个国家还不能以特有的姿态独立于天下，又怎能免除祸患呢？天下被强暴的国家所威胁，假如这种情况不是我所想要的，而是被迫天天与桀那样的暴君一同做事、一同行动，虽然不妨碍自己成为尧那样的贤君，但已不是功名得以成就的时候了，不是自己想长治久安就能够长治久安的时候了。功业名望的建立，长治久安的相随而来，必定取决于事业得志、国家富强时而自己一颗赤诚之心专注在什么地方。如果一心要把自己的国家变成一个实行王道的地方，也就能称王天下，要把自己的国家搞到危险灭亡的境地，那就会危险灭亡。

【原文】

殷之日，案以中立无有所偏而为纵横之事[①]，偃然案兵无动，以观

夫暴国之相卒也[2]。案平政教[3]，审节奏[4]，砥砺百姓，为是之日，而兵刬天下劲矣[5]；案然修仁义，伉隆高[6]，正法则，选贤良，养百姓，为是之日，而名声刬天下之美矣。权者重之，兵者劲之，名声者美之，夫尧、舜者，一天下也，不能加毫末于是矣[7]。权谋倾覆之人退，则贤良知圣之士案自进矣；刑政平，百姓和，国俗节，则兵劲城固，敌国案自诎矣；务本事，积财物，而勿忘栖迟薛越也[8]，是使群臣百姓皆以制度行，则财物积，国事案自富矣。三者体此而天下服，暴国之君案自不能用其兵矣。何则？彼无与至也。彼其所与至者，必其民也，其民之亲我也欢若父母，好我芳若芝兰，反顾其上则若灼黥，若仇雠。彼人之情性也虽桀、跖，岂有肯为其所恶贼其所好者哉！彼以夺矣。故古之人有以一国取天下者，非往行之也，修政其所莫不愿，如是而可以诛暴禁悍矣。故周公南征而北国怨，曰："何独不来也？"东征而西国怨，曰："何独后我也？"孰能有与是斗者与？安以其国为是者王。

【注释】

①案：同"安"，语助词。无：通"毋"，不要的意思。纵：南北为纵，此指合纵。战国时苏秦主张齐、楚、燕、韩、赵、魏六国结成联盟对抗秦国。由于六国在位置上成南北向，所以称"合纵"。横：东西为横，此指连横。秦国为了对付合纵，采取张仪的主张，与六国分别结成联盟，以便各个击破。由于秦国在六国西面，东西联合，所以称"连横"。

②卒：通"捽"，冲突，对打。

③平：整治。

④节奏：指礼节制度。

⑤刬：通"专"，独占。劲：强劲。"劲"前当脱一"之"字（王先谦说）。

⑥伉：极。

⑦不能加毫末于是矣：指权重、兵劲、名声美三者好得无以复加。毫末，毫毛的末端，比喻极细微的东西。

⑧忘：通"妄"，胡乱。栖迟：滞留等待，即丢在一边、遗弃的意思。薛越：同"屑越"，散乱碎落的意思，即搞得破碎散乱后又抛弃它。

【译文】

在国家强盛时，要保持中立的态度，不要有所偏袒而去干合纵连横的事情，要偃旗息鼓按兵不动，来静观那些残暴的国家相互争斗，要搞好政治教化，审察礼义制度，磨炼百姓，做到了这一点，他的军队就是天下最强劲的；奉行仁义之道，达到崇高的政治境界，整治法律条令，选拔贤能的人，使百姓休养生息，做到了这一点，他的名声就是天下最美好的。权势，使其举重若轻；军队，使其强劲有力；名声，使其美好无比。即使尧、舜那样统一天下的圣君，也不能在这三个方面再增加丝毫了。玩弄权术阴谋，专搞倾轧陷害的小人被废黜了，贤良圣明的君子自然就被重用了；刑法政令公正不阿，百姓和睦协调，社会风俗节约简朴，那么就会兵力强大、城防坚固，敌国就会屈服；致力于农业生产，积累财物，而不胡乱地遗弃糟蹋浪费，使群臣百姓都按照制度办事，财物就能积累，国家自然就富足了。以上三个方面都能做到，那么天下就会臣服了，强暴之国的君主也就自然不能对我们用兵了。为什么呢？因为他已经没有办法发动人来攻打我们了。跟他一起来的，一定是他统治下的民众；而他的民众亲近我就像亲近父母一样，热爱我就像酷爱芳香的芝兰一样，而回头看到他们的国君，却像看到了皮肤被烧烤、刺脸涂墨的人一样害怕，像看到仇敌一样愤怒。一个人的性情即使像夏桀、盗跖那样，也不会为他所憎恶的人去残害他喜爱的人吧？也就是说，他们已经被我们争取过来了。所以古代的人，有凭借一个国家来夺取天下的，他并不是前往别国掠夺他们，而是在自己国家内搞好政治，结果没有人不仰慕他，这样就可以铲除强暴制止凶悍了。所以周公向南征伐时北方的国家抱怨，说："为什么偏偏不来我们这里呢？"向东征伐时，西面的国家抱怨，说："为什么单单把我们丢在后面呢？"谁能同这样的人争斗呢？把自己的国家治理成这样的君主，就能称王了。

【原文】

殷之日，安以静兵息民，慈爱百姓，辟田野，实仓廪，便备用，安谨募选阅材伎之士；然后渐赏庆以先之，严刑罚以防之，择士之知事者使相率贯也，是以厌然畜积修饰而物用之足也[①]。

兵革器械者，彼将日日暴露毁折之中原，我今将修饰之，拊循之[②]**，**

掩盖之于府库；货财粟米者，彼将日日栖迟薛越之中野，我今将畜积并聚之于仓廪；材技股肱[3]、健勇爪牙之士，彼将日日挫顿竭之于仇敌，我今将来致之、并阅之、砥砺之于朝廷[4]。如是，则彼日积敝，我日积完；彼日积贫，我日积富；彼日积劳，我日积佚。君臣上下之间者，彼将厉厉焉日日相离疾也[5]，我今将顿顿焉日日相亲爱也[6]，是以待其敝。安以其国为是者霸。

【注释】

①畜：通“蓄”。

②拊循：安抚，抚摸，指揩擦，保养。

③股肱：大腿和上臂，比喻为得力助手。股，大腿。肱，上臂。

④来：同“徕”招揽。致：招引。并：吞并，接纳。

⑤厉厉：严厉地，恶狠狠地。

⑥顿顿：诚恳敦厚的样子。顿，通“敦”。

【译文】

国家强盛时，按兵不动，使人民休养生息，慈爱百姓，开垦田野，充实粮仓，改进设备器用，严格谨慎地招募、选择、接纳有才能技艺的士人，加重奖赏来诱导他们，加重刑罚来防范他们，挑选士人中明白事理的人率领他们，因此他们就安心地积蓄粮食财物、修理改进兵器用具，财物用具也就十分充足了。

武器装备之类，他国天天把它们丢弃毁坏在原野之中，而我们则是在修理改进它们，爱护保养它们，并把它们收藏在仓库里；财物粮食之类，他国天天把它们遗弃在田野之中，而我们则是把它们储藏积聚在仓库里；有才能技艺的辅佐大臣、健壮勇敢的武士，他国天天让他们在敌人手中受挫折、遭困顿、被消耗，而我们则是在朝廷上招募他们、容纳他们、锻炼他们。这样，他国越来越破败，我们则越来越完好；他国越来越贫困，我们则越来越富裕；他国越来越劳苦，我们则越来越安逸。君臣、上下之间，他国是恶狠狠地一天天相互疏远憎恨，我们则诚心诚意地一天比一天更加相亲相爱，以此等待他们的衰败。把国家治理成这样的君主，就能够称霸了。

【原文】

立身则从佣俗[1]，事行则遵佣故，进退贵贱则举佣士，之所以接下之人百姓者则庸宽惠，如是者则安存。立身则轻楛，事行则蠲疑[2]，进退贵贱举佞倪[3]，之所以接下之人百姓者则好取侵夺，如是者危殆。立身则憍暴，事行则倾覆，进退贵贱举幽险诈故[4]，之所以接下之人百姓者，则好用其死力矣，而慢其功劳，好用其籍敛矣[5]，而忘其本务，如是者灭亡。

此五等者，不可不善择也，王霸、安存、危殆、灭亡之具也。善择者制人，不善择者人制之；善择之者王，不善择之者亡。夫王者之与亡者，制人之与人制之也，是其为相县也亦远矣[6]。

【注释】

①佣：通“庸”，平庸，平常。

②蠲疑：毫不迟疑，指急躁鲁莽，毫无顾忌。这种人立身轻率，所以做事鲁莽。蠲，除去。

③佞倪：口齿伶俐。倪，通“锐”。

④故：巧诈。

⑤籍：税。敛：征收。

⑥县：“悬”的古体字，悬殊，差别。

【译文】

做人则依从一般的风俗习惯，做事则遵循平常的成规旧例，在任用、罢免、提升、贬抑方面则提拔普通的人，用来对待老百姓的态度则是宽厚和仁爱，这样的君主就会安全生存。做人则轻佻恶劣，做事则肆无忌惮，在任用、罢免、提升、贬抑方面则提拔巧言令色的人，用来对待老百姓的态度则是热衷于索取侵占掠夺，这样的君主就危险了。做人则骄横暴虐，做事则搞倾轧破坏，在任用、罢免、提升、贬抑方面则提拔阴险狡诈的人，用来对待老百姓的态度，则是喜欢利用他们为自己卖命出力而不把他们的功劳放在心上，喜欢利用他们上缴税收而不管他们的本业，这样的君主就会灭亡。

以上五种不同的做法，是不能不认真地加以选择的，他们是称王、称霸、安存、危险、灭亡的条件。善于选择的，就能制服别人；不善于选择的，别人就能制服他；善于选择的，就能称王；不善于选择的，就会灭亡。称王和灭亡、制服别人和被别人制服，两者相差也太远了。

富国第十

【题解】

本篇主要论述了富国之道，阐述了荀子的经济思想和经济政策，并提出了节用裕民、上下同富、发展农业、强本仰末、开源节流等一系列经济措施。

【原文】

万物同宇而异体，无宜而有用为人[①]，数也。人伦并处，同求而异道，同欲而异知，生也[②]。皆有可也，知愚同；所可异也，知愚分。势同而知异，行私而无祸，纵欲而不穷，则民心奋而不可说也。如是，则知者未得治也，知者未得治则功名未成也，功名未成则群众未县也，群众未县则君臣未立也。无君以制臣，无上以制下，天下害生纵欲。欲恶同物，欲多而物寡，寡则必争矣。

故百技所成，所以养一人也。而能不能兼技，人不能兼官，离居不相待则穷，群而无分则争。穷者患也，争者祸也，救患除祸，则莫若明分使群矣。强胁弱也，知惧愚也，民下违上，少陵长，不以德为政，如是，则老弱有失养之忧，而壮者有分争之祸矣。事业所恶也，功利所好也，职业无分，如是，则人有树事之患，而有争功之祸矣。男女之合，夫妇之分，婚姻娉内送逆无礼[③]，如是，则人有失合之忧，而有争色之祸矣。故知者为之分也。

【注释】

①为：相当为“于”。

②生：天性，本性。

③娉内：同“聘纳”，古代婚礼。聘，问名。内，同“纳”，纳币，收彩礼。送：送女。逆：迎娶。

【译文】

万物同生于自然界中而形体不同，没有固定的用途却对人有好处，这是自然规律。人类共处，具有共同的需求而满足需求的方法不一样，具有共同的欲望而实现欲望的智慧却不一样，这是人的本性。对于事物有所肯定，聪明和愚蠢的人都一样；但有所肯定的事物不一样，这是聪明和愚蠢的区别。如果地位相同而智慧不一样，谋取私利而没有祸患，放纵欲望而没有节制，民心就会竞相争夺而不能说服。像这样，聪明的人就无法进行治理；聪明的人无法进行治理，那么功名就不能成就；功名不能成就，那么群众就没有等级差别；群众等级没有差别，那么君臣的名分就不能确立。没有君主来制约群臣，没有上级来制约下级，天下人就会毁坏本性，放纵情欲。人们喜好和厌恶相同的东西，喜好的多但东西少，东西少就一定会争夺。

所以，百工所产生的产品，是用来养活每一个人的。但每一人的能力不能同时掌握多种技艺，一人也不能同时身兼数职，如果离群独居不互相协作依赖就会贫困，群居没有名分等级就会争夺。贫困是忧患，争夺是灾难，解除忧患、消除灾难，没有比确定名分、使人民组成社会群体更好的了。强大的威胁弱小的，聪明的害怕愚蠢的，下民违抗上级，年小的欺负年长的，不以仁德来处理政事，像这样，那么老人、弱者就会有无人供养的忧患，而强壮的人就会有分裂争夺的灾祸。劳苦做事是人们厌恶的，功名利益是人们所喜好的，职业如果没有分工，那么人们不仅会有难以成就事业的忧患，而且还有争夺功名的灾祸。男女的结合，夫妇的名分，婚姻嫁娶如果不依礼节，那么人们就会有失掉家庭的忧患，且有争夺美色的灾祸了。所以，聪明的人为此规定了名分。

【原文】

足国之道，节用裕民而善臧其馀①。节用以礼，裕民以致。彼裕民，故多馀。裕民则民富，民富则田肥以易，田肥以易则出实百倍。上以法取焉，而下以礼节用之，馀若丘山，不时焚烧，无所臧之，夫君子奚患

乎无馀？故知节用裕民，则必有仁义圣良之名，而且有富厚丘山之积矣。此无它故焉，生于节用裕民也。不知节用裕民则民贫，民贫则田瘠以秽，田瘠以秽则出实不半，上虽好取侵夺，犹将寡获也，而或以无礼节用之，则必有贪利纠诱之名[②]**，而且有空虚穷乏之实矣。此无它故焉，不知节用裕民也。《康诰》曰："弘覆乎天，若德裕乃身。"**[③]**此之谓也。**

【注释】

①臧：同"藏"。

②纠：收。诱：通"挢"，取。

③"《康诰》曰"句：《康诰》，《尚书》篇名。若，顺。

【译文】

富国的途径是，勤俭节约，使人民富裕，并妥善储存多余的财物。按照礼制节约费用，制定政策使人民富裕。使人民富裕了，才会有盈余。实行人民富裕的政策人民才会富有，人民富裕了就会田地肥沃而且能得到治理，田地肥沃而得到治理产量就会增加百倍。君主依照法律收取赋税，百姓按照礼制节约使用，剩余的粮食就会堆积如山，即使时常焚烧，也没有地方储藏，君子哪里还用担忧没有余粮呢？所以，知道勤俭节约，使百姓富裕，就一定会有仁义、贤良的美名，并且财富积累得像山丘一样。这没有别的原因，就是勤俭节约，使人民富裕了。不知道勤俭节约，使人民富裕的道理，就会使人民贫穷，人民贫穷就会田地贫瘠而荒芜，田地贫瘠荒芜产量就会减少一半，君主即使巧取豪夺，也将得到很少，况且有时还以礼制节约使用，那么不仅会有贪婪敛取的名声，还会有空虚贫困的结果。这没有别的原因，这是不知道勤俭节约，使人民富裕的缘故。《康诰》中说："只有你的德政像天那样覆盖万物，你又能用和顺的美德指导自身，才能完成君主富国的使命！"说的就是这个道理。

【原文】

礼者，贵贱有等，长幼有差，贫富轻重皆有称者也。故天子袾裷衣冕[①]**，诸侯玄裷衣冕，大夫裨冕**[②]**，士皮弁服**[③]**。德必称位，位必称禄，**

禄必称用。由士以上则必以礼乐节之，众庶百姓则必以法数制之。量地而立国，计利而畜民，度人力而授事，使民必胜事，事必出利，利足以生民，皆使衣食百用出入相掩④，必时臧馀，谓之称数。故自天子通于庶人，事无大小多少，由是推之。故曰："朝无幸位，民无幸生。"此之谓也。

轻田野之税，平关市之征，省商贾之数，罕兴力役，无夺农时，如是，则国富矣。夫是之谓以政裕民。

【注释】

①袾褬：赤色的衮衣。袾，纯赤色的衣服。褬，同"衮"，龙袍。冕：礼帽。

②裨：大夫所穿的礼服。

③皮弁：一种用白鹿皮做的帽子。

④掩：合。

【译文】

所谓礼，是指贵贱有等级，长幼有差别，贫富地位都要有相应的规定。所以，天子穿红色的龙袍、戴礼帽，诸侯穿黑色的龙袍、戴礼帽，大夫穿裨衣、戴礼帽，士穿皮衣、戴皮帽。道德一定要与地位相称，地位一定要与俸禄相称，俸禄一定要与能力相称。士以上一定要用礼乐制度节制他们，普通百姓一定要用法律制度制约他们。丈量土地来分封诸侯，计算收益来畜养人民，估量人力来安排工作，使人民一定胜任自己的事情，做这些事情一定要有收益，这些收益要足以养活人民，要使人民衣食及日常费用收支平衡，一定要及时地储藏多余的财物，这叫作合乎法度。所以，从天子到普通百姓，事情不论大小多少，都要依此类推。所以说："朝廷上没有侥幸就能得到的职位大臣，百姓中没有不务正业就能侥幸生存的人。"说的就是这个道理。

减轻田地的赋税，免除关卡集市的税收，减少商人的数量，少兴徭役，不侵占农时，像这样国家就富强了。这就叫作依靠政策使人民富裕。

【原文】

人之生，不能无群，群而无分则争，争则乱，乱则穷矣。故无分者，人之大害也；有分者，天下之本利也；而人君者，所以管分之枢要也。故美之者，是美天下之本也；安之者，是安天下之本也；贵之者，是贵天下之本也。古者先王分割而等异之也，故使或美或恶，或厚或薄，或佚或乐[①]，或劬或劳，非特以为淫泰夸丽之声，将以明仁之文，通仁之顺也。故为之雕琢、刻镂、黼黻、文章，使足以辩贵贱而已，不求其观；为之钟鼓、管磬、琴瑟、竽笙[②]，使足以辨吉凶、合欢定和而已，不求其馀；为之宫室台榭，使足以避燥湿、养德、辨轻重而已，不求其外。《诗》曰[③]"雕琢其章，金玉其相。亹亹我王，纲纪四方。"[③]此之谓也。

【注释】

①或佚或乐：当作"或佚乐"（王念孙说）。第二个"或"字衍。下句同。

②磬：一种石制的乐器。

③"《诗》曰"句：见《诗经·大雅·棫朴》。亹亹，勤勉的样子。

【译文】

人活着，不能没有群体，有群体而没有等级名分就会争斗，争斗就会混乱，混乱就会贫困。所以，没有等级名分，是人类的大祸害；有等级名分，是天下的根本利益；人君，是管理名分的关键。所以，赞美君主，就是赞美天下的根本；维护君主，就是维护天下的根本；尊重君主，就是尊重天下的根本。古时圣王用等级名分来区分他们，所以使他们有的美好，有的丑恶，有的尊贵，有的卑贱，有的安逸快乐，有的辛苦劳累，并不是故意制造荒淫、华丽的名声，而是为了明确仁义的制度，贯彻仁义的秩序。所以，雕刻各种器物，在衣服上绣上各种花纹，使它们足以辨别贵贱罢了，不追求美观；制作管磬、琴瑟、芋笙等乐器，使它们足以分辨吉凶、增加欢乐和谐罢了，不追求别的；建造宫室台榭，使它们足以避免躁热潮湿，修养德行，分辨贵贱罢了，没有另外的追求。《诗经》中说："雕琢它们成文章，金玉之质显本相，勤勤恳垦为君王，治理着四面八方。"说的就是这个道理。

【原文】

若夫重色而衣之，重味而食之，重财物而制之，合天下而君之，非特以为淫泰也，固以为王天下[①]，治万变，材万物[②]，养万民，兼制天下者[③]，为莫若仁人之善也夫！故其知虑足以治之，其仁厚足以安之，其德音足以化之，得之则治，失之则乱。百姓诚赖其知也，故相率而为之劳苦以务佚之，以养其知也；诚美其厚也，故为之出死断亡以覆救之，以养其厚也；诚美其德也，故为之雕琢、刻镂、黼黻、文章以藩饰之，以养其德也。故仁人在上，百姓贵之如帝，亲之如父母，为之出死断亡而愉者，无它故焉，其所是焉诚美，其所得焉诚大，其所利焉诚多。《诗》曰：“我任我辇，我车我牛，我行既集，盖云归哉！”[④]此之谓也。

【注释】

①王：当为“一”字（王先谦说）。

②材：通“裁”。

③制：当为“利”字（同上）。

④“《诗》曰”句：见《诗经·小雅·黍苗》。

【译文】

至于穿颜色华丽的衣服，吃美味佳肴，聚集大量财物为其所用，使整个天下都归他统治，并不是故意要荒淫奢侈，而只是认为统一天下，处理各种变化，管理万物，养育万民，使天下人都得到恩惠，没有比仁人更好的了！所以他的智慧足以治理天下，他的仁义宽厚足以安抚天下，他的道德声望足以教化天下。得到他，天下就会安定；失去他，天下就会混乱。百姓诚然要依赖他的智慧，所以争先劳苦以使他安逸，以保养他的智慧；百姓诚然赞美他的仁厚，所以出生入死来保卫他，以保养他的仁厚；百姓诚然赞美他的道德，所以雕刻各种器物，在衣服上绣上各种花纹来装饰他，以保养他的道德。所以仁人处在君位上，百姓就像尊重上帝一样尊重他，就像亲近父母一样亲近他，为他出生入死也高兴，没有别的原因，就是因为他的政令确实好，他的成就确实大，他给予人民的实在多。《诗经》中说：“我肩扛我拉车，我驾车我牵牛，我们的行程结束了，大家可以回家了！”说是就是这个道理。

【原文】

故曰：君子以德，小人以力。力者，德之役也。百姓之力，待之而后功；百姓之群，待之而后和；百姓之财，待之而后聚；百姓之势，待之而后安；百姓之寿，待之而后长。父子不得不亲，兄弟不得不顺，男女不得不欢，少者以长，老者以养。故曰："天地生之，圣人成之。"此之谓也。

今之世而不然：厚刀布之敛以夺之财，重田野之税以夺之食，苛关市之征以难其事。不然而已矣，有掎挈伺诈[①]，权谋倾覆，以相颠倒，以靡敝之，百姓晓然皆知其污漫暴乱而将大危亡也。是以臣或弑其君，下或杀其上，粥其城[②]，倍其节[③]，而不死其事者，无它故焉，人主自取之。《诗》曰："无言不雠，无德不报。"[④]此之谓也。

【注释】

①掎挈：指责。

②粥：同"鬻"，卖。

③倍：通"背"。

④"《诗》曰"句：见《诗经·大雅·抑》。雠，应答。

【译文】；

所以说：君子依靠道德，小人依靠力气。力气，是受道德来役使的。百姓的力气，依靠君子的道德教化才能有功效；百姓的群体，依靠君子的道德教化才能和睦；百姓的财物，依靠君子的道德教化才能积聚；百姓的地位，依靠君子的道德教化才能安定；百姓的寿命，依靠君子的道德教化才能长久。父子得不到它就不亲近，兄弟得不到它就不和顺，男女得不到它就不欢乐，年少的依靠它来成长，年老的依靠它来保养。所以说："天地生育了他们，圣人成就了他们。"说的就是这个道理。

现在的世道却不这样，加重对货币的敛取来搜刮百姓的钱财，加重对田地的赋税来掠夺百姓的粮食，加重关卡、集市的税收来阻碍他们的贸易。不仅这样，还故意挑剔、伺机敲诈，玩弄权术倾轧陷害，互相倾覆颠倒，竭力败坏，百姓清楚地知道他们的污秽，暴乱将导致巨大的灾难与灭亡。所以，有的臣子杀死了他们的君主，有的下级杀死了他们的上级，出卖城池，违背节操，而不为君主去卖命，没有别的原因，君主咎由自取。《诗经》中说：“没有说话不答应，没有恩德不报答。”说的就是这个道理。

【原文】

兼足天下之道在明分。掩地表亩，刺屮殖谷[①]，多粪肥田，是农夫众庶之事也。守时力民，进事长功，和齐百姓，使人不偷，是将率之事也[②]。高者不旱，下者不水，寒暑和节而五谷以时孰[③]，是天下之事也[④]。若夫兼而覆之，兼而爱之，兼而制之，岁虽凶败水旱，使百姓无冻馁之患，则是圣君贤相之事也。

【注释】

①屮：古“草”字。

②率：同“帅”。

③孰：同“熟”。

④下：当为衍字（王念孙说）。

【译文】;

使天下富足的方法，在于确定等级名分。耕种田地，标明田界，除去杂草，种植谷物，多施肥料使田地肥沃，是农夫百姓的事情。遵守农时，使人民努力，促进生产，提高功效，使百姓和睦，使人民不苟且偷生，这是将帅的事情。使高处的田地不干旱，低洼的田地不受涝，寒暑合乎节令，五谷按时成熟，这是上天的事情。至于普遍地保护百姓，普遍地爱护百姓，普遍地管理百姓，即使遇到水涝旱灾的凶年，也使百姓不挨饿受冻，这是圣君贤相的事情。

【原文】

墨子之言，昭昭然为天下忧不足[①]。夫不足，非天下之公患也，特墨子之私忧过计也。今是土之生五谷也，人善治之则亩数盆[②]，一岁而

再获之，然后瓜桃枣李一本数以盆鼓，然后荤菜百疏以泽量[③]，然后六畜禽兽一而剸车[④]；鼋鼍、鱼鳖、鳅鳣以时别，一而成群，然后飞鸟凫雁若烟海，然后昆虫万物主其间，可以相食养者不可胜数也。

夫天地之生万物也，固有馀足以食人矣；麻葛、茧丝、鸟兽之羽毛齿革也，固有馀足以衣人矣。夫有馀不足[⑤]，非天下之公患也，特墨子之私忧过计也。

【注释】

①昭昭然：忧愁的样子。

②盆：古代一种量器。

③荤菜：指葱、姜、蒜一类的蔬菜。疏：通“蔬”。

④剸：同“专”。

⑤有馀：当为衍文（王先谦说）。

【译文】

墨子的言论，惶惶不安地为天下人忧虑财物不足。财物不足，并不是天下人的共同祸患，只不过是墨子个人的担心罢了。现在这土地里长出的五谷，只要人们善于管理它们，每亩地就会生产出几盆粮食，一年可以收获两次，然后瓜、果、桃、李每一棵的产量也要用盆计算，各种蔬菜也要用池泽来计量，六畜和禽兽每一样也可以装满一车；龟、鳖、鱼、蟹、泥鳅、鳝鱼等按时生育，一只就能够繁殖成一大群，然后飞鸟、大雁多如烟海，昆虫万物生长于其间，可以供人食用的东西数不胜数。天地生长万物，本来就绰绰有余足以供人食用了；麻葛、蚕丝、鸟兽的羽毛、牙齿、皮革等，本来就绰绰有余足以供人穿戴了。财物不足，并不是天下人的共同祸患，只不过是墨子个人的过分担心罢了。

【原文】

天下之公患，乱伤之也。胡不尝试相与求乱之者谁也？我以墨子之“非乐”也则使天下乱，墨子之“节用”也则使天下贫，非将堕之也[①]，说不免焉。墨子大有天下，小有一国，将蹙然衣粗食恶，忧戚而非乐，

若是则瘠，瘠则不足欲，不足欲则赏不行。墨子大有天下，小有一国，将少人徒，省官职，上功劳苦，与百姓均事业，齐功劳，若是则不威，不威则罚不行。赏不行，则贤者不可得而进也；罚不行，则不肖者不可得而退也。贤者不可得而进也，不肖者不可得而退也，则能不能不可得而官也。若是，则万物失宜，事变失应，上失天时，下失地利，中失人和，天下敖然②，若烧若焦。墨子虽为之衣褐带索，嚽菽饮水③，恶能足之乎？既以伐其本，竭其原，而焦天下矣。

【注释】

①堕：诋毁。

②敖：通“熬”。

③嚽：同“啜”。菽：豆叶。

【译文】

天下共同的祸患，是混乱造成的。为什么不试着一齐去探索造成混乱的人是谁呢？我认为墨子“非乐”的主张会使天下混乱，墨子“节用”的主张会使天下贫穷，并不是有意诋毁他，而是他的学说不免会这样。墨子大到有可能统治天下，小到有可能统治一国，却忧心忡忡地穿着粗布衣服，吃着恶劣食物，忧心地反对音乐，如果这样生活就会微薄，生活微薄就不会满足欲望，不满足欲望则奖赏就不会实行。墨子大到能够统治天下，小到能够统治一国，却要减少仆从，削减官员，推崇功业和劳苦，同百姓做一样的事情，建立一样的功劳，如果这样做就没有威严，没有威严惩罚就不会实行。奖罚不能实行，那么贤能的人就不能得到进用；惩罚不能实行，那么不贤能的人就不能被斥退。贤能的人不能得到进用，不贤能的人不能得到斥退，那么有能力的人和没有能力的人，就有可能得到相应的职位。如果这样，万物就会失调，事情突变就会得不到合理的应付。上失去天时，下失去地利，中失去人和，天下就像被煎熬一样，像被火烧一样。墨子即使身穿粗布衣，腰系粗绳，吃豆叶，喝白水，又怎能使天下富足呢？既然已砍断了根本，堵塞了源头，那么天下就焦枯了。

【原文】

故先王圣人为之不然。知夫为人主上者不美不饰之不足以一民也，不富不厚之不足以管下也，不威不强之不足以禁暴胜悍也。故必将撞大钟、击鸣鼓、吹笙竽、弹琴瑟以塞其耳，必将錭琢、刻镂、黼黻、文章以塞其目①，必将刍豢稻粱、五味芬芳以塞其口，然后众人徒、备官职、渐庆赏、严刑罚以戒其心。使天下生民之属皆知己之所愿欲之举在是于也，故其赏行；皆知己之所畏恐之举在是于也，故其罚威。

赏行罚威，则贤者可得而进也，不肖者可得而退也，能不能可得而官也。若是，则万物得宜，事变得应，上得天时，下得地利，中得人和，则财货浑浑如泉源②，汸汸如河海③，暴暴如丘山④，不时焚烧，无所臧之，夫天下何患乎不足也？故儒术诚行，则天下大而富，使而功，撞钟击鼓而和。《诗》曰："钟鼓喤喤，管磬玱玱，降福穰穰。降福简简，威仪反反。既醉既饱，福禄来反。"⑤此之谓也。故墨术诚行则天下尚俭而弥贫，非斗而日争，劳苦顿萃而愈无功，愀然忧戚非乐而日不和。《诗》曰："天方荐瘥，丧乱弘多。民言无嘉，憯莫惩嗟。"⑥此之谓也。

【注释】

①錭：同"雕"。

②浑浑：水流的样子。

③汸汸：水流盛大的样子。

④暴暴：突起的样子。

⑤"《诗》曰"句：见《诗经·周颂·执竞》。喤喤，钟鼓声。玱玱，管磬声。穰穰，众多。

⑥"《诗》曰"句：见《诗经·小雅·节南山》。瘥，疫病。憯，曾，竟。

【译文】

所以，古代的君主和圣人就不这样做。他们知道作为君主不华美、不修饰就不足以统治人民，不富有、不丰厚就不足以管理人民，不威严、不强大就不足以禁止强暴、战胜凶悍。所以，一定要撞击大钟、敲打响鼓、吹奏笙竽、弹奏琴瑟来满足他的耳朵；一定要在各种器物上雕刻图案，在衣服上绣上各种花纹来满足他的眼睛；一定要用肉食、细粮和芬芳的五味来满足他的嘴巴；然后增加仆人、完备官职、加重奖罚、严厉刑罚来警戒人心。使天下的百姓都知道自己想得到的全在这里，所以君主的奖赏能够实行；都知道自己畏惧的全在这里，所以君主的惩罚有威严。

奖赏能够实行，惩罚有威严，那么贤能的人就可以得到进用，不贤能的人就可以被斥退，有能力的人和没有能力的人就可以得到相应的官职。如果这样，万物就会和谐，事情突变就会得到及时的处理，上得天时，下得地利，中得人和，财货就像泉水一样汩汩而出，像江河大海一样滚滚而来，像山丘一样高高堆积，即使不时焚烧，也没有地方收藏，天下怎么还会害怕财物不足呢？所以，儒术真正能实行，天下就会太平而且富有，役使百姓而有成效，撞钟击鼓而一片和乐。《诗经》中说："钟鼓声洪亮，管磬声悠悠，大福从天而降。天降大福无边长，威仪堂皇又端庄。既已醉酒饭也饱，福禄定会长又长。"说的就是这个道理。所以，墨子的学说如果推行天下，就会崇尚节俭而更加贫穷，反对争斗却日日争斗，劳苦憔悴却越来越没有功效，忧愁悲伤地反对音乐却更加不和睦。《诗经》中说："上天连续降灾难，伤亡祸乱到处见。百姓没人说好话，但却仍不惩罚他。"说的就是这个道理。

【原文】

垂事养民，拊循之，唲呕之①，冬日则为之馇粥②，夏日则为之瓜麮③，以偷取少顷之誉焉，是偷道也，可以少顷得奸民之誉，然而非长久之道也。事必不就，功必不立，是奸治者也。僡然要时务民④，进事长功，轻非誉而恬失民，事进矣而百姓疾之，是又不可偷偏者也。徙坏堕落，必反无功。故垂事养誉不可，以遂功而忘民亦不可。皆奸道也。

【注释】

①唲呕：作小儿声表示慈爱。

②馇：稠粥。

③麮：大麦粥。

④僧：通“嘈”。

【译文】

丢下天下政事而以小恩小惠养育人民，安抚他们，疼爱他们，冬天为他们准备稠粥，夏天为他们准备瓜果和麦粥，来骗取一时的赞誉，这是一种苟且的做法，可以暂时得到奸民的赞誉，然而这并不是长久的办法。事业一定没有成就，功名一定没有建立，这是奸邪的治国方法。忙乱地抢时间强迫人民从事劳动，促进生产提高功效，不管百姓的毁誉，不在乎丧失民心，事业有了进展而百姓却怨恨他，这又是一种不可做的苟且偏激的做法。其结果是败坏堕落，反而一定没有功效。所以，丢下天下政事窃取名誉不行，一心想成就功业而忘记百姓也不行，这都是奸邪的方法。

【原文】

故古人为之不然，使民夏不宛暍[①]，冬不冻寒，急不伤力，缓不后时，事成功立，上下俱富，而百姓皆爱其上，人归之如流水，亲之欢如父母，为之出死断亡而偷者，无它故焉，忠信调和均辨之至也[②]。故君国长民者欲趋时遂功，则和调累解，速乎急疾；忠信均辨，说乎赏庆矣；必先修正其在我者，然后徐责其在人者，威乎刑罚。三德者诚乎上，则下应之如景向，虽欲无明达，得乎哉！《书》曰：“乃大明服，惟民其力懋，和而有疾。”[③]此之谓也。

【注释】

①宛：通“蕴”，暑气。暍：中暑。

②辨：通“遍”，遍及。

③“《书》曰”句：见《尚书·康诰》。力懋，勤勉。

【译文】

所以古人不这样做，使百姓夏天不受热中暑，冬天不挨冻受寒，紧急时不伤害劳力，松缓时不耽误农时，事业成就，功名建立，上下都富裕，而百姓都爱戴他的君主，人们归顺他就像流水一样，亲近他就像亲近父母一样，为他出生入死而心甘情愿，没有别的原因，就是因为君主非常忠信、和平、公正。所以统治国家，领导人民的人，想要争取时间建立功业，那么调和宽缓就比急于求成效果好；忠信公平就比奖赏更使人高兴；一定先要纠正自己身上的缺点，然后慢慢批评别人的缺点，就比刑罚更有威力。这三种品德如果真正能够集中在君主身上，臣民就会如影随形、如响随声一样来响应，即使不想显赫通达也不可能啊！《尚书》中说："君主英明而服众，人民就会很努力，既和谐来又迅速。"说的就是这个道理。

【原文】

故不教而诛，则刑繁而邪不胜；教而不诛，则奸民不惩；诛而不赏，则勤属之民不劝①；诛赏而不类，则下疑俗俭而百姓不一②。故先王明礼义以壹之，致忠信以爱之，尚贤使能以次之，爵服庆赏以申重之，时其事、轻其任以调齐之，潢然兼覆之③，养长之，如保赤子。若是，故奸邪不作，盗贼不起，而化善者劝勉矣。是何邪？则其道易，其塞固，其政令一，其防表明。故曰：上一则下一矣，上二则下二矣，辟之若中木，枝叶比类本。此之谓也。

【注释】

①属：当为"厉"字（王念孙说）。

②俭：当为"险"字（杨倞说）。

③潢然：大水涌至的样子。潢，同"滉"。

【译文】

所以不经教育就诛杀，刑罚繁多也不能战胜邪恶；光教育而不诛杀，奸邪的人就得不到惩罚；诛杀而不奖赏，勤劳的人就得不到鼓励；诛杀和奖赏如果不符合法律，下民疑惑、风俗险恶而百姓就会行为不一。所以，圣王明确礼义来统一百姓，努力做到忠信来爱护百姓，崇尚贤者、任用贤能来安排他们，用爵位、官服、奖赏来激励他们，抚养他们，就像保护婴儿一样。如果这样，奸邪就不会发生，盗贼就不会兴起，向善的人就得到鼓励了。这是为什么呢？因为圣王的方法简易，堵塞邪恶的方法坚强有力，他的政策始终如一，他的禁令明确清晰。所以说：上面一心，下面就一心；上面三心二意，下面就三心二意；就好比草木，它的枝叶一定是由根决定的。说的就是这个道理。

【原文】

不利而利之，不如利而后利之之利也；不爱而用之，不如爱而后用之之功也。利而后利之，不如利而不利者之利也；爱而后用之，不如爱而不用者之功也。利而不利也，爱而不用也者，取天下矣。利而后利之，爱而后用之者，保社稷者也。不利而利之，不爱而用之者，危国家也。

【译文】

不造福人民却向人民索取利益，不如先给人民利益而后向他们索取利益更有利；不爱护人民而使用他们，不如先爱护他们而后使用他们更有成效。给人民利益而后索取利益，不如给人民利益而不向他们索取利益更有利；爱护人民而后使用他们，不如爱护人民而不使用他们更有成效。给人民利益而不向他们索取利益，爱护人民而不使用他们，就可以取得天下。先给人民利益而后向他们索取利益，先爱护人民而后使用他们，可以保住社稷。不给人民利益而向他们索取利益，不爱护人民而使用他们，就会使国家危机。

【原文】

观国之治乱臧否，至于疆易而端已见矣[①]**。其候徼支缭**[②]**，其竟关之政尽察**[③]**，是乱国已。入其境，其田畴秽，都邑露，是贪主已。观其朝廷则其贵者不贤，观其官职则其治者不能，观其便嬖则其信者不悫，是暗主已。凡主相臣下百吏之俗**[④]**，其于货财取与计数也，须孰尽察**[⑤]**，其礼义节奏也，芒轫僈楛**[⑥]**，是辱国已。其耕者乐田，其战士安难，其百吏好法，其朝廷隆礼，其卿相调议，是治国已。观其朝廷则其贵者贤，观其官职则其治者能，观其便嬖则其信者悫，是明主已。凡主相臣下百吏之属，其于货财取与计数也，宽饶简易，其于礼义节奏也，陵谨尽察，是荣国已。贤齐则其亲者先贵，能齐则其故者先官，其臣下百吏，污者**

皆化而修，悍者皆化而愿，躁者皆化而悫⑦，是明主之功已。

【注释】

①易：通“埸”，边界。

②候：哨兵。徼：巡逻。

③竟：通“境”。

④俗：当为“属”字（俞樾说）。

⑤须：当为“顺”字（同上）。

⑥芒：通“茫”。轫：懒散。

⑦躁：通“剿”，狡猾。

【译文】

观察一个国家的治乱好坏，到了它的边界，端倪就已经显现出来了。如果哨兵不停地巡逻，边境关卡的管理十分苛刻，这是混乱的国家。进入国境，田野荒芜，城墙倒塌，这是个贪婪的君主。观察他的朝廷则地位尊贵的人不贤能，观察他的官吏则处理政事的人没能力，观察他的亲信则受到信任的人不诚实，这是个昏庸的君主。大凡君主、卿相和各级官吏，对于货物钱财的计算极其精细，对于礼仪制度茫然而又懈怠，这是个可耻的国家。农民乐意种田，战士甘于殉国，百官爱好法律，朝廷崇尚礼仪，卿相协调商议，这是个安定的国家。观察他的朝廷，地位尊贵的人贤能，观察他的官吏则处理政事的人有能力，观察他的亲信则受到信任的人诚实，这是贤明的君主。大凡君主、卿相和各级官吏，对于货物钱财出入的计算宽松而简易，对于礼仪制度严肃而谨慎，这是个荣耀的国家。如果贤德相同，那么他亲近的人先尊贵，如果能力相同，那么有旧交情的人先做官，他的臣下百官，行为污秽的都变得美好，凶悍的都变得善良，狡猾的都变得诚实，这是贤明君主的功劳。

【原文】

观国之强弱贫富有征：上不隆礼则兵弱，上不爱民则兵弱，已诺不信则兵弱，庆赏不渐则兵弱，将率不能则兵弱。上好功则国贫，上好利

则国贫，士大夫众则国贫，工商众则国贫，无制数度量则国贫。下贫则上贫，下富则上富。故田野县鄙者，财之本也；垣窌仓廪者[①]，财之末也。百姓时和、事业得叙者，货之源也；等赋府库者，货之流也。故明主必谨养其和，节其流，开其源，而时斟酌焉，潢然使天下必有馀而上不忧不足[②]。如是则上下俱富，交无所藏之，是知国计之极也。故禹十年水，汤七年旱，而天下无菜色者，十年之后，年谷复孰而陈积有馀。是无它故焉，知本末源流之谓也。故田野荒而仓廪实，百姓虚而府库满，夫是之谓国蹶。伐其本，竭其源，而并之其末，然而主相不知恶也，则其倾覆灭亡可立而待也。以国持之而不足以容其身，夫是之谓至贫，是愚主之极也。将以求富而丧其国，将以求利而危其身。古有万国，今有十数焉。是无它故焉，其所以失之一也。君人者亦可以觉矣。百里之国足以独立矣。

【注释】

①垣：矮墙。指货仓。窌：地窖。

②天：当为“夫”字（王先谦说）。

【译文】

观察一个国家的强弱贫富有一定的征兆：君主不崇尚礼义兵力就弱，君主不爱护百姓兵力就弱，对许下的诺言不讲信用兵力就弱，奖赏不丰厚兵力就弱，将帅没有能力兵力就弱。君主好大喜功国家就贫穷，君主喜欢利益国家就贫穷，士大夫众多国家就贫穷，工商人士众多国家就贫穷，没有一定的规章制度国家就贫穷。百姓贫穷君主就贫穷，百姓富裕君主就富裕。所以，田野和乡村，是财富的根本；仓库和粮库，是财富的末节。百姓按时劳作，生产有秩序，是财货的源泉；按等级缴纳税负和储存货物的国库，是财货的支流。所以，贤明的君主一定小心地维护和谐的局面，开源节流，而又不时地加以考虑，使百姓的财富源源不断，富足有余，而君主也不用担心财物不足了。如这样，君主和百姓都会富足，双方财货多得都没有地方储存了，这是最懂得治国大计的。所以，大禹时十年水灾，商汤时七年旱灾，但天下却没人面有饥色，十年之后，谷物丰收而储存的粮食还有剩余。这没有别的原因，是因为懂得本与末、源与流的关系。所以，田野荒芜而粮仓充实，百姓贫乏而国库富足，这可以说国家快要灭亡了。砍断根木，枯竭源泉，把钱财都聚敛到国库中，然而君主和卿相却不知道它的危害，那么国家的倾覆灭亡马上就会来到了。用整个国家来供养他还不能容纳他，这就是最大的贪婪、最愚蠢的君主了。想要追求富裕反而丧失了国家，想要追求利益反而危害了自身。古时有上万个国家，现在只剩下十几个了。这没有别的原因，他们失去了国家的道理是一样的。做人君的也就该觉醒了吧。方圆百里的小国是完全可以独立的。

【原文】

凡攻人者，非以为名，则案以为利也，不然，则忿之也。仁人之用国，将修志意，正身行，伉隆高，致忠信，期文理①。布衣纠屦之士诚是②，则虽在穷阎漏屋，而王公不能与之争名；以国载之，则天下莫之能隐若也。若是，则为名者不攻也。将辟田野，实仓廪，便备用，上下一心，三军同力，与之远举极战则不可。境内之聚也，保固视可，午其军③，取其将，若拨麸④。彼得之不足以药伤补败。彼爱其爪牙，畏其仇敌，若是，则为利者不攻也。将修小大强弱之义以持慎之，礼节将甚文，珪璧将甚硕⑤，货赂将甚厚，所以说之者，必将雅文辩慧之君子也。彼苟有人意焉，夫谁能忿之？若是，则忿之者不攻也。为名者否，为利者否，为忿者否，则国安于盘石，寿于旗、翼⑥。人皆乱，我独治；人皆危，我独安；人皆失丧之，我按起而治之。故仁人之用国，非特将持其有而已也，又将兼人。《诗》曰："淑人君子，其仪不忒。其仪不忒，正是四国。"⑦此之谓也。

【注释】

①期：通"綦"，极。

②纠屦：用粗麻绳编成的鞋。

③午：同"迕"，迎。

④麸：蒲草。

⑤珪璧：玉器。

⑥旗、翼：皆为星宿名。旗，通"箕"。

⑦“《诗》曰”句：见《诗经·曹风·尸鸠》。忒，差错。

【译文】

凡是进攻别人的人，不是为了名声，就是为了利益，要不然，就是因为怨恨对方。仁人治理国家，就一定要培养意志，端正行为，崇尚礼义，恪守忠信，严守法度。身着布衣、脚穿麻鞋的士人如果真这样，即使住在偏僻的小巷与简陋的小屋里，王公也不能同他争夺名声；把国家委托给他，天下没有人能埋没。像这样，追求名声的国家就不会来攻打了。将开垦的田地，充实粮仓，方便器用，上下一条心，三军同努力，但仅凭这些，若是长途跋涉同别国苦战也肯定是不行的。而当国内的兵力聚集了，防守巩固了，才可以把握有利战机，迎头击敌，俘虏敌将，就像拔蒲草一样容易。即使这样得到敌国的东西，也还不够用来医治伤员、弥补损失。国君要爱护他的将士，畏惧他的敌人，像这样，追求利益的国家就不会来攻打了。必将小心地遵照小国和大国、强国和弱国之间的道义，礼节将十分完备，赠送的玉器等礼物将十分丰硕，进奉的财物十分丰厚，用来游说对方的使者，必定是文雅善辩聪明的君子。对方假如还有些通情达理的话，怎么又能怨恨呢？像这样，为发泄怨恨的国家也不会来攻打，国家就会像磐石一样稳固，就会像箕星、翼星一样长久。别国都混乱，唯独我安定；别国都危险，唯独我安全；别国都衰败了，我奋起征服他们。所以，仁人治理国家，并非仅仅维持自己的国家，还要兼顾别国利益。《诗经》中说：“那善良的君子，他的言行没差错。他的言行没差错，可以治理四国。”说的就是这种情况。

【原文】

持国之难易：事强暴之国难，使强暴之国事我易。事之以货宝，则货宝单而交不结[①]；约信盟誓，则约定而畔无日[②]；割国之锱铢以赂之[③]，则割定而欲无厌。事之弥烦[④]，其侵人愈甚，必至于资单国举然后已。虽左尧而右舜，未有能以此道得免焉者也。辟之是犹使处女婴宝珠，佩宝玉，负戴黄金而遇中山之盗也，虽为之逢蒙视，诎要桡腘[⑤]，君卢屋妾[⑥]，由将不足以免也。故非有一人之道也，直将巧繁拜请而畏事之[⑦]，则不足以持国安身，故明君不道也。必将修礼以齐朝，正法以齐官，平

政以齐民，然后节奏齐于朝，百事齐于官，众庶齐于下。如是，则近者竞亲，远方致愿，上下一心，三军同力，名声足以暴炙之⑧，威强足以捶笞之，拱揖指挥，而强暴之国莫不趋使，譬之是犹乌获与焦侥搏也⑨。故曰："事强暴之国难，使强暴之国事我易。"此之谓也。

【注释】

①单：同"殚"。

②畔：通"叛"。

③锱铢：锱和铢都是古代重量单位。此处指极少的土地。

④烦：当为"顺"字（王念孙说）。

⑤诎要：通"屈腰"，弯腰。桡腘：屈膝。桡，屈。腘，膝部的后面。

⑥君：当为"若"字（刘台拱说）。

⑦繁：通"敏"。

⑧暴：曝晒。

⑨乌获：传说是秦国的大力士，能举千斤重。焦侥：传说中的矮人。

【译文】

维持国家的难和易：侍奉强暴的国家难，使强暴的国家侍奉自己易。用货物财宝侍奉强暴的国家，货物财宝用完了而邦交也没有缔结起来；和他们签订盟约立下誓言，盟约签订没几天就背信弃义；割掉国家一块土地来贿赂他们，割掉后他们的欲望也没有满足。侍奉他们越依顺，他们的侵略就越厉害，一定要到财物用尽，国土割光然后才会停止。即使左边有尧，右边有舜，也没有能用这种方法得到豁免的。打个比方说，就好像让一个姑娘脖子上系着宝珠，身上佩戴玉器，背负着黄金，而遇到了山中的强盗，即使不敢正视强盗一眼，弯腰屈膝，像家中的侍妾一样，还是不能幸免于难的。所以，没有让人民团结一致的方法，只是好言好语请求，唯唯诺诺来侍奉他们，那就不足以保国家、保全自己，所以贤明的君主不这样做。他必将制定礼义来整顿朝廷，修正法律来治理百官，平定政治来整治百姓，然后朝廷上严肃礼义，百官忙于政事，百姓齐心协力。像这样，邻近的人就争着来亲近，远方的人也表示愿意归顺，上下一条心，三军同努力，名声足以威慑他们，威武强大足以威慑他们，拱手指挥，强暴的国家没有不听从驱使的，这就好比大力士乌获与矮子焦侥搏斗一样。所以说："侍奉强暴的国家难，使强暴的国家侍奉自己容易。"说的就是这个道理。

王霸第十一

【题解】

本篇是荀子论述治国之道的政论。荀子认为，君主掌握了国家政权并不一定能治理好国家，关键要看实行什么样的政治路线，为此他提出了王者的治国原则和方法。

【原文】

国者，天下之制利用也[①]；人主者，天下之利势也。得道以持之，则大安也，大荣也，积美之源也。不得道以持之，则大危也，大累也，有之不如无之，及其綦也[②]，索为匹夫不可得也，齐湣、宋献是也[③]。故人主，天下之利势也，然而不能自安也，安之者必将道也。

【注释】

①制：当为衍文（杨倞说）。利：便利，有利，工具。

②綦：极。

③齐湣：齐湣王（也作“闵王”），战国时齐国国君，为燕所败，死于莒。宋献：宋康王，名偃，战国时宋国国君，为齐湣王所灭。

【译文】

国家，是天下最有利的工具。君主，处于天下最有利的地位。如果施行了正确的政治原则去掌握国家与君权，就会非常安定，非常荣耀，成为积聚美好功名的源泉；如果施行不了正确的政治原则去掌握它，就会非常危险，非常烦劳，有了它还不如没有它。发展到极点，要求做个平民百姓也不能如愿，齐闵王、宋献公就是这样。所以，君主处于天下最有利的地位，但他并不一定能自行安定，要安定就一定要依靠正确的政治原则。

【原文】

故用国者，义立而王，信立而霸，权谋立而亡。三者，明主之所谨择也，仁人之所务白也。

挈国以呼礼义而无以害之①，行一不义、杀一无罪而得天下，仁者不为也，擽然扶持心国②，且若是其固也。之所与为之者之人，则举义士也③；之所以为布陈于国家刑法者④，则举义法也；主之所极然帅群臣而首乡之者⑤，则举义志也。如是，则下仰上以义矣，是綦定也⑥。綦定而国定，国定而天下定。

仲尼无置锥之地，诚义乎志意，加义乎身行，著之言语，济之日，不隐乎天下，名垂乎后世。今亦以天下之显诸侯诚义乎志意，加义乎法则度量，著之以政事，案申重之以贵贱杀生，使袭然终始犹一也⑦，如是，则夫名声之部发于天地之间也⑧，岂不如日月雷霆然矣哉！故曰：以国齐义，一日而白，汤、武是也。汤以亳⑨，武王以鄗⑩，皆百里之地也，天下为一，诸侯为臣，通达之属莫不从服，无它故焉，以济义矣。是所谓义立而王也。

【注释】

①挈：提举，带领，引申为领导。呼：呼唤，引申为提倡。

②擽然：像石头一样坚固。

③举：都。

④布陈：设置，颁布。战国时的刑法，一般是“设之于官府而布之于百姓”，所以说“布陈”。

⑤主：当为衍文（王引之说）。极：同“亟”，急，急切。首乡：向往，追求。首，向。

⑥綦：通“基”，基础，指政治的基础，立身天下的根本。荀子在这里把“义”看作为政治的基础，立身天下的根本。

⑦袭然：重叠的样子。表示始终把义贯彻在思想、法制、政务等各个方面。袭，重叠。

⑧部：通“勃”。

⑨亳：商汤的国都，在今河南商丘。

⑩鄗：周武王的国都，在今陕西西安，一作“镐”。

【译文】

所以，治理国家的君主，把道义确立了就能称王天下，把信用确立了就能称霸诸侯，搞起权术谋略来就会灭亡。这三种情况，是英明的君主要谨慎选择的，是讲究仁德的人一定要弄明白的。

领导全国人民提倡礼义而绝不用其他东西来损害礼义，如做一件不义的事，杀一个无罪的人就能取得天下，讲仁德的人也不干，他坚定用礼义来控制自己的思想和国家，那坚定的程度犹如磐石一样！所以，和他一起治理国家的人，都是奉行道义的人；他所颁布的刑法，都是合乎道义的法律；他急切地率领群臣去追求的，都是合乎道义的志向。像这样，群臣敬仰君主就是因为道义了，这就是政治基础稳固。政治基础稳固了，国家就安定；国家安定了，天下就能平定。

孔子没有立锥之地，但他真诚地把道义贯彻到思想中，落实在立身行事上，表白在语言中，一旦有成功的机遇，他就显扬于天下，名垂千古。现在要让那些显赫的诸侯，真诚地把道义贯穿到自己的思想中，落实到法律制度上，体现在政务中，又用提拔、废黜、处死、赦免等手段来反复强调它，使它始终如一，像这样，他的名声传扬于天地之间，难道不像日月雷霆那样了吗？所以说：使国家统一于道义，一天就能名声显赫，商汤、周武王就是这样。商汤凭借亳邑，周武王凭借镐京，都不过百里见方的领土，没有不服从的，没有其他的缘故，而是因为他们完全遵行了道义。这就是我所说的把道义确立了，就能称王天下。

【原文】

德虽未至也，义虽未济也，然而天下之理略奏矣①，刑赏已诺，信乎天下矣，臣下晓然皆知其可要也②。政令已陈，虽睹利败，不欺其民；

约结已定，虽睹利败，不欺其与。如是，则兵劲城固，敌国畏之，国一綦明[3]，与国信之，虽在僻陋之国，威动天下，五伯是也[4]。非本政教也，非致隆高也，非綦文理也，非服人之心也；乡方略，审劳佚，谨畜积，修战备，齺然上下相信[5]，而天下莫之敢当。故齐桓、晋文、楚庄、吴阖闾、越勾践[6]，是皆僻陋之国也，威动天下，强殆中国，无它故焉，略信也。是所谓信立而霸也。

【注释】

①理：事理，各种事物的具体规律。略：大致。奏：通“凑”，聚，会聚，引申为综合、全部掌握。

②要：约，结，指建立合作关系。

③綦：通“基”，这里指国家的政治基础、道义。

④五伯：指春秋时期的五霸，古人所指不尽一致，战国时代的人往往指齐桓公、晋文公、楚庄王、吴王阖闾、越王勾践。也即下文的“齐桓、晋文、楚庄、吴阖闾、越勾践”等五霸。伯，通“霸”。

⑤齺然：牙齿上下相切，形容密切配合的样子。

⑥晋文：晋文公，晋献公之子，姓姬，名重耳，因晋献公立幼子为嗣，曾出奔在外十九年，后由秦国送回继位，公元前636—前628年在位。楚庄：楚庄王，姓姬、熊氏，名旅（一作吕，侣），公元前613—前591年在位。阖闾：姓姬，名光，春秋末吴国君主，公元前514—前496年在位。勾践：春秋末越过君主，公元前496—前465年在位。

【译文】

德行虽然还没有尽善尽美，道义虽然还没有完全做到，然而天下的事理大体上掌握了，刑罚、奖赏、禁止、许诺在天下已取得了信用，臣下都明白地知道他是可以结交的。政令已经发布，即使损害自己的利益，也不失信于他的盟友。像这样，就会军队强劲、城防牢固，而敌国害怕他；国家统一，道义彰明，同盟国信任他。即使是偏僻落后的国家，他的威势也可以震动天下，五霸就是这样。他们虽然没有把政治教化作为立国之本，没有达到最高的政治境界，没有健全礼仪制度，没有使人心悦诚服，但他们注重方法策略，注意使民众劳逸结合，积极积蓄，加强战备，像牙齿咬合那样君臣上下互相信任配合，因而天下也就没有人敢和他们作对了。齐桓公、晋文公、楚庄王、吴王阖闾、越王勾践，这些人都是处在偏僻落后的国家，他们的威势却震动天下，他们的强盛危及中原各国，这没有别的缘故，就是因为他们取得了信用啊！这就是我所说的把信用确立了，就能够称霸诸侯。

【原文】

挈国以呼功利，不务张其义，齐其信①，唯利之求，内则不惮诈其民而求小利焉，外则不惮诈其与而求大利焉，内不修正其所以有②，然常欲人之有，如是，则臣下百姓莫不以诈心待其上矣。上诈其下，下诈其上，则是上下析也，如是，则敌国轻之，与国疑之，权谋日行而国不免危削，綦之而亡③，齐闵、薛公是也④。故用强齐，非以修礼义也，非以本政教也，非以一天下也，绵绵常以结引驰外为务。故强，南足以破楚，西足以诎秦⑤，北足以败燕，中足以举宋。及以燕、赵起而攻之⑥，若振槁然⑦，而身死国亡，为天下大戮，后世言恶则必稽焉⑧。是无它故焉，唯其不由礼义而由权谋也。三者，明主之所以谨择也，而仁人之所以务白也。善择者制人，不善择者人制之。

【注释】

①齐：成。

②修正：整治。

③綦：极。使动用法。

④薛公：战国时齐国贵族，姓田名文，号“孟尝君”，因为袭其父田婴的封爵而封于薛（今山东滕县南）故称薛公。他曾任齐闵王的相，后奔魏国，任魏昭王相，合秦、赵、燕之兵伐齐。

⑤诎：屈服，折服。

⑥及以：相当于“及”。

⑦振：拔起。槁：枯木。

⑧稽：考查。

【译文】

统领全国人民来倡导功利，不致力于伸张道义、成就信用，唯利是图，对内则肆无忌惮地欺诈人民以追求小利，对外则毫无顾忌地骗取盟国以追求大利，在内不好好管理自己的土地财富，却常常想取得别人的土地财富。像这样，臣下、百姓就无不以欺诈之心来对待君主。君主欺诈臣民，臣民欺诈君主，结果就是上下离心离德。像这样，敌国就会轻视他，盟国就会怀疑他，即使权术谋略天天在搞，而国家也免不了危险削弱，到了极点，国家就灭亡了，齐闵王、孟尝君就是这样。他们在强大的齐国执政，不是用手中的权力去修明礼义，不把政治教化作为立国之本，不凭借道义统一天下，而是接连不断地经常勾结拉拢别国、驰骋于外国作为自己的要务。所以，他们强大的时候，南能攻破楚国，西能使秦国屈服，北能打败燕国，中能攻占宋国；但等到燕国、赵国进攻他们的时候，就像摧枯拉朽一样，结果齐闵王便身死国亡了，成为天下的奇耻大辱，后代的人谈起恶人，就一定要提到他。这没有其他的缘故，是因为他们不遵循礼义而专搞阴谋的结果啊！这三种情况，是英明的君主一定要谨慎选择的，也是讲仁德的人一定要弄明白的。善于选择道义的，就能制服别人；不善于选择道义的，别人就会制服他。

【原文】

国者，天下之大器也，重任也，不可不善为择所而后错之①，错险则危②；不可不善为择道然后道之③，涂薉则塞④，危塞则亡⑤。彼国错者，非封焉之谓也⑥，何法之道，谁子之与也。故道王者之法与王者之人为之，则亦王；道霸者之法与霸者之人为之，则亦霸；道亡国之法与亡国之人为之，则亦亡。三者，明主之所以谨择也，而仁人之所以务白也。

【注释】

①所：处所。此喻指当权执政的大臣。错：通“措”，安置，此指委任。

②险：险恶的地方，此喻指险恶的权奸。

③道：道路，指原则、办法。道：引导，此指一定的原则办法去领导、治理。此句应“重任”而言。

④涂：同“途”，道路，此指原则、办法。芗：通“秽”，污秽，此指荒芜，杂草丛生，比喻政治原则的恶劣卑污。

⑤塞：堵塞，行不通。

⑥封：垒土作为疆界。

【译文】

国家，是天下最大的器具，也是沉重的担子，不可不好好地为它选择个地方然后再安置它，如果把它放在险恶的地方就危险了；不可不好好地为它选择条道路然后引导它前进，如果道路上杂草丛生就会被堵住；危险、受阻，国家就会灭亡。国家的安置问题，并不是指给它立好疆界，而是遵循什么样的治国方略、与什么人一起来治国。遵行王者的办法，与奉行王道的大臣治理国家，就能称王天下；遵行霸者的办法，与奉行霸道的大臣治理国家，就能称霸于诸侯，遵行使国家灭亡的办法，与奉行亡国之道的大臣去治理国家，就会灭亡。这三种情况，是英明的君主要谨慎选择的，也是讲仁德的人一定要弄明白的。

【原文】

故国者，重任也，不以积持之则不立①。故国者，世所以新者也，是惮惮②，非变也③，改王改行也④。故一朝之日也⑤，一日之人也，然而厌焉有千岁之固⑥，何也？曰：援夫千岁之信法以持之也⑦，安与夫千岁之信士为之也⑧。人无百岁之寿，而有千岁之信士，何也？曰：以夫千岁之法自持者，是乃千岁之信士矣。故与积礼义之君子为之则王，与端诚信全之士为之则霸，与权谋倾覆之人为之则亡。三者，明主之所以谨择也，而仁人之所以务白也。善择之者制人，不善择之者人制之。

【注释】

①积：积累，指长期积累起来的管理办法，也就是荀子推崇的礼法。

②惮惮：同“坦坦”，安定的样子。

③变：改变，指彻底根本性的变化，即管理办法的改变。

④改王改行：古代贵族，不同等级的人佩戴的玉不同，在举行各种仪

式时走路的间距、快慢也有不同的规定。"改玉改行"，指改变了贵族阶层的等级地位，从而改变了他们的佩玉和步行间距的要求。王，古"玉"字。

⑤一朝之日：短如一个早上的日子。

⑥厌焉：同"厌然"。固：当为"国"字（王先谦说）。

⑦援：援引，拿过来。

⑧信士：诚实的人，指老老实实地坚守"信法"的人。

【译文】

治理国家，是个沉重的担子，不依靠长期积累的管理办法去扶持它，就要垮掉。所以，国家虽然是每一代都在更新，但不过是一种具有继承性的更替；这种更替，并不是一种根本性管理办法的改变，它不过是改变了贵族阶层的等级地位，因而改变了他们的佩玉和步行间距的要求罢了，日子短促得就像一个早上，人生短暂得就像一天，然而却有那些安然地存在，经历上千年确实可靠的办法来维持国家，这是为什么呢？回答：这是采用了那些积累了上千年确实可靠的办法来维持国家，又和那些古代的真诚之士一起治理国家的缘故。人没有上百年的寿命，却会有上千年的真诚之士，为什么呢？回答：那些用积累了上千年的礼法来把握自己的人，就是上千年的真诚之士了。所以，和不断地奉行礼义的君子治理国家，就能称王天下；和正直忠诚守信完美的人士治理国家，就能称霸诸侯；和搞权术阴谋倾轧颠覆的人治理国家，就会灭亡。这三种情况，是英明的君主要谨慎选择的，也是讲仁德的人一定要弄明白的。善于选择道义的，就能制服别人；不善于选择道义的，别人就会制服你。

【原文】

彼持国者必不可以独也，然则强固荣辱在于取相矣。身能相能，如是者王。身不能，知恐惧而求能者，如是者强。身不能，不知恐惧而求能者，安唯便僻左右亲比已者之用[①]，如是者危削，綦小而亡。国者，巨用之则大，小用之则小，綦大而王，綦小而亡，小巨分流者存[②]。巨用之者，先义而后利，安不恤亲疏，不恤贵贱，唯诚能之求，夫是之谓巨用之。小用之者，先利而后义，安不恤是非，不治曲直，唯便僻亲比

己者之用，夫是之谓小用之。巨用之者若彼，小用之者若此，小巨分流者亦一若彼，一若此也。故曰：粹而王，驳而霸[③]，无一焉而亡。此之谓也。

【注释】

①便僻：通“便嬖”，善于逢迎而得到君主宠信的小臣、近臣，奸佞之臣。

②分流：各占一半。

③驳：同“驳”，杂，不纯。

【译文】

那些掌握了国家政权的君主，一定不可以单靠自己行使权力；这样看来，国家是强大还是衰弱，是光荣还是耻辱，就在于宰相了。自己有才能，宰相有才能，这样的国君就能称王天下。自己没有才能，但知道恐惧而去寻觅有才能的人，这样的国君就能强大。自己没有才能，又不能寻求有才能的人，只知道任用身边宠信的小人，这样的国君就会危险削弱，达到极点就会灭亡。国家，大治它就会强大，小治它就会弱小；极其强大就能称王天下，极其弱小就会灭亡；小治大治各占一半的，则能保存。所谓大治国家，就是先考虑道义而后考虑财利，任用人不顾亲疏，不顾贵贱，只寻求真正有才能的人，这就叫作大治国家。所谓小治国家，就是先考虑财利而后考虑道义，不顾是非，不管曲直，只是任用善于阿谀奉承的宠臣和亲近依附自己的人，这就叫作小治国家。大治国家就像那样，小治国家就像这样；所谓小大各占一半的，也就是一部分像那样，另一部分像这样。所以说：“纯粹地考虑道义，任用贤人的就能称王天下，驳杂地义利兼顾、贤人亲信并用的就能称霸诸侯，一样也做不到的就会灭亡。”此话说的就是这个道理。

【原文】

国无礼则不正。礼之所以正国也，譬之犹衡之于轻重也，犹绳墨之于曲直也，犹规矩之于方圆也，既错之而人莫之能诬也[①]。《诗》云：“如

霜雪之将将，如日月之光明，为之则存，不为则亡。”[②] 此之谓也。

【注释】

①错：通“措”，设置。

②“《诗》云”句：逸诗，不见今本《诗经》。将将，严肃的样子，形容礼制的公正无私。

【译文】

国家没有礼制就不能治理好。礼制之所以用来治国，打个比方，就好像用称来分辨轻重，就好像用墨线来分辨曲直，就好像圆规、曲尺用来确定方圆一样，已经把它们设置好了，人们就没有谁再能搞欺骗了。《诗经》中说：“像霜雪那样无情，像日月那样光明；实行礼义制度就能生存，不实行就会丧命。”说的就是这个道理。

【原文】

国危则无乐君，国安则无忧民[①]。乱则国危，治则国安。今君人者急逐乐而缓治国，岂不过甚矣哉！譬之是由好声色而恬无耳目也[②]，岂不哀哉！夫人之情，目欲綦色[③]，耳欲綦声，口欲綦味，鼻欲綦臭[④]，心欲綦佚。此五綦者，人情之所必不免也。

养五綦者有具，无其具则五綦者不可得而致也。万乘之国，可谓广大、富厚矣，加有治辨、强固之道焉[⑤]，若是，则恬愉无患难矣，然后养五綦之具具也。故百乐者生于治国者也，忧患者生于乱国者也，急逐乐而缓治国者，非知乐者也。故明君者必将先治其国，然后百乐得其中；暗君必将急逐乐而缓治国，故忧患不可胜校也，必至于身死国亡然后止也，岂不哀哉！将以为乐，乃得忧焉；将以为安，乃得危焉；将以为福，乃得死亡焉，岂不哀哉！於乎[⑥]！君人者亦可以察若言矣。

故治国有道，人主有职。若夫贯日而治详，一日而曲列之，是所使夫百吏官人为也[⑦]，不足以是伤游玩安燕之乐[⑧]。若夫论一相以兼率之，使臣下百吏莫不宿道乡方而务，是夫人主之职也。若是，则一天下，名

配尧、禹。之主者，守至约而详，事至佚而功，垂衣裳，不下簟席之上⑨，而海内之人莫不愿得以为帝王。夫是之谓至约，乐莫大焉。

【注释】

①民：疑为“君”字（顾千里说）。

②由：通“犹”。

③綦：极。

④臭：气味。

⑤加：更。辨：同“办”，治理、解决的意思。

⑥於乎：同“呜呼”。

⑦官人：政府官员。

⑧燕：通“宴”，安逸，安闲。

⑨簟席：竹席。

【译文】

国家危险就没有快乐的君主，国家安定就没有忧愁的人民。政事混乱，国家危险；政事处理得好，国家就安定。现在统治人民的君主，急于追求享乐而放松了对国家的治理，难道不是错误得很厉害吗？打个比方，这就好像是爱好音乐美色而不在乎耳朵眼睛，难道不可悲吗？就人的性情来说，眼睛想看漂亮的美女，耳朵想听悦耳的音乐，嘴巴想吃美味佳肴，鼻子想闻芳香的气味，心里追求最大的安逸。追求这五种极好的享受，是人的性情所决定而不可避免的。

但这五种极好的享受得有条件，不具备一定的条件，这五种极好的享受是不可能得到的。拥有万乘兵车的国家可以说是辽阔富裕的了，再有一套使它得到治理而强大巩固的办法，像这样，就会安逸快乐而没有祸患了，达到这种地步以后，造成五种极好的条件才具备。所以，各种快乐的事情，产生于治理好的国家；忧虑祸患，产生于混乱的国家。急于追求享乐而放松治国的人，不是懂得享乐的人。所以，英明的君主，一定要先治理好自己的国家，然后各种快乐也就可以从中得到了。而昏庸愚昧的君主，一定会迫不及待地追求享乐而放松治国，所以忧虑祸患多得不可胜数，一定要到身死国亡以后才完结，难道不可悲吗？准备用这种办法去求得快乐，却从中得到了忧虑；准备用这种办法去求得快乐，却从中得到了危险；准备用这种办法去得到幸福，却从中得到死亡；难道不可悲吗？哎呀！统治人民的君主，考虑一下这些话吧！

所以，治理国家有一定的原则，君主有一定的职责。至于那些仅用几天就把事情治理得周详完备，一天之内就能解决纷繁复杂的政事，这是让各级官吏去做的事情，不值得因此而妨碍了自己游玩安逸的快乐。至于选择一个宰相去全面地领导群臣百官，使臣下百官无不安守道义向往正道而努力工作，这才是君主的职责啊！像这样，就能统一天下了，名望可以和尧、禹相匹配。这样的君主，掌管的事情虽然极其简要却又十分周详，工作极其闲适却很有成效，衣裳下垂着，不从坐席之上走下来，而天下的人无不希望让他做帝王。这就叫作极其简约，天下没有比这个更快乐的了。

【原文】

人主者，以官人为能者也；匹夫者，以自能为能者也。人主得使人为之，匹夫则无所移之。百亩一守，事业穷，无所移之也。今以一人兼听天下，日有馀而治不足者，使人为之也。大有天下，小有一国，必自为之然后可，则劳苦秏顇莫甚焉①，如是，则虽臧获不肯与天子易势业②。

以是县天下③，一四海，何故必自为之？为之者，役夫之道也，墨子之说也。论德使能而官施之者④，圣王之道也，儒之所谨守也。传曰："农分田而耕，贾分货而贩，百工分事而劝，士大夫分职而听，建国诸侯之君分土而守，三公总方而议⑤，则天子共己而已⑥。"出若入若，天下莫不平均⑦，莫不治辨，是百王之所同也，而礼法之大分也。

【注释】

①秏顇：同"耗悴"，耗竭憔悴。

②臧获：奴婢。

③县：古"悬"字，维系在高处，悬挂，引申指掌握、统治。

④施：施加，给。

⑤总：统领。方：地方，方面。

⑥共：同"拱"，拱手，形容毫不费力，无为而治。

⑦平均：齐一，均等，指人与人之间能平衡协调。

【译文】

君主，以能用人为有本事；平民百姓，以自己能干为有本事。君主可以使别人去做事，平民百姓没有地方推卸责任。一百亩地由一个农夫来管理，耕种的事情耗尽了他一生的精力，这是因为他无法把这些事情推给别人。现在君主凭借一个人的力量同时治理整个天下，反而时间绰绰有余而治理的事情少得不够做，这是让别人去做事情的缘故。权力大的当了天子而拥有整个天下，权力小的当了诸侯而统治一国，如果所有的事情一定要自己去做了以后才行，一定会无比辛劳艰苦，耗损而憔悴；像这样，即使是奴婢也不肯和天子交换职位了。

因此，君主在上面掌握天下，统一天下，为什么一定要事必躬亲呢？亲自去做各种事情，是服役的人所遵行的原则，是墨子的学说。选择有道德的人，使用有才能的人而把官职委托给他们，这是圣明帝王的办法，是儒家谨慎遵守的原则。古书上说："农民分得田地去耕种，商人分散财物去贩卖，各种工匠分配一定的工作去用力，士大夫分任一定的职务去处理政事，诸侯国的国君分封一定的领土去守卫，三公统管各个方面来商议，天子只要让自己拱着手无为而治就是了。"朝廷外如此，朝廷内如此，天下就没有人不协调一致，就没有什么治理不好的，这是历代圣王的共同原则，也是礼制法度的要领。

【原文】

百里之地，可以取天下，是不虚，其难者在人主之知之也。取天下者，非负其土地而从之之谓也，道足以壹人而已矣。彼其人苟壹，则其土地且奚去我而适它？故百里之地，其等位爵服足以容天下之贤士矣，其官职事业足以容天下之能士矣，循其旧法，择其善者而明用之①，足以顺服好利之人矣。贤士一焉，能士官焉，好利之人服焉，三者具而天下尽②，无有是其外矣。故百里之地足以竭势矣，致忠信，著仁义③，足以竭人矣，两者合而天下取，诸侯后同者先危。《诗》曰："自西自东，自南自北，无思不服。"④一人之谓也。

【注释】

①明：彰明，指公布、宣传。

②尽：穷尽，指全部取得。

③著：使显明。

④“《诗》曰”句：见《诗经·大雅·文王有声》。

【译文】

凭借方圆百里的领土可以取得天下，这并不是子虚乌有，它的难处在于要懂得凭借小国可以取得天下的道理。所以能取得天下，并不是指其他的国家都带着他们的土地来追随我，而是指政治原则足够用来使天下人和我团结一致罢了。别国君主统治的人民如果都和我团结一致，那么他们的土地又怎能会离开我而到别国去呢？所以，尽管只是方圆百里的领土，但它的等级、官位、品爵、服饰，足够用来容纳天下的贤德之士了；它的官职，足够用来容纳天下的能人了；根据它原有的法度，选择其中好的东西而把它公布实施，也足够用来使贪图财利的人驯服了。贤德之士和我团结一致了，能干的人被我任用了，贪图财利的人驯服了，这三种情况具备了，那么天下就全归我了，在此之外就没有什么了。所以，凭借方圆百里的土地，足够用来集中全部的权势了；做到忠诚守信，彰明仁义，就完全可以号召所有的人了。这两者结合起来，那么天下就取得了，诸侯中归附晚的就有危险。《诗经》中说：“从东到西，从南到北，没有哪个不服从。”说的就是使天下人和我团结一致的道理啊！

【原文】

羿、蠭门者[①]，善服射者也；王良、造父者[②]，善服驭者也；聪明君子者，善服人者也。人服而势从之，人不服而势去之，故王者已于服人矣[③]。故人主欲得善射，射远中微，则莫若羿、蠭门矣；欲得善驭，及速致远，则莫若王良、造父矣；欲得调壹天下，制秦、楚，则莫若聪明君子矣。其用知甚简，其为事不劳而功名致大，甚易处而綦可乐也。故明君以为宝，而愚者以为难[④]。

【注释】

①蠭门：又作“逢蒙”“蓬蒙”，羿的弟子，善射。

②王良：春秋末期晋大夫赵简子的车夫，善于驾车。

③已：止，完毕，完成。

④难：灾难，祸患。

【译文】

后羿、逢蒙，善于使射箭的人佩服；王良、造父，善于使驾车的人佩服；聪明的君子，善于使所有的人佩服。人们都敬佩服从他，那么权势也就从属于他；人们都不敬佩服从他，那么权势也就和他分离了。所以，称王天下的君主达到了使人敬佩服从的地步，也就不用再要求别的了。君主想要得到善于射箭的人，即射得远，又能命中微小的目标，那就没有比后羿、逢蒙更好的了；想要得到善于驾车的人，即能追上快速奔驰的车子，又能达到远方的目的地，那就没有比王良、造父更好的了；想要得到治理天下、统一天下的人才，制服秦国、楚国，那就没有比聪明的君子更好的了。聪明的君子使用心计非常少，他们做事不用费力而功绩名声极大，非常容易相处而能给人带来巨大的欢乐。所以，英明的君主把他们当作宝贝，但愚昧的君主却把他们看作祸患。

【原文】

夫贵为天子，富有天下，名为圣王，兼制人，人莫得而制也，是人情之所同欲也，而王者兼而有是者也。重色而衣之，重味而食之，重财物而制之，合天下而君之，饮食甚厚，声乐甚大，台谢甚高，园囿甚广，臣使诸侯，一天下，是又人情之所同欲也，而天子之礼制如是者也。

制度以陈，政令以挟，官人失要则死①**，公侯失礼则幽**②**，四方之国有侈离之德则必灭**③**，名声若日月，功绩如天地，天下之人应之如景向，是又人情之所同欲也，而王者兼而有是者也。**

故人之情，口好味而臭味莫美焉，耳好声而声乐莫大焉，目好色而文章致繁妇女莫众焉，形体好佚而安重闲静莫愉焉，心好利而谷禄莫厚焉，合天下之所同愿兼而有之，睪牢天下而制之若制子孙④**，人苟不狂**

惑戆陋者，其谁能睹是而不乐也哉！欲是之主并肩而存，能建是之士不世绝，千岁而不合，何也？

曰：人主不公，人臣不忠也。人主则外贤而偏举，人臣则争职而妒贤，是其所以不合之故也。人主胡不广焉无恤亲疏，无偏贵贱，惟诚能之求？若是，则人臣轻职业让贤而安随其后，如是，则舜、禹还至，王业还起。功壹天下，名配舜、禹，物由有可乐如是其美焉者乎？呜呼！君人者亦可以察若言矣。杨朱哭衢涂⑤，曰："此夫过举跬步而觉跌千里者夫！"⑥哀哭之。此亦荣辱安危存亡之衢已，此其为可哀甚于衢涂。呜呼哀哉！君人者，千岁而不觉也。

【注释】

①要：约，约束，指规定。

②公侯：古代五等爵位有"公、侯、伯、子、男"，第一等为"公"，第二等为"侯"，他们是仅次于天子的贵族。

③侈：同"移"，离。

④罣牢：牢笼，包罗。

⑤杨朱：战国时魏国人，主张拔一毛利天下而不为，强调"为我""贵生重己"。衢：四面相通的道路，即十字路口。涂：通"途"，道路。

⑥跌：走错，失误。

【译文】

高贵得当上天子，富裕得拥有天下，被称为"圣王"，全面控制天下的人，而没有人能够控制他，这是人们心中所共同追求的，而称王天下的君主则完全拥有了这一切。穿着五颜六色的衣服，吃着品种繁多的食物，控制着天下的财富，兼并了诸侯而统治了天下；饮食非常丰富，声乐非常洪亮，亭台楼榭非常高大，苑林围场野兽非常宽广繁多，把诸侯当作臣子来使唤，统一天下，这就是人们心中所共同的追求，而天子的礼仪制度就是这个样子。

制度已经公布，政令已经完备；群臣百官违反了政令的规定就会被处死，公爵、侯爵违背了礼仪制度就会被囚禁，四方的诸侯如果离心离德就一定加以消灭；名声像日月一样显赫，功绩像天地一样伟大，普天下的人响应他就像如影随形，如音随声，这又是人们心中共同追求的，而称王天下的君主则完全拥有了这一切。

所以，从人的性情上来说，人的嘴巴喜欢吃美味的食物，而气味滋味没有比王者吃的更美好的了；耳朵喜欢听悦耳的声音，而歌声乐曲没有比王者听到的更洪亮悦耳了；眼睛喜欢看美色，而五彩缤纷的花纹和少妇美女没有比王者看到的更多了；身体喜欢安逸，而安逸清闲没有比王者享受到的更愉快的了；心里喜欢财利，而俸禄没有比王者得到的更丰厚的了。综合天下人所共同企求的东西而能够完全拥有了它们，总揽天下之人而控制他们就像控制子孙一样，人如果不是发疯的、糊涂的、愚蠢的、鄙陋无知的，还有谁能够看到这些而不高兴呢？想要获得这一切的君主多得数不胜数，能够建立起这种事业的贤人世世代代都没有断绝过，但近千年来这样的君主和这样的贤人却没有能够配合起来，这是为什么呢？

回答：是因为君主用人不公正，臣下对上不忠诚。君主远贤能而重用小人，臣子为争权夺位而嫉贤妒能，这就是他们不能配合的缘故。君主为什么不能招贤纳士，唯才是举，选贤任能，亲君子远小人呢？如这样，臣子就会看轻权位而让给贤能的人，并甘心跟随在他们的后面；如这样，舜、禹就会重新到来、称王天下的大业就能建立起来了。取得统一天下的功德，名声可以和舜、禹相配，难道还有比这样美好而高兴的事情吗？唉！君主也可以明察这些话了！杨朱在十字路口哭泣，说："这是那错误地跨出一步而觉察时就已经走错千里的地方了吧！"他悲哀地哭泣。君主用人，也犹如通往光荣或耻辱、安定或危险、生存或灭亡的十字路口啊，在这上面犯了错误，要比在十字路口走错路更加厉害。唉！可悲啊！那些君主，上千年还是没有觉悟啊！

【原文】

无国而不有治法，无国而不有乱法；无国而不有贤士，无国而不有罢士[①]；无国而不有愿民，无国而不有悍民；无国而不有美俗，无国而不有恶俗。两者并行而国在，上偏而国安，在下偏而国危[②]，上一而王，下一而亡。故其法治，其佐贤，其民愿，其俗美，而四者齐，夫是之谓上一。如是则不战而胜，不攻而得，甲兵不劳而天下服。故汤以亳，武

王以鄗，皆百里之地也，天下为一，诸侯为臣，通达之属莫不从服，无它故焉，四者齐也。桀、纣即序于有天下之势③，索为匹夫而不可得也，是无它故焉，四者并亡也。故百王之法不同若是，所归者一也。

【注释】

①罢士：没有德行的人。罢，通“疲”，弱，病，不贤，没有德行。

②在：当为衍文（王念孙说）。

③序：当为“厚”字之误（同上）。

【译文】

没有哪一个国家没有使社会安定的法令制度，没有哪一个国家没有导致社会动乱的法令制度；没有哪一个国家没有贤能的士人，没有哪一个国家没有无行的士人；没有哪一个国家没有朴实善良的百姓，没有哪一个国家没有强暴的百姓；没有哪一个国家没有美好的习俗，没有哪一个国家没有恶劣的习俗。以上两种情况同时存在的，国家仍存在。偏于上一种情况的，国家安定；偏于下一种情况的，国家就危险；全属于上一种情况的，就能称王天下；全属于下一种情况的，就会灭亡。国家的法令制度能使社会安定，它的辅佐大臣贤能，它的人民朴实善良，它的习俗美好，这四者齐备，那就是全属于上一种情况。像这样，不打仗就能战胜敌人，不进攻就能取得战果，军队不用费力而天下就能服从。商汤凭借亳、周武凭借镐，都不过是方圆百里的领土，而天下被他们统一了，诸侯做了他们的臣属，天下人，没有不服从的，这没有其它缘故，是因为他们上述四种条件齐备了。夏桀、商纣王实力雄厚，掌握了天下，但最后要求做个普通老百姓也不可能达到，这没有其他的缘故，而是因为上述四种条件全都丧失了。历代君主的治国方法如此不同，但归结起来的道理只有这么一个。

【原文】

上莫不致爱其下而制之以礼，上之于下，如保赤子。政令制度，所以接下之人百姓，有不理者如豪末①，则虽孤独鳏寡必不加焉②。故下之亲上欢如父母，可杀而不可使不顺。君臣上下，贵贱长幼，至于庶人，

莫不以是为隆正。然后皆内自省以谨于分，是百王之所以同也[③]，而礼法之枢要也。然后农分田而耕，贾分货而贩，百工分事而劝，士大夫分职而听，建国诸侯之君分土而守，三公总方而议，则天子共已而止矣。出若入若，天下莫不平均，莫不治辨，是百王之所同而礼法之大分也。

【注释】

①豪末：通“毫末”。

②孤独鳏寡：《孟子·梁惠王下》解释说：“老而无妻曰鳏，老而无夫曰寡，老而无子曰独，幼而无父曰孤。此四者，天下之穷民而无告者。”

③以：当为衍文（王念孙说）。

【译文】

君主无不对他的臣民给予爱护，因而用礼制来限制他们；君主对于臣民，就像爱护婴儿一样。政令制度，是用来对待下面老百姓的，如果它有不合理的地方，却使像毫毛的末端一样细微，即使是对孤儿、孤独的老人、鳏夫、寡妇，也不能加到他们头上。所以，臣民亲爱君主，高兴得就像亲爱父母一样，即使杀死他们也不可能不顺从君主。君主、臣下、上级、下级、高贵的、卑贱的、年长的、年幼的，直到平民百姓，没有谁不把礼制当作最高的准则，然后又在内心反省自己而谨守本分，这是历代圣王所相同的政治措施，也是礼制法度的关键。做到这些，农民就分得田地去耕种，商人就分取货物去贩卖，各种工匠分配一定的工作去用力，士大夫分任一定的职务去处理，诸侯国的国君分封一定的领土去守卫，三公统管全局，天子自己拱着手无为而治天下了。朝廷内外都如此，天下人就会协调一致，没有什么不治理得好好的，这是历代圣王共同的政治原则，也是礼制法度的要领。

【原文】

若夫贯日而治平，权物而称用[①]，使衣服有制，宫室有度，人徒有数，丧祭械用皆有等宜，以是用挟于万物[②]，尺寸寻丈莫得不循乎制度数量然后行[③]，则是官人使吏之事也，不足数于大君子之前。

故君人者立隆政本朝而当，所使要百事者诚仁人也，则身佚而国治，功大而名美，上可以王，下可以霸。立隆正本朝而不当，所使要百事者非仁人也，则身劳而国乱，功废而名辱，社稷必危，是人君者之枢机也。

故能当一人而天下取，失当一人而社稷危，不能当一人而能当千百人者，说无之有也。既能当一人，则身有何劳而为，垂衣裳而天下定。

故汤用伊尹，文王用吕尚④，武王用召公⑤，成王用周公旦。卑者五伯，齐桓公闺门之内，县乐奢泰游抏之修⑥，于天下不见谓修，然九合诸侯，一匡天下⑦，为五伯长，是亦无它故焉，知一政于管仲也，是君人者之要守也。知者易为之兴力而功名綦大，舍是而孰足为也？故古之人有大功名者⑧，必道是者也；丧其国，危其身者，必反是者也。故孔子曰："知者之知，固以多矣，有以守少⑨，能无察乎？愚者之知，固以少矣，有以守多，能无狂乎？"此之谓也。

【注释】

①权：调节秤锤使秤杆平衡叫"权"（也称为"权衡"），引申为合理地调节。称：合适，配得上。

②用：当为"周"字（王念孙说）。

③寻：古代长度单位，八尺为一寻。

④吕尚：姓姜，吕氏，名尚，字子牙，号太公望，世称"姜太公"。周文王出猎而访得他，尊他为师，后来他辅佐武王灭商而使周王朝统一天下，因有功而封于齐。

⑤召公：姓姬，名奭，周文王的儿子，因采邑在召（今陕西岐山西南）所以称召公。曾辅佐武王灭商，被封于燕，成为燕国的始祖。

⑥泰：同"汰"。抏：通"玩"。修：讲求，搞。

⑦一匡天下：使天下归于统一，恢复正道。一，统一，一致。匡，正。

⑧有：通"又"。

⑨守：管。

【译文】

至于每天把政事治理妥当，合理地调节万物来使它们使用，使各级官吏穿的衣服有一定的规格、住的房子有一定的标准、役使的仆从有一定的编制、丧葬祭祀器械用具有和等级相适合的规定，把这种做法贯彻到各种事情中去，诸如尺寸寻丈之类的标准，无一不是遵循法度然后才加以施行，这都是政府官员和供役使的官吏所做的事，不值得在君主面前数说。

所以，君主如果确立的最高准则完全得当，所任用的宰相是真正有仁德的人，他就会自身安逸而国家安定，功绩伟大而名声美好，高的可称王天下，低的也可称霸诸侯；如果确立的最高准则不得当，所任用的宰相不是具有仁德的人，他就会自身劳累而国家混乱，前功尽弃而声名狼藉，国家一定会危险。这是当君主的关键啊！

能恰当地任用一个人，天下就能取得；错误地任用一个人，国家就会危险。不能恰当地任用一个人而能恰当地任用一千个人、一百个人，在理论上是行不通的。如果能恰当地任用一个人，他又有什么劳累的事要做呢？只要穿着长袍无为而治而天下就能平定了。

所以，商汤任用了伊尹，周文王任用了吕尚，周武王任用了召公，周成王任用了周公旦。功德低点的是五霸，齐桓公在宫门之内悬挂乐器、奢侈放纵、游荡玩乐，但天下人并没有说他是贪图享乐，相反还多次会盟诸侯，使天下恢复了正道，成为春秋五霸的第一人，没有其他的缘故，而是因为他懂得把政事全部交给管仲，这就是当君主的重要守则啊！聪明的君主容易做到这一点，所以能形成强大的实力而功业名望极大，除了这个还有什么值得去做呢？所以古代的人，凡是有伟大的功业名望的，一定是遵循了这一点；凡是丧失了自己的国家，危害到他本人的，一定是违反了这一点。所以孔子说：“智者的知识，本来已经很多了，又因为管的事很少，能不明察吗？愚人的知识，本来已经很少了，又因为管的事很多，能不惑乱吗？”说的就是这个道理。

【原文】

治国者，分已定，则主相、臣下、百吏各谨其所闻，不务听其所不闻；各谨其所见，不务视其所不见。所闻所见诚以齐矣，则虽幽闲隐辟①，百姓莫敢不敬分安制以化其上②，是治国之征也。

【注释】

①闲：阻隔，闭塞。辟：通“僻”，偏僻。

②化：顺服。

【译文】

治理国家的君主，名分已经确定，那么君主、宰相、大臣、百官，各自谨守自己应该听见的东西，不想方设法打听不应该听见的东西；各自谨守自己应该看见的东西，不想方设法察看自己不应看见的东西。君主、宰相、大臣、百官的所见所闻，如果真正和各自的名分一致了，那么即使是那些遥远闭塞偏僻的地方，百姓中也没有人敢不严守本分、遵守制度、用礼义来顺服他们君主的，这是国家安定的特征。

【原文】

主道治近不治远，治明不治幽，治一不治二。主能治近则远者理，主能治明则幽者化，主能当一则百事正。夫兼听天下，日有馀而治不足者如此也，是治之极也。既能治近，又务治远；既能治明，又务见幽；既能当一，又务正百，是过者也。过，犹不及也，辟之是犹立直木而求其景之枉也。不能治近，又务治远；不能察明，又务见幽；不能当一，又务正百，是悖者也，辟之是犹立枉木而求其景之直也。故明主好要而暗主好详。主好要则百事详，主好详则百事荒。君者，论一相①，陈一法，明一指②，以兼覆之③，兼炤之④，以观其盛者也⑤。相者，论列百官之长⑥，要百事之听，以饰朝廷臣下百吏之分⑦，度其功劳，论其庆赏，岁终奉其成功以效于君。当则可，不当则废。故君人劳于索之，而休于使之。

【注释】

①论：通“抡”，选择。

②指：同“旨”。

③覆：覆盖，庇护，指统治。

④炤：通“昭”，明察。

⑤盛：通“成”。

⑥列：安排位次。

⑦饰：通“饬”，整治。

【译文】

君主统治的原则是：治理近处的事而不治理远方的事，治理明处的事而不治理暗处的事，治理根本性的大事而不治理小事。君主能够治理好近处的事，远方的事就会因此而得到治理；君主能够治理好明处的是，暗处的事就会因此而化解；君主能够恰当地治理好根本性的大事，烦琐的小事就会因此而得到正确处理。同时治理天下，显得绰绰有余，这就是政治的最高境界了。既能治理好近处的事，又力求治理好远方的事；既能治理好明处的事，又力求明察暗处的事；既能恰当地治理好根本性的大事，又力求治理好各种烦琐的事；这是过分的做法，过分了就很难达到。打个比方，这就好像是竖起笔直的木头而要求它的影子弯曲一样。不能治理好近处的事，又力求治理好远处的事；不能明察明处的事，又力求明察暗处的事；不能恰当地治理好根本性的大事，又力求治理好各种烦琐的事；这是混乱的做法。打个比方，这就好像是竖起弯曲的木头而要求它的影子笔直一样。

英明的君主喜欢抓住要领，而愚昧的君主喜欢管得细致周详。君主喜欢抓住要领，各种事情就能办理得周详；君主喜欢管得周详，各种事情就会荒废。君主，只需选择好一个宰相，公布一套好的法律制度，阐明一个宗旨，用这种手段来统治一切、洞察一切，从而来坐享自己的成功。宰相，要选拔安排好各部门的长官，总揽全局，以此来整顿朝廷上的大臣和各级官吏的职分，衡量他们的功劳、论定对他们的奖赏，年终拿他们的成绩功劳呈报给君主，称职的就留用，不称职的就罢免。所以，当君主在寻觅国相时劳累，在使用国相后就安逸了。

【原文】

用国者，得百姓之力者富，得百姓之死者强，得百姓之誉者荣。三得者具而天下归之，三得者亡而天下去之；天下归之之谓王，天下去之

之谓亡。汤、武者，循其道，行其义，兴天下同利，除天下同害，天下归之。故厚德音以先之，明礼义以道之，致忠信以爱之，赏贤使能以次之[①]，爵服赏庆以申重之，时其事、轻其任以调齐之，潢然兼覆之，养长之，如保赤子。生民则致宽，使民则綦理，辨政令制度[②]，所以接天下之人百姓，有非理者如豪末，则虽孤独鳏寡必不加焉。是故百姓贵之如帝，亲之如父母，为之出死断亡而不愉者，无它故焉，道德诚明，利泽诚厚也。

【注释】

①赏：当作“尚”字（杨倞说）。

②辨：置办。

【译文】

治理国家的君主，得到百姓尽力劳动的就富足，得到百姓拼死作战的就强大，得到百姓称赞颂扬的就荣耀。这三种应该得到的东西都具备，天下人就会归附他；这三种应该得到的东西都没有，天下人就会叛离他。天下人归附他叫作称王，天下人叛离他叫作灭亡。商汤、周武王这些人，遵循这条原则，奉行这种道理，兴办天下人的共同福利，除掉天下人的共同祸害，因而天下人都归附他们。所以，君主提高道德声誉来引导人民，彰明礼义来指导人民，尽力做到忠诚守信来爱护人民，崇尚贤人，任用能人，为他们安排职位，用爵位、服饰、赏赐、表扬去反复激励他们，根据时节安排他们的劳动，减轻负担来调剂他们，广泛地庇护他们，抚养他们，就像保护初生的婴儿一样。养育人民极其宽厚，使用人民极其合理。制定政令制度，是用来对待老百姓的；如果它有不合理的地方，即使像毫毛的末端一样细微，即使是对孤儿、孤独老人、鳏夫、寡妇，也一定要不能加到他们头上。所以，百姓尊重他们也就像尊重上帝一样，亲爱他们就像亲爱父母一样，心甘情愿地为他们豁出性命，这没有其他的缘故，而是因为君主的道德确实贤明高尚，君主的恩泽确实深厚绵长啊！

【原文】

乱世不然：污漫、突盗以先之，权谋倾覆以示之，俳优、侏儒、妇女之请谒以悖之[①]，使愚诏知，使不肖临贤，生民则致贫隘[②]，使民则綦劳苦。是故百姓贱之如尪[③]，恶之如鬼，日欲司间而相与投藉之[④]，去逐之。卒有寇难之事[⑤]，又望百姓之为己死，不可得也，说无以取之焉。孔子曰："审吾所以适人[⑥]，适人之所以来我也[⑦]。"此之谓也。

【注释】

①俳优：古代唱戏的人。俳，滑稽演员。优，优伶，演员。侏儒：因发育不良身材矮小的人，古代充当滑稽演员，供贵族戏弄取乐。

②隘：通"阨"，穷困，窘迫。

③尪：骨骼弯曲的残疾人。

④司：同"伺"，侦察，探察。间：间隙，空子。

⑤卒：同"猝"，突然。

⑥审：弄明白。

⑦适：当为衍文（王念孙说）。

【译文】

乱世就不是这样：君主以污秽卑鄙、强取豪夺的行为来引导人民，玩弄权术阴谋、搞倾轧陷害来诱导人民，让演员、侏儒、妇女的求见说情来扰乱朝政，让愚蠢的人去教诲智慧的人，让没有德才的人去领导有德才的人，养育人民则使其陷入极其贫穷困厄，使用人民则使其极其疲劳辛苦。所以，百姓鄙视君主就像鄙视残疾人一样，厌恶君主就像厌恶鬼怪一样，天天想寻找机会联合起来抛弃践踏他，摒弃驱逐他。如果突然发生了外敌入侵的事，君主还指望百姓为他卖命，这是不可能的事啊！其治国理论没有任何可取之处。孔子说："想弄清楚别人对我的态度怎样，只要看我对别人的态度怎样。"说的就是这个道理。

【原文】

伤国者何也？曰：以小人尚民而威[①]，以非所取于民而巧[②]，是伤国

之大灾也。大国之主也，而好见小利，是伤国；其于声色、台榭、园囿也，愈厌而好新[3]，是伤国；不好循正其所以有，啖啖常欲人之有[4]，是伤国。

三邪者在匈中[5]，而又好以权谋倾覆之人断事其外，若是，则权轻名辱，社稷必危，是伤国者也。大国之主也，不隆本行，不敬旧法，而好诈故，[6]若是，则夫朝廷群臣亦从而成俗于不隆礼义而好倾覆也。朝廷群臣之俗若是，则夫众庶百姓亦从而成俗于不隆礼义而好贪利矣。君臣上下之俗莫不若是，则地虽广，权必轻；人虽众，兵必弱；刑罚虽繁，令不下通。夫是之谓危国，是伤国者也。

【注释】

①以：使。尚：通“上”。

②所：道，手段。

③愈：通“愉”，乐。

④啖啖：贪吃的样子，形容贪得无厌。

⑤匈：同“胸”。

⑥故：巧作。

【译文】

危害国家的因素是什么呢？回答：使小人骑在人民头上作威作福，用非法的手段向人民巧取豪夺，这是危害国家的重大灾难。身为国家的君主，却习惯贪图小利，这就是对国家的危害；对于音乐美色、亭台楼阁、苑林兽园，乐此不彼而追求新奇，这就会危害国家；不喜欢好好管理自己的土地财富，却垂涎地想谋求别人的土地财富，这就会危害国家。

有这三种邪恶在胸中，而又让那些搞权术阴谋倾轧陷害的人在外朝决断政事，像这样，君主就会使权势轻微、声名狼藉，国家政权必然危险，这就是危害国家的君主。身为大国的君主，却不尊崇根本性的德行，不谨守原有的法制，而喜欢搞倾轧陷害的陋俗。朝廷上群臣的风气如此，群众百姓也就跟着养成一种不尊崇礼义，而喜欢贪图财利的习俗了。君臣上下的风气均如此，那么即使领土辽阔，权势也必然轻微；即使人口众多，兵力也必然衰弱；即使刑罚繁多，政令也不能贯彻执行。这就叫作危险的国家，这就是危害国家的君主。

【原文】

儒者为之不然，必将曲辨[①]：朝廷必将隆礼义而审贵贱，若是，则士大夫莫不敬节死制者矣。百官则将齐其制度，重其官秩，若是，则百吏莫不畏法而遵绳矣。关市几而不征，质律禁止而不偏[②]，如是，则商贾莫不敦悫而无诈矣。百工将时斩伐，佻其期日而利其巧任[③]，如是，则百工莫不忠信而不楛矣[④]。县鄙将轻田野之税，省刀布之敛，罕举力役，无夺农时，如是，则农夫莫不朴力而寡能矣。士大夫务节死制，然而兵劲。百吏畏法循绳，然后国常不乱。商贾敦悫无诈则商旅安，货通财[⑤]，而国求给矣。百工忠信而不楛，则器用巧便而财不匮矣。农夫朴力而寡能，则上不失天时，下不失地利，中得人和，而百事不废。是之谓政令行，风俗美。以守则固，以征则强，居则有名，动则有功。此儒之所谓曲辨也。

【注释】

①辨：通“办”（古“辦”字），治理。

②偏：指偏听一面之词。

③佻：通“迢”，延缓，宽缓，放宽。期日：约定的天数、日期。

④楛：粗劣。

⑤货通财：当为“货财通”（王念孙说）。

【译文】

儒者就不这样做，一定会周详地治理：在朝廷上一定要尊崇礼义而辨明贵贱，像这样，士大夫就没有不看重节操、为礼制殉身的了。对于群臣百官，将统一他们的管理制度，注重他们的官职俸禄，像这样，群臣百官就无不害怕法制而遵守条例了。对于关卡、集市进行检查而不征税，对于贸易往来，禁止在债券上弄虚作假而绝不偏私，像这样，商人就敦厚诚实而没有欺诈行为了。对于各种工匠，要求他们按时节砍伐树木，放宽期限而充分发挥他们的技巧，像这样，各种工匠就无不忠诚老实而不粗制滥造了。在农村，将减轻对农田的税收，减少货币的搜刮，少征用劳役，不侵占农时，像这样，农民就会尽力耕作而没有其他的技能了。士大夫注重名节，以死维护礼法，像这样，兵力就会强劲。

群臣百官害怕法制而遵守准则条例，像这样，国家就会有条不紊。商人忠厚老实而不搞欺诈，流动的商贩就安全保险，财物钱财就能流通，而国家的各种需求就能够得到供应了。工匠忠诚老实而不粗制滥造，器械用具就做得精巧便利，而材料也不会缺乏了。农民朴实尽力耕作，而不从事其他行业，上不会失天时，下不会失地利，中能得人和，各种事情就不会荒废。这就叫作政令通行，风俗美好。用它来防守就牢固，用它来征伐就强大，安居乐业就会有声望，采取行动就会有功绩。这就是儒家所说的周详地治理。

君道第十二

【题解】

本篇论述了君主治国，应遵循的政治原则。荀子强调，君主在国家政权中，具有独一无二的重大作用，直接决定了国家的兴衰存亡；因此，君主的自身修养，要以礼约束自己，要“隆礼治法”，以礼法治国。

【原文】

有乱君，无乱国；有治人，无治法。羿之法非亡也，而羿不世中；禹之法犹存，而夏不世王。故法不能独立①，类不能自行，得其人则存，失其人则亡。法者，治之端也；君子者，法之原也。故有君子则法虽省，足以遍矣②；无君子则法虽具，失先后之施，不能应事之变，足以乱矣。不知法之义而正法之数者，虽博③，临事必乱。故明主急得其人，而暗主急得其势。急得其人，则身佚而国治，功大而名美，上可以王，下可以霸；不急得其人而急得其势，则身劳而国乱，功废而名辱，社稷必危。故君人者劳于索之，而休于使之。《书》曰：“惟文王敬忌，一人以择。”④此之谓也。

【注释】

①立：建树。

②遍：与下文“乱”相对，指普遍得到治理。

③博：多闻。

④“《书》曰”句：见《尚书·康诰》，但与今本《尚书》略有出入。

【译文】

有使国家混乱的君主，没有混乱的国家；有治理国家的人才，没有自行治理的法则。后羿的射箭方法并没有失传，但后羿并不能使世世代代的人都百发百中；大禹的法制仍然存在，但夏代后世并不能世世代代称王天下。所以，法制不可能单独有所建树，律例不可能自动运行；得到了善于治国的人才，法制就存在了；失去了治国的人才，法制也就灭亡了。法制，是政治的开端；君子，是法制的本源。所以，有了君子，法律即使简略，也足以全面实行；没有君子，法律即使完备，也不能够全面实行；没有君子，法制即使完备，施行也会先后失序，不能应对事变，足以造成混乱。不懂法制的意义而只是去制定法律条文，即使了解得很多，碰到具体事情也会混乱。所以，英明的君主急于得到治国的人才，而昏庸的君主急于得到权势。急于得到治国的人，就会自身安逸而国家安定，功绩伟大而名声美好，上可以称王天下，下可以称霸诸侯；不急于得到治国的人，而急于取得权势的人，就会自身劳苦而国家混乱，功业败坏而声名狼藉，国家就必然危险。所以，君主在选贤任能时劳累，而在使用贤能以后就安逸了。《尚书》中说："要想想文王的恭敬谨慎，就亲自去选择贤能。"说的就是这个道理。

【原文】

合符节、别契券者[①]，所以为信也；上好权谋，则臣下百吏诞诈之人乘是而后欺。探筹、投钩者[②]，所以为公也；上好曲私，则臣下百吏乘是而后偏。衡石、称县者[③]，所以为平也；上好倾覆，则臣下百吏乘是而后险。斗、斛、敦、概者[④]，所以为啧也[⑤]；上好贪利，则臣下百吏乘是而后丰取刻与，以无度取于民。

故械数者，治之流也，非治之原也；君子者，治之原也。官人守数，君子养原，原清则流清，原浊则流浊。故上好礼义，尚贤使能，无贪利之心，则下亦将綦辞让，致忠信，而谨于臣子矣。如是，则虽在小民，不待合符节、别契券而信，不待探筹、投钩而公，不待衡石、称县而平，不待斗、斛、敦、概而啧。

故赏不用而民劝，罚不用而民服，有司不劳而事治，政令不烦而俗

美，百姓莫敢不顺上之法，象上之志，而劝上之事，而安乐之矣。故藉斂忘费⑥，事业忘劳，寇难忘死，城郭不待饰而固⑦，兵刃不待陵而劲⑧，敌国不待服而诎，四海之民不待令而一。夫是之谓至平。《诗》曰：“王犹允塞，徐方既来。”⑨此之谓也。

【注释】

①契券：古代做凭据用的契约，古代人在竹简上或木简上刻字，刻好后剖为两半，双方各留一半，验证时将两半相合的契约便有效。

②探筹：抽签。投钩：抓阄。

③衡石：泛指称重量的器物。衡，秤。石，古代重量单位，一百二十斤为一石。称县：称量。

④斛：古代量器，十斗为一斛。敦：古代量黍稷的器具，形状似盂，一敦为一斗二升。概：量米粟时刮平斗斛的木板。

⑤啧：通“则”，整齐划一，指标准统一。

⑥籍：进贡。籍斂：纳税。斂，赋税。

⑦饰：同“饬”，整治。

⑧陵：通“凌”，冰，引申为冷却，此指淬火。劲：强，强硬。

⑨“《诗》曰”句：见《诗经·大雅·常武》。犹，道。允，确实。塞，充满。

【译文】

验合符节、辨别契券，是用来讲信用的；但如果君主喜欢玩弄权术阴谋，那么大臣百官中那些搞欺骗诡诈的人就会借机欺诈。抽签、抓阄，是为了公正；但如果君主喜欢偏私，那么大臣百官就会乘机跟着结党营私。用衡器来称量，是为了公平；但如果君主喜欢偏私和颠倒是非，那么大臣百官就会乘机胡作非为。斗、斛、敦、概等量器量具，是用来统一标准的，但如果君主喜欢贪图财利，那么大臣百官就会乘机跟着多取少给，没有限度地榨取人民。

所以，器械度量，是治理国家的末流，不是治理国家的源头；君主，才是治理国家的本源。官吏应该据守具体规定，君主则保养源头。源头清澈，下边的流水也清澈；源头浑浊，下边的流水也浑浊。所以，君主如果爱好礼义，尊重贤德的人，使用有才能的人，没有贪图财利的思想，那么臣下也就会极其谦让，极其忠诚老实，谨慎地做一个臣子了。像这样，即使是在卑微的老百姓之中，用不着对合符节、辨认契券就能做到信用，用不着抽签、抓阄就能做到公正，不靠衡器来称量就能做到公平，不需要各种器量器具就能做到标准统一。

所以，不用奖赏而民众就能勤勉，不用刑罚而民众就能服从，官吏不费力而事情就能处理好，政策法令不繁多而习俗就能变好；百姓没有谁敢不顺从君主的法令、依照君主的意志而为君主的事情卖力，而且对此感到安乐。所以，民众在纳税时不觉得破费，劳作时忘记了疲劳，敌寇入侵时忘记了死亡，城墙不用休整就能坚固，兵刃不用淬炼就锋利，敌国不用征伐就屈服，天下的民众不用命令就一心。这就叫作极其太平。《诗经》中说："王道遍行于天下，远方的徐国也来朝拜。"说的就是这种思想。

【原文】

请问为人君？曰：以礼分施①，均遍而不偏②。请问为人臣？曰：以礼待君③，忠顺而不懈。请问为人父？曰：宽惠而有礼。请问为人子？曰：敬爱而致文④。请问为人兄？曰：慈爱而见友⑤。请问为人弟？曰：敬诎而不苟。请问为人夫？曰：致功而不流，致临而有辨⑥。请问为人妻？曰：夫有礼，则柔从听侍；夫无礼，则恐惧而自竦也⑦。

此道也，偏立而乱，俱立而治，其足以稽矣⑧。请问兼能之奈何？曰：审之礼也。古者先王审礼以方皇周浃于天下⑨，动无不当也。故君子恭而不难⑩，敬而不巩⑪，贫穷而不约，富贵而不骄，并遇变态而不穷，审之礼也。

故君子之于礼，敬而安之；其于事也，径而不失；其于人也，寡怨宽裕而无阿；其所为身也，谨修饰而不危⑫；其应变故也，齐给便捷而不惑；其于天地万物也，不务说其所以然而致善用其材；其于百官之事、技艺之人也，不与之争能而致善用其功；其待上也，忠顺而不懈；其使下也，均遍而不偏；其交游也，缘义而有类；其居乡里也，容而不乱。是故穷则必有名，达则必有功，仁厚兼覆天下而不闵，明达用天地、理万变而不疑，血气和平，志意广大，行义塞于天地之间，仁知之极也。

夫是之谓圣人，审之礼也。

【注释】

①分施：分布实施，这里指用仁义治理国家。

②均遍：均匀普遍，公平。

③待：当为“侍”字（郝懿行说）。

④致：极。文：指礼节礼貌。

⑤友：兄弟之间的亲爱、友好与帮助。

⑥临：近。有辨：指夫妻有别，保持一定的界限。

⑦竦：肃敬。

⑧稽：通“楷”，楷模。

⑨方皇：广大。周浃：周遍，均匀。

⑩难：通“戁”畏敬。

⑪巩：通“恐”，恐惧。

⑫危：通“诡”，欺诈。

【译文】

请问怎样做君主？回答：要按照礼义去治理国家，均匀普遍公平而不偏废。请问怎样做臣子？回答：要按照礼义去侍奉君主，忠诚顺从勤廉而不懈怠。请问怎样做父亲？回答：要宽厚仁爱而有礼节。请问怎样做儿子？回答：要敬爱父母而极有礼貌。请问怎样做弟弟？回答：要恭敬顺从而一丝不苟。请问怎样做丈夫？回答：要尽力取得功名而不放荡淫乱，尽力亲近妻子又夫妇有别。请问怎样做妻子？回答：丈夫遵行礼义，就温柔顺从听命伺候他；丈夫不遵行礼义，就诚惶诚恐地保持肃敬。

这些原则，不能全部做到天下就会混乱；全部做到，天下就会大治；这已经是被历史事实证明的了。请问要全部做到这些该怎么办？回答：必须弄清楚礼义。古代圣王弄明白了礼义而普遍地施行于天下，所以他们的行为没有不恰当的。所以，君子谦恭但不胆怯，肃敬但不恐惧，贫穷却不卑屈，富贵却不骄纵，遇到各种事变，应付自如而不会束手无策，这都是通晓礼义的缘故。

所以，君子对于礼义，敬重并遵守他；他对于日常事务，做起来直截了当但不出差错；他对于别人，很少埋怨、宽宏大量但不阿谀奉迎；他做人的原则，是谨慎地加强修养而不阴险狡诈；他应付事变，迅速敏捷而不糊涂；他对于天地万物，不致力于解说它形成的原因，而能很好地利用其材；他对于官府中的官吏和技术人才，不和他们竞争技能的高下，而能充分地利用他们的成果；他侍奉君主，忠诚顺从而不懈怠；他们役使人民，一视同仁而不偏私；他与人交往，依循道义而有法度；他即使住在乡下，待人宽容而不胡作非为。

所以，君子处境穷困时就一定享有名望，显达时就一定能建立功勋；他的仁爱宽厚之德普照天下而不昏暗，他的明智通达能够整治天地万物、处理各种事变而不疑惑；他心平气和，思想开阔，德行道义充满在天地之间，仁德智慧达到了极点。这种人就叫作圣人，这是他弄明白了礼义的缘故啊！

【原文】

请问为国？曰：闻修身，未尝闻为国也。君者，仪也①**，仪正而景正；君者，槃也**②**，槃圆而水圆；君者，盂也，盂方而水方。君射则臣决**③。**楚庄王好细腰**④**，故朝有饿人**⑤。**故曰：闻修身，未尝闻为国也**。

【注释】

①仪：日晷，利用日影来测量时间的仪器。一般是在刻有时刻线的盘（晷面）的中央立一根垂直的标杆（晷针，也称“表”），根据标杆投出的日影方向和长度来确定时刻。这里的“仪”即指此标杆而言。此句下当有“民者，景也”一句（王念孙说）。

②槃：通“盘”。此句下当有“民者，水也”一句（同上）。

③决：古代射箭时套在右手大拇指上用来钩弓弦的象骨套子，俗称“扳指”，这里用作动词。

④楚庄王：依史书记载当为“楚灵王”。

⑤饿：古代一般的饿肚子叫“饥”。饿，是指严重的饥饿，指肚子饿得受到死亡的威胁。

【译文】

请问怎样治理国家？回答：我只听说君主要修养自己的品德，不曾听说过怎样去治理国家。君主，就像测定时刻的标杆；民众，就像这标杆的影子；标杆正直，那么影子也正直。君主，就像盘子；民众，就像盘子里的水；盘子是圆形的，那么盘子里的水也成圆形。君主，就像盂，民众就像盂中的水；盂是方形的，那么盂中的水也成方形。君主射箭，那么臣子也会射箭。楚灵王喜欢细腰的人，朝廷上就有饿肚子的人。所以说：我只听说君主主要是修养身心，不曾听说过怎样治理国家天下。

【原文】

君者，民之原也，原清则流清，原浊则流浊。故有社稷者而不能爱民、不能利民，而求民之亲爱己，不可得也。民不亲不爱，而求其为己用、为己死，不可得也。民不为己用、不为己死，而求兵之劲、城之固，不可得也。兵不劲、城不固，而求敌之不至，不可得也。敌至而求无危削、不灭亡，不可得也。危削、灭亡之情举积此矣，而求安乐，是狂生者也。狂生者，不胥时而落。

故人主欲强固安乐，则莫若反之民；欲附下一民，则莫若反之政；欲修政美国[①]，则莫若求其人。彼或蓄积而得之者不世绝，彼其人者，生乎今之世而志乎古之道。

以天下之王公莫好之也，然而于是独好之[②]；以天下之民莫欲之也[③]，然而于是独为之；好之者贫，为之者穷，然而于是独犹将为之也[④]，不为少顷辍焉。晓然独明于先王之所以得之，所以失之，知国之安危、臧否若别白黑。是其人者也，大用之，则天下为一，诸侯为臣；小用之，则威行邻敌；纵不能用，使无去其疆域，则国终身无敌。故君人者爱民而安，好士而荣，两者无一焉而亡。《诗》曰："价人维藩，大师维垣。"[⑤]此之谓也。

【注释】

①国：当为"俗"字（王念孙说）。

②于是：当为"是子"（同上）。下两个"于是"同。

③欲：当为"为"字（同上）。

④独：当为衍文（同上）。

⑤"《诗》曰"句：见《诗经·大雅·板》。

【译文】

君主，是人民的源头；源头清澈，下边的流水也清澈；源头混浊，下边的流水也混浊。所以，君主如果不能爱护人民、不能使人民得利，却要求人民亲近爱戴自己，那是不可能的。人民不亲近、不爱戴，却要求人民为自己所用、为自己牺牲，那是不可能的。人民不为自己所用、不为自己牺牲，却要求兵力强大、城防巩固，那是不可能的。兵力不强大、城防不巩固，却要求敌人不来侵犯，那是不可能的。敌人来了，却要自己的国家不危险衰弱、不灭亡，那是不可能的。国家危险衰弱，以致灭亡的情况全部都聚集在他这里了，却还想求得安逸快乐，这是狂妄无知的人。狂妄无知的人，不用等多久就会衰败死亡。

君主想要强大、稳固、安逸、快乐，没有什么比得上关注人民更有效；想要使臣下归附、使人民与自己同心同德，没有什么比得上治理好政事更有效；想要治理好政事、使风俗淳美，没有什么比得上选贤任能治国更有效。那些善于治国的人，世间很多，因而得到这种人的君主世世代代都有。那些善于治国的人，生存在今天的社会而向往着古代的治国大道。

天下的君主没有谁爱好古代的治国大道，然而他却独自喜好；天下人没有谁想要古代的治国大道，然而他却独自喜好；喜欢古代治国大道的人会贫困，实行古代治国大道的人会劳苦，然而他们却片刻不停。唯独他清楚先王取得国家和失去国家政权的原因，了解国家的安危好坏就像分辨黑白一样清楚。这种善于治国的人，君主重用他，天下就能统一，诸侯就会臣服；君主一般地任用他，其威势也能震慑邻邦敌国；君主不任用他，只要他不离开国土，国家也就没有祸患。所以，君主爱护人民就安宁，喜欢士人就荣耀，这两者一样没有就灭亡。《诗经》中说："贤士是国家的屏障，人民是国家的围墙。"说的就是这个道理。

【原文】

道者，何也？曰：君道也[①]。君者，何也？曰：能群也。能群也者，何也？曰：善生养人者也，善班治人者也[②]，善显设人者也[③]，善藩饰

人者也[4]。善生养人者人亲之，善班治人者人安之，善显设人者人乐之；善藩饰人者人荣之。四统者俱而天下归之，夫是之谓能群。不能生养人者人不亲也，不能班治人者人不安也，不能显设人者人不乐也，不能藩饰人者人不荣也。四统者亡而天下去之，夫是之谓匹夫。

故曰：道存则国存，道亡则国亡。省工贾，众农夫，禁盗贼，除奸邪，是所以生养之也。天子三公，诸侯一相，大夫擅官，士保职，莫不法度而公，是所以班治之也。论德而定次，量能而授官，皆使其人载其事而各得其所宜。上贤使之为三公，次贤使之为诸侯，下贤使之为士大夫，是所以显设之也。修冠弁、衣裳、黼黻、文章、琱琢、刻镂皆有等差[5]，是所以藩饰之也。

故由天子至于庶人也[6]，莫不骋其能，得其志，安乐其事，是所同也。衣暖而食充，居安而游乐，事时制明而用足，是又所同也。若夫重色而成文章，重味而成珍备[7]，是所衍也。圣王财衍以明辨异，上以饰贤良而明贵贱，下以饰长幼而明亲疏。上在王公之朝，下在百姓之家，天下晓然皆知其非以为异也，将以明分达治而保万世也。故天子、诸侯无靡费之用，士大夫无流淫之行，百吏官人无怠慢之事，众庶百姓无奸怪之俗，无盗贼之罪，其能以称义遍矣。故曰："治则衍及百姓，乱则不足及王公。"此之谓也。

【注释】

①君道：当为"君之所道"（王念孙说）。

②班：通"辨"，治理。

③显设：任用。显，使动用法，提拔任用。设，设置，安排。

④藩饰：遮蔽文饰，指裁制不同的服饰让人穿戴以显示出不同的等级。

⑤弁：冠名。古代男子穿通常礼服时所戴的冠称"弁"。

⑥故：犹"夫"，发语词。

⑦味：食物。

【译文】

道是什么？回答：是君主所遵行的原则。君主是什么？回答：是能够团结众人的人。什么是团结众人？回答：是指善于养活抚育人，善于治理人，善于任用人，善于用不同的服饰来区分人。善于养活抚育人，人们就亲近他；善于治理人，人们就安心服从他；善于任用人，人们就喜欢他；善于用服饰来区分人，人们就赞美他。这四个要领具备了，天下的人就会归顺他，这就是能把众人组织成社会群体的君主。不能养活抚育人，人们就不会亲近他；不能治理人，人们就不会安心顺从他；不能任用人，人们就不会喜欢他；不能用服饰区分人，人们就不会赞扬他。这四个要领都没有做到，天下的人就会背离他，这就叫作独夫。

所以说：正确的治国原则存在，国家就存在；正确的治国原则丧失，国家就灭亡。减少工匠和商人，增多农民，禁止小偷强盗，铲除奸诈邪恶之徒，这是养活人民的方法。天子配备太师、太傅、太保三公，诸侯配备一个相，大夫独掌某一官职，士人谨慎自己的职责，无不按照法令制度而秉公办事，这是治理人的方法。按照德行确定等级，衡量才能授予官职，使每个人都恪尽职守，量才使用。上等的贤才任三公，次等的贤才做诸侯，下等的贤才当大夫，这就是选贤任能的方法。修饰帽子衣裳、在礼服上绘制各种彩色花纹、在器具上雕刻图案等都有一定的等级差别，这就是用服饰分辨人等级的方法。

从天子到老百姓，没有不施展自己的才能、实现自己的志向、安心愉快工作的，这都是一样的；穿得暖，吃得饱，住得安逸，玩得快乐，事情处理得及时，制度明白清楚，财物充足，这也都是一样的。至于用多种颜色而绘成衣服上的彩色花纹，汇集多种食物而烹煮佳肴美味，这是富饶的表现。圣王财富富饶是为了明辨等级差别，对上修饰贤良来表明贵贱，对下装饰长幼来表明亲疏关系，下到百姓人家，天下人都清楚地知道这并不是制造差别，而是用来明确等级名分的治理，确保万世太平。所以，天子、诸侯没有浪费的用度，士大夫没有放荡的行为，各级官吏没有怠慢的政事，百姓没有奸诈怪癖的习俗、没有偷盗抢劫的罪行，这就能够叫作道义普及了。所以说：“国家安定百姓就富饶，国家混乱王公也贫穷。”说的就是这个道理。

【原文】

至道大形[①]：隆礼至法则国有常，尚贤使能则民知方，纂论公察则民不疑[②]，赏克罚偷则民不怠[③]，兼听齐明则天下归之。然后明分职，序事业，材技官能，莫不治理，则公道达而私门塞矣，公义明而私事息矣。如是，则德厚者进而佞说者止，贪利者退而廉节者起。

《书》曰："先时者杀无赦，不逮时者杀无赦。"[④]人习其事而固，人之百事如耳目鼻口之不可以相借官也，故职分而民不探[⑤]，次定而序不乱，兼听齐明而百事不留。如是，则臣下、百吏至于庶人莫不修己而后敢安正，诚能而后敢受职，百姓易俗，小人变心，奸怪之属莫不反悫。夫是之谓政教之极。故天子不视而见，不听而聪，不虑而知，不动而功，块然独坐而天下从之如一体，如四胑之从心[⑥]。夫是之谓大形。《诗》曰："温温恭人，维德之基。"[⑦]此之谓也。

【注释】

①至：极，使……成为最高。形：表现，此指实行"至道"以后所表现的政治效果。

②纂论：与"公察"对文义近，指考察贤能时集中各方面的人员进行审查。纂，集。

③克：当为"免"字（王念孙说），通"勉"。

④"《书》曰"句：见伪古文《尚书·胤征》。

⑤探：当为"慢"字（王念孙说）。

⑥胑：通"肢"。

⑦"《诗》曰"句：见《诗经·大雅·抑》。

【译文】

治国大道最好的表现是：推崇礼义，使法制高于一切，国家就会有秩序；尊重贤德的人，任用有才能的人，人民就知道努力的方向；集体审查，公正无私地考察，人民就没有怀疑；奖赏勤劳的人，惩罚偷懒的人，人民就不会懒惰；广泛采纳民意，洞察一切，天下人就会归顺他。然后明确名分职责，工作有条不紊，使用有技术的人做事，任用有才能的人当官，事情都能得到治理，公正之道畅通，而谋私的后门就被堵住了，公理正义显明而以权谋私的事情就止息了。像这样，道德高尚的人就得到起用，而巧言谄媚的人就会受到遏制，贪图财利的人被黜退，而廉洁奉公的人被提拔重用。

《尚书》中说："在规定的时刻之前行动的，杀而不赦；没有赶上规定时刻而落后的，也要杀而不赦。"人们习惯了自己的工作而固守本职不改行。人们恪尽职守，就像耳朵、眼睛、鼻子、嘴巴等不可以互相替代一样。所以，职务划分后，民众就不会再谋求他职；等级确定后，秩序就不会混乱；广纳众义，洞察一切，各种工作就不会拖拉。像这样，从大臣、百官到百姓，无不提高了自己的修养以后才敢安居，真正有才能以后才敢接受官职；百姓改变了习俗，小人转变了思想，奸邪之人变得诚实谨慎。这就是政治教化的最高境界。所以，天子不用察看就能发现问题，不用打听就能明白真相，不用考虑就能知道事理，不用动手就能功成业就，岿然不动地独自坐着，而天下顺从他就像一个整体，就像四肢顺从思想的支配一样，这就是大道的最好表现。《诗经》中说："温柔谦恭的人，道德是根本。"说的就是这个道理。

【原文】

为人主者，莫不欲强而恶弱，欲安而恶危，欲荣而恶辱，是禹、桀之所同也。要此三欲①，辟此三恶②，果何道而便？曰：在慎取相，道莫径是矣。故知而不仁不可③，仁而不知不可，既知且仁，是人主之宝也，而王霸之佐也。不急得，不知；得而不用，不仁。无其人而幸有其功，愚莫大焉。

【注释】;

①要：设法取得。

②辟：通"避"。

③故：犹"夫"，发语词。

【译文】

作为君主的，没有不希望自己国家强盛而厌恶衰弱的，希望安定而厌恶危险的，希望荣耀而厌恶耻辱的，这是禹和桀所相同的欲望。要实现这三种欲望，避免这三种厌恶的东西，究竟采用什么办法最便利？回答说：在于慎重地选取国相，没有什么办法比这个更简便的了。对于国相的人选，有智慧而没有仁德不行，有仁德而没有智慧也不行，既有智慧又有仁德，这便是君主的宝贵财富，是成就霸业的助手。君主不急于求得这样的人，不明智；得到了而不重用，是不仁爱。没有德才兼备的宰相而希望取得王霸之功，没有比这个更愚蠢的了。

【原文】

今人主有六患[①]：使贤者为之，则与不肖者规之；使知者虑之，则与愚者论之；使修士行之，则与污邪之人疑之[②]。虽欲成功，得乎哉？譬之是犹立直木而恐其景之枉也，惑莫大焉。语曰："好女之色，恶者之孽也。公正之士，众人之痤也[③]。循乎道之人，污邪之贼也。"今使污邪之人论其怨贼而求其无偏，得乎哉？譬之是犹立枉木而求其景之直也，乱莫大焉。

【注释】

①六：当为"大"之误。

②疑：通"拟"，揣度，估量。

③痤：疖子。

【译文】

现在的君主最大的祸患：让贤能的人去做事，却和不贤的人去规划；让明智的人去考虑问题，却和愚蠢的人去评判；让品德美好的去干事，却和肮脏邪恶的人去评估质疑。像这样，想取得成功，可能吗？比如，这就好像竖起一根笔直的木头而怕它的影子弯曲，没有人比这个更糊涂了。俗话说："美女的姿色，是丑陋者的灾祸。公正的贤士，是庸人的疖子。遵循道义的人，是肮脏邪恶者的祸害。"现在让肮脏邪恶的人，来评判他们的冤家祸根而要求他们没有偏见，可能吗？比如，这就好像竖起一根弯曲的木头而要求它的影子笔直，没有比这个更混乱的了。

【原文】

故古之人为之不然。其取人有道，其用人有法。取人之道，参之以礼；用人之法，禁之以等。行义动静[①]，度之以礼；知虑取舍，稽之以成；日月积久，校之以功。故卑不得以临尊，轻不得以县重[②]，愚不得以谋知，是以万举不过也。

故校之以礼，而观其能安敬也；与之举措迁移，而观其能应变也；与之安燕[③]，而观其能无流慆也[④]；接之以声色、权利、忿怒、患险，而观其能无离守也。彼诚有之者与诚无之者，若白黑然，可诎邪哉！故伯乐不可欺以马[⑤]，而君子不可欺以人。此明王之道也。

【注释】

①行义：品行，道义。

②县：古“悬”字，衡量。古代的权衡类似现代的天平，所以轻的砝码无法衡量重的物体。这里的“轻”“重”，喻指权势而言。

③燕：通“宴”，安闲。

④慆：放荡。

⑤伯乐：春秋秦穆公时人，姓孙，名阳，善于相马。

【译文】

所以古代的君主不这样做。他选择人有一定的原则，任用人有一定的法度。选择人的原则，用礼制检验他们；任用人的法度，是用等级限制他们。对他们的品行举止，用礼制来衡量；对他们的智慧和判断取舍，用成果来考查；对他们日积月累的工作，用功绩来考核。所以，地位卑下的人不准监督地位尊贵的人，权势轻微的人不准评判掌有大权的人，愚蠢的人不准议论明智的人，如此一切举措都不会失误。

所以，用礼制来考核他，看他是否能安泰恭敬；给他上下调动变换岗位，看他是否能应付各种复杂的变化；让他安逸舒适，看他是否能不背离节操。这样，真正有德才的人与的确没有德才的人，就像黑与白一样截然分明，谁还能对他进行歪曲呢？所以，伯乐不可能被马的好坏欺骗，而君子不可能被人的好坏欺骗。以上这些就是英明帝王的原则。

【原文】

人主欲得善射，射远中微者，县贵爵重赏以招致之①，内不可以阿子弟，外不可以隐远人，能中是者取之②，是岂不必得之之道也哉！虽圣人不能易也。欲得善驭速致远者③，一日而千里，县贵爵重赏以招致之，内不可以阿子弟，外不可以隐远人，能致是者取之，是岂不必得之之道也哉！虽圣人不能易也。

欲治国驭民，调壹上下，将内以固城，外以拒难，治则制人，人不能制也，乱则危辱灭亡可立而待也。然而求卿相辅佐，则独不若是其公也，案唯便嬖亲比己者之用也，岂不过甚矣哉！故有社稷者莫不欲强，俄则弱矣；莫不欲安，俄则危矣；莫不欲存，俄则亡矣。

古有万国，今有数十焉，是无它故，莫不失之是也。故明主有私人以金石珠玉，无私人以官职事业。是何也？曰：本不利于所私也。彼不能而主使之，则是主暗也；臣不能而诬能，则是臣诈也。主暗于上，臣诈于下，灭亡无日，俱害之道也。

夫文王非无贵戚也，非无子弟也，非无便嬖也，倜然乃举太公于州人而用之④，岂私之也哉！以为亲邪？则周姬姓也，而彼姜姓也。以为故邪？则未尝相识也。以为好丽邪？则夫人行年七十有二，齫然而齿堕矣⑤。然而用之者，夫文王欲立贵道，欲白贵名，以惠天下，而不可以独也，非于是子莫足以举之，故举是子而用之。于是乎贵道果立，贵名果明⑥，兼制天下，立七十一国，姬姓独居五十三人，周之子孙苟不狂惑者，莫不为天下之显诸侯，如是者，能爱人也。故举天下之大道，立天下之大功，然后隐其所怜所爱，其下犹足以为天下之显诸侯。故曰："唯明主为能爱其所爱，暗主则必危其所爱。"此之谓也。

【注释】

①县：同"悬"，指挂出布告公开昭示。

②是：指代上文"得善射""得善驭"的方法。

③"速"字前当脱一"及"字（王念孙说）。

④偶然：远离的样子，此指远离世俗、与众不同的样子。州人：当为“舟人”（俞樾说）。

⑤𪘏：同“龋”，没有牙齿的样子。

⑥明：疑为“白”之误（顾千里说）。

【译文】

君主想要得到善于射箭，射得远又射得准的人，就得用高官厚赏来招引他们。对内不能偏袒自己的弟子，对外不能埋没远方的人，只要符合标准的人就选用，这难道不是必定能得到善于射箭人的方法吗？即使是圣人也不能改变这个方法。想要得到善于驾车的人，既跑得快又到达得远，能达到这个标准的人就选用，这难道不是必定能得到善于驾车的人的方法吗？即使是圣人也不能改变这个方法。

君主想要治理好国家，领导好人民，调整上下而使之协调，对内巩固城防，对外抵御入侵，国家安定，就能够制服别人，而不会被别人所制服；国家动乱或遇到危险、耻辱、灭亡等情况，也能够马上对付。然而，选择卿相辅佐自己，却不能这样公道，只任用亲信和迎合自己的人，这难道不是大错而特错吗？所以，拥有国君地位的没有不想本国强大的，但不久就衰弱了；没有不想要万世长存的，但不久就灭亡了。

古代有上万个国家，现在只有几十个国家了，没有别的原因，没有不是在用人的问题上失误的。所以，英明的君主有私自给人金石珠玉的，却没有私自给人以官职和事业的，这是什么原因？回答：因为私下给人官职根本不利于那些被偏爱的人。那些人没有才能而君主任用他们，这就是君主昏庸；臣子无能而冒充有才能，这对君主及宠臣都是有害处的啊！

周文王并不是没有皇亲国戚，并不是没有子弟兄弟，并不是没有宠臣亲信，但他却超凡脱俗，在其他国人之中选拔了姜太公而重用他，难道对他有私心吗？以为他们是亲族吗？周朝姓姬，而他姓姜。以为他们是故交吗？但他们素不相识。以为周文王爱漂亮吗？姜太公已七十二岁，牙齿都掉光了。然而任用他，因为周文王想建立美好的政治原则，想要显扬尊贵的名声，以此来造福天下，而单靠自己是办不到的，除了姜太公也没有更合适的，所以提拔并任用了他。于是美好的政治原则果然建立起来了，尊贵的名声果然宣扬了，统一了天下，设置了七十一个诸侯国，其中姓姬的诸侯独占五十三个，周族的子孙，只要不是发疯糊涂的人，无不成为天下显贵的诸侯。像这样，才是真正爱护人啊！所以，遵循天下的治国大道，统一了天下的丰功伟绩，然后再偏私自己所疼爱的人，这些被疼爱的人最差的也能成为天下显贵的诸侯。所以说：“只有英明的君主才有能力爱护他所宠爱的人，昏庸的君主则必然会危害他所宠爱的人。”说的就是这个道理。

【原文】

墙之外，目不见也；里之前[①]，耳不闻也；而人主之守司，远者天下，近者境内，不可不略知也。天下之变，境内之事，有驰易齵差者矣[②]，而人主无由知之，则是拘胁蔽塞之端也。耳目之明，如是其狭也；人主之守司，如是其广也；其中不可以不知也，如是其危也。然则人主将何以知之?

曰：便嬖左右者，人主之所以窥远收众之门户牖向也[③]，不可不早具也。故人主必将有便嬖左右足信者然后可，其知惠足使规物、其端诚足使定物然后可[④]，夫是之谓国具。人主不能不有游观安燕之时，则不得不有疾病物故之变焉。如是，国者事物之至如泉原，一物不应，乱之端也。故曰：人主不可以独也。卿相辅佐，人主之基、杖也[⑤]，不可不早具也。故人主必将有卿相辅佐足任者然后可，其德音足以填抚百姓、其知虑足以应待万变然后可，夫是之谓国具。

四邻诸侯之相与，不可以不相接也，然而不必相亲也。故人主必将有足使喻志决疑于远方者然后可。其辩说足以解烦，其知虑足以决疑，其齐断足以距难[⑥]，不还秩[⑦]，不反君，然而应薄扞患足以持社稷然后可[⑧]，夫是之谓国具。

故人主无便嬖左右足信者谓之暗，无卿相辅佐足任者谓之独，所使于四邻诸侯者非其人谓之孤，孤独而晻谓之危。国虽若存，古之人曰亡矣。《诗》曰：“济济多士，文王以宁。”[⑨] 此之谓也。

【注释】

①里：指居民区，周代以二十五家为一里，里有门。

②驰易：变动的意思，蝺差：参差不齐，此指不协调。

③收：通“纠”，监督纠正。门户牖向：古代双扇的门叫“门”，单扇的门叫“户”，“牖”即窗，“向”即北窗。这里喻指君主的耳目。

④知：通“智”。

⑤基：当为“綦”字（俞樾说），指鞋带。

⑥距：通“拒”，拒绝，指拒之于外。

⑦还：归还。秩：当为“私”字（王念孙说）。

⑧扞：抵御。

⑨“《诗》曰”句：见《诗经·大雅·文王》。

【译文】

墙的外面，眼睛看不到；里门的前面，耳朵听不到；君主所统辖的范围，远至天下，近在一国，不可不大体地了解一些。天下的变化，国内的事情，已经有动乱了，然而君主却无从知道，这是被挟制蒙蔽的开始。

耳朵眼睛的辨察力如此狭窄，君主统辖的范围如此广大，其中的情况不可以不知道；不知道其中的情况，就会有被挟制蒙蔽的危险。既如此，君主将靠什么来了解情况呢？回答说：君主身边的亲信和侍从，是君主用来观察远处、监督群臣百官的耳目，不能不及早准备好。所以，君主一定要有足可信赖的亲信侍从，然后才可以掌握天下；他们的智慧足以用来谋划事情，他们的正直诚实足以用来决定事情，然后才行。这种人，是治国的工具。君主不能没有出游休息的时候，也不可能没有疾病死亡的变故。在这种情况下，国家纷繁的事物像泉水一样涌来，一件事情应付处理不好，就是祸乱的开端。所以说：君主不能单枪匹马。卿相辅佐，是君主的依靠，不能不及早准备好。所以，君主一定要有足可以胜任的卿相辅佐，然后才可以掌控天下，他们的道德声望要足以用来安抚百姓，他们的智慧心计要足以能够应付千变万化，然后才可以掌控天下。这种人，是治国的工具。

四邻诸侯国互相交往，不可能不互相接触，但是不一定都互相友好。所以，君主一定要有足以出使到远方去传达君主旨意、解决疑难问题的外交人才，然后才可以掌控天下；他们的辩说要足以能够消除麻烦，他们的智慧心计要足以能够解决疑难，他们的敏捷要足以能够排除危难，他们既不推卸责任，也不用回到君主身边请示，然而应付紧急情况、抵御患难却足以保住国家政权，只有这样才可以掌控天下。这种人，是治国的工具。

所以，君主没有足以信赖的亲信侍从叫作不明，没有足以胜任的卿相辅佐叫作孤独，出使到四邻诸侯国的使者不称职的叫作孤立，孤独而昏庸就叫作危险。国家虽然似乎存在着，按照古代人的说法其已灭亡了。《诗经》中说："人才济济多精英，文王因此得安宁。"说的就是这个道理。

【原文】

材人：愿悫拘录①，计数纤啬而无敢遗丧②，是官人使吏之材也。修饬端正，尊法敬分而无倾侧之心，守职循业③，不敢损益，可传世也，而不可使侵夺，是士大夫官师之材也④。知隆礼义之为尊君也，知好士之为美名也，知爱民之为安国也，知有常法之为一俗也，知尚贤使能之为长功也，知务本禁末之为多材也，知无与下争小利之为便于事也，知明制度、权物称用之为不泥也，是卿相辅佐之材也。未及君道也。

能论官此三材者而无失其次⑤，是谓人主之道也。若是，则身佚而国治，功大而名美，上可以王，下可以霸，是人主之要守也。人主不能论此三材者，不知道此道，安值将卑势出劳⑥，并耳目之乐⑦，而亲自贯日而治详，一内而曲辨之⑧，虑与臣下争小察而綦偏能，自古及今，未有如此而不乱者也。是所谓"视乎不可见，听乎不可闻，为乎不可成"，此之谓也。

【注释】

①拘录：通"劬碌"，勤劳。

②纤啬：精打细算。啬，节俭，吝啬，此指精打细算。

③循：当为"修"字（卢文弨说）。业：书版，这里指法典图籍。

④材：通"财"。

⑤论：通"抡"。官：任用。

⑥值：通“直”，只。

⑦并：通“屏”，摒弃。

⑧内：当为“日”字（王先谦说）。辨：通“辦”，治理。

【译文】

任用人才的原则是：诚实勤恳，即使细小的事情也能精心算计，不敢有所遗漏，这是一般的官吏与差役的才能。加强修养、端正身心、崇尚法制、尊重名分，而没有偏斜不正的思想；谨守职责、遵守法典，不敢有所增减，使它们世代相传，而不让它们受损侵夺，这是士大夫和群臣百官的才能。知道崇尚礼义是为了使君主尊贵，知道喜爱士人是为了使名声美好，知道爱护民众是为了国家安定，知道有了固定的法制是为了统一习俗，知道尊重贤士、使用能人是为了增长效率，知道致力于根本性的农业生产，而限制非根本性的工商业是为了增加国家财富，知道不与属下争夺小利是为了有利于办大事，知道彰明制度、权衡利弊要符合实用，是为了不拘泥于成规，这是做卿相辅佐的才能，还没有懂得君主之道。

能够选择任用这三种人才，而没有失去次序，这才是君主的治国之道。如果这样，君主就能够得到安逸，国家得到安定，功业伟大而名声美好；上可以称王天下，下可以称霸诸侯，这是君主的主要职守。君主没有这三种人才，不知道这个原则，而只是降低自己的地位而竭尽全力、抛弃声色娱乐，而夜以继日事必躬亲，一天之内想把所有的事情办完，总是想和臣下在细小的方面比精明而使尽才能，从古到今，还没有这样做而国家不混乱的。这就是所谓的“看不可能看见的，听不可能听见的，做不可能成功的”，说的就是这个道理。

臣道第十三

【题解】

本篇阐述为臣之道。荀子分析了臣子的类别与行为特征，以及他们应遵守的行为准则。他指出，臣子应根据君主的不同情况采取不同的行为方式，强调臣子一定要忠君爱民，正直诚实，行为要合乎礼义。

【原文】

人臣之论[1]：有态臣者[2]，有篡臣者，有功臣者，有圣臣者。内不足使一民，外不足使距难[3]，百姓不亲，诸侯不信，然而巧敏佞说[4]，善取宠乎上，是态臣者也。上不忠乎君，下善取誉乎民，不恤公道通义，朋党比周，以环主图私为务[5]，是篡臣者也。内足使以一民，外足使以距难，民亲之，士信之，上忠乎君，下爱百姓而不倦，是功臣者也。上则能尊君，下则能爱民；政令教化，刑下如影[6]；应卒遇变[7]，齐给如响；推类接誉[8]，以待无方，曲成制象[9]，是圣臣者也。故用圣臣者王，用功臣者强，用篡臣者危，用态臣者亡。态臣用则必死，篡臣用则必危，功臣用则必荣，圣臣用则必尊。故齐之苏秦、楚之州侯、秦之张仪[10]，可谓态臣者也。韩之张去疾、赵之奉阳、齐之孟尝[11]，可谓篡臣也。齐之管仲、晋之咎犯、楚之孙叔敖[12]，可谓功臣矣。殷之伊尹、周之太公，可谓圣臣矣。是人臣之论也，吉凶贤不肖之极也，必谨志之而慎自为择取焉，足以稽矣。

【注释】

①论：通“伦”，类别。

②态：态度，引申指阿谀奉承的样子。

③距：通“拒”。

④说：通“锐”，指口齿伶俐。

⑤环：通“营”，迷惑。

⑥刑：通“型”，典范，榜样。这里用作动词，作榜样。

⑦卒：同“猝”，突然。

⑧接：会合。誉：通“与”，同类。

⑨曲：曲折周到，各个方面。制：制度，准则。象：法式，榜样。

⑩苏秦：战国时洛阳人，主张合纵抗秦，佩六国相印。合纵失败后至齐，与齐大夫争宠，被刺杀。州侯：楚襄王的佞臣。张仪：战国时魏国人，曾任秦相，主张连横，破苏秦的六国合纵。

⑪张去疾：战国时韩国之相，生平不详。奉阳：奉阳君，战国时赵肃侯的弟弟，曾任赵相。

⑫咎犯：春秋时晋国人，名狐偃，字犯，晋文公重耳的舅父，曾随重耳出亡十九年。咎，通“舅”。

【译文】

大臣的类别：有阿谀奉迎的大臣，有篡夺君权的大臣，有功勋卓著的大臣，有明达圣哲的大臣。对内不能统一人民，对外不能抵御入侵；不能亲近百姓，和诸侯们交往不守信用；却能用花言巧语来谄媚主上，很会取得君主的信任；这就是阿谀奉迎的佞臣。对上不忠于君主，对下用好名声来扩大自己的威望；不顾及公道和礼仪原则，结党营私，专门迷惑君主来图谋私利；这是篡夺君权的奸臣。对内能够统一人民，对外能够抵御外敌的入侵；人民愿意亲近他，士大夫愿意信任他；对上忠于君主，对下体恤百姓而不知疲倦；这是功勋卓著的功臣。对上能够尊重君主，对下能够爱护百姓；推行政令教化，人民效法他就像如影随形一样；应付突发的事件迅速敏捷，就像回应声音一样；依法类推处理各种事务，从容对待变化无常事件，出处都能符合规章制度；这就是明达圣哲的圣臣。用明达圣哲的圣臣，就可以称王天下；用功勋卓著的功臣，国家就会富强；用篡夺君权的奸臣，国家就会非常危险；用阿谀奉迎的佞臣，国家就会灭亡。阿谀奉迎的佞臣得到重用，君主必死无疑；篡夺君权的奸臣得到重用，君主就会非常危险；功勋卓著的功臣得到重用，君主就会非常光荣；明达圣哲的圣臣得到重用，君主就会得到尊重。齐国的苏秦、楚国的州侯、秦国的张仪，就是阿谀奉迎的佞臣。韩国的张去疾、赵国的奉阳君、齐国的孟尝君，就是篡夺君权的奸臣。齐国的管仲、晋国的舅犯、楚国的孙叔敖，就是功勋卓著的功臣。殷代的伊尹、周代的姜太公，就是明达圣哲的圣臣。分析大臣的类别，是预测国家安危和君主贤与不贤的标准，一定要记住啊！君主要谨慎地亲自选择大臣，这就是标准。

【原文】

从命而利君谓之顺，从命而不利君谓之谄；逆命而利君谓之忠，逆命而不利君谓之篡；不恤君之荣辱，不恤国之臧否①，偷合苟容，以持禄养交而已耳，谓之国贼。

君有过谋过事，将危国家、殒社稷之惧也，大臣、父兄有能进言于君，用则可，不用则去，谓之谏；有能进言于君，用则可，不用则死，谓之争；有能比知同力，率群臣百吏而相与强君挢君②，君虽不安，不能不听，遂以解国之大患，除国之大害，成于尊君安国，谓之辅；有能抗君之命，窃君之重，反君之事，以安国之危，除君之辱，功伐足以成国之大利，谓之拂③。

故谏、争、辅、拂之人，社稷之臣也，国君之宝也，明君所尊厚也，而暗主惑君以为己贼也。故明君之所赏，暗君之所罚也；暗君之所赏，明君之所杀也。伊尹、箕子可谓谏矣，比干、子胥可谓争矣④，平原君之于赵可谓辅矣⑤，信陵君之于魏可谓拂矣⑥。传曰："从道不从君。"此之谓也。

【注释】

①臧否：好坏。

②挢：通"矫"，强行纠正。

③拂：通“弼”，矫正，矫正式的辅助。

④子胥：姓伍，名员，字子胥，春秋时楚国大夫伍奢的次子，受楚平王迫害而逃到吴国，为吴国大夫。他帮助吴王阖闾攻破楚国，成就霸业。吴王夫差时，他屡次不顾老命极力劝阻夫差，夫差怒，赐剑逼他自杀，结果吴国被越国所灭。

⑤平原君：赵胜，赵惠文王之弟，三任赵相，曾联合楚、魏抗秦救赵。

⑥信陵君：魏无忌，战国时魏（赵）安釐王的弟弟。秦国攻赵时，曾窃取兵符亲率军队破秦存赵。

【译文】

服从君主命令而有利于君主的叫作顺从，服从君主的命令而不利于君主的叫作谄媚，违抗君主的命令而有利于君主的叫作忠诚，违抗君主的命令而不利于君主的叫作篡夺。

不顾君主的荣辱，不顾国家的得失，只是苟且迎合君主，无原则地求取容身，以此来保住自己的俸禄、去豢养自己结交的党羽，叫作国家的奸臣。君主有了错误的谋划、错误的行为，国家将危险、政权将灭亡，这时大臣、父兄中有人能够向君主进谏意见，意见被采纳就罢了，不被采纳就离去，这就叫作劝谏；如果有人能联合有智慧的人同心协力，率领群臣百官一起强迫君主、纠正君主，君主虽然不服，却不能不听从，于是就以此消除了国家的大忧患，去掉了国家的大祸害，结果使君主尊贵、国家安定，这就叫作辅助；如果有人能抗拒君主的命令，借用君主的权力，反对君主的错误行为，因而使国家转危为安，除去了君主的耻辱，功劳足够用来成就国家的重大利益，这就叫作匡正。

劝谏、苦谏、辅助、匡正的人，是维护国家政权的大臣，是国君的宝贵财富，是英明的君主所尊敬优待的，但愚昧糊涂的国君却把他们看作自己的敌人。所以，英明君主所奖赏的人，却是愚昧君主所惩罚的对象。伊尹、箕子可以称为劝谏了；比干、伍子胥可以称为苦谏了；平原君对于赵国来说，可以称为辅助了；信陵君对于魏国来说，可以称为匡正了。古书上说：“依从正确的原则而不依从国君。”说的就是这种人。

【原文】

故正义之臣设[①]，则朝廷不颇；谏、争、辅、拂之人信，则君过不远；爪牙之士施，则仇雠不作；边境之臣处，则疆垂不丧[②]。故明主好同而暗主好独，明主尚贤使能而飨其盛[③]，暗主妒贤畏能而灭其功。罚其忠，赏其贼，夫是之谓至暗，桀、纣所以灭也。

【注释】

①设：安排，任用。

②垂：同“陲”，边疆。

③飨：通“享”，享受。盛：通“成”，成果。

【译文】

坚持正义的臣子得到进用，那么朝廷就不会偏邪不正；劝谏、苦谏、辅助、匡正的人受到信任，那么君主的过错就不会延续很久；勇猛威武的武士被使用，那么仇敌就不敢兴风作浪；边境上的大臣安置好了，那么边境就不会丧失。所以，英明的君主喜欢团结共事而愚昧的君主却喜欢孤家寡人；英明的君主推崇贤德的人，使用有才能的人而享有他们的成果；愚昧的君主妒忌贤德的人，害怕有才能的人而埋没他们的功绩。惩罚自己的忠臣，奖赏自己的奸臣这就叫作极其昏庸，这就是夏桀、商纣王灭亡的原因。

【原文】

事圣君者，有听从，无谏争；事中君者，有谏争，无谄谀；事暴君者，有补削[①]，无挢拂。迫胁于乱时，穷居于暴国，而无所避之，则崇其美，扬其善，违其恶[②]，隐其败，言其所长，不称其所短，以为成俗。《诗》曰：“国有大命，不可以告人，妨其躬身。”[③]此之谓也。

【注释】

①削：古代竹简上写错了字用刀刮去叫“削”，此引申指悄悄除去君主的过失。暴君凶残，所以只能暗中“补削”，而不能公开地强行纠正，否则

会遭杀身之祸而无济于事。

②违：避开。

③"《诗》曰"句：引诗是逸诗，不见今本《诗经》。

【译文】

侍奉圣明君主，只有听从，不用劝谏力争；侍奉一般君主，只有劝谏力争，没有阿谀奉迎；侍奉暴君的，有弥补缺陷除去过失而没有强行纠正。被逼迫、受挟制地生活在混乱的时代，走投无路地住在暴君统治的国家，而又没有办法避开这种处境，那就推崇他的美德，宣扬他的善行，不提他的罪恶，隐瞒人的失败，称道他的长处，不说他的短处，把这些作为既成的习俗。《诗经》中说："国家有了重大变动，不可把它告诉别人，否则就会危害自身。"说的就是这种情况。

【原文】

恭敬而逊，听从而敏，不敢有以私决择也[①]，不敢有以私取与也，以顺上为志，是事圣君之义也。忠信而不谀，谏争而不谄，挢然刚折，端志而无倾侧之心，是案曰是，非案曰非，是事中君之义也。调而不流，柔而不屈，宽容而不乱，晓然以至道而无不调和也[②]，而能化易，时关内之[③]，是事暴君之义也。若驭朴马，若养赤子，若食馁人[④]，故因其惧也而改其过，因其忧也而辨其故[⑤]，因其喜也而入其道，因其怒也而除其怨：曲得所谓焉[⑥]。《书》曰[⑦]："从命而不拂，微谏而不倦，为上则明，为下则逊。"此之谓也。

【注释】

①有：通"又"，再，更。

②然：当为衍文（王念孙说）。

③关：入。内：同"纳"。

④食：通"饲"，喂。馁：同"馁"，饥饿。

⑤辨：通"变"。

⑥曲：曲折周到，指惧、忧、喜、怒等方面。所谓：所要达到的目的地，

指改变暴君的性情，即“改其过”“辨其故”“入其道”“除其怨”。

⑦“《书》曰”句：引文不见今本《尚书》，是佚文。

【译文】

恭敬而又谦逊，听从而又敏捷地执行命令，不敢再根据私利去决断和选择，不敢再根据私利去取舍，把顺从君主作为自己的志向，这是侍奉圣明君主的合宜原则。忠诚守信而不阿谀奉迎，劝谏力争而不谄媚取宠，强硬地坚决挫败君主，思想端正而没有偏斜不正的念头，对的就说对，错的就说错，这是侍奉一般君主的合宜原则。调和却不随波逐流，温柔却不低头屈从，宽容却不和君主一起胡乱妄为，用最正确的原则去启发君主而没有不协调和顺的，那就能感化改变君主暴虐的本性，时时把正确的原则灌输到他心中，这是侍奉暴君的合宜原则。侍奉暴君就像驾驭未训练过的马，就像抚养初生婴儿，就像喂饥饿的人吃东西一样，要趁他畏惧的时候使他改正错误，趁他忧虑的时候使他改变过去的行为，趁他高兴的时候使他走入正道，趁他发怒的时候使他除去仇人，这样就能处处达到目的。《尚书》中说：“服从命令而不违背，暗暗规劝而不懈怠；做君主要明智，做臣子要谦逊。”说的就是这种情况。

【原文】

事人而不顺者[①]，不疾者也；疾而不顺者，不敬者也；敬而不顺者，不忠者也；忠而不顺者，无功者也；有功而不顺者，无德者也。故无德之为道也，伤疾、堕功、灭苦，故君子不为也[②]。

【注释】

①不顺：指不顺从君主的心意。

②伤疾：伤害了积极性，与上文的“疾而不顺”相应，指虽然积极，却毁于无德而成为徒劳。堕：毁坏。苦：辛苦，指上文的“敬”“忠”。

【译文】

侍奉君主却不合君主的心意，是因为不积极；积极了却不合君主的心意，是因为不恭敬；恭敬了却不合君主的心意，是因为不忠诚；忠诚了却不合君主的心意，是因为没有功绩；有了功绩却不合君主的心意，是因为没有品德。所以，没有品德，就会伤害积极、毁掉功绩、湮没劳苦，所以君子是不做这种事的。

【原文】

有大忠者，有次忠者，有下忠者，有国贼者。以德复君而化之①，大忠也；以德调君而补之②，次忠也；以是谏非而怒之，下忠也；不恤君之荣辱，不恤国之臧否，偷合苟容，以之持禄养交而已耳，国贼也。若周公之于成王也，可谓大忠矣；若管仲之于桓公，可谓次忠矣；若子胥之于夫差③，可谓下忠矣；若曹触龙之于纣者④，可谓国贼矣。

【注释】

①复：通“覆”，笼罩。

②补：当为“辅”字（郝懿行说）。

③夫差：春秋末年吴国国君，阖闾之子，他不听伍子胥的劝谏，放了越王勾践，结果被越王勾践所灭。

④曹触龙：商纣王的大臣，生平不详。

【译文】

有头等的忠臣，有次一等的忠臣，有下等的忠臣，还有国家的奸贼。用正确的原则熏陶君主而感化他，是头等的忠诚；用道德来调养君主而辅助他，是次一等的忠诚；用正确的原则去劝阻君主的错误却触怒了君主，是下等的忠诚；不顾君主的荣辱，不顾国家的得失，只是苟且迎合君主、无原则地求取容身，以此来保住自己的俸禄、去豢养自己结交的党羽，这是国家之奸贼。像周公对于成王，可以说是头等的忠诚了；像管仲对于齐桓公，可以说是次等的忠诚了；像伍子胥对于夫差，可以说是下等的忠诚了；像曹触龙对于商纣王，可以说是国家的奸贼了。

【原文】

仁者必敬人。凡人非贤则案不肖也。人贤而不敬，则是禽兽也；人

不肖而不敬，则是狎虎也[①]。禽兽则乱，狎虎则危，灾及其身矣。《诗》曰：“不敢暴虎，不敢冯河。人知其一，莫知其它。战战兢兢，如临深渊，如履薄冰。”[②]此之谓也。故仁者必敬人。

【注释】

①狎：戏弄。

②“《诗》曰”句：见《诗经·小雅·小旻》。暴，空手搏斗。冯，同“凭”，徒步涉水。战战，通“颤颤”，恐惧发抖的样子。兢兢，小心谨慎的样子。

【译文】

仁德之人必定尊敬别人。一般来说，一个人不贤能，那就是没有德才的人。别人贤能却不去尊敬他，那就是禽兽了；别人没有德才而不去尊敬他，那就是等于在戏弄老虎。人如禽兽就会胡乱妄为，戏弄老虎就会十分危险，灾难就会降落到他的身上。《诗经》中说：“不敢空手打老虎，不敢光脚把河渡。人们只知这一点，不知其他有害处。要害怕啊要小心，要像面临那深渊，要像脚踩那薄冰。”说的就是这个道理。所以，讲究仁德的人必定尊敬别人。

【原文】

敬人有道：贤者则贵而敬之，不肖者则畏而敬之；贤者则亲而敬之，不肖者则疏而敬之。其敬一也，其情二也。若夫忠信端悫而不害伤，则无接而不然，是仁人之质也。忠信以为质，端悫以为统，礼义以为文[①]，伦类以为理，喘而言，臑而动[②]，而一可以为法则。《诗》曰：“不僭不贼，鲜不为则。”[③]此之谓也。

【注释】

①文：法度，规范。

②臑：当为“蠕”字（王先谦说）。

③“《诗》曰”句：见《诗经·大雅·抑》。僭，过分，过失。

【译文】

尊敬别人有一定的原则：对贤能的人就敬仰地尊敬他，对没有德才的人就畏惧地尊敬他；对贤能的人就亲切地尊敬他，对没有德才的人就敬而远之。表面上尊敬是一样的，实际内容是两样的。至于忠诚守信正直老实而不伤害人，那是对待所有的人都是这样的，这是仁德之人的本质。以忠诚守信为本体，以正直老实为纲纪，以礼义为规范，以伦理法律为原则，稍微说一句话，稍微动一动，都可以成为别人效法的榜样。《诗经》中说："不犯错误不害人，很少不成为准则。"说的就是这种人。

【原文】

恭敬，礼也；调和，乐也；谨慎，利也；斗怒，害也。故君子安礼乐利[①]，谨慎而无斗怒，是以百举不过也[②]。小人反是。

【注释】

①安：乐，喜爱。

②百举：办理各种事情。

【译文】

恭恭敬敬，是礼节的本质；协调和谐，是音乐的效果；小心谨慎，是言行的好处；斗气愤怒，是有害的。君子喜欢礼节，言行谨慎，从不与人斗气愤怒，所以做事从来都没有过错。小人则与此相反。

【原文】

通忠之顺[①]，权险之平[②]，祸乱之从声，三者非明主莫之能知也。争然后善，戾然后功[③]，出死无私，致忠而公，夫是之谓通忠之顺，信陵君似之矣。夺然后义，杀然后仁，上下易位然后贞[④]，功参天地，泽被生民，夫是之谓权险之平，汤、武是也。过而通情[⑤]，和而无经，不恤是非，不论曲直，偷合苟容，迷乱狂生，夫是之谓祸乱之从声，飞廉、

恶来是也[6]**。传曰："斩而齐，枉而顺，不同而一。"《诗》曰："受小球大球，为下国缀旒。"**[7] **此之谓也。**

【注释】

①之：到。

②权：变。

③戾：违背。

④贞：正。

⑤通情：一心。

⑥飞廉、恶来：见《儒效》篇。

⑦"《诗》曰"句：见《诗经·商颂·长发》。球，通"捄"，法度。缀旒，表率的意思。此喻指商汤、周武成为表率。缀，表记。旒，旌旗下的垂饰物。

【译文】

忠诚而达到通畅，改变危险的局面而达到安定，祸乱必随着迎合君意的随声附和而来，这三种情况不是英明的君主是不能明白的。向君主谏诤，然后才能行善；违背君主才能立功；豁出生命而没有私心，极其忠诚公正；这就叫作忠诚畅通无阻而达到顺从，信陵君类似于这种人了。夺取君权，然后才能实行道义；杀掉君主，然后才能实现仁德；君臣交换位子，然后才能做到操守；功业与天地并列，恩泽施加到广大民众；这就叫作改变危险的局面而达到安定，商汤、周武王就是这样的人。君主错了却还和他齐心，只是无原则地附和君主，不顾是非，不讲曲直，苟且地迎合君主以求得容身，迷惑昏乱而狂妄无知地追求生活享受；这就叫作祸乱必伴随着迎合君意的随声附和而来，飞廉、恶来就是这种人。古书上说："有了参差才有整齐，有了委曲才有顺从，有了不同才有一致。"《诗经》中说："接受小法与大法，成为各国的表率。"说的就是这种情况。

致士第十四

【题解】

尚贤任能是荀子的重要思想。荀子强调了君子、贤士对于国家的重大作用，要求君主一定要真诚地任用贤人。同时，他也强调了礼法、君权和老师在治国中的重大意义。

【原文】

衡听、显幽、重明、退奸，进良之术①：朋党比周之誉，君子不听；残贼加累之谮②，君子不用；隐忌雍蔽之人③，君子不近；货财禽犊之请④，君子不许。凡流言、流说、流事、流谋、流誉、流愬⑤，不官而衡至者⑥，君子慎之。闻听而明誉之，定其当而当，然后士其刑赏而还与之⑦，如是则奸言、奸说、奸事、奸谋、奸誉、奸愬莫之试也，忠言、忠说、忠事、忠谋、忠誉、忠愬莫不明通，方起以尚尽矣⑧。夫是之谓衡听、显幽、重明、退奸，进良之术。

【注释】

①衡：通“横”，广，周到。幽：隐晦，指隐居的贤士。重：再。明：显出，指已显扬的贤士。

②贼：陷害好人。累：祸害。谮：诬陷。

③隐：通“意”。雍：通“壅”，堵塞。蔽：遮盖。

④禽犊：泛指送人的礼物。

⑤流：指没有根据。愬：通“诉”，诉说。

⑥官：官方，指正当的途径。

⑦士：当为“出”字（王引之说）。

⑧尚：通“上”。

【译文】

广泛地听取意见，使隐居的贤士显扬、使奸邪退却，进用贤良的人的方法是：对结党营私之人的称誉，君子不听；残害贤良、横加罪名的诬陷，君子不采用；猜忌、埋没贤才的人，君子不接近；用钱财礼物进行贿赂的请求，君子不答应。凡是没有根据的流言、没有根据的学说、没有根据的事情、没有根据的计谋、没有根据的赞誉、没有根据的诉说，以及一切不是通过正当途径而是道听途说来的东西，君子对它们持慎重态度，听到了就把它们公开列举出来，判断它们是恰当的还是不恰当的，然后对它们做出惩罚或是奖赏的决定并立即付诸实施。像这样，那么奸诈的言论、奸诈的学说、奸诈的事情、奸诈的计谋、奸诈的赞誉、奸诈的诉说就没有敢来试探的了。忠诚的言论、忠诚的学说、忠诚的事情、忠诚的计谋、忠诚的赞誉、忠诚的诉说就都能公开表达、通行无阻并贡献给君主了。以上这些就是广泛地听取意见，使隐居的贤士显扬、使显扬的贤士进一步显扬、使奸邪退却，进用贤良的人的方法。

【原文】

川渊深而鱼鳖归之，山林茂而禽兽归之，刑政平而百姓归之，礼义备而君子归之。故礼及身而行修，义及国而政明，能以礼挟而贵名白[①]**，天下愿，令行禁止，王者之事毕矣。《诗》曰：“惠此中国，以绥四方。”**[②]**此之谓也。川渊者，龙鱼之居也；山林者，鸟兽之居也；国家者，士民之居也。川渊枯则龙鱼去之，山林险则鸟兽去之**[③]**，国家失政则士民去之。**

【注释】

①挟：通“浃”，周遍。

②“《诗》曰”句：见《诗经·大雅·民劳》。

③险：通“俭”，少。这里指草木稀疏。

【译文】

江河湖泊的水深了，鱼鳖就归聚到它那里；山上树林茂盛了，禽兽就归聚到它那里；刑罚政令公正不阿，老百姓就归聚到他那里；礼制道义完善周备，有道德的君子就归聚到他那里。所以，礼制贯彻到自身，品行就美好；道义贯彻到国家，政治就清明；能够把礼制贯彻到所有的方面，那么高贵的名声就会显著，天下的人就会仰慕，发布了命令就能施行，颁布了禁令就能制止，这样，称王天下的大业就能完成。《诗经》中说："施恩这个国都中，以此安抚天下众人。"说的就是这个道理。江河湖泊，是龙、鱼居住的地方；高山丛林，是鸟、兽栖息的地方；国家，是士、民居住的地方。江河湖泊干涸了，那么龙、鱼就会离开它；高山丛林环境险恶了，那么鸟、兽就会离开它；国家政治混乱了，那么士、民就会离开它。

【原文】

无土则人不安居，无人则土不守，无道法则人不至，无君子则道不举。故土之与人也，道之与法也者，国家之本作也[①]。君子也者，道法之总要也，不可少顷旷也。得之则治，失之则乱；得之则安，失之则危；得之则存，失之则亡。故有良法而乱者有之矣，有君子而乱者，自古及今，未尝闻也。传曰："治生乎君子，乱生于小人。"此之谓也。

【注释】

①本作：本源。作，开始。

【译文】

没有土地，那么人民就不能安居；没有人民，那么土地就不能守住；没有正确的原则和法制，那么人民就不会归附；没有君子，那么正确的原则就不能实行。所以，土地和人民、正确的原则和法制这些东西，是国家的本源；君子，是正确的原则和法制的总管，不可以片刻空缺。得到了他，国家就能够治理好；失去了他，国家就会混乱；得到他，国家就会安定；失去了他，国家就会危险；得到他，国家就能生存；失去了他，国家就会灭亡。所以，有了良好的法则而发生混乱的国家，有过这种情况；有了君子而政治混乱的，从古到今，还不曾听说过。古书上说："国家的安定产生于君子，国家的混乱来源于小人。"说的就是这种情况。

【原文】

得众动天，美意延年。诚信如神，夸诞逐魂①。

【注释】

①案：此四句与全文风格颇不相符，疑为它篇之误脱（郝懿行说）。逐魂：失神。弄虚作假的人往往提心吊胆，所以会魂不附体。逐，赶走。魂，灵魂，精神。

【译文】

得到了民众，就能够撼动上天；内心愉悦，就可以延年益寿。真诚老实，就能够精明如神；浮夸欺诈，就会失魂落魄。

【原文】

人主之患，不在乎不言用贤，而在乎不诚必用贤①。**夫言用贤者口也，却贤者行也，口行相反而欲贤者之至、不肖者之退也，不亦难乎！夫耀蝉者务在明其火、振其树而已**②，**火不明，虽振其树，无益也。今人主有能明其德，则天下归之，若蝉之归明火也。**

【注释】

①"诚"前当脱一"不"字（王念孙说）。

②耀蝉：一种捕蝉的方法。即在夜晚用灯火照蝉，蝉扑向火光，便可捕捉。耀，照。

【译文】

君主有毛病，不在于不谈论任用贤人，而在于不能真心实意地去任用贤人。

谈论任用贤人是口头上的，屏退贤人是行动上的，口头上和行动上互相违背，却想要贤能的人前来，不贤的人退去，这不是很难的吗！那捕捉蝉的人，他的工作在于先点亮灯火，然后再摇动树身；如果灯火不亮，那么即使摇动树身，也无济于事。现在君主中如果有人能使自己的德行贤明，那么天下的人投奔他就会像蝉扑向明亮的火光一样了。

【原文】

临事接民而以义，变应宽裕而多容，恭敬以先之，政之始也；然后中和察断以辅之，政之隆也①；然后进退诛赏之②，政之终也。故一年与之始，三年与之终。用其终为始，则政令不行而上下怨疾，乱所以自作也。《书》曰："义刑义杀，勿庸以即，女惟曰'未有顺事'。"③言先教也。

【注释】

①隆：中。

②进：指选拔贤良。退：指斥退奸臣。诛：指惩处罪犯。赏：指奖赏功臣。

③"《书》曰"句：见《尚书·康诰》，但与今本《尚书》不尽相同。庸：用。

【译文】

在处理政事、治理民众时，根据道义变通来应对，宽大而广泛地容纳民众，用恭敬的态度去引导他们，这是政治的第一步；然后中正和谐地观察决断以辅助他们，这是政治的中间阶段；然后运用进用、黜退、惩罚、奖赏的办法管理他们，这是政治的最后一步。第一年给他们实施第一步，第三年才给他们实施最后一步。如果把最后一步用作第一步，那么政策法令就不能施行，而官民上下也会怨恨，这就是动乱社会从这里产生的原因。《尚书》中说："即使是合宜的刑罚，合理的杀戮，也不要用来立即执行，你只能说'我还没有理顺政事'。"这就是说，应该事先教化。

【原文】

程者[①]，物之准也；礼者，节之准也。程以立数，礼以定伦，德以叙位，能以授官。凡节奏欲陵[②]，而生民欲宽，节奏陵而文，生民宽而安。上文下安，功名之极也，不可以加矣。

【注释】

①程：度量衡的总称。

②陵：严格。

【译文】

度量衡，是测量物品的标准；礼制，是确定礼仪法度的标准。度量衡是用来确定物品的数量，根据礼制来确定人与人之间的等级关系，根据品德来依次排列级别地位，根据能力来授予官职。凡是礼节礼仪等制度都要严格，而抚养人民都要宽容。礼节礼仪制度严格，就文明；抚养人民宽容，就安定。上面文雅下面安定，这是立功成名的最高境界，不可能再有所增加了。

【原文】

君者，国之隆也[①]；父者，家之隆也。隆一而治，二而乱。自古及今，未有二隆争重而能长久者。

【注释】

①隆：中央高起的地方，引申为高贵，地位高。

【译文】

君主，是国家中最高贵的人；父亲，是家庭中最高贵的人。最高贵的人有一个，就安定；如果有两个，就会混乱。从古到今，还没有两个最高贵的人互相争夺权力而能够长久的。

【原文】

师术有四，而博习不与焉[①]：尊严而惮，可以为师；耆艾而信[②]，可以为师；诵说而不陵不犯[③]，可以为师；知微而论，可以为师。故师术有四，而博习不与焉。水深而回，树落则粪本，弟子通利则思师。《诗》曰："无言不雠，无德不报。"[④]此之谓也。

【注释】

①博习：博学。与：参与。

②耆艾：五十岁称"艾"，六十岁称"耆"。

③不陵：指遵守，不能超越。陵，超越。

④"《诗》曰"句：见《诗经·大雅·抑》。雠，应答。

【译文】

成为老师的办法有四种，却不包括博学。尊严而使人害怕，可以成为老师；年老而有威信，可以成为老师；诵读解说经典而在行动上不超越、不违犯它，可以成为老师；懂得精微的道理而又能加以阐述，可以成为老师。所以，成为老师的办法有四种，却并不包括博学。水深了就会打旋，树叶落下就给树根施了肥，学生显达得利了就会想到老师。《诗经》中说："说话总会有回应，施恩总会有报答。"说的就是这种道理。

【原文】

赏不欲僭[①]，刑不欲滥。赏僭则利及小人，刑滥则害及君子。若不幸而过，宁僭无滥；与其害善，不若利淫。

【注释】

①僭：过分，超越。

【译文】

奖赏不要过分，刑罚不要滥用。奖赏过分，那么好处就会施加到道德不良的小人；刑罚滥用，那么危害就会涉及道德高尚的君子。如果不幸发生失误，那就宁可过分地奖赏也不要滥用刑罚；与其伤害好人，不如让邪恶的人得利。

议兵第十五

【题解】

本篇主要阐述了荀子的军事思想。荀子把军事与政治紧密地联系在一起，认为仁人之兵、王者之师是战无不胜的，用兵的关键在于“壹民”“附民”，争取民心。

【原文】

临武君与孙卿子议兵于赵孝成王前[①]**。王曰：“请问兵要。”**

临武君对曰：“上得天时，下得地利，观敌之变动，后之发，先之至，此用兵之要术也。”

【注释】

①临武君：战国时楚国将领，姓名不详。孙卿子：荀况。赵孝成王：名丹，赵惠文王的儿子。

【译文】

临武君和荀卿在赵孝成王面前议论用兵之道。赵孝成王说：“请问用兵的要领是什么？”临武君回答说：“上取得有利于攻战的自然气候条件，下取得地理上的有利地形，观察好敌人的变动情况，比敌人后行动但比敌人先到达，这就是用兵的要领。”

【原文】

孙卿子曰："不然。臣所闻古之道，凡用兵攻战之本在乎壹民。弓矢不调，则羿不能以中微；六马不和[①]，则造父不能以致远；士民不亲附，则汤、武不能以必胜也。故善附民者，是乃善用兵者也。故兵要在乎善附民而已。"

【注释】

①六马：古代帝王的车用六匹马拉。

【译文】

荀卿说："不对。我听说古代的方法，大凡用兵打仗的根本在于使民众和君主团结一致。如果弓箭不协调，那么即使是神射后羿也不能用它来射中微小的目标；如果六匹马不协调，那么就是神御造父也不能使它到达远方；如果民众不亲近归附君主，那么就是圣君商汤、周武也不一定能够打胜仗。因此，善于使民众归附的人，才是善于用兵的人。所以，用兵的要领就在于善于使民众归附自己罢了。"

【原文】

临武君曰："不然。兵之所贵者势利也，所行者变诈也。善用兵者，感忽悠暗[①]，莫知其所从出，孙、吴用之[②]，无敌于天下，岂必待附民哉！"

【注释】

①感忽：模糊不清，指难以捉摸。悠暗：悠远昏暗，指神秘莫测。

②孙：指孙武，春秋时齐国人，吴国阖闾的大将，著名军事家，他曾以兵法十三篇见吴王阖闾，被任为大将，率吴军西破强楚，北威齐晋。吴：指吴起，战国时卫国左氏（今山东曹县北）人，著名军事家，初任鲁将，继任魏将，屡建奇功，曾被魏文侯任为西河守。

【译文】

临武君说："不对。用兵所看重的，是形势有利；所施行的，是机变诡诈。善于用兵的人，神出鬼没，没有人知道他们要从什么地方进攻。孙武、吴起用了这种办法，因而无敌于天下。哪里一定要依靠民众归附的办法呢？"

【原文】

孙卿子曰："不然。臣之所道，仁人之兵，王者之志也。君之所贵，权谋势利也；所行，攻夺变诈也，诸侯之事也。仁人之兵，不可诈也。彼可诈者，怠慢者也，路亶者也①，君臣上下之间滑然有离德者也②。故以桀诈桀，犹巧拙有幸焉。以桀诈尧，譬之若以卵投石，以指挠沸；若赴水火，入焉焦没耳。

"故仁人上下，百将一心，三军同力，臣之于君也，下之于上也，若子之事父、弟之事兄，若手臂之扞头目而覆胸腹也，诈而袭之，与先惊而后击之，一也。且仁人之用十里之国，则将有百里之听；用百里之国，则将有千里之听；用千里之国，则将有四海之听。必将聪明警戒，和传而一③。

"故仁人之兵聚则成卒④，散则成列，延则若莫邪之长刃⑤，婴之者断⑥；兑则若莫邪之利锋⑦，当之者溃；圜居而方止⑧，则若磐石然，触之者角摧，案角鹿埵、陇种、东笼而退耳⑨。且夫暴国之君，将谁与至哉？彼其所与至者，必其民也。而其民之亲我欢若父母，其好我芬若椒兰；彼反顾其上则若灼黥，若仇雠。人之情，虽桀、跖，岂又肯为其所恶贼其所好者哉！是犹使人之子孙自贼其父母也，彼必将来告之，夫又何可诈也？故仁人用，国日明，诸侯先顺者安，后顺者危，虑敌之者削，反之者亡。《诗》曰：'武王载发，有虔秉钺；如火烈烈，则莫我敢遏。'⑩此之谓也。"

【注释】

①路亶：羸弱疲惫。路，通"露"。亶，通"瘅"。

②滑然：离散的样子。滑，当为"涣"字（王引之说）。

③传：通“抟”，聚结。

④卒：周代军队的组织，一百人为卒。

⑤延：延伸，伸展。莫邪：古代传说中的利剑。

⑥婴：通“撄”，碰，触犯。

⑦兑：通“锐”，尖锐，引申为冲锋。

⑧圜：通“圆”。

⑨角：额角。鹿埵、陇种、东笼：都是古代方言，形容溃败披靡的样子。

⑩“《诗》曰”句：见《诗经·商颂·长发》。武王，指商汤。

【译文】

荀卿说：“不对。我所说的，是仁德之人的军队，是称王天下者的意志。您所看重的，是权变谋略、形势有利；所施行的，是攻取掠夺、机变诡诈；这都是诸侯所干的事。仁德之人的军队，是不可能被欺诈的；可以被欺诈的，只是一些懈怠大意的军队、羸弱疲惫的军队、君臣上下之间涣散而离心离德的军队。所以用夏桀的办法欺骗夏桀，还能因巧拙不同而侥幸获胜；用夏桀的办法欺骗唐尧，拿它打个比方，就好像用鸡蛋掷石头，用手指搅开水；就好像投身水火，一进去就会被烧焦淹没的啊！

“仁德之人上下之间，各位将领齐心协力，三军共同努力，臣子对君主，下级对上级，就好像儿子侍奉父亲、弟弟侍奉兄长一样。就像手臂捍卫脑袋眼睛、庇护胸膛腹部一样。所以用欺诈的办法袭击他与掠夺他之后再攻击他，其结果是一样的。况且仁德之人治理好方圆十里的国家，就会了解到方圆百里的情况。治理好方圆百里的国家，就会了解到方圆千里的情况；治理好方圆千里的国家，就会了解到天下的情况；他的军队一定是耳聪目明，警惕戒备，协调团结而齐心一致的。

“所以仁德之人的军队，集合起来就成为有组织的队伍；分散开来便成为整齐的行列；伸展开来就像莫邪宝剑那样长长的刃口，碰到它的就会被截断；向前冲刺就像莫邪宝剑那样的锐利锋芒，阻挡它的就会被击溃；摆成圆形的阵势停留或排成方形的队列站住，就像磐石一样岿然不动，触动它就会头破血流，就会溃不成军地败退下来。再说那些强暴之国的君主，将和谁一起来攻打我们呢？从那边来看，和他一起来的，一定是他统治的民众；而他的民众亲爱我们的君主就像喜欢父母一样；热爱我们的君主就像酷爱芳香的椒、兰一样，而他们回头看到他们的国君，却像看到了烧烤的皮肤、刺脸涂墨的犯人一样害怕，就像见到仇人一样愤怒；他们这些人的性情即使像夏桀、盗跖那样残暴贪婪，难道肯为他们所憎恶的君主去残害他们所喜爱的君主吗？这就好像让别人的子孙亲自去杀害他们的父母一样，他们一定会告诉我们，那么我们又怎么可以被欺诈呢？所以仁德之人当政，国家日益昌盛，诸侯先去归顺的就会安宁，迟点归顺的就会危险，想和他作对的就会削弱，背叛他的就会灭亡。《诗经》中说：'商汤头上旗飘舞，威严恭敬握大斧；就像熊熊的大火，没有人敢阻挡我。'说的就是这种情况啊！"

【原文】

孝成王、临武君曰："善！请问王者之兵设何道、何行而可？"

孙卿子曰："凡在大王，将率末事也[①]。臣请遂道王者诸侯强弱存亡之效、安危之势。君贤者其国治，君不能者其国乱；隆礼贵义者其国治，简礼贱义者其国乱。治者强，乱者弱，是强弱之本也。上足印[②]，则下可用也；上不印，则下不可用也。下可用则强，下不可用则弱，是强弱之常也。隆礼、效功[③]，上也；重禄、贵节，次也；上功、贱节，下也：是强弱之凡也。好士者强，不好士者弱；爱民者强，不爱民者弱；政令信者强，政令不信者弱；民齐者强，民不齐者弱；赏重者强，赏轻者弱；刑威者强，刑侮者弱；械用兵革攻完便利者强[④]，械用兵革窳楛不便利者弱[⑤]；重用兵者强，轻用兵者弱；权出一者强，权出二者弱，是强弱之常也。

"齐人隆技击，其技也，得一首者则赐赎锱金[⑥]，无本赏矣[⑦]。是事小敌毳则偷可用也[⑧]，事大敌坚则焉涣离耳，若飞鸟然，倾侧反复无日，是亡国之兵也，兵莫弱是矣。是其去赁市、佣而战之几矣。

"魏氏之武卒，以度取之，衣三属之甲[⑨]，操十二石之弩，负服矢五十个，置戈其上，冠軸带剑[⑩]，赢三日之粮，日中而趋百里，中试则复其户，利其田宅，是数年而衰而未可夺也，改造则不易周也[⑪]。是故

地虽大，其税必寡，是危国之兵也。

“秦人，其生民也陿阸[12]，其使民也酷烈，劫之以势，隐之以阸[13]，忸之以庆赏[14]，鳅之以刑罚[15]，使天下之民所以要利于上者，非斗无由也。阸而用之，得而后功之，功赏相长也，五甲首而隶五家，是最为众强长久，多地以正。故四世有胜，非幸也，数也。

“故齐之技击不可以遇魏氏之武卒，魏氏之武卒不可以遇秦之锐士，秦之锐士不可以当桓、文之节制，桓、文之节制不可以敌汤、武之仁义，有遇之者，若以焦熬投石焉。兼是数国者，皆干赏蹈利之兵也，佣徒鬻卖之道也，未有贵上、安制、綦节之理也；诸侯有能微妙之以节，则作而兼殆之耳。

“故招近募选[16]，隆势诈，尚功利，是渐之也；礼义教化，是齐之也。故以诈遇诈，犹有巧拙焉；以诈遇齐，辟之犹以锥刀堕太山也，非天下之愚人莫敢试。故王者之兵不试。汤、武之诛桀、纣也，拱挹指麾而强暴之国莫不趋使，诛桀、纣若诛独夫。故《泰誓》曰[17]：‘独夫纣。’此之谓也。故兵大齐则制天下，小齐则治邻敌。若夫招近募选，隆势诈，尚功利之兵，则胜不胜无常，代翕代张，代存代亡，相为雌雄耳矣。夫是之谓盗兵，君子不由也。

“故齐之田单、楚之庄蹻，秦之卫鞅、燕之缪虮[18]，是皆世俗之所谓善用兵者也，是其巧拙强弱则未有以相君也，若其道一也，未及和齐也，掎契司诈[19]，权谋倾覆，未免盗兵也。齐桓、晋文、楚庄、吴阖闾、越勾践，是皆和齐之兵也，可谓入其域矣，然而未有本统也，故可以霸而不可以王。是强弱之效也。”

【注释】

①率：同“帅”。

②卬：古“仰”字，仰赖。

③效功：考核战功。效，验。

④攻：通“工”，巧，善于。完：坚固。

⑤窳楛：器物粗劣、不牢固。窳，不坚固。楛，粗劣。

⑥锱：古重量单位。八两为一“锱”。

⑦本赏：基本的奖赏，即根据战争的全局性胜利而制定的奖赏。

⑧毳：通“脆”，脆弱，不坚韧。

⑨三属之甲：古代士兵身上穿的三片相连的铠甲。一种穿在上身的如上衣，一种穿在胯骨似围裙，一种穿在小腿上似绑腿。

⑩軸：同“胄”，头盔。

⑪改造：重新选择。易：改变。周：通“赒”，周济。

⑫陿阸：同“狭阨”。此指使人民生路狭窄，即下文所说的“使天下之民所以要利于上者，非斗无由也”。

⑬隐：忧伤，痛苦。

⑭忸：通“狃”，习惯。

⑮鰌：逼近。

⑯近：当为“延”字（杨倞说）。

⑰《泰誓》：《尚书》篇名。

⑱田单：战国时齐国将领。燕攻齐，下七十余城，田单率军坚守墨城（今山东平度东南）。用火牛阵大破燕军，收复失地，被封为安平君。庄跻：楚威王时的将领，后率军造反，割据云南、贵州一带。卫鞅：商鞅，战国中期著名的法家代表，曾在秦国实行变法。缪虮：人名。事迹不详。

⑲契：通“挈”。司：通“伺”。

【译文】

孝成王、临武君说：“说得好。请问称王天下者的军队采用什么办法、采用什么行动才行？”

荀卿说：“一切都取决于君主，将帅是次要的事。请让我先说说帝王诸侯强盛、衰弱、存在、灭亡的征验，安定、危险的形势。君主贤能的，他的国家就安定；君主无能的，他的国家就混乱；君主崇尚礼法、看重道义的，他的国家就安定；君主怠慢礼法、鄙视道义的，他的国家就混乱。安定的国家强盛，混乱的国家衰弱，这是强盛与衰弱的根本原因。君主值得仰赖，那么臣民就能为他所用；君主不值得信赖，那么臣民就不能为他所用。臣民能为他所用的就强盛，臣民不能为他所用的就衰弱，这是强盛与衰弱的常规。推崇立法、考核战功，是上等的办法；看重利禄、推崇气节，是次一等的办法；崇尚战功、鄙视气节，是下等的办法。这些都是导致强盛与衰弱的一般情况。君主喜欢贤士的就强盛，不喜欢贤士的就衰弱；君主爱护人民的就强盛，不爱护人民的就衰弱；政策法令有信用的就强盛，政策法令没有信用的就衰弱；民众齐心协力的就强盛，民众不齐心协力的就衰弱；奖赏慎重给人的就强盛，奖赏轻易给人的就衰弱；刑罚威严的就强盛，刑罚轻慢的就衰弱；器械、用具、兵器、盔甲精良坚固便于使用的就强盛，器械、用具、兵器、盔甲粗劣而不便于使用的就衰弱；慎用兵的就强盛，轻率用兵的就衰弱；指挥权出自一人的就强盛，指挥权出自两人的就衰弱。这些是强盛与衰弱的常规。

“齐国人注重‘技击’。所谓‘技击’，就是取得一个敌人首级的，就赐给他八两黄金，没有战胜后所应颁发的奖赏。这种办法，如果战役小、敌人弱，那么还勉强可以使用；如果战役大、敌人强，那么士兵就会溃然而逃离，像乱飞的鸟一样，离国家覆灭也就没有多久了。这是使国家灭亡的军队，没有比这更弱的军队了，这和雇取佣工去让他们作战也就差不多了。

“魏国的‘武卒’是根据一定的标准来录取的。标准是：让他们穿上三种依次相连的铠甲，拿着拉力为十二石的弩弓，背着装有五十只箭的箭袋，把戈放在肩上面，戴着头盔，佩戴宝剑，带上三天的干粮，半天要奔走一百里路。考试合格就免除他家的徭役，家里的田地住宅都会因此而有所增益。这些待遇，即使几年以后他体力衰弱了也不可以剥夺，重新选取了武士也不取消对他们的周济。所以魏国的国土虽然广大，但它的税收必定一年年地减少，这是使国家陷于危困的军队啊！

“秦国的君主，他使民众谋生的道路很狭窄、生活很穷窘，他使用民众残酷严厉，用权势威逼他们作战，用穷困使他们生计艰难而只能去作战，用奖赏使他们习惯于作战，用刑罚强迫他们去作战，使国内的民众向君主求取利禄的办法，除了作战没有别的途径；使民众穷困后再使用他们，得胜后再给他们记功，对功劳的奖赏随着功劳而增长，得到五个敌人士兵的首级就可以役使本乡的五户人家。秦国算是兵员最多、战斗力最强而又最为长久的了，又有很多土地可以征税。所以秦国四代都有胜利的战果，这并不是侥幸，而是必然的。

“齐国的‘技击’不可以用来对付魏国的‘武卒’，魏国的‘武卒’不可以用来对付秦国的‘锐士’，秦国的‘锐士’不可以用来对付齐桓公、晋文公那些有严格纪律约束的军队，齐桓公、晋文公那些有纪律约束的军队，不可以用来抵抗商汤、周武王的仁义之师；如果有抵抗他们的，就会像用枯焦烤干的东西扔在石头上一样。综合齐、魏、秦这几个国家来看，都是些追求奖赏、投身于获取利禄的士兵，这是受雇佣的人出卖力气的办法，并不是尊重君主、遵守制度、极尽气节的道理。诸侯如果有谁能用仁义节操精细巧妙地来训导士兵，那么一举兵就能吞并并危及它们了。

“所以，招引、募求、挑选、注重权谋诡诈，崇尚功利，这是在欺骗士兵；讲求礼制道义教育感化，这才能使士兵齐心合力。用受骗的军队去对付受骗的军队，他们之间还有巧妙与拙劣之别，用受骗的军队去对付齐心合力的军队，拿它打个比方，就好像用小刀去毁坏泰山一样，如果不是天下的傻子，是没有人敢尝试的。所以称王天下者的军队是没有人敢与其为敌的。商汤、周武王讨伐夏桀、商纣的时候，从容地指挥，而那些强横暴虐的诸侯国也没有不奔走前来供驱使的，除掉夏桀、商纣就好像除掉孤独的一个人一样。所以《泰誓》说：‘独夫纣。’说的就是这种情况啊！所以军队能大规模地齐心合力，就能制服天下；小规模地齐心合力，就能打败邻近的敌国。至于那种招募与挑选来而注重权谋诡诈、崇尚功利的军队，胜负就没有个定准了，有时衰，有时盛，有时保存，有时灭亡，互为高下，互有胜负罢了。这叫作盗贼式的军队，君子是不用这种军队的。

“齐国的田单，楚国的庄蹻，秦国的卫鞅，燕国的缪虮，这些都是一般人所说的善于用兵的人。这些人的巧妙、拙劣、强大、弱小没有办法论出高低，至于他们遵行的原则，却是一样的，他们都还没有达到使士兵和衷共济、齐心合力的地步，而只是抓住对方弱点伺机进行欺诈，玩弄权术阴谋诡计进行颠覆，所以仍免不了是些盗贼的军队。齐桓公、晋文公、楚庄王、吴王阖闾、越王勾践，这些人的军队就都是和衷共济、齐心合力的军队，可说是进入礼义教化的境地了，但还没有抓住根本的纲领，所以可以称霸诸侯而不可以称王天下。这就是或强或弱的效验。”

【原文】

孝成王，临武君曰：“善！请问为将。”

孙卿子曰：“知莫大乎弃疑[1]**，行莫大乎无过，事莫大乎无悔。事至**

无悔而止矣，成不可必也。故制号政令，欲严以威；庆赏刑罚，欲必以信；处舍收臧②，欲周以固；徒举进退，欲安以重，欲疾以速；窥敌观变，欲潜以深，欲伍以参③；遇敌决战，必道吾所明，无道吾所疑④，夫是之谓六术。

“无欲将而恶废，无急胜而忘败，无威内而轻外，无见其利而不顾其害，凡虑事欲孰而用财欲泰⑤，夫是之谓五权。所以不受命于主有三：可杀而不可使处不完，可杀而不可使击不胜，可杀而不可使欺百姓，夫是之谓三至。凡受命于主而行三军，三军即定，百官得序，群物皆正，则主不能喜，敌不能怒，夫是之谓至臣。虑必先事而申之以敬，慎终如始，终始如一，夫是之谓大吉。凡百事之成也必在敬之，其败也必在慢之。故敬胜怠则吉，怠胜敬则灭；计胜欲则从，欲胜计则凶。战如守，行如战，有功如幸。敬谋无圹，敬事无圹⑥，敬吏无圹，敬众无圹，敬敌无圹。夫是之谓五无圹。谨行此六术、五权、三至而处之以恭敬无圹，夫是之谓天下之将，则通于神明矣。”

【注释】

①知：通“智”。疑：犹豫不定。

②臧：同“藏”。

③伍、参：“参伍”，“三”与“五”，指多而错杂，引申为将多方面的情况放在一起，加以比照检验。

④道：行。

⑤孰：通“熟”，精审。泰：宽裕，不吝啬。

⑥圹：通“旷”，荒废，松懈。

【译文】

孝成王、临武君说：“说得好！请问做将领的原则。”

荀卿说：“最大的智慧就是不要犹豫不决，最好的行为就是不犯错误，做得最好的事情就是毫无悔恨。做事到了没有后悔的地步就到顶了，不能要求他一定成功。所以，制度、号召、政策、命令，要严肃而有威势；奖赏刑罚，要坚决实行而有信用；军队驻扎的营垒和收藏物质的军库，要周密而坚固；转移、发动、进攻、撤退，既要安全而稳重，又要紧跟而迅速；侦探敌情、观察其变动，既要隐蔽而深入，又要多方比较而反复检验；对付敌人进行决战，一定要根据自己已了解清楚的情况去行动，不要根据自己怀疑的情况去行动。以上这些叫作六种策略。

“不要热衷于当将军而怕罢免，不要急于求胜而忘记了有可能失败，不要以为自己有威力而轻视敌人，不要看见了有利的一面而不顾有害的一面，凡是考虑事情时要仔细周详，而用财物进行奖赏时要大方，这些叫作五种要权衡的事。不从君主那里接受命令的原因有三种：宁可被杀而不可使自己的军队驻扎在守备不完善的地方，宁可被杀而不可使自己的军队打不能取胜的仗，宁可被杀而不可使自己的军队去欺负老百姓，这叫作三条最高的原则。大凡从君主那里接受了命令就巡视三军，三军已经稳定，各级军官得到了合适的安排，各种事情都治理好了，不去考虑君主是否会高兴，敌人是否会愤怒，这叫作合格的将领。将领一定要在战事之前深思熟虑，并且反复告诫自己要慎重，慎重地对待结束时就像开始时一样，始终如一，这叫作最大的吉利。大凡各种事情成功在于慎重，失败一定在于怠慢，所以慎重胜过怠慢就吉利，怠慢胜过慎重就灭亡，冷静的谋划胜过冲动的欲望就顺利，冲动的欲望胜过冷静的谋划就凶险。攻占要像防守一样不轻率追击，行军要像作战一样毫不松懈，有了战功要像侥幸取得一样不骄傲自满。慎重对待谋划而不要大意，慎重对待战事而不要大意，慎重对待军吏而不要大意，慎重对待士兵而不要大意，慎重对待敌人而不要大意，这叫作五种不大意。谨慎地根据这六种策略、五种权衡、三条最高办事原则，并且用恭敬而不大意的态度来处理一切，这就叫作举世无双的将领，他就能与神明相通了。”

【原文】

临武君曰：“善！请问王者之军制。”

孙卿子曰：“将死鼓，御死辔，百吏死职，士大夫死行列。闻鼓声而进，闻金声而退[①]，顺命为上，有功次之。令不进而进，犹令不退而退也，其罪惟均。不杀老弱，不猎禾稼[②]，服者不禽[③]，格者不舍，犇命者不获[④]。凡诛，非诛其百姓也，诛其乱百姓者也；百姓有扞其贼，则是

亦贼也。以故顺刃者生，苏刃者死⑤，犇命者贡。微子开封于宋⑥，曹触龙断于军⑦，殷之服民，所以养生之者也，无异周人。故近者歌讴而乐之，远者竭蹙而趋之，无幽闲辟陋之国莫不趋使而安乐之⑧，四海之内若一家，通达之属莫不从服，夫是之谓人师。《诗》曰：'自西自东，自南自北，无思不服。'⑨此之谓也。王者有诛而无战，城守不攻，兵格不击，上下相喜则庆之。不屠城，不潜军，不留众，师不越时。故乱者乐其政，不安其上，欲其至也。"

临武君曰："善！"

【注释】

①金声：敲钲的声音。古时作战，击鼓表示进军，鸣金表示收兵。

②猎：通"躐"，践踏。

③禽：通"擒"。

④犇：通"奔"。

⑤苏：通"傃"，向。

⑥微子：名启，商纣王的庶兄，降周后周公旦让他率领殷商族封于宋，是宋国的始祖。此文称"开"，是刘向避讳汉景帝刘启而改"启"为"开"。

⑦曹触龙：商纣王之将。见《臣道》篇。

⑧辟：通"僻"。

⑨"《诗》曰"句：见《诗经·大雅·文王有声》。

【译文】

临武君说："说得好！请问称王天下者的军队制度。"

荀卿说："将军为战鼓而牺牲，驾驭战车的死在缰绳旁，各级官吏以身殉职，战士死在队伍中。听见战鼓的声音就前进，听见敲钲的声音就后退；服从命令是最重要的，取得战功在其次；命令不准前进却前进，就像命令不准后退却后退一样，它们的罪过是相同的。不杀害年老体弱的，不践踏庄稼，对不战而退的敌人不追擒，对抵抗的敌人不放过，对前来投顺的不抓起来当俘虏。凡是讨伐杀戮，不是去讨伐杀戮百姓，而是去讨伐杀戮扰乱百姓的人；百姓如果有保护乱贼的，那么他也就是乱贼了。这个缘故，所以顺着我们的刀锋转身逃跑的就让他活命，对着我们的刀锋而进行抵抗的就把他杀死，前来投顺的就赦免其罪。微子启归顺周朝而被封在宋国；曹触龙负隅顽抗而被斩首于军中；商王朝那些降服周朝的民众他们的生活，和周朝的人没有两样；所以近处的人歌颂周朝而且热爱周朝，远处的人竭尽全力地来投奔周朝，即使是蔽塞边远的的国家，也无不前来听从役使，并且喜欢周朝，四海之内就像一家人似的，凡是交通能够到达的地方，没有谁不服从，这就可以称作人民的君长了。《诗经》中说：‘从那西边又从东，从那南边又从北，没有哪个不服从。’说的就是这种情况。称王天下的君主有讨伐而没有攻战，敌城坚守时不攻打，敌军抵抗时不攻击，敌人士兵上下相亲相爱就为他们祝贺，不摧毁城郭而屠杀居民，不秘密出兵搞偷袭，不留兵防守占领的地方，军队出征不超过预先约定的时限。所以政治混乱的国家中的人民都喜欢这些政策，而不爱自己的君主，都希望这样的君主来治理。”

临武君说：“说得好！”

【原文】

陈嚣问孙卿子曰①：“先生议兵，常以仁义为本。仁者爱人，义者循理，然则又何以兵为？凡所为有兵者，为争夺也。”

孙卿子曰：“非女所知也。彼仁者爱人，爱人，故恶人之害也；义者循理，循理，故恶人之乱之也。彼兵者，所以禁暴除害也，非争夺也。故仁人之兵，所存者神②，所过者化，若时雨之降，莫不说喜③。是以尧伐驩兜④，舜伐有苗⑤，禹伐共工⑥，汤伐有夏⑦，文王伐崇⑧，武王伐纣，此四帝两王，皆以仁义之兵行于天下也。故近者亲其善，远方慕其德⑨，兵不血刃⑩，远迩来服，德盛于此，施及四极⑪。《诗》曰：‘淑人君子，其仪不忒。’此之谓也。”⑫

【注释】

①陈嚣：荀子的学生。

②神：尽善尽美，通体皆治。

③说：通“悦”。

④驩兜：尧时的部落首领，传说他被尧流放于崇山。

⑤有苗：又称“三苗”，尧、舜时的一个部落，居今湖南、江西交界地带，此当指其首领而言，相传他被尧流放到三危。

⑥共工：禹时部落首领，传说被禹流放到幽州。

⑦有夏：夏后氏，指夏朝的末代君主夏桀。

⑧崇：商朝诸侯国名，在今河南嵩县北，到崇侯虎时为周文王所灭。

⑨德：当为“义”字（王念孙说）。

⑩兵不血刃：兵器不待血染刀口，指不流血战斗。

⑪施：蔓延，延续。

⑫“《诗》曰”句：见《诗经·曹风·尸鸠》。

【译文】

陈嚣问荀卿说：“先生议论用兵，经常把仁义作为根本。仁者爱人，义者遵循道理，既然这样，那么又为什么要用兵呢？大凡用兵的原因，是为了争夺啊！”

荀卿说：“这道理不是你所知道的那样。仁者爱人，正因为爱人，所以就憎恶别人危害他人；义者遵循道理，正是因为遵循道理，所以就憎恶别人搞乱它。用兵，是为了禁止横暴、消除危害，并不是争夺啊！所以仁者的军队，他们停留的地方会得到全面治理，他们经过的地方会受到教育感化，就像及时雨的降落，没有人不喜欢的。因此尧伐驩兜，舜讨伐三苗，禹讨伐共工，汤讨伐夏桀，周文王讨伐崇侯，周武王讨伐商纣王，这四帝、两王，都是使用仁义的军队驰骋于天下的。所以近处的人们喜爱他们的善良，远方的人们仰慕他们的道义；兵器的刀口上还没有沾上鲜血，远近的人就来归附了；德行伟大到这种地步，就会影响到四方极远的地方。《诗经》中说：‘美好的君子，他的道义不会变。’说的就是这种情况。”

【原文】

李斯问孙卿子曰[①]：“秦四世有胜，兵强海内，威行诸侯，非以仁义为之也，以便从事而已。”

孙卿子曰：“非女所知也。汝所谓便者，不便之便也；吾所谓仁义者，大便之便也。彼仁义者，所以修政者也，政修则民亲其上，乐其君，而

轻为之死。故曰：‘凡在于军[②]，将率末事也。’秦四世有胜，諰諰然常恐天下之一合而轧己也[③]，此所谓末世之兵，未有本统也。故汤之放桀也，非其逐之鸣条之时也[④]；武王之诛纣也，非以甲子之朝而后胜之也[⑤]。皆前行素修也，此所谓仁义之兵也。今女不求之于本而索之于末[⑥]，此世之所以乱也。”

【注释】

①李斯：荀子的学生，战国末期法家代表人物之一，秦代的政治家，曾先后任秦朝的廷尉和丞相。

②军：当为“君”字（卢文弨说）。

③諰諰然：恐惧的样子。轧：倾轧。

④鸣条：古地名，又名高侯原，是成汤打败夏桀的地方。在今山西运城安邑镇北。

⑤甲子之朝：武王克纣之日（见《尚书·牧誓》篇）。

⑥本：指实行仁义的政治措施。末：指机变诡诈战术，即李斯所说的“以便从事”。

【译文】

李斯问老师荀子说：“秦国四代都有胜利的战果，在四海之内兵力最强，威力扩展到诸侯国，但他们并不是依靠仁义去从事战争，而只是根据便利的原则去做罢了。”

荀子说：“这道理不是你所了解的那样。你所说的便利，是一种并不便利的便利。我所说的仁义，才是极其便利的便利。仁义，是用来搞好政治的工具；政治搞好了，那么民众就会亲近他们的君主，喜爱他们的君主，而不在乎为君主去牺牲。所以说：‘一切在于君主，将帅是次要的事。’秦国四代都有胜利，却还是提心吊胆地经常怕天下各国诸侯团结一致来蹂躏自己，这就是人们所说的衰落时代的军队，还没有抓住根本的纲领。从前商汤流放夏桀，并不只是在鸣金追击的时候；武王诛杀商纣，并不是甲子日早晨之后才战胜他的；而都是靠了以前的措施与平时的治理，这就是我所说的仁义的军队。现在你不从根本上去寻找原因而只是从枝节上去探求缘由，这就是社会混乱的原因。”

【原文】

“礼者，治辨之极也[1]，强固之本也，威行之道也，功名之总也。王公由之，所以得天下也；不由，所以陨社稷也。故坚甲利兵不足以为胜，高城深池不足以为固，严令繁刑不足以为威，由其道则行，不由其道则废。

【注释】

①辨：通“办”，治理。

【译文】

“礼，是治理社会的最高原则，是使国家强大的根本措施，是威力得以发展的有效办法，是功业名声得以成就的要领。天子诸侯遵行了它，就能取得天下；不遵行它，就会丢掉国家政权。所以，坚固的铠甲、锋利的兵器，不足以用来取胜，高耸的城墙、深深的护城河，不足以用来固守，严格的命令、繁多的刑罚，不足以用来造成威势，遵行礼义之道才能成功，不遵行礼义之道就会失败。

【原文】

“楚人鲛革犀兕以为甲[1]，鞈如金石[2]，宛钜铁釶[3]，惨如蜂虿[4]，轻利僄遬[5]，卒如飘风[6]，然而兵殆于垂沙[7]，唐蔑死[8]，庄跻起，楚分而为三四。是岂无坚甲利兵也哉？其所以统之者非其道故也。汝、颍以为险[9]，江、汉以为池[10]，限之以邓林[11]，缘之以方城[12]，然而秦师至而鄢、郢举[13]，若振槁然。是岂无固塞隘阻也哉？其所以统之者非其道故也。纣刳比干，囚箕子，为炮烙刑[14]，杀戮无时，臣下懔然莫必其命，然而周师至而令不行乎下，不能用其民。是岂令不严、刑不繁也哉？其所以统之者非其道故也。

【注释】

①鲛革：鲨鱼皮。兕：雌性的犀牛。

②鞈：坚固的样子。

③宛：楚国地名，在今河南南阳。钜：钢。鉇：矛。

④惨：狠毒，厉害。虿：蝎子一类的毒虫。

⑤僄遬：轻捷。遬，同“速”。

⑥卒：同“猝”，急速。飘风：旋风。

⑦殆：危亡、失败。垂沙：古地名，在今河南唐河县。

⑧唐蔑：唐眛，楚将。楚怀王时，秦、齐、韩、魏联合攻楚，唐眛被杀。

⑨汝、颍：都是水名，均流入淮河。

⑩江、汉：长江和汉水。

⑪邓林：楚北部邓地的山林。

⑫方城：楚国北部的山名。

⑬鄢、郢：均为楚地名，分别在今湖北宜城南和湖北江陵北，两地曾先后为楚都。

⑭炮烙：相传纣王所制的一种酷刑。

【译文】

“楚国人用鲨鱼皮、犀牛皮做成铠甲，坚硬得就像金属、石头一样；宛地出产的钢铁长矛，狠毒得就像蜂、蝎的毒刺一样；士兵行动轻快敏捷，迅速得就像旋风一样；但是兵败垂沙，唐蔑阵亡；庄蹻起兵造反，楚国被分裂成了三四块。这难道是因为没有坚固的铠甲、锋利的兵器吗？这是他们用来统治国家的办法并不是礼义之道的缘故啊！楚国以汝水、颍水作为天险，以长江、汉水作为护城河，把邓地一带的山林作为它的边界屏障，用方形的城墙来围绕和保护自己，但是秦军一到，鄢、郢就被攻取了，像摧枯拉朽一样。这难道是因为没有要塞险阻吗？这是他们用来统治国家的办法，并不是礼义之道的缘故啊！商纣王将比干剖腹挖心，囚禁了箕子，设置了炮烙的酷刑，随时杀人，臣下心惊胆战地没有谁能肯定自己会寿终正寝，但是周军一到，他的命令就不能贯彻执行了，他就不能使用他的民众了。这难道是因为命令不严格、刑罚不繁多吗？这是他用来统治国家的办法并不是礼义之道的缘故。

【原文】

“古之兵，戈矛弓矢而已矣，然而敌国不待试而诎；城郭不辨，沟池不掘[①]，固塞不树，机变不张，然而国晏然不畏外而明内者[②]，无它故焉，明道而分钧之[③]，时使而诚爱之，下之和上也如影响[④]，有不由令者然后诛之以刑[⑤]。故刑一人天下服，罪人不邮其上[⑥]，知罪之在己也。是故刑罚省而威流，无它故焉，由其道故也。古者帝尧之治天下也，盖杀一人、刑二人而天下治。传曰：‘威厉而不试，刑错而不用。’[⑦]此之谓也。

【注释】

①抴：当为“扫”字（卢文弨说），同“掘”。

②明：当为衍文（王念孙说）。内：当为“固”字（同上）。

③道：指礼义之道。钧：通“均”，调节，平衡。

④和：附和，响应。

⑤诛：当为“俟”字（同上）。

⑥邮：通“尤”，怨恨。

⑦错：通“措”。

【译文】

“古代圣王的兵器，不过是戈、矛、弓、箭罢了，但是敌国不等他使用就屈服了；他的城墙不整修，护城河不挖掘，要塞不建立，阴谋诡计不施展，但是他的国家却平安无事，不怕外敌而又能昌盛，这没有其他的缘故，是由于彰明了礼义之道而用名分来协调臣民，适时使用人民而真诚地爱护人民，因而臣民附和君主就像影子和回响一样。有不遵守命令的，然后再用刑罚来惩处他，所以惩罚了一个人而天下都服了，罪犯也不怨恨自己的君主，知道罪责在自己身上。所以，刑罚用得少而威力却行于四方，这没有其他的缘故，是遵行了礼义之道的缘故。古代帝尧治理天下，只杀了一个人、惩罚了两个人而天下就治理好了。古书上说：‘威势高举而不使用，刑罚设置而不施行。’说的就是这个道理。

【原文】

“凡人之动也，为赏庆为之，则见害伤焉止矣。故赏庆、刑罚、势诈不足以尽人之力，致人之死。为人主上者也，其所以接下之百姓者无礼义忠信，焉虑率用赏庆、刑罚、势诈除阸其下①，获其功用而已矣。

“大寇则至，使之持危城则必畔②，遇敌处战则必北，劳苦烦辱则必犇③，霍焉离耳④，下反制其上。故赏庆、刑罚、势诈之为道者，佣徒鬻卖之道也，不足以合大众，美国家⑤，故古之人羞而不道也。

“故厚德音以先之，明礼义以道之，致忠信以爱之，尚贤使能以次之，爵服庆赏以申之，时其事、轻其任以调齐之，长养之，如保赤子。政令以定，风俗以一，有离俗不顺其上，则百姓莫不敦恶⑥，莫不毒孽⑦，若祓不祥⑧，然后刑于是起矣。是大刑之所加也，辱孰大焉？将以为利邪？则大刑加焉，身苟不狂惑戆陋，谁睹是而不改也哉？然后百姓晓然皆知修上之法⑨，像上之志而安乐之。

“于是有能化善、修身、正行、积礼义、尊道德，百姓莫不贵敬，莫不亲誉，然后赏于是起矣。是高爵丰禄之所加也，荣孰大焉？将以为害邪？则高爵丰禄以持养之，生民之属，孰不愿也？雕雕焉县贵爵重赏于其前⑩，县明刑大辱于其后⑪，虽欲无化，能乎哉？故民归之如流水，所存者神，所为者化而顺。暴悍勇力之属为之化而愿，旁辟曲私之属为之化而公，矜纠收缭之属为之化而调，夫是之谓大化至一。《诗》曰：‘王犹允塞，徐方既来。’⑫此之谓也。

【注释】

①焉：语助词。虑率：大凡，大抵。势：与“诈”同义连用，是权谋的意思。除阸：威逼，使困穷而走投无路，引申为控制。除，当为“险”字（王念孙说）。

②畔：同“叛”。

③烦辱：繁缛。

④霍焉：离散的样子。

⑤美国家：指美化国家的风俗。

⑥敦：通“憝”，怨恨。

⑦毒：祸害。这里用作意动词。孽：妖孽，灾害，这里用作意动词。

⑧袚：古时一种除灾驱邪的仪式。此泛指驱除。

⑨修：当为“循”字（王念孙说）。

⑩雕雕焉：明白的样子。

⑪县：悬，放。

⑫“《诗》曰”句：见《诗经·大雅·常武》。

【译文】

“大凡人们的行动，如果是为了赏赐和表扬才去做，那么看见对自己有损害就罢手不干了。所以赏赐表扬、行刑处罚、权谋诡诈不足以竭尽人的力量，使人献出生命。现在做人民君主的，他们用来对待下面老百姓的，其中没有礼义忠信，而大抵只是赏赐表扬、行刑处罚、权谋诡诈控制臣民来获得他们的功用罢了。

“强大的敌寇到来，让他们去把守危险的城邑，就一定会叛变；让他们去抵抗敌人进行战斗，就一定会败北；让他们干费力艰苦繁杂的事，就一定会逃跑；他们溃散地背离了，就等于臣民反过来制裁了他们的君主。所以，赏赐表扬、行刑处罚、阴谋诡计作为一种办法，实是一种受雇的人出卖力气的办法，它不足以团结广大民众，使国家的风俗淳美，所以古代的圣王认为可耻而不遵行它。

“古代圣王提高道德声誉来引导人民，彰明礼制道义来指导人民，尽力做到忠诚守信来爱护他们，根据尊崇贤人、任用能人的原则来安排他们的职位，用爵位、服饰、表扬、赏赐去一再激励他们，根据时节安排他们的劳动，减轻他们的负担来调剂他们，抚养他们，就像保护初生的婴儿一样。政策法令已经确定，风气习俗已经一致，如果还有人违背习俗而不顺从自己的君主，那么百姓就没有谁不怨恨厌恶他，没有谁不把他当作祸害妖孽，就像要驱除妖孽一样要驱除他，这种情况发生以后，刑罚就从此产生了。这种人是重刑所施加的对象，还有比这个更重大的耻辱吗？要把它看作有利的事吗？但是结果却是重刑加身！如果本身不是发疯、糊涂、愚昧、浅陋的人，谁能看到了这种处罚而不改过自新呢？这样做了以后，就明白地知道要遵从君主的法令、依顺君主的意志而爱戴君主。

“在这种情况下，如果有人不能被善道所感化，修养身心、端正品行、奉行礼义、崇尚道德，百姓就没有谁不器重尊敬他，就没有谁不亲近赞誉他，这种情况发生以后，奖赏就从此产生了。这种人便是高官厚禄的授予对象，哪还有比这个更光荣的呢？要把它看作为有害的事吗？可是高官厚禄又供养了他们。凡是人，哪一个不愿意这样呢？明明白白地把高贵的官爵和优厚的奖赏摆在他们的前面，把彰明罪行的刑罚与最大的耻辱放在他们的后面，即使要他们不变好，可能吗？所以民众归顺投奔君主就像流水奔向大海一样，君主所在的地方就会得到全面的治理，君主采取措施的地方人们都受到教育感化而顺服；残暴、凶狠、胆大、妄为的一类人都会被感化而变得忠厚老实，偏颇、邪僻、搞歪门邪道、偏私的一类人都会被感化而变得大公无私，骄傲自大、尖刻伤人、争抢不让、纠缠不休的一类人都会被感化而变得和气温顺，这叫作深广的教化、极大的一致。《诗经》中说：'王道遍布天下，远方的徐国也来朝拜。'说的就是这种情形。

【原文】

"凡兼人者有三术：有以德兼人者，有以力兼人者，有以富兼人者。彼贵我名声，美我德行，欲为我民，故辟门除涂以迎吾人，因其民，袭其处[①]，而百姓皆安，立法施令莫不顺比，是故得地而权弥重，兼人而兵俞强[②]，是以德兼人者也；非贵我名声也，非美我德行也，彼畏我威，劫我势，故民虽有离心，不敢有畔虑，若是，则戎甲俞众，奉养必费，是故得地而权弥轻，兼人而兵俞弱，是以力兼人者也；非贵我名声也，非美我德行也，用贫求富，用饥求饱，虚腹张口来归我食，若是，则必发夫掌窌之粟以食之[③]，委之财货以富之，立良有司以接之，已期三年[④]，然后民可信也。是故得地而权弥轻，兼人而国俞贫，是以富兼人者也。故曰：以德兼人者王，以力兼人者弱，以富兼人者贫。古今一也。

【注释】

①袭：因。

②俞：通"愈"。

③掌：当为"禀"字（王引之说），同"廪"，米仓。窌：地窖。

④期：通“綦”，极。

【译文】

“大凡兼并他国有三种方法：有依靠德行兼并他国的，有依靠强力去兼并他国的，有依赖财富去兼并他国的。那个国家的人民景仰我的名声，赞扬我的德行，想做我的下民，所以打开国门清除道路来迎接我进城。我依靠这国的民众，沿用他的住处，而百姓安宁，对我制定的法律与颁布的命令没有人不顺从。所以得到了土地而权势更大，兼并了别国而兵力更强。这是依靠德行去兼并他国的君主。那个国家的人民并不是景仰我的名声，也不是赞赏我的德行，他们只是害怕我的威武，被我的威势所胁迫，所以他们虽然有离开我的心思，也不敢有背叛我的打算。像这样，那么战士就要越来越多，给养一定花费很大。所以得到了土地而权势更轻，兼并了他国而兵力更弱。这是依靠强力兼并他国的君主。那个国家的人民不是景仰我的名声，也不是赞赏我的德行，而是因为贫穷而来追求富裕，因为饥饿而想吃饱，所以空着肚子张着嘴投奔我来求食物。像这样，就必须发放米仓地窖中的粮食来供养他们，给予他们财物来使他们富足，委托善良的官吏来接待他们，还要等三年以后，这些归附的老百姓才可信任。所以得到了土地而权势更轻，兼并了他国而国家则越穷。这是依靠财富去兼并他国的君主。所以说：依靠德行兼并他国的君主称王，依靠强力兼并他国的君主衰弱，依靠财富去兼并他国的君主贫穷。这种情况古今是一样的。

【原文】

“兼并易能也，唯坚凝之难焉。齐能并宋而不能凝也①，故魏夺之②；燕能并齐而不能凝也③，故田单夺之；韩之上地④，方数百里，完全富足而趋赵⑤，赵不能凝也，故秦夺之⑥。故能并之而不能凝，则必夺；不能并之又不能凝其有，则必亡。能凝之，则必能并之矣。得之则凝，兼并无强。古者汤以薄⑦，武王以滈⑧，皆百里之地也，天下为一，诸侯为臣，无它故焉，能凝之也。故凝士以礼，凝民以政，礼修而士服，政平而民安。士服民安，夫是之谓大凝，以守则固，以征则强，令行禁止，王者之事毕矣。”

【注释】

①齐能并宋：公元前286年，齐伐宋，宋偃王出逃，死于温（今河南温县），齐国兼并了宋国。

②魏夺之：公元前284年，魏与秦、赵、韩、燕共伐齐而攻破临淄，齐湣王出逃而死于淖齿之手。于是齐国被瓜分，魏国得到了原属宋国的大部分土地。

③燕能并齐：公元前284年，燕昭王派乐毅为上将攻齐，秦与三晋协同作战，乐毅破齐国都城临淄，随后又攻陷齐国七十余城，齐仅剩莒、即墨二城。

④上地：上党地区，在今山西长治一带。

⑤趋赵：公元前262年，秦将白起攻韩，取野王（今河南沁阳），完全封闭了韩与上当郡的交通。韩上党郡冯亭不愿降秦而降赵。

⑥秦夺之：公元前262年，秦昭王派白起攻伐已降赵的上党，赵国派老将廉颇率军拒秦，双方相持三年，不分胜负。后秦用反间计使赵任命赵括为将，被白起大败于长平，占领了上党。

⑦薄：通“亳”。

⑧滈：通“镐”。

【译文】

“兼并他国容易做到，只是巩固凝聚它很难。齐国能够兼并宋国，但不能凝聚宋国的百姓，所以魏国夺走了宋国。燕国能够兼并齐国，但不能凝聚齐国的百姓，所以田单夺回了它。韩国的上党地区，方圆几百里，城池完备、府库充足而归附赵国，赵国不能凝聚百姓，所以秦国夺取了它。所以，能够兼并他国的土地而不能凝聚百姓的心，就一定会被夺走；不能兼并他国又不能凝聚自己本来拥有的国家，就一定会灭亡。能够凝聚自己国家百姓的心，就一定能够兼并别国了。得到他国的土地就能够凝聚百姓的心，那么再去兼并就不会有强大而不能兼并的对手了。古代商汤凭借亳城，周武王凭借镐城，都不过是方圆百里的领土，而天下被他们统一了，诸侯做了他们的臣属，这没有其他的缘故，是因为他们能够凝聚百姓的心而取得的啊！凝聚士人要靠礼义，凝聚民众要靠政策。礼义搞好了，士人就会归附；政治清明了，民众就会安定。士人归附、民众安定，这就叫作最大的凝聚力。靠这种政治局面来守卫就牢不可破，靠它来出征就强大无比，有令必行，有禁必止，称王天下者的事业就完成了。”

强国第十六

【题解】

本篇是荀子论述了如何使国家强大。荀子认为，一个国家要想强盛，首先要“隆礼尊贤”，走“道德之威”之路。其次要“外胜人之势，行胜人之道”，以礼义治国。再次应做到“力术止，义术行”，“节威反文”，要依靠君子、实行儒术来统一天下。最后荀子强调了“积微”和“本义务信”在治理国家中的重要性。

【原文】

刑范正[①]，金锡美，工冶巧，火齐得，剖刑而莫邪已。然而不剥脱，不砥厉，则不可以断绳；剥脱之，砥厉之，则劙盘盂、刎牛马忽然耳[②]。彼国者，亦强国之剖刑已。然而不教诲，不调一，则入不可以守，出不可以战；教诲之，调一之，则兵劲城固，敌国不敢婴也[③]。彼国者亦有砥厉，礼义节奏是也。故人之命在天，国之命在礼。人君者隆礼尊贤而王，重法爱民而霸，好利多诈而危，权谋倾覆幽险而亡。

【注释】

①刑范：浇筑器物的模子。刑，通“型”。

②劙：割。盘盂：试剑的铜器。刎：割断。

③婴：触犯，侵犯。

【译文】

模子端正，铜锡质量好，冶炼技术高，火候得当，打开模子莫邪宝剑就铸成了。然而不除去它粗糙的表面，不磨光，就不能割断绳子；除去粗糙的表面，磨光它，削割盘盂、宰杀牛马就可一挥而就。一个国家，如同刚打开模子的宝剑一样，也是强国的雏形。然而不实行教诲，不协调统一，对内就不能防守，对外就不能战斗；实行教诲，协调统一，就会兵力强大、城防巩固，敌国就不敢来侵犯了。国家也需要磨砺，这就是礼义法度。所以，人的命运取决于上天，国家的命运取决于礼义。崇尚礼义、尊重贤能的君主就能够称王天下，重视法度、爱护人民的君主就能够称霸诸侯，喜欢利益、常搞欺诈的君主就危险，玩弄权术阴谋诡计、倾轧陷害、阴暗险恶的君主就灭亡。

【原文】

威有三：有道德之威者，有暴察之威者，有狂妄之威者。此三威者，不可不孰察也。礼义则修，分义则明，举错则时，爱利则形[①]**，如是，百姓贵之如帝，高之如天，亲之如父母，畏之如神明，故赏不用而民劝，罚不用而威行，夫是之谓道德之威。礼乐则不修，分义则不明，举错则不时，爱利则不形。然而其禁暴也察，其诛不服也审，其刑罚重而信，其诛杀猛而必，黭然而雷击之**[②]**，如墙厌之**[③]**，如是，百姓劫则致畏，嬴则敖上**[④]**，执拘则最**[⑤]**，得间则散，敌中则夺，非劫之以形势，非振之以诛杀，则无以有其下，夫是之谓暴察之威。无爱人之心，无利人之事，而日为乱人之道，百姓讙敖则从而执缚之**[⑥]**，刑灼之，不和人心，如是，下比周贲溃以离上矣**[⑦]**，倾覆灭亡可立而待也，夫是之谓狂妄之威。此三威者，不可不孰察也。道德之威成乎安强，暴察之威成乎危弱，狂妄之威成乎灭亡也。**

【注释】

①形：通“刑”。

②黭然：突然。黭，通“奄”。而：如同。

③厌：覆压。

④嬴：通“羸”，宽松。敖：傲慢。

⑤最：当为“冣”字之误（王引之说），聚集。

⑥谨：喧哗。敖：通“嗷”，喧噪，叫喊。

⑦贲：通“奔”。

【译文】

威势有三种：有合乎道德的威势，有暴戾严酷的威势，有狂妄放肆的威势。这三种威势，不能不认真仔细详察。礼乐制度美好，名分等级清楚，行为措施适宜，爱民利民有法，像这样，百姓就会像对待上帝一样尊重他，把他看得像天一样高，像亲近父亲一样亲近他，像对待神明一样敬畏他，所以不用奖赏而人民就会努力，不用刑罚而威势就能够遍布天下，这就叫作合乎道德的威势。礼乐制度不美好，名分等级不清楚，行为措施不适宜，爱民利民无法度，然而他却禁止强暴很明察，诛杀不服从的人很审慎，刑罚严酷而有信，诛杀严厉而坚决，突然得就像雷电闪击一样，像墙壁倒塌一样，像这样，百姓受到威逼时就敬畏，宽缓时就傲视君主，强行集中在一起，一有空隙就逃散，敌人进攻时就被争夺过去，如果不是权势去威逼他们，不是诛杀去震慑他们，就无法统治他们，这就叫作暴力严酷的威势。没有爱人的心，不做有益于人民的事，每天干着扰乱人民的勾当，百姓有怨声就立即逮起来，严刑拷打，不安定民心，像这样，人民就会纷纷地逃散而背离君主，国家覆灭的日子就会立即到来，这就是狂妄放肆的威势。这三种威势，不能不仔细详察，合乎道德的威势导致国家安定强大，暴力严酷的威势导致国家危险衰弱，狂妄放肆的威势导致国家灭亡。

【原文】

公孙子曰[①]：“子发将西伐蔡[②]，克蔡，获蔡侯，归致命曰：‘蔡侯奉其社稷而归之楚，舍属二三子而治其地[③]。’既，楚发其赏，子发辞曰：‘发诫布令而敌退，是主威也；徙举相攻而敌退，是将威也；合战用力而敌退，是众威也。臣舍不宜以众威受赏。’”讥之曰：“子发之致命也恭，其辞赏也固。夫尚贤使能，赏有功，罚有罪，非独一人为之也，彼先王之道也，一人之本也。善善恶恶之应也，治必由之，古今一也。古者明王之举大事，立大功也，大事已博，大功已立，则君享其成，群臣享其功，士大夫益爵，官人益秩，庶人益禄。是以为善者劝，为不善者沮，上下

一心，三军同力，是以百事成而功名大也。今子发独不然，反先王之道，乱楚国之法，堕兴功之臣，耻受赏之属，无僇乎族党而抑卑其后世④，案独以为私廉，岂不过甚矣哉！故曰：子发之致命也恭，其辞赏也固。”

【注释】

①公孙子：齐相，其人不详。

②子发：楚国令尹，姓景，名舍，字子发。

③舍：子发自称。属：嘱托。

④僇：羞辱。

【译文】

公孙子说：“子发率军向西征伐蔡国，攻克了蔡国，擒获了蔡侯，回来向楚王回复命令说：‘蔡侯把整个国家奉献给了楚国，我已经委托几个大臣接管治理它了。’过后，楚王奖赏他，子发辞谢说：‘发布命令而使敌人退却，这是君主的威势；进军攻打而使敌人退却，这是将领的威势；奋力拼杀而使敌人退却，这是士兵的威势。景舍我不应凭借士兵的威势而受赏。’”荀子批评他说：“子发回复命令也算恭敬了，他辞谢奖赏却很浅陋。崇尚贤人，任用能人，奖赏功臣，处罚罪人，并不是一个人要这样的，这是先王的治国原则，是统一人民的根本。这是你称赞行善、厌恶邪恶的回应，治国必须遵从它，古今中外是一样的。古时圣明的君王举行大事，建功立业，大事已经完毕，大功已经建立，那么君主享受它的成果，群臣享受它的功劳，士大夫加官进爵，官吏提高级别，士兵增加军饷。所以，行善的得到勉励，为恶的得到制止，上下一条心，三军同努力，因此事事成功而功名显著。然而子发偏偏不这样，违反先王的治国原则，扰乱了楚国的法律，打击了有功之臣，使受赏的人感到耻辱，即使没有羞辱亲族也使后代受到压抑，还独自认为个人清廉高尚，这难道不是大错特错吗？所以说：子发回复命令也算恭敬的了，他辞谢奖赏却很浅陋。”

【原文】

荀卿子说齐相曰：“处胜人之势，行胜人之道，天下莫忿，汤、武是

也；处胜人之势，不以胜人之道，厚于有天下之势，索为匹夫不可得也，桀、纣是也。然则得胜人之势者，其不如胜人之道远矣。夫主相者，胜人以势也。是为是，非为非，能为能，不能为不能，并己之私欲[①]，必以道夫公道通义之可以相兼容者，是胜人之道也。

“今相国上则得专主，下则得专国，相国之于胜人之势，亶有之矣[②]。然则胡不驱此胜人之势赴胜人之道[③]，求仁厚明通之君子而托王焉，与之参国政，正是非？如是，则国孰敢不为义矣？君臣上下，贵贱长少，至于庶人，莫不为义，则天下孰不欲合义矣？贤士愿相国之朝，能士愿相国之官，好利之民莫不愿以齐为归，是一天下也。相国舍是而不为，案直为是世俗之所以为，则女主乱之宫，诈臣乱之朝，贪吏乱之官，众庶百姓皆以贪利争夺为俗，曷若是而可以持国乎？

“今巨楚县吾前，大燕鰌吾后[④]，劲魏钩吾右[⑤]，西壤之不绝若绳，楚人则乃有襄贲、开阳以临吾左[⑥]，是一国作谋则三国必起而乘我，如是，则齐必断而为四三，国若假城然耳[⑦]，必为天下大笑。曷若？两者孰足为也？夫桀、纣，圣王之后子孙也，有天下者之世也，势籍之所存，天下之宗室也，土地之大，封内千里，人之众数以亿万，俄而天下倜然举去桀、纣而犇汤、武[⑧]，反然举恶桀、纣而贵汤、武[⑨]，是何也？夫桀、纣何失而汤、武何得也？曰：是无它故焉，桀、纣者，善为人所恶也；而汤、武者，善为人所好也。人之所恶何也？曰：污漫、争夺、贪利是也。人之所好者何也？曰：礼义、辞让、忠信是也。今君人者，辟称比方则欲自并乎汤、武，若其所以统之，则无以异于桀、纣，而求有汤、武之功名可乎？故凡得胜者必与人也，凡得人者比与道也。

“道也者何也？曰：礼让忠信是也。故自四五万而往者强胜，非众之力也，隆在信矣；自数百里而往者安固，非大之力也，隆在修政矣。今已有数万之众者也，陶诞、比周以争与；已有数百里之国者也，污漫、突盗以争地。然则是弃己之所安强，而争己之所以危弱也，损己之所不足，以重己之所有馀，若是其悖缪也，而求有汤、武之功名可乎？辟之是犹伏而咶天[⑩]，救经而引其足也[⑪]，说必不行矣，愈务而愈远。为人臣者不恤己行之不行，苟得利而已矣，是渠冲入穴而求利也[⑫]，是仁人之所羞而不为也。故人莫贵乎生，莫乐乎安，所以养生安乐者莫大乎礼义。

人知贵生乐安而弃礼义，辟之是犹欲寿而殁颈也[13]，愚莫大焉。故君人者爱民而安，好士而荣，两者无一焉而亡。《诗》曰：'价人维藩，大师维垣。'[14]此之谓也。

【注释】

①并：通"屏"，摒弃。

②亶：诚然。

③驱：驾驭。

④鰌：通"遒"，收紧，逼迫。

⑤钩：牵制。

⑥襄贲、开阳：均楚国地名，在今山东临沂北。

⑦假：借。

⑧倜然：远离的样子。

⑨反然：通"翻然"，改变的样子。

⑩咶：舔，舐。

⑪经：缢。

⑫渠冲：攻城的大车。

⑬殁：通"刎"。

⑭"《诗》曰"句：见《诗经·大雅·板》。

【译文】

荀子劝说齐相说："处在战胜别人的权势地位上，实行战胜别人的方法，天下没有人怨恨，商汤、周武王就是这样；处在能战胜别人的权势地位上，不用战胜别人的方法，纵然具有统一天下的强大势力，想要做一个普通老百姓也不能，桀、纣就是这样。那么得到战胜别人的地位，远远不如实行战胜别人的方法。君主和相国，是用权势制服别人的，是就是，不是就是不是，能就是能，不能就是不能，排除个人的私欲，必定遵循那些那兼容并举的公正之道、通达之义，这是制服别人的方法。

"现在相国您上能得到国君的宠信，下能独揽国家的大权，相国对于制服别人的权势地位，诚然是具备了。然而何不用这战胜敌人的权势地位去实行战胜别人的方法，寻求仁厚通达的君子而推荐给君王，同他们一起参与国政，端正是非？像这样，那么国人谁敢不遵从道义？君臣上下，贵贱老幼，以至普通百姓，没有人不遵从道义，那么天下人谁不愿意到相国这里做官，喜欢利益的人没有不愿意归附齐国的，天下就统一了。相国舍弃这些不做，而只做世俗人所做的事，那么王妃会在后宫作乱，奸臣会在朝廷作乱，贪官污吏会在官场作乱，普通百姓都会把贪图利益、互相争夺作为习俗，像这样怎么能治理好国家呢？

“现在巨大的楚国横在我们面前，强大的燕国威逼在我们后面，强劲的魏国牵制了我们的右面，西面像似断非断的绳子一样岌岌可危，楚国又有襄贲、开阳二城虎视眈眈在我们的左面，其中一国图谋而三国必定会一起欺凌我们，如果这样，那么齐国一定会四分五裂，国家就像借来的城池一样，必定被天下人所耻笑。怎么样？二者哪一种更可行呢？夏桀和商纣，是圣王的后代子孙，是享有天下的继承人，是权势地位的所在，是天下的皇室，土地广袤，疆域千里，人口数以亿计，顷刻之间天下人便离开了夏桀、商纣而投奔了商汤和周武王，全都厌恶夏桀、商纣而尊崇商汤、周武王，为什么呢？夏桀、商纣喜欢做人们所厌恶的事，而商汤、周武王喜欢做人们所喜欢的事。人们所厌恶的是什么？回答是：污秽、争夺、贪利。人们所喜欢的是什么？回答是：礼义、辞让、忠信。现在的国君，谈论起来总想把自己和商汤、周武王相提并论，至于他们统治人民的方法，和夏桀、商纣没有什么不同，却希望得到商汤、周武王的功业名声，可能吗？所以凡是赢得胜利的就一定是依靠人民，凡是赢得人心的就一定依靠大道。

“大道是什么？回答是：礼义、忠信。因此，人口在四五万以上的国家能够强大取胜，并不是依靠人多的力量，关键在于讲信用；领土在方圆百里以上的国家能够安定巩固，并不是依靠土地广大的力量，关键在于搞好政事。现在已经拥有数万民众的国家，却用虚妄夸诞、拉帮结伙的手段来争取同盟国；已经拥有数百里土地的国家，还用肮脏污浊卑鄙的手段，巧取豪夺的方法来夺取土地。这样就是舍弃自己的安定强大，而追求自己的危险衰弱，损坏自己不足的，来增加自己多余的，像这样的荒谬悖理，却希望得到商汤、周武王的功业名声，可能吗？这就好比趴在地上舔天，解救上吊的人却拉他的脚，这种行为必定是行不通的，越用力越走得远。作为臣子的不顾自己的行为好不好，只要得到利益就行了，这就像用攻城的大车冲入洞穴去获取利益，这是仁人感到耻辱而不去做的。所以人没有比生命更重要的，没有比用安定来保养生命快乐的。取得安定快乐的途径，没有比礼义更加重要的了。人们知道珍惜生命、喜好安定快乐却抛弃礼义，就好比想长寿却割断脖子，没有比这更愚蠢的了。所以统治人民的君主，爱护百姓就安定，喜欢士人就荣耀，二者一样没有就灭亡。《诗经》中说：‘贤士是屏障，民众是城墙。’说的就是这个道理。

【原文】

“力术止，义术行。曷谓也？曰：秦之谓也。威强乎汤、武，广大乎舜、禹，然而忧患不可胜校也，諰諰然常恐天下之一合而轧己也，此所谓力术止也。曷谓乎威强乎汤、武？汤、武也者，乃能使说己者用耳。今楚父死焉[①]，国举焉，负三王之庙而辟于陈、蔡之间，视可、司间[②]，案欲剡其胫而以蹈秦之腹[③]，然而秦使左案左，使右案右，是乃使仇人役也，此所谓威强乎汤、武也。曷谓广大乎舜、禹也？曰：古者百王之一天下、臣诸侯也，未有过封内千里者也。今秦南乃有沙羡与俱[④]，是乃江南也，北与胡、貉为邻[⑤]，西有巴、戎[⑥]，东在楚者乃界于齐，在韩者逾常山乃有临虑[⑦]，在魏者乃据圉津[⑧]，即去大梁百有二十里耳[⑨]，其在赵者剡然有苓而据松柏之塞[⑩]，负西海而固常山，是地遍天下也[⑪]。威动海内，强殆中国，然而忧患不可胜校也，諰諰然常恐天下之一合而轧己也，此所谓广大乎舜、禹也。然则奈何？曰：节威反文，案用夫端诚信全之君子治天下焉，因与之参国政，正是非，治曲直，听咸阳[⑫]，顺者错之，不顺者而后诛之。若是，则兵不复出于塞外令行于天下矣；若是，则虽为之筑明堂于塞外而朝诸侯[⑬]，殆可矣。假今之世，益地不如益信之务也。”

【注释】

①楚父：楚顷襄王的父亲楚怀王。怀王三十年，受骗入秦见秦昭王，被扣留，后死于秦。

②司：通“伺”。

③剡：兴起。

④沙羡：地名。在今湖北武昌。

⑤胡、貉：古时称北部少数民族为“胡”，称东北部少数民族为“貉”。

⑥巴：国名。在今四川东部一带。戎：古时称西部少数民族为“戎”。

⑦常山：恒山。临虑：地名，在今河南省。

⑧圉津：当作“围津”（杨倞说），地名，在今河南省。

⑨大梁：魏国的国都，今河南开封。

⑩苓：古地名。地址不详。

⑪下文“此所谓广大乎舜、禹也”一句当移至本句后（王念孙说）。

⑫咸阳：战国时秦国国都，在今陕西咸阳东。

⑬明堂：古时天子宣明政教及大典的地方。

【译文】

“依靠强力的方法行不通，合乎道义的方法行得通。说的是什么呢？回答是：说的是秦国。秦国的兵力比商汤、周武王还威武强大，领土比舜、禹还广大，然而忧患不可胜数，提心吊胆地常常害怕天下联合起来攻打自己，这就是说依靠强力的方法是行不通的。为什么说兵力比商汤、周武王还强大？商汤、周武王，能够使喜欢自己的人为己所用，现在楚王的父亲怀王死了，国都被攻陷了，楚王背着三个先王的牌位逃到陈、蔡两地之间，窥视着有利时机，等待着可乘之机，想抬起脚来直捣秦国的腹地，然而秦国让他向左就向左，让他向右就向右，这是使仇人为自己役使，这就是所说的秦国兵力比商汤、周武王还威武强大。为什么说领土比舜、禹还广大？回答是：古时历代帝王统一天下，臣服诸侯，疆域没有超过方圆千里的。当今秦国南面占据沙羡一带，这便是长江以南了，北面与胡、貉相邻，西面占有巴国与戎地，东面占有楚国的土地与齐国接壤，在韩国的军队已经越过了常山而占据了临虑，在魏国的军队已经占据了松柏之塞，背靠四海而把常山作为屏障，这是领土遍及天下，这就是所说的领土比舜、禹还广大。它的威势震慑天下，强大危及中原，然而忧患不可胜数，提心吊胆地常常害怕天下联合起来攻打自己，那么该怎么办？回答是：节制威力返回到礼义上来，选用那些端正诚实守信美好的君子治理天下，同他们一起参与国家政事，端正是非，治理曲直，听政于咸阳，顺从的国家不管它，不顺从的国家就加以诛伐。像这样，那么军队不用再到塞外而政令就能通行于天下了；像这样，即使给秦王在关外修筑明堂来使诸侯朝拜，也是可以的。当今之世，增加土地不如增加信用更为迫切。”

【原文】

应侯问孙卿子曰[①]**：“入秦何见？”**

孙卿子曰：“其固塞险，形势便，山林川谷美，天材之利多，是形胜也。入境，观其风俗，其百姓朴，其声乐不流污，其服不挑[②]**，甚畏有司而顺，古之民也。及都邑官府，其百吏肃然，莫不恭俭、敦敬、忠信而不楛，古之吏也。入其国，观其士大夫，出于其门，入于公门，出于公门，归于其家，无有私事也，不比周，不朋党，倜然莫不明通而公也，古之士大夫也。观其朝廷，其间听决百事不留，恬然如无治者，古之朝也。故四世有胜，非幸也，数也。是所见也。故曰：佚而治，约而详，不烦而功，治之至也。秦类之矣。虽然，则有其諰矣**[③]**。兼是数具者而尽有之，然而县之以王者之功名，则倜倜然其不及远矣。是何也？则其殆无儒邪？故曰：粹而王，驳而霸，无一焉而亡。此亦秦之所短也。”**

【注释】

①应侯：范雎。战国时魏人，秦昭王相，封于应，故称“应侯”。

②挑：通“佻”。

③諰：忧惧。

【译文】

应侯问荀子说：“进入秦国看到了什么？”

荀子说：“它的关塞险要，地形有利，山林河谷美好，物产丰富，这是地理优势。进入国境，观察它的风俗，百姓淳朴，音乐不淫荡污秽，服装不怪异，非常害怕官吏而顺从，真像古时的人民。等到了各级城邑的官府，百官严肃认真，无不恭敬节俭、敦厚可敬、忠诚守信而不懈怠，真像古时的官吏。进入它的国都，观察士大夫，走出家门，进入公门，走出公门，回到家里，没有个人的私事，不勾结，不结党，没有不明智通达而公正无私的，真像古时的士大夫。观察它的朝廷，退朝时各种政事处理得毫无遗留，安闲得好像没有什么可以治理的，真像古时的朝廷。所以，它的四代都能取得胜利，并非侥幸，有其必然性。这是我所看到的。所以说：安逸而能治理得好，简要而又详细，不烦劳而又有成效，这是治理的最高境界。秦国类似这样。尽管如此，仍有它的忧虑啊！秦国兼而具有以上几个条件，然而用王者的功绩名声来衡量，那还相差得很远啊！这是为什么？大概是没有儒者吧！所以说：治国纯用儒术就称王，驳杂就称霸，二者一样也没有就灭亡。这就是秦国的不足。"

【原文】

积微，月不胜日，时不胜月，岁不胜时。凡人好敖慢小事①，大事至然后兴之务之，如是则常不胜夫敦比于小事者矣②。是何也？则小事之至也数③，其县日也博④，其为积也大；大事之至也希，其县日也浅，其为积也小。故善日者王，善时者霸，补漏者危，大荒者亡。故王者敬日，霸者敬时，仅存之国危而后戚之，亡国至亡而后知亡，至死而后知死，亡国之祸败不可胜悔也。霸者之善箸焉⑤，可以时托也⑥；王者之功名不可胜日志也。财物货宝以大为重，政教功名反是，能积微者速成。《诗》曰："德輶如毛，民鲜克举之。"⑦此之谓也。

【注释】

①敖：傲慢。

②敦比：治理。

③数：频繁。

④县：同"悬"，悬挂。博：多。

⑤箸：同"著"。

⑥托：当为"记"字之误（俞樾说）。

⑦"《诗》曰"句：见《诗经·大雅·烝民》。輶：轻。

【译文】

积累微小的事情，每月积累不如每日积累，每季积累不如每月积累，每年积累不如每季积累。一个人大凡喜欢轻视小事，大事到来才努力去做，像这样就常常不如认真治理小事的人了。这是为什么呢？因为小事来得频繁，花费的时间也多，它积累起来功效就大；大事来得稀少，花费的时间也少，它积累起来功效就小。所以，珍惜每天时光的君主就称王，珍惜每季时光的君主就称霸，出了漏洞再去补救的君主就危险，时间都荒废的君主就灭亡。所以称王的君主重视每一天，称霸的君主重视每一季，勉强存在的国家陷入危险后君主才担忧，亡国的君主国家灭亡后才知道灭亡，大难临头才知道死亡，亡国的祸乱悔不胜悔。称霸的君主的善政显著，可以按季度记录下来；称王的君主功绩名声多得每天记录也记不完。财宝货物以大为贵重，政教功名正好相反，能够积累微小的事情才会迅速成功。《诗经》中说："道德轻如毛发，人民很少举起它。"说的就是这个道理。

【原文】

凡奸人之所以起者，以上之不贵义，不敬义也。夫义者，所以限禁人之为恶与奸者也。今上不贵义，不敬义，如是，则下之人百姓皆有弃义之志，而有趋奸之心矣，此奸人之所以起也。且上者，下之师也，夫下之和上，譬之犹响之应声，影之像形也。古为人上者不可不顺也[①]。夫义者，内节于人而外节于万物者也，上安于主而下调于民者也。内外上下节者，义之情也。然则凡为天下之要，义为本而信次之。古者禹、汤本义务信而天下治，桀、纣弃义倍信而天下乱，故为人上者必将慎礼义、务忠信然后可。此君人者之大本也。

【注释】

①顺：通"慎"。

【译文】

凡是奸人产生的原因，是君主不重视道义，不尊重道义。道义，是用来禁止人们作恶为奸的。现在君主不重视道义，不尊重道义，像这样，那么天下的百姓就都会产生舍弃道义的思想，而有趋向奸邪的想法，这就是奸人产生的原因。况且，君主是民众的师表，民众应和君主，打个比方说，如响随声，如影随行一样。所以作为人君的不能不慎重。道义，对内调和人心而对外调和万物，上能安定君主而下能调节万民。内外上下都调和，这是道义的实质。既然这样，那么治理天下最重要的，道义是根本而信用是其次。古时夏禹、商汤立足于道义、致力于忠信而天下安定，夏桀、商纣抛弃道义、违背信用而天下混乱，所以作为人君的一定要慎重地对待礼义、务求忠信然后才可以。这是作为人君的最大根本。

【原文】

堂上不粪①，则郊草不瞻旷芸②；白刃扞乎胸③，则目不见流矢；拔戟加乎首④，则十指不辞断。非不以此为务也，疾养缓急之有相先者也⑤。

【注释】

①粪：扫除。

②瞻旷：当为衍文（王念孙说）。芸：通“耘”，除草。

③扞：犯。

④拔：疾。

⑤疾：痛。养：通“痒”。

【译文】

厅堂上面没有打扫，那么郊外的野草就顾不上清除；雪亮的刀子刺到胸前，那么眼睛就看不到飞来的箭；迅猛的戟架到头上，那么就顾不上十指被砍断。并不是认为这些不要紧，而是痛痒缓急有先有后。

天论第十七

【题解】

本篇体现了荀子朴素的唯物主义自然观。荀子认为“天行有常”，天是没有意识的自然界，它不以人们的意志为转移，有自己的运行规律。荀子第一次大胆地提出了“制天命而用之”的口号，这种人定胜天的思想是前无古人的。

【原文】

天行有常，不为尧存，不为桀亡。应之以治则吉，应之以乱则凶。强本而节用，则天不能贫；养备而动时，则天不能病；修道而不贰[①]**，则天不能祸。故水旱不能使之饥渴**[②]**，寒暑不能使之疾，祆怪不能使之凶**[③]**。**

本荒而用侈，则天不能使之富；养略而动罕[④]**，则天不能使之全；倍道而妄行，则天不能使之吉。故水旱未至而饥，寒暑未薄而疾**[⑤]**，祆怪未至而凶。受时与治世同，而殃祸与治世异，不可以怨天，其道然也。**

故明于天人之分，则可谓至人矣。不为而成，不求而得，夫是之谓天职。如是者，虽深，其人不加虑焉；虽大，不加能焉；虽精，不加察焉。夫是之谓不与天争职。天有其时，地有其财，人有其治，夫是之谓能参。舍其所以参而愿其所参，则惑矣。

列星随旋，日月递炤[⑥]**，四时代御，阴阳大化，风雨博施，万物各得其和以生，各得其养以成，不见其事而见其功，夫是之谓神。皆知其所以成，莫知其无形，夫是之谓天。唯圣人为不求知天。**

【注释】

①修：当为“循”字（王念孙说）。贰：当为“忒”字之误（同上）。

②渴：疑为衍文（同上）。

③袄：怪异，妖怪。

④略：减少。罕：希。

⑤薄：迫近。

⑥炤：同“照”。

【译文】

天道有一定的规律，不因为尧而存在，不因为桀而灭亡。用安定来适应它就吉利，用混乱来适应它就凶险。加强农业而节制费用，上天也不能使他贫穷；衣食充足而按时劳作，上天也不能使他生病；遵循大道而不出差错，上天也不能使他遭祸。所以水涝旱灾不能使他饥饿，严寒酷暑不能使他生病，灾害怪异不能使他凶险。

农业荒废而生活奢侈，上天也不能使他富裕；衣食不足而又懒惰，上天也不能使他健康；违背大道而胡作非为，上天也不能使他吉利。所以，水涝旱灾还没有发生就饥饿，严寒酷暑还没有迫近就生病，灾害怪异还没有出现就凶险。遇到的天时与安定的社会是一样的，而遇到的灾难祸患与安定的社会却不一样，这不能埋怨上天，是他的治国方法造成的。

所以，明白了天和人的不同，就可以算得上是至人了。不去做就成功，不求取就得到，这叫作天的职能。像这样，虽然深远，至人也不加考虑；虽然广大，至人也不加干预；虽然精妙，至人也不加考察。这就叫作不与天争夺职能。天有它的时节变化，地也有它的财富资源，人有他的治理方法，这就叫作能与天地相匹配，舍弃与天地相匹配的治理方法而希望达到天地的功能，那就太迷惑了。

星星相随旋转，日月交替照耀，春夏秋冬交相变更，阴阳化生万物，风雨广泛地滋润万物，万物各自得到和气而生长，各自得到滋养而成熟，看不见它化生万物的行迹却看到了它的功效，这就叫作神妙。都知道它生成万物，却没有人知道它的无形无迹，这就叫作天。只有圣人不求了解天。

【原文】

天职既立，天功既成，形具而神生，好恶、喜怒、哀乐臧焉①，夫是之谓天情。耳目鼻口形能，各有接而不相能也，夫是之谓天官。心居中虚以治五官，夫是之谓天君。财非其类，以养其类②，夫是之谓天养。顺其类者谓之福，逆其类者谓之祸，夫是之谓天政。暗其天君，乱其天官，弃其天养，逆其天政，背其天情，以丧天功，夫是之谓大凶。

圣人清其天君，正其天官，备其天养，顺其天政，养其天情，以全其天功，如是，则知其所为，知其所不为矣，则天地官而万物役矣。其行曲治③，其养曲适，其生不伤，夫是之谓知天。故大巧在所不为，大智在所不虑。所志于天者④，已其见象之可以期者矣；所志于地者，已其见宜之可以息者矣；所志于四时者，已其见数之可以事者矣；所志于阴阳者，已其见知之可以治者矣⑤。官人守天而自为守道也。

【注释】

①臧：同“藏”。

②财：通“裁”，裁制。

③曲：周遍。

④志：认识。

⑤知：当为“和”字（王念孙说）。

【译文】

天的职能已经确立，天的功绩已经完成，人的形体具备了而精神也随之产生，好恶、喜怒、哀乐等情感蕴藏在其中，这就叫作天然的情感。耳、目、鼻、口和形体，各自接触外界的事物而不能相互代替，这就叫作天然的感官。心处在中部空虚的地方来治理五官，这就叫作天然的君主。利用其他物类，来供养人类，这就叫作天然的供养。顺从同类需求的叫作福，违背同类需求的叫作祸，这就叫作天然的政治。蒙蔽天然的君主，扰乱天然的感官，抛弃天然的供养，违反天然的政治，背叛天然的情感，以致丧失了天然的功绩，这就叫作大凶。

圣人澄清天然的君主，端正天然的感官，备足天然的供养，顺从天然的政治，保养天然的情感，来保全天然的功绩。像这样，就知道他应该做什么，知道他不应该做什么，那么天地就能被利用而万物就能够被役使了。他的行为就完全合理，他的保养就完全适宜，他的生命就不会受到伤害，这就叫作了解了天。所以，最能干的人在于不去做不应该做的事情，最聪明的人在于考虑不应该考虑的问题。对于天的认识，根据出现的天象就可以推测出来；对于地的认识，根据它适宜生长的条件就可以去繁衍种植；对于四时的认识，根据它的变化规律就可以安排农事；对于阴阳的认识，根据它显现出的和谐就可以来处理政事。圣人任用别人来观察天象而自己却掌握治国大道。

【原文】

治乱天邪？曰：日月、星辰、瑞历①，是禹、桀之所同也，禹以治，桀以乱，治乱非天也。时邪？曰：繁启蕃长于春夏②，畜积收臧于秋冬，是又禹、桀之所同也，禹以治，桀以乱，治乱非时也。地邪？曰：得地则生，失地则死，是又禹、桀之所同也，禹以治，桀以乱，治乱非地也。《诗》曰："天作高山，大王荒之；彼作矣，文王康之。"③此之谓也。

【注释】

①瑞历：历象，天体运行的现象。

②繁：多。启：萌芽。

③"《诗》曰"句：见《诗经·周颂·天作》。高山，指岐山，在今陕西岐山东北。

【译文】

社会的安定与混乱，是上天造成的吗？回答：日月、星辰、历象，这是禹、桀时代相同的，禹使天下安定，桀使天下混乱，社会的安定与混乱不是上天造成的。是季节造成的吗？回答：农作物春天纷纷发芽，夏天茂盛地生长，秋天收获，冬天贮藏，这又是禹、桀时代相同的，禹使天下安定，桀使天下混乱，社会的安定与混乱不是季节造成的。是大地造成的吗？回答：万物得到土地就生长，失去土地就灭亡，这又是禹、桀时代都相同的，禹使天下安定，桀使天下混乱，社会的安定与混乱不是大地造成的。《诗经》中说："上天成就了这座高山，太王将它开辟；已经创建了基业，文王使它平安。"说的就是这个道理。

【原文】

天不为人之恶寒也辍冬，地不为人之恶辽远也辍广，君子不为小人匈匈也辍行[1]**。天有常道矣，地有常数矣，君子有常体矣。君子道其常而小人计其功。《诗》曰：“何恤人之言兮！”**[2]**此之谓也。**

【注释】

①匈匈：通“讻讻”，喧哗的声音。

②“《诗》曰”句：不见于今本《诗经》，当为逸诗。句首疑脱“礼义之不愆”五字（俞樾说）。

【译文】

上天并不因为人们厌恶寒冷就停止下来，大地并不因为人们厌恶辽远就不再宽阔，君子并不因为小人的叫嚣就停止君子的行为。上天有一定的规律，大地有一定的法则，君子有一定的行为标准。君子按行为标准行事，而小人计较眼前的功利。《诗经》中说：“礼义上没有差错，何必顾忌别人的闲话呢！”说的就是这个道理。

【原文】

楚王后车千乘，非知也；君子啜菽饮水[1]**，非愚也。是节然也**[2]**。若夫心意修**[3]**，德行厚，知虑明，生于今而志乎古，则是其在我者也。故君子敬其在己者，而不慕其在天者；小人错其在己者**[4]**，而慕其在天者。君子敬其在己者而慕其在天者，是以日进也；小人错其在己者而慕其在天者，是以日退也。故君子之所以日进与小人之所以日退，一也。君子小人之所以相县者在此耳。**

【注释】

①啜：吃。菽：豆类，泛指粗粮。

②节：时运。

③心：当为“志”字（王念孙说）。

④错：通“措”。

【译文】

楚王后面跟随的车子有上千乘，并不是他聪明；君子吃粗粮喝白水，并不是他愚蠢。这是时运造成的。至于思想美好，德行敦厚，思虑明达，生在今天而向往古代，这些都在于我们自己。所以，君子慎重地对待取决于自己的事情，而不羡慕取决于上天的事情；小人舍弃取决于自己的事情，而羡慕取决于上天的事情。君子恭敬地对待取决于自己的事情，而不羡慕取决于上天的事情，所以每天都进步；小人舍弃取决于自己的事情，而羡慕取决于上天的事情，所以每天都退步。因此，君子每天都进步与小人每天都退步，原因是一样的。君子和小人差别悬殊的原因就在这里。

【原文】

星队、木鸣[①]，国人皆恐。曰：是何也？曰：无何也，是天地之变，阴阳之化，物之罕至者也，怪之可也，而畏之非也。夫日月之有蚀，风雨之不时，怪星之党见[②]，是无世而不常有之。上明而政平，则是虽并世起，无伤也；上暗而政险，则是虽无一至者，无益也。夫星之队，木之鸣，是天地之变，阴阳之化，物之罕至者也，怪之可也，而畏之非也。

物之已至者，人妖则可畏也。楛耕伤稼，耘耨失萝[③]，政险失民，田萝稼恶，籴贵民饥[④]，道路有死人，夫是之谓人祆。政令不明，举错不时，本事不理，夫是之谓人祆。礼义不修，内外无别，男女淫乱，则父子相疑，上下乖离，寇难并至，夫是之谓人祆。祆是生于乱，三者错，无安国。其说甚尔[⑤]，其菑甚惨[⑥]。勉力不时，则牛马相生，六畜作祆[⑦]，可怪也，而不可畏也[⑧]。传曰：“万物之怪，书不说。”无用之辩，不急之察，弃而不治。若夫君臣之义，父子之亲，夫妇之别，则日切瑳而不舍也[⑨]。

【注释】

①队：同“坠”。

②党：同“傥”，偶然。

③耘耨失萝：当作“枯耘伤岁”（卢文弨说）。

④籴：买粮。

⑤尔：通“迩”，近。

⑥菑：同“灾”。

⑦以上三句与文义不顺，疑在上面“本事不理”句之下（王念孙说）。

⑧不：当作“亦”字（同上）。

⑨瑳：通“磋”。

【译文】

流星陨落，社树鸣响，人们都害怕。问：这是为什么？回答说：没有什么，这是天地的变化，阴阳的作用，事物中很少出现的现象，认为它奇怪是可以的，但畏惧它就不对了。太阳和月亮发生日食和月食，狂风暴雨的到来不合时宜，奇怪的星星偶尔出现，这是任何社会都常有的现象。君主英明而政治清平，这些现象即使同时出现，也没有伤害；君主昏暗而政治险恶，这些现象即使一种也没有出现，也没有什么好处。流星陨落，社树的鸣响，是天地的变化，阴阳的作用，事物中很少出现的现象，认为它奇怪是可以的，但畏惧它就不对了。

已经出现的事物中，人事中的怪现象才是可怕的。粗劣地耕作伤害了庄稼，马虎地除草影响了收成，政治险恶而失去民心，田地荒芜而庄稼歉收，粮价昂贵而百姓饥饿，道路上有饿死的人，这就叫作人事中的怪现象。政策法令不清明，措施不合时宜，农业生产不加管理，督促劳作不合时节，牛马就会生出怪胎，六畜就会出现怪现象，这就叫作人事中的怪现象。礼义不加休整，内外没有区别，男女淫荡作乱，父子互相猜疑，上下互相背离，外寇内乱同时到来，这就叫作人事中的怪现象。这些怪现象产生于混乱，这三种现象交错发生，国家就不会安定了。这种道理很浅显，但这种灾祸非常悲惨。这是可怪的，也是可怕的。古书上说：“万物中的怪现象，经书上不解说。”没有用处的辩说，不是急需的考察，应当舍弃而不理。至于君臣之间的道义，父子之间的亲爱，夫妇之间的分别，需每天琢磨而不能舍弃。

【原文】

雩而雨[1]，何也？曰：无何也，犹不雩而雨也。日月食而救之[2]，天旱而雩，卜筮然后决大事，非以为得求也，以文之也。故君子以为文，而百姓以为神，以为文则吉，以为神则凶也。

【注释】

①雩：古时求雨的祭祀。

②日月食而救之：古人以为日食和月食是天狗把它们吞吃了，于是敲盆击鼓想吓跑天狗来救日、月。

【译文】

祭祀求雨就下雨，为什么？回答说："没有什么，就像不祭祀求雨而下雨一样。日食、月食发生了就去抢救，天旱就祭祀求雨，占卜然后决定大事，并不是以为能得到所求的东西，而是来文饰政事罢了。所以，君子认为这是一种文饰，而百姓认为这是求神。认为这是文饰就吉利，认为这是求神就凶险了。

【原文】

在天者莫明于日月，在地者莫明于水火，在物者莫明于珠玉，在人者莫明于礼义。故日月不高，则光辉不赫；水火不积，则晖润不博；珠玉不睹乎外[1]，则王公不以为宝；礼义不加于国家，则功名不白[2]。故人之命在天，国之命在礼。

君人者隆礼尊贤而王，重法爱民而霸，好利多诈而危，权谋、倾覆幽险而尽亡矣。大天而思之，孰与物畜而制之？从天而颂之，孰与制天命而用之？望时而待之，孰与应时而使之？因物而多之，孰与骋能而化之？思物而物之，孰与理物而勿失之也？愿于物之所以生，孰与有物之所以成？故错人而思天，则失万物之情。

【注释】

①睹：当为“睹”字（王念孙说），明亮。

②白：显著。

【译文】

天上没有比日月更明亮的了，地上没有比水火更明亮的了，万物中没有比珠玉更明亮的了，人间没有比礼义更明亮的了。所以，日月如果不高悬空中，光辉就不显赫；水火如果不集聚，光泽就不广博；珠玉的光彩如果不显露在外面，王公就不会把它当作珍宝；礼义不被施于国中，功名就不显著。所以人的命运取决于上天，国家的命运取决于礼义。

作为人君，崇尚礼义、尊重贤能就能称王；重视法律、爱护人民就能称霸；贪求财利、多行欺诈就危险；玩弄权术阴谋、倾轧陷害、阴暗险恶就灭亡。尊崇上天而仰慕它，哪比得上把它作为物畜养起来而控制它？顺从上天而歌颂它，哪比得上掌握自然规律而利用它？盼望天时而等待它，哪比得上顺应天时而使它为人所用？顺遂万物的自然生长而使它增多，哪比得上施展才能而改造它？思慕万物产生的过程，哪比得上促进万物的成长而不失去它？希望了解万物产生的过程，哪比得上促进万物的成长？所以，舍弃人的努力而指望上天，那就违反了万物的本性。

【原文】

百王之无变，足以为道贯，一废一起，应之以贯，理贯不乱。不知贯，不知应变，贯之大体未尝亡也。乱生其差，治尽其详。故道之所善，中则可从，畸则不可为，匿则大惑[①]。水行者表深，表不明则陷；治民者表道，表不明则乱。礼者，表也。非礼，昏世也；昏世，大乱也。故道无不明，外内异表，隐显有常，民陷乃去。

【注释】

①匿：通“慝”，差错。

【译文】

历代帝王都没有改变的东西，足以成为大道的一贯原则。朝代有兴衰变化，依靠这一贯的原则来应付，运用好这一贯的原则就不混乱。不了解这一贯的原则，就不知道如何应付变化，这一贯原则的主要内容从来没有消亡过。国家混乱产生于使用这一原则发生了偏差，社会安定是由于使用这一原则十分完备。所以大道所昭示的原则符合了它就可以遵从，偏离了它就不可以施行，违背了它就会造成极大的惑乱。涉水的人要用标志标明深度，标志不明确就会沉入水底；治理人民的人应当用道作为标准，标准不明确就会混乱。礼，就是这种标准。违背礼，就是昏暗的社会；昏暗的社会，就会大乱。所以，大道有不明确的地方，对内对外要有不同的标准，看得见的与看不见的要有一定的常规，人民的灾难就可以避免了。

【原文】

万物为道一偏，一物为万物一偏，愚者为一物一偏，而自以为知道，无知也。慎子有见于后[①]**，无见于先；老子有见于诎**[②]**，无见于信**[③]**；墨子有见于齐**[④]**，无见于畸**[⑤]**；宋子有见于少**[⑥]**，无见于多。有后而无先，则群众无门；有诎而无信，则贵贱不分；有齐而无畸，则政令不施；有少而无多，则群众不化。《书》曰：“无有作好，遵王之道；无有作恶，遵王之路。”此之谓也。**

【注释】

①慎子：指慎到。见《修身》篇。

②老子：道家的创始人，相传是春秋时楚国人苦县人，姓李，名耳，字伯阳，号老聃。诎：委曲。

③信：通“伸”。

④墨子：墨翟。见《修身》篇。

⑤畸：不齐。

⑥宋子：宋钘。见《非十二子》篇。

【译文】

万物是大道的一部分，一物是万物的一部分。愚蠢的人只看到了一物的一部分，却自认为了解了大道，实在是太无知了。慎到只看到了后退的一面，没有看到前进的一面；老子只看到了委曲求全的一面，没有看到积极进取的一面；墨子只看到了齐同的一面，没有看到不同的一面；宋钘只看到了人们寡欲的一面，没有看到人们多欲的一面。只有后退而没有前进，群众就失去了方向；只有委曲求全而没有进取，贵贱就没有了分别；只有齐同而没有不同，政令就不能实施；只有寡欲而没有多欲，群众就得不到教化。《尚书》中说："不要有所偏好，遵循先王的大道；不要有所偏恶，遵循先王的大路。"说的就是这个道理。

正论第十八

【题解】

本篇是荀子批判当时社会上流行的一些错误言论的论文。文中荀子对“主道利周”“汤武篡权”“治古无肉刑”“汤武不能禁令”“尧舜禅让”“太古薄葬，故不扣”，以及宋子的“见侮之不辱”“人之情，欲寡”等观点一一进行了剖析和批驳，充分表明了荀子关于王者之制的政治理想和儒法并重的治国原则。

【原文】

世俗之为说者曰：“主道利周①。”是不然。主者，民之唱也②；上者，下之仪也③。彼将听唱而应，视仪而动。唱默则民无应也，仪隐则下无动也。不应不动，则上下无以相有也④。若是，则与无上同也，不祥莫大焉。故上者，下之本也，上宣明则下治辨矣⑤，上端诚则下愿悫矣，上公正则下易直矣⑥。治辨则易一，愿悫则易使，易直则易知。易一则强，易使则功，易知则明，是治之所由生也。上周密则下疑玄矣⑦，上幽险则下渐诈矣，上偏曲则下比周矣。疑玄则难一，渐诈则难使，比周则难知。难一则不强，难使则不功，难知则不明，是乱之所由作也。故主道利明不利幽，利宣不利周。故主道明则下安，主道幽则下危。故下安则贵上，下危则贱上。故上易知则下亲上矣，上难知则下畏上矣。下亲上则上安，下畏上则上危。故主道莫恶乎难知，莫危乎使下畏己。传曰：“恶之者众则危。”《书》曰：“克明明德。”⑧《诗》曰：“明明在下。”⑨故先王明之，岂特玄之耳哉！

【注释】

①周：周密，隐密，指隐蔽不露。

②唱：倡导。

③仪：立木以示人叫作仪，也叫表。

④有：当为“胥”字（王先谦说），通“须”。

⑤辨：同“办”，治理。

⑥易：平坦，不险恶。

⑦玄：通“眩”，迷惑。

⑧“《书》曰”句：见《尚书·尧典》，今本作“克明俊德”。

⑨“《诗》曰”句：见《诗经·大雅·大明》。

【译文】

社会上持某一学说的人说：“君主的统治措施以周密隐蔽为有利。”这种说法不对。君主，好比是民众的领唱者；帝王，好比是臣下的标杆。臣民们将听着领唱来应和，看着标杆来行动。领唱沉默，民众就无从应和；标杆隐蔽，臣下就无从行动。臣下不应和、不行动，君主和臣民就无法相亲善了。像这样，那就和没有君主一样，不吉利的事没有比这更大的了。所以，君主是臣民的根基。君主公开明朗，臣民就坦荡正直了；君主端正诚实，臣民就老实忠厚了；君主公正无私，臣民就诚实正直了。臣民治理得好就容易统一，老实忠厚就容易役使，坦荡正直就容易了解。臣民容易了解，君主就会明白清楚。这是安定得以产生的缘由。君主隐蔽不露，臣民就疑惑迷乱了；君主阴暗险恶，臣民就虚伪欺诈了；虚伪欺诈就难以役使，紧密勾结就难以了解。臣民难以了解，君主就不清楚。这是祸乱产生的根源。所以，君主的统治措施以明朗为有利而阴暗为不利，以公开为有利而以隐蔽为不利。君主的统治措施公开明朗，臣民就安逸；君主的统治措施阴暗不明，臣民就危险。臣民安逸，就会尊重君主；臣民危险，就会鄙视君主。君主的措施容易被了解，臣民就亲爱君主；君主的措施难以被了解，臣民就害怕君主。臣民亲爱君主，君主就安逸；臣民害怕君主，君主就危险。所以君主的统治措施没有比难以被了解更坏的了，没有比使臣民害怕自己更危险的了。古书上说：“憎恨他的人众多，他就危险了。”《尚书》中说：“能够彰明贤明的德行。”《诗经》中说：“彰明美德在天下。”所以，古代的圣王要彰明自己，难道只是使自己幽深难知就算了吗？

【原文】

世俗之为说者曰：“桀、纣有天下，汤、武篡而夺之。”是不然。以桀、纣为常有天下之籍则然[①]，亲有天下之籍则不然[②]，天下谓在桀、纣则不然。

古者天子千官，诸侯百官。以是千官也，令行于诸夏之国，谓之王；以是百官也，令行于境内，国虽不安，不至于废易遂亡[③]，谓之君。圣王之子也，有天下之后也，势籍之所在也，天下之宗室也，然而不材不中，内则百姓疾之，外则诸侯叛之，近者境内不一，遥者诸侯不听，令不行于境内，甚者诸侯侵削之，攻伐之，若是，则虽未亡，吾谓之无天下矣。

圣王没，有势籍者罢不足以县天下[④]，天下无君，诸侯有能德明威积，海内之民莫不愿得以为君师。然而暴国独侈，安能诛之，必不伤害无罪之民，诛暴国之君若诛独夫。若是，则可谓能用天下矣。能用天下之谓王。

汤、武非取天下也，修其道，行其义，兴天下之同利，除天下之同害，而天下归之也。桀、纣非去天下也，反禹、汤之德，乱礼义之分，禽兽之行，积其凶，全其恶，而天下去之也。天下归之之谓王，天下去之之谓亡。故桀、纣无天下而汤、武不弑君，由此效之也。汤、武者，民之父母也；桀、纣者，民之怨贼也。

今世俗之为说者，以桀、纣为君而以汤、武为弑，然则是诛民之父母而师民之怨贼也，不祥莫大焉。以天下之合为君，则天下未尝合于桀、纣也。然则以汤、武为弑，则天下未尝有说也，直堕之耳[⑤]。故天子唯其人。

天下者，至重也，非至强莫之能任；至大也，非至辨莫之能分；至众也，非至明莫之能和。此三至者，非圣人莫之能尽，故非圣人莫之能王。圣人备道全美者也，是县天下之权称也[⑥]；桀、纣者，其知虑至险也，其至意至暗也[⑦]，其行之为至乱也；[⑧]亲者疏之，贤者贱之，生民怨之，禹、汤之后也，而不得一人之与；刳比干，囚箕子，身死国亡，为天下之大僇[⑨]，后世之言恶者必稽焉，是不容妻子之数也。故至贤畴四海[⑩]，汤、

武是也；至罢不容妻子，桀、纣是也。

今世俗之为说者，以桀、纣为有天下而臣汤、武，岂不过甚矣哉！譬之，是犹伛巫、跛匡大自以为有知也[11]。故可以有夺人国，不可以有夺人天下；可以有窃国，不可以有窃天下也。可以夺之者可以有国，而不可以有天下；窃可以得国，而不可以得天下，是何也？曰：国，小具也，可以小人有也，可以小道得也，可以小力持也；天下者，大具也，不可以小人有也，不可以小道得也，不可以小力持也。国者，小人可以有之，然而未必不亡也；天下者，至大也，非圣人莫之能有也。

【注释】

①常：通“尝”，曾经。

②不：当为衍文（王引之说）。

③遂：通“坠”，坠落，垮掉。

④罢：通“疲”，软弱，无能。县：悬挂。

⑤堕：毁，污蔑。

⑥权称：这里指标准。

⑦至意：当为“志意”（杨倞说）。

⑧之：当为衍文（王引之说）。

⑨僇：耻辱。

⑩畤四海：以四海为疆域，即拥有天下。畤，界，保。

⑪伛：驼背。匡：通“尪”，残疾人。

【译文】

社会上那些庸俗的学者说：“夏桀、商纣拥有天下，商汤、周武王把它篡夺了。”这种说法不对。认为夏桀、商纣曾经有过统治天下的势力权位，那是对的；认为他们亲自掌握着统治天下的势力权位，那就不对了；以为天下都掌管在夏桀、商纣手中，那也是不对的。

古代天下有上千个官吏，诸侯有上百个官吏。依靠这上千个官吏，政令推行到中原各诸侯国，就可以作为统治天下的帝王；依靠这上百个官吏，政令就能推行到国境之内，国家即使不安定，还不至于被废黜撤换垮台灭亡，就可以称作为诸侯国的国君。圣明帝王的子孙，是拥有天下的帝王的后代，是权势的占有者，是天下人所尊崇的帝王之家，但是如果没有才能又不公正，内则百姓怨恨他，外则诸侯背叛他，近处是境内不统一，远处是诸侯不听从，政令不能在境内施行，甚至于诸侯侵略分割他，攻打讨伐他；像这样，那么他即使还没有灭亡，我也要说他已经失去天下了。

圣明的帝王死了，那些拥有权势的后代没有德才，不能够用来掌握天下，天下等于没有了君主。诸侯中如果没有人能够德行贤明威信崇高，那么天下的人民就无不愿意得到他让他做自己的君长；然而暴君统治的国家偏偏奢侈放纵，怎么能杀掉暴君呢，如果确保不伤害没有罪过的民众，那么杀掉暴虐之国的君主就像杀掉独夫民贼一样。像这样，就可以说是能够使用天下人民了。能够使用天下人民的就叫作帝王。

商汤、周武王并不是夺取天下，而是遵行正确的政治原则，奉行合宜的道义，兴办天下人的共同福利，除去天下人的共同祸害，因而天下人归顺他。夏桀、商纣并不是丢了天下，而是违背了夏禹、商汤的德行，扰乱了礼义名分，干出了禽兽的勾当，不断行凶，无恶不作，因而天下人抛弃了他们。天下人归顺他就叫作称王，天下人抛弃他就叫作灭亡。所以夏桀、商纣王并没有拥有天下，而商汤、周武王并没有杀掉君主，从这个角度就能证明这一点。商汤、周武王，是人民的父母；夏桀、商纣王，是人民的仇敌。

现在社会上那些庸俗的学者，把夏桀、商纣王当作君主，而认为商汤、周武王是弑君的贼人，这样的话，那就是在谴责人民的父母；而把人民的仇敌当作君长，没有比这个更不吉利的事了。如果认为天下归附的人才是君主，那么天下人从来没有归附过夏桀、商纣王，这样的话，那么认为商汤、周武王是弑君的贼人，就是天下人从来没有过的说法了，这只不过是在毁谤他们罢了！所以天子一定要选有理想的人来担任。

治理天下，任务是极其繁重的，不是最强劲有力的人是不能够胜任的；范围是极其广大的，不是最睿智明辨的人是不能够分辨它的；人民是极其众多的，不是最英明的人是不能够协调的。这三个最，不是圣人没有谁能具备的，所以不是圣人就没有谁能称王天下的。圣人，是道德完备、十全十美的人，他能辨明轻重，平衡天下。夏桀、商纣王，他们的谋虑极其险恶，他们的思想极其愚昧，他们的行为极其昏乱。亲近的人疏远他们，贤能的人鄙视他们，人民怨恨他们，他们虽然是夏禹、商汤的后代，却得不到一个人帮助他，商纣王将比干剖腹挖心，囚禁箕子，结果自身死于非命、国家灭亡，成为天下最可耻的人，世人一说到坏人，就一定拿他作例证。这就是他们不能保住妻子儿女的道理。所以，极有德才的人能囊括天下，商汤、周武王就是；极无德才的人不能庇护妻子儿女，夏桀、商纣王就是。

现在社会上那些庸俗的学者，认为夏桀、商纣王拥有了天下而把商汤、周武王作为臣子，难道不是大错特错吗？打个比方，这就好像是驼背的巫婆、瘸了腿的残疾人狂妄地自以为有见解一样。所以，可以有夺取别人国家的事，却不可能有夺取别人天下的事；可以有窃取国家政权的事，却不可能有窃取天下统治权的事。夺取政权的人可能拥有一个国家，却不可能拥有整个天下；窃取政权可以得到一个国家，却不可能得到整个天下。这是为什么呢？回答说：国家是小器具，可以让德才低劣的小人占有，可以依靠歪门邪道来取得，可以凭借较小的力量来维持；天下是大器具，不可能让德才低劣的小人占有，不可能依靠歪门邪道来取得，不可能凭借较小的力量来维护。国家，小人可以拥有它，但是不一定就不灭亡；天下，是极其庞大的，不是圣人没有谁能占有它。

【原文】

世俗之为说者曰：“治古无肉刑而有象刑①：墨黥②；慅婴③；共④，艾毕⑤；菲⑥，对屦⑦；杀，赭衣而不纯⑧。治古如是。”是不然。以为治邪？则人固莫触罪，非独不用肉刑，亦不用象刑矣。以为人或触罪矣，而直轻其刑，然则是杀人者不死，伤人者不刑也。罪至重而刑至轻，庸人不知恶矣，乱莫大焉。

凡刑人之本，禁暴恶恶，且征其未也⑨。杀人者不死而伤人者不刑，是谓惠暴而宽贼也，非恶恶也。故象刑殆非生于治古，并起于乱今也。治古不然。凡爵列、官职、赏庆、刑罚，皆报也，以类相从者也⑩。一物失称⑪，乱之端也。夫德不称位，能不称官，赏不当功，罚不当罪，不详莫大焉。

昔者武王伐有商，诛纣，断其首，县之赤旆⑫。夫征暴诛悍，治之盛也。杀人者死，伤人者刑，是百王之所同也，未有知其所由来者也。

刑称罪则治，不称罪则乱。故治则刑重，乱则刑轻。犯治之罪固重，犯乱之罪固轻也。《书》曰：“刑罚世轻世重。”⑬此之谓也。

【注释】

①肉刑：指黥（脸上刺字后涂墨）、劓（割鼻子）、剕（剁脚）、宫（破坏生殖器）、大辟（砍头）等刑罚。象刑：象征性的刑罚。

②墨黥：用墨画脸代替黥刑。

③慅婴：同“草缨”，帽带。

④共：通“宫”，破坏生殖器的刑罚，所谓男子割势，女子幽闭。

⑤艾：通“刈”，割。毕：蔽膝，缝于长衣之前，是古代官服上的一种装饰。

⑥菲：通“剕”，砍掉脚的刑罚，也称刖刑。

⑦对：当为“䋞”字（郝懿行说），麻鞋。

⑧赭：红褐色。不纯：不镶边，此处指没有衣领。

⑨征：通“惩”，惩罚，通过惩罚而引起警戒使以后不再干。

⑩以类相从：指善有善报，恶有恶报。

⑪失称：失当，指爵位、官职、奖赏、刑罚的颁布实施没有做到依类相从。

⑫旆：旌旗。

⑬“《书》曰”句：见《尚书·吕刑》。

【译文】

社会上那些庸俗的学者说：“治理得很好的古代社会没有肉刑，而只是象征性的刑罚。用墨刑画脸来代替脸上刻字的黥刑；割鼻子的刈刑，用系上草制的帽带来代替；阉割生殖器的宫刑，用割去衣服前的蔽膝来代替；砍掉脚的剕刑，用穿麻鞋来代替；砍头的死刑，用穿上红褐色的衣服而不做衣领来代替。治理得很好的古代社会就像这样。”这种说法不对。以为当时已经治理好了吗？那么当时的人根本就没有谁再会犯罪了，那就不但用不着肉刑，而且也用不着象征性的刑罚了。以为当时的人有的还是犯罪了，而只是减轻他们的刑罚吗？如这样的话，那就是杀人的不会被处死，伤人的不会被惩罚。罪行极重而刑罚极轻，平常人就不知道憎恨犯罪了，祸乱没有比这更大的了。

大凡惩罚人的根本目的，是禁止暴行、反对作恶，而且防患于未然。杀死人的不被处死，而伤害人的不受刑罚，这叫作优待暴徒而宽恕强盗，不是反对作恶。所以，象征性的刑罚恐怕并非产生于治理得很好的古代，而都是产生于混乱的现代。治理得好的古代并不是这样的。凡是爵位、官职、奖赏、刑罚都是一种回报，是与行为的类别相应的。一件事赏罚失当，那就是祸乱的开端。德行和地位不相称，能力和官职不相称，奖赏和功劳不相当，刑罚和罪过不相当，没有比这更不吉利的事了。

从前周武王讨伐商王朝，惩罚商纣王，砍下了他的头，把它挂在大红旗的飘带上。惩罚暴君，惩治元凶，是政治上的丰功伟绩。杀人的被处死，伤人的被惩罚，这是历代帝王所相同的，没有人知道它是从什么时代传下来的。刑罚和罪行相当，社会才能治理得好；刑罚和罪行不相当，社会就会混乱。所以，社会治理得好，刑罚就重；社会混乱，刑罚才轻。《尚书》中说："刑罚有的时代轻，有的时代重。"说的就是这种情况。

【原文】

世俗之为说者曰："汤、武不能禁令。是何也？曰：楚、越不受制。"是不然。汤、武者，至天下之善禁令者也。汤居亳，武王居鄗，皆百里之地也，天下为一，诸侯为臣，通达之属莫不振动从服以化顺之①，曷为楚、越独不受制也？彼王者之制也，视形势而制械用②，称远迩而等贡献，岂必齐哉！故鲁人以榶③，卫人用柯④，齐人用一革⑤，土地刑制不同者，械用备饰不可不异也。

故诸夏之国同服同仪，蛮、夷、戎、狄之国同服不同制。封内甸服⑥，封外侯服⑦，侯卫宾服⑧，蛮夷要服⑨，戎狄荒服⑩。甸服者祭⑪，侯服者祀，宾服者享，要服者贡，荒服者终王。日祭、月祀、时享、岁贡⑫，夫是之谓视形势而制械用，称远近而等贡献，是王者之制也。彼楚、越者，且时享、岁贡、终王之属也，必齐之日祭、月祀之属然后曰受制邪？是规磨之说也⑬，沟中之瘠也，则未足与及王者之制也。语曰："浅不足与测深，愚不足与谋知，坎井之蛙不可与语东海之乐。"此之谓也。

【注释】

①振：通“震”，恐惧。

②形：情形，环境。制：法度，此指长期形成而人们普遍遵行的习俗。

③槫：碗。

④柯：盂，古时盛食物的器具。

⑤一革：不详，可能是皮革制成的器具。

⑥封内：都城周围五百里的地方。甸服：耕种王田，来服事天子。甸服以下以五百里为一区划分，依次为侯服、宾服、要服、荒服。

⑦封外：甸服之外五百里。侯服：担任警卫来服事天子。

⑧侯卫：指侯圻和卫圻。京城方圆五百里之外的地区分为侯圻、甸圻、另圻、采圻、卫圻等，其间各距五百里。宾服：按时进贡朝见天子。

⑨要服：用礼义教化约束，使之服从。服：服侍天子，指古代诸侯根据规定为天下提供服务。

⑩荒服：不定期向天子进贡。

⑪祭：此特指祭祀死去的祖父、父亲。

⑫句末当有“终王”二字（杨倞说）。

⑬规磨：揣测。

【译文】

社会上持某种学说的人说：“商汤、周武王不善于实施禁令。这种说法的根据是什么呢？回答说：因为楚国、越国不受他们的制约。”这种说法不对。商汤、周武王，是普天下最善于实施禁令的人。商汤居住在亳邑，周武王居住在镐京，都不过是方圆百里的地方，但是天下被他们统一了，诸侯做了他们的臣子，凡是交通能够到达的地方，人们没有不害怕服从、接受教化而归顺的。为什么楚国、越国偏偏不受他们的制约呢？那王者的制度，根据各地的情况来制造器械用具，衡量远近来规定进贡的等级差别，哪里一定要整齐划一呢？所以鲁国人用碗，卫国人用盂，齐国人用整块皮制作的器皿。土地环境风俗习惯不同的地方，器械用具设备服饰不能没有差别。

所以，中原各国同样服侍天子而礼节规范相同。南蛮、东夷、西戎、北狄等国家同样服侍天子而习俗不同。天子直接管辖的领地内以缴纳农作物来服侍天子，天子直接管辖的地区外围以守候放哨来服侍天子，再向外负责保卫的地区以宾客的身份按时进贡来服侍天子，南蛮、东夷等少数民族地区以接受约束来服侍天子，西戎、北狄等少数民族地区以不固定的进贡来服侍天子。以缴纳农作物来服侍天子的地区负责供给祭祀祖父、父亲的物品，以守候放哨来服侍天子的地区负责供给祭祀曾祖父、高祖的物品，以宾客身份按时进贡来服侍天子的地区负责供给远祖、始祖的物品，以接受约束来服侍天子的地区负责供给祭祀天神的物品，以不固定的进贡来服侍天子的地区要承认天子的统治地位。每天要祭祀一次祖父、父亲，每个月要祭祀一次曾祖、高祖，每个季度要祭祀一次远祖、始祖，每年要祭祀一次天神，每一代天子死了就要朝见一次即位的新天子，以承认他的统治地位。这就是所谓的根据各地的情形来制造器械用具，以衡量远近来规定进贡的等级差别，这就是王者的制度。楚国、越国，不过是进贡每季祭祀、每年祭祀的祭品，以及一代天子死了以后要承认新天子一类的国家，难道一定要使他们与那些供给每天祭祀、每月祭祀祭品一类的国家一样，然后才说他们“受制约”了吗？这是有差错的说法啊！这种人真像山沟中的僵尸，不值得和他谈论圣王的制度。俗话说：“短的东西不能用来测量深度，愚蠢的人不值得和他商量智巧的事，废井中的青蛙不能和他谈论东海中的乐趣。”说的就是这种情况。

【原文】

世俗之为说者曰：“尧、舜擅让[①]。”是不然。

天子者，势位至尊，无敌于天下，夫有谁与让矣？道德纯备，智惠甚明，南面而听天下，生民之属莫不振动从服以化顺之，天下无隐士，无遗善，同焉者是也，异焉者非也，夫有恶擅天下矣？

曰：“死而擅之。”是又不然。

圣王在上，图德而定次，量能而授官，皆使民载其事而各得其宜，不能以义制利，不能以伪饰性[②]，则兼以为民。圣王已没，天下无圣，则固莫足以擅天下矣。

天下有圣而后者[③]，则天下不离，朝不易位，国不更制，天下厌然与乡无以异也，以尧继尧，夫又何变之有矣？圣不在后子而在三公，则

天下如归，犹复而振之矣，天下厌然与乡无以异也。以尧继尧，夫又何变之有矣？唯其徙朝改制为难。故天子生则天下一隆，致顺而治，论德而定次，死则能任天下者必有之矣。夫礼义之分尽矣，擅让恶用矣哉？

曰："老衰而擅。"是又不然。

血气筋力则有衰，若夫智虑取舍则无衰。

曰："老者不堪其劳而休也。"是又畏事者之议也。

天子者，势至重而形至佚，心至愉而志无所诎，而形不为劳，尊无上矣。衣被则服五采[④]，杂间色[⑤]，重文绣，加饰之以珠玉；食饮则重大牢而备珍怪[⑥]，期臭味，[⑦]曼而馈[⑧]，代睪而食[⑨]，《雍》而彻乎五祀[⑩]，执荐者百人侍西房；居则设张容，负依而坐，诸侯趋走乎堂下；出户而巫觋有事，出门而宗祀有事[⑪]，乘大路、趋越席以养安[⑫]，侧载睪芷以养鼻[⑬]，前有错衡以养目[⑭]，和鸾之声[⑮]，步中《武》《象》，驺中《韶》《護》以养耳[⑯]，三公奉轭持纳，诸侯持轮挟舆先马，大侯编后，大夫次之，小侯、元士次之，庶士介而夹道，庶人隐窜，莫敢视望；居如大神，动如天帝，持老养衰，犹有善于是者与不[⑰]？老者，休也，休犹有安乐恬愉如是者乎？故曰：诸侯有老，天子无老，有擅国，无擅天下，固今一也。夫曰"尧、舜擅让"，是虚言也，是浅者之传，陋者之说也，不知逆顺之理，小大、至不至之变者也，未可与及天下之大理者也。

【注释】

①擅：通"禅"，传，禅让。

②伪：人为，指后天的努力。饰：通"饬"，整治。

③"后"下当脱"子"（俞樾说）。

④五采：青、赤、黄、白、黑五种颜色，古代称之为正色。

⑤杂：错杂，配合。间色：青、黄、赤、白、黑以外的杂色，如粉红、绿、碧、紫等色，它们是由正色相间调配而成，所以叫作间色。

⑥大牢："太牢"，祭祀用的猪、牛、羊。

⑦期：通"綦"，极，尽。臭味：香味。

⑧曼：通"万"，古代一种由十几人合奏的一种音乐；又说一种列队的舞蹈。

⑨代罩：当为“伐皋”（刘台拱说），击鼓。皋，通“鼛”，大鼓。

⑩《雍》：《诗经·周颂》的乐章名。彻：撤除。五祀：古时的五种祭祀。此专指灶社。

⑪祀：当为“祝”字（杨倞说）。

⑫大路：“大辂”，天子乘坐的车。越席：用蒲草编的席子。

⑬睪芷：香草名。

⑭错：交错的花纹。衡：车辕前的横木。

⑮和鸾：都是车上的铃，和在轼（车厢前的横木）前，鸾在衡上。

⑯驺：驾车时套在牲口上的曲木。

⑰不：同“否”。

【译文】

社会上持某种学说的人说：“尧、舜把王位禅让给了别人。”这种说法不对。

天子权势地位至高无上，天下无与伦比，谁敢接受他的禅让呢？尧、舜道德美好完备，智慧和仁爱之心普照天下，朝南坐着治理天下，所有的民众，都惊恐地听从归附以至被感化而依顺他们，天下没有被埋没的人才，没有被遗忘的好人好事，和尧、舜相同的言行才是正确的，和他们不同的言行就是错误的，他们又为什么要把天下让给别人呢？

有人说：“是等他们死了以后再把王位禅让给别人的。”这又不对。

圣明的帝王处在君位上，考虑德行来确定等级，衡量才能来授予官职，使人们全部能担负起自己的职事，而各人又都能得到适宜的安排；如果不能用道义来制约私利，不能通过自己的努力来改造本性，那就统统让他们当老百姓。圣明的帝王已经死了，天下如果没有圣人，根本就没有人能够接受禅让了。

天下如果有圣人而又出在圣明帝王的后代之中，天下人就不会离心离德，朝廷上就不会改变各人的的官位，国家也不会改变制度，天下就会平安地过渡和过去没有什么不同；这是用尧一样的圣王来继承尧，哪会有什么改变呢？如果圣人不出在圣明帝王的后代子孙中而出在辅佐大臣之中，那么天下人随从归附他，就像恢复国家而振兴它一样了，天下也会平安地过渡和过去没有什么不同；这是用尧一样的圣王来继承尧，哪会有什么改变呢？只有改朝换代、变更制度才是困难的。所以，圣明的天子活着，天下就专一地尊崇他，极其顺从而有秩序，评定德行来确定各自的等级位次；圣明的天子死了，能够担负起治理天下重任的继承人是一定会有的。礼义的名分全部落实了，哪里还用得着禅让呢？

有人说："是他们年老体衰才把王位禅让给别人的。"这又不对。

人的血脉、气色、筋骨、体力会衰退，至于智慧、思考能力、判断抉择能力却是不会衰退的。

还有人说："年老人的不能容忍劳累才退下来休息。"这又是怕做事者的议论。

天子权势极大而身体安逸，心情愉快而志向没有不能实现的，所以身体不会因为当了天子而劳累，而他的尊贵则是至高无上的了。穿着五彩缤纷的上衣，配上杂色的下衣，加上有花纹的刺绣，再用珠玉加以装饰。吃的方面，牛、羊、猪齐全的宴会一个连接一个，珍贵奇异的佳肴样样具备，各种香气美味应有尽有，在音乐声中送上食物，在击鼓声中进餐，奏起《雍》曲而把宴席撤回到灶上祭祀灶神，端菜的人有上百个侍候在西厢房。天子听政，要设置帷帐和小屏风，背靠大屏风而坐，诸侯在堂下有礼貌地前来觐见。如果要出宫门，巫师就有事情了，先要出城看看凶吉，大宗伯、大祝就有事情了；坐上宽阔的大车、踩着柔软的蒲席来保持身体的安逸，旁边放置湖岸上生长的香草来调养鼻子，车前有画着交错花纹的横木来调养眼睛，车铃的声音在车子上慢行时合乎《武》《象》的节奏，在车子奔驰时合乎《韶》《頀》的节奏来养耳朵，王公大臣扶着车辕、牵着缰绳，大国诸侯有的护着车轮、有的护着车厢、有的马前引路、有的跟在后面，小国诸侯与天子的高级文官跟在大夫的后面，士兵们穿着铠甲，在道路两旁作警卫，百姓隐藏躲避，没有人敢观望。天子坐着像神一样尊严，行动像天地一样自如，扶持老年的生活、保养衰退的身体，还有比这更好的养生之道吗？老年人要休息，可休息还有比这更安定快乐宁静愉悦吗？所以说：诸侯有告老退休的，天子没有告老退休的；有诸侯传让国家的，没有天子禅让天下的。这是古今都一样的。所谓"尧、舜把王位禅让给别人"，这是无稽之谈，是浅陋者的传言，是卑鄙者的胡说。他们不懂得是否违背世道人情的道理，不懂得国家与天下、至高无上与仰人鼻息之间的不同，是一些还不能和他们谈论天下大道理的人啊！

【原文】

世俗之为说者曰："尧、舜不能教化，是何也？曰：朱、象不化。"[①] 是不然也。尧、舜，至天下之善教化者也，南面而听天下，生民之属莫不振动从服以化顺之；然而朱、象独不化，是非尧、舜之过，朱、象之罪也。

尧、舜者，天下之英也；朱、象者，天下之嵬，一时之琐也。今世俗之为说者不怪朱、象，而非尧、舜，岂不过甚矣哉！夫是之谓嵬说。羿、蠭门者，天下之善射者也，不能以拨弓、曲矢中[②]；王梁、造父者，天下之善驭者也，不能以辟马、毁舆致远[③]；尧、舜者，天下之善教化者也，不能使嵬琐化。

何世而无嵬，何时而无琐，自太皞、燧人莫不有也[④]。故作者不祥，学者受其殃，非者有庆。《诗》曰："下民之孽，匪降自天；噂沓背憎，职竞由人。"[⑤] 此之谓也。

【注释】

①朱：尧的儿子，封于丹，故称"丹朱"。传说他德才不好，所以尧不传位给他而让给了舜。象：舜的异母弟弟，传说多次谋害舜。

②"中"下当脱"微"字（陈奂说）。

③辟：通"躄"，瘸腿。

④太皞：古帝名，传说是远古东夷族首领，风性，居于陈。一说即伏羲氏。燧人：古帝王。即燧人氏，传说他发明了钻木取火，使民熟食，于是人民推举他为王，号燧人氏，是人工取火的发明者。

⑤"《诗》曰"句：见《诗经·小雅·十月之交》。噂沓，当面谈笑。职，主要。竞，争逐，此指争抢灾祸。

【译文】

社会上持某种学说的人说："尧、舜不能教育、感化人。"这种说法的根据是什么呢？他们说："因为丹朱、象都没有被感化。"这种说法不对。尧、舜，是普天下最善于进行教育感化的人，他们坐南朝北治理天下，所有的民众无不恐惧服从、接受教化而归顺；然而唯独丹朱、象不能被感化，这不是尧、舜的过错，而是丹朱、象的罪过。

尧、舜是天下的英杰，丹朱、象是天下的奸诈之徒，当世的卑鄙小人。那些庸俗的学者，不责怪丹朱、象的奸诈卑鄙，而非议尧和舜，岂不是大错特错吗？这就是奇谈怪论。后羿、逢门，是天下善于射箭的人，但不能用别扭的弓和弯曲的箭去射中微小的目标；王梁、造父，是天下善于驾驭马车的人，但不能依靠瘸马和坏车子达到远方的目的地；尧、舜，是天下善于进行教育感化的人，但也不能使奸诈卑鄙的少数人转化。

哪个社会没有奸诈的小人？哪个时代没有鄙陋的小人？从伏羲氏、神农氏以来没有什么时代没有过。所以，那些庸俗的学者糊涂，学习他们的人就受到了毒害，而反对他们的人感到庆幸。《诗经》中说："百姓受灾又遭殃，灾殃并非从天降，当面谈笑背后恨，关键在于有坏人。"说的就是这个道理。

【原文】

世俗之为说者曰："太古薄葬，棺厚三寸，衣衾三领[①]，葬田不妨田，故不掘也。乱今厚葬饰棺，故扫也[②]。"是不及知治道，而不察于扫不扫者之所言也。

凡人之盗也，必以有为，不以备不足，足则以重有馀也[③]。而圣王之生民也，皆使当厚优犹不知足[④]，而不得以有馀过度。故盗不窃，贼不刺[⑤]，狗豕吐菽粟，而农贾能以货财让；风俗之美，男女自不取于涂而百姓羞拾遗[⑥]。故孔子曰："天下有道，盗其先变乎！"

虽珠玉满体，文秀充棺，黄金充椁，加之以丹矸[⑦]，重之以曾青[⑧]，犀象以为树，琅玕、龙兹、华觐以为实[⑨]，人犹且莫之扫也。是何也？则求利之诡缓[⑩]，而犯分之羞大也。

【注释】

①三领：三件。

②扫：古"掘"字。

③足：当为衍文（卢文弨说）。

④当厚：疑为"富厚"之误（王念孙说）。不：当为衍文（杨倞说）。

优犹：叠韵的连绵词，同“优游”，形容宽裕的样子。

⑤刺：杀人。

⑥取：通“聚”，会。涂：通“途”。

⑦丹矸：丹砂。又说，形似珠子而次于玉的美石，一名火齐珠。

⑧曾青：一种青色颜料。

⑨琅玕、龙兹、华觐：皆为珠宝名。

⑩诡：责。

【译文】

社会上持某种学说的人说：“远古时代葬礼节俭，棺材板只有三寸厚，衣服只有三套，被子只有三条，埋在田地底下而不妨碍种地，所以不会被人挖掘。现在的社会很混乱，葬礼奢侈，用珍宝装饰棺材，所以会被盗挖。”这是不懂得治国的道理，而又不明察盗墓与不盗墓原因的人的说法。

大凡人们去盗窃，一定是有原因的，不是为了补充自己的不足，就是为了自己有更多的剩余。而圣明的帝王养育人民，使他们富裕而懂得满足，不可以有多余的财物，不可以超过规定的标准。所以窃贼不会来偷窃，盗贼不会杀人抢劫，猪狗不会吃粮食，而农夫商人都能把财物让给别人；风俗是那样美好，男女自然在路上相会，而百姓都以拾取别人的遗失为羞耻。所以孔子说：“社会政治清明，盗贼大概会首先转变吧！”

像这样，即使珍珠宝玉挂满了尸体，绣有彩色花纹的丝绸塞满了内棺，黄金塞满了外椁。用朱砂涂刷它，用曾青粉饰它，在穴墓中用犀牛角和象牙雕刻成树，用琅玕、龙兹、华觐等珠玉宝贝做成树上的果实，人们仍不会去盗挖它。这是为什么呢？是因为人们求取私利的诡诈之心减少了，而违反道义的羞耻感增强了。

【原文】

夫乱今然后反是：上以无法使，下以无度行，知者不得虑，能者不得治，贤者不得使。若是，则上失天性，下失地利，中失人和。故百事废，财物诎而祸乱起。王公则病不足于上，庶人则冻馁羸瘠于下，于是焉桀、

纣群居，而盗贼击夺以危上矣。安禽兽行，虎狼贪，故脯巨人而炙婴儿矣。若是，则有何尤扣人之墓、抉人之口而求利矣哉？虽此倮而薶之[①]，犹且必扣也，安得葬薶哉？彼乃将食其肉而龁其骨也。夫曰："太古薄葬，故不扣也；乱今厚葬，故扣也。"是特奸人之误于乱说，以欺愚者而潮陷之以偷取利焉[②]，夫是之谓大奸。传曰："危人而自安，害人而自利。"此之谓也。

【注释】

①倮：赤体，裸体。薶：同"埋"。

②潮：当为"淖"字（卢文弨说）。偷：苟且。

【译文】

混乱的今天与古代相反。君主不遵循法度役使人民，臣民不遵循法度处理政事，有才能的人不去谋划国家大事，有能力的人不去治理国家，有德行的人不能得到重用。像这样，君主就会上失天时，下失地利，中失人和。因此百事荒废，财物缺少而祸乱兴起。天子、王公大臣、诸侯在上面忧虑财物不足，百姓则在下面挨冻受饿；于是桀、纣似的暴君聚集起来，而盗贼抢夺百姓来危害君主的统治。一个个像禽兽一样横行，像虎狼一样贪婪，甚至有把大人做成肉干来吃的，有把婴儿做成烤肉来吃的。像这样，为什么又要指责盗掘人家的坟墓，撬开死人的口来求取利益呢？即使赤身裸体来埋葬死人，也一定会有人被挖掘的，还讨论什么丧葬呢？也许他们还会吃死人的肉，啃死人的骨头呢？那些人说："远古时实行薄葬，所以不被挖掘；混乱的当今实行厚葬，所以被挖掘。"这只是奸邪的人被谬论误导，欺骗愚蠢的人而陷害他们从中牟利，这就叫作最大的奸恶。古书上说："危害别人而使自己安全，损害别人而自己牟利。"说的就是这种人。

【原文】

子宋子曰[①]："明见侮之不辱[②]，使人不斗。人皆以见侮为辱，故斗也；知见侮之为不辱，则不斗矣。"应之曰："然则亦以人之情为不恶侮

乎？”曰：“恶而不辱也。”曰：“若是，则必不得所求焉。凡人之斗也，必以其恶之为说，非以其辱之为故也。今俳优、侏儒、狎徒詈侮而不斗者③，是岂钜知见侮之为不辱哉④？然而不斗者，不恶故也。今人或入其央渎⑤，窃其猪彘，则援剑戟而逐之，不避死伤，是岂以丧猪为辱也哉？然而不惮斗者，恶之故也。虽以见侮为辱也，不恶则不斗；虽知见侮为不辱，恶之则必斗。然则斗与不斗邪，亡于辱之与不辱也，乃在于恶之与不恶也。夫今子宋子不能解人之恶侮，而务说人以勿辱也，岂不过甚矣哉！金舌弊口，犹将无益也。不知其无益则不知；知其无益也，直以欺人则不仁⑥，不仁不知，辱莫大焉。将以为有益于人，则与无益于人也⑦，则得大辱而退耳。说莫病是矣。”

【注释】

①子宋子：指宋钘。

②明：阐明。

③俳优：古时的滑稽演员。侏儒：发育不正常而身材矮小的人，古代常充当供人取乐的活宝。狎：戏弄。徒：服劳役的人。詈：骂。

④钜：通“讵”，难道，哪里。

⑤央渎：排水沟。

⑥直：犹“特”，特地，故意。

⑦与：通“举”，都。

【译文】

宋子说：“明白了被人侮辱而不以为耻辱，就能使人不争斗。人们都把被侮辱当作耻辱，所以会争斗；如果懂得了被侮辱算不上是一种侮辱，就不会争斗了。”回答说：“如果这样的话，那么先生也以为人之常情是不曾被人侮辱的吗？”宋子回答说：“虽然憎恶被人侮辱，但并不把被侮辱当作耻辱。”回答说：“像这样，那就一定达不到你所追求的目标了。大凡人们的争斗，一定是把自己憎恶受侮辱当作辩解，而不是把自己感到耻辱作为理由。现在那些滑稽演员和唱戏的优伶、供人取乐的矮子、被人戏弄的奴仆，受到侮辱却不争斗，这哪里是他们懂得了被人侮辱算不上是一种耻辱的道理呢？他们不争斗，是他们不憎恶被人侮辱的缘故啊！现在如果有人进入人家的猪圈中，偷人家的猪，失主一定会拿起剑戟去追赶窃贼，甚至于不避死伤，这哪里是因为他把丢失猪当作耻辱呢？他不怕争斗，是因为憎恶窃贼啊！所以，即使把被侮辱当作一种耻辱，但如果不憎恶它，就不会争斗。这样看来，争斗不争斗，不在于感到耻辱，但是如果不憎恶耻辱，就不会争斗；即使懂得了被侮辱算不上是一种耻辱的道理，但是如果憎恶它，就一定会争斗。这样看来，争斗不争斗，不在于感到耻辱还是不感到耻辱，而在于憎恶还是不憎恶耻辱。现在宋子不能消除人们对被侮辱的憎恶，而致力于劝说人们别把受侮辱看作耻辱，岂不是大错特错了吗？即使是能言善辩的铁嘴把皮都磨破了，仍将毫无好处。不知道这种做法没有好处就不明智，知道了这种做法没有好处，还用来欺骗别人就是不仁慈。不仁慈，不明智，这是最大的耻辱。宋子认为对人有好处，实际上对人却没有半点好处，最后遭到奇耻大辱而退场罢了！天底下的学说没有比这种说法更糟糕有害了。”

【原文】

子宋子曰：“见侮不辱。”应之曰：凡议，必将立隆正然后可也。无隆正，则是非不分而辨讼不决。故所闻曰：“天下之大隆，是非之封界，分职名象之所起[①]，王制是也。”故凡言议期命[②]，是非以圣王为师[③]，而圣王之分，荣辱是也。是有两端矣：有义荣者，有势荣者；有义辱者，有势辱者。志意修，德行厚，知虑明，是荣之由中出者也，夫是之谓义荣。爵列尊，贡禄厚，形势胜，上为天子诸侯，下为卿相士大夫，是荣之从外至者也，夫是之谓势荣。流淫污僈，犯分乱理，骄暴贪利，是辱之由中出者也，夫是之谓义辱。詈侮捽搏[④]，捶笞膑脚[⑤]，斩断枯磔[⑥]，藉靡舌绎[⑦]，是辱之由外至者也，夫是之谓势辱。是荣辱之两端也。故君子可以有势辱，而不可以有义辱；小人可以有势荣，而不可以有义荣。有势辱无害为尧，有势荣无害为桀。义荣、势荣，唯君子然后兼有之；义辱、势辱，唯小人然后兼有之。是荣辱之分也。圣王以为法，士大夫以为道，官人以为守，百姓以为成俗[⑧]，万世不能易也。

今子宋子案不然[⑨]，独诎容为己，虑一朝而改之，说必不行矣。譬之，是犹以抟涂塞江海也[⑩]，以焦侥而戴太山也[⑪]，蹎跌碎折[⑫]不待顷矣。

二三子之善于子宋子者，殆不若止之，将恐得伤其体也。⑬

【注释】

①分职：分管职务。名象：名物制度。

②命：命名，确定事物的名称。

③是非：当作“莫非”（王引之说）。

④捽搏：揪着头发打。捽，揪住。

⑤捶笞：用杖、鞭抽打。膑脚：剔去膝盖骨的酷刑。

⑥枯磔：古代一种酷刑，即车裂后弃尸于市，俗称五马分尸，将人头和四肢拴在五辆车上，用马拉车以撕裂肢体，并暴尸示众。

⑦藉：绳，缚，系。靡：通“縻”，绳，缚。舌缪：从后面捆缚。

⑧为：当为衍文（王念孙说）。

⑨案：则。

⑩抟：当作“抟”（卢文弨说），捏。涂：泥。

⑪焦侥：传说中的矮子。戴：用头顶。

⑫蹎：颠倒，跌倒。

⑬得：疑为“复”字之误（俞樾说）。

【译文】

宋子说：“被侮辱而不以为耻辱。”回复说：凡是议论，一定要树立一个最高的准则，没有一个最高准则，那么是非就不能区分，争辩不休而无法决断。我过去听说：“天下最高的准则，判断是非的界限，分管职务、名利制度的起源，就是古代圣王制度。”所以，凡是发言立论或约定事物的名称，它们的是非标准都要以圣人作为榜样；而圣王的道德原则，是看重光荣耻辱的。光荣、耻辱各有两个方面：有道义方面的光荣，有势位方面的光荣；有道义方面的耻辱，有势位方面的耻辱。志向美好，德行淳厚，智虑精明，这是从内心产生出来的光荣，这叫作道义方面的光荣。爵位尊贵，贡品俸禄优厚，权势地位优越，高一点的做了天子、诸侯，低一点的做了卿相、大夫，这是从外部得到的光荣，这叫作势位方面的光荣。行为放荡、丑恶，违反道义、扰乱伦理、骄横凶残、唯利是图，这是从内心产生出来的耻辱，这叫作道义方面的耻辱。受人责骂侮辱、被揪住头发挨打，受杖刑被鞭打、受膑刑被剔去膝盖骨，被砍头断手、五马分尸并弃于市，被五花大绑吊起，这是从外部得到的耻辱，这叫作势位方面的耻辱。这些是光荣与耻辱的两个方面。

所以，君子可能有势位方面的耻辱而不可能有道义方面的耻辱，小人有势位方面的光荣而不可能有道义方面的光荣。有势位方面的耻辱不妨碍成为尧，有势位方面的光荣不妨碍成为桀。道义方面的光荣、势位方面的光荣，只有君子才能同时拥有它们；道义方面的耻辱、势位方面的耻辱，只有小人才会同时拥有它们。这就是光荣与耻辱的道理。圣王把它当作法度，士大夫把它当作原则，一般官吏把它当作守则，老百姓根据它形成习俗，这是千秋万代也不会改变的。

现在宋子却不是这样，他独自用委曲容忍来整饬自己，想一个早晨改变历来的道德原则，他的学说一定行不通。打个比方，这就好像用捏成团的泥巴去填塞江海，让三尺高的矮人去背负泰山，立刻就会跌到在地，粉身碎骨了。诸位中与宋子相好的，还不如去制止他，否则将来恐怕会伤害自己的身体。

【原文】

子宋子曰："人之情，欲寡，而皆以己之情为欲多，是过也。"故率其群徒，辨其谈说[①]，明其譬称，将使人知情欲之寡也。应之曰："然则亦以人之情为欲[②]。目不欲綦色，耳不欲綦声，口不欲綦味，鼻不欲綦臭，形不欲綦佚。此五綦者，亦以人之情为不欲乎？"曰："人之情欲是已。"曰："若是，则说必不行矣。以人之情为欲此五綦者而不欲多，譬之是犹以人之情为欲富贵而不欲货也，好美而恶西施也[③]。古之人为之不然。以人之情为欲多而不欲寡，故赏以富厚而罚以杀损也[④]，是百王之所同也。故上贤禄天下，次贤禄一国，下贤禄田邑，愿悫之民完衣食。今子宋子以是之情为欲寡而不欲多也，然则先王以人所不欲者赏，而以人之所欲者罚邪？乱莫大焉。今子宋子严然而好说[⑤]，聚人徒，立师学，成文曲[⑥]，然而说不免于以至治为至乱也，岂不过甚矣哉！"

【注释】

①辨：通"辩"，动听有理，此用作使动词。

②欲：当为衍文，此句当连下文（卢文弨说）。

③西施：春秋时越国的美女。

④厚：财富多。杀：减少。

⑤严然：同“俨然”，庄重的样子。

⑥曲：当为“典”字（王念孙说）。

【译文】

宋子说：“人的本性，是寡欲的，而人们都认为自己的本性是多欲的，这是错误的。”所以率领他的众多弟子，把他的言论说得动听有理，把他的比喻说得明白清楚，想要使人们懂得人的本性是寡欲的。回答：“这样的话，那么先生也认为人的本性是眼睛不想看最美丽的颜色，耳朵不想听最悦耳的音乐，嘴巴不想吃最美味的佳肴，鼻子不想闻最好的气味，身体不想追求最大的安逸。这五种极好的享受，先生也认为人们的本性是不想要的吗？”他说：“人的本性，是想要这些享受的。”回答：“如果这样，那么先生的说法就一定行不通了。认为人的本性是想要这五种极好的享受而不想要很多，打个比方，这就好像认为人的本性是想要富贵的但又不要钱财，是喜爱美色的但又讨厌西施一样。古代的人做事就不是这样。他们认为人的本性是多欲而不是寡欲，所以用丰厚的财富来奖赏，用减少俸禄来惩罚，这是历代帝王所相同的。所以，上等的贤才享受天下的俸禄，次等的贤才享受一国的俸禄，下等的贤才享受封邑的俸禄，忠厚老实的百姓保住衣食。如果宋先生认为古代这些人的本性也是寡欲而不是多欲，那么古代的圣王是用人们不想要的东西来奖赏，而用人们想要的东西来惩罚吗？没有比这更混乱的了。现在宋子一本正经地珍爱自己的学说，聚集门徒，创立学派，著书立说，然而他的学说不免把最安定的社会看作最混乱的社会，难道不是大错特错了吗？”

礼论第十九

【题解】

本篇主要阐述了礼的起源、内容、作用及意义，是一篇全面阐释礼的论文，是我们了解古代礼制的重要参考文献。

【原文】

礼起于何也？曰：人生而有欲，欲而不得，则不能无求；求而无度量分界，则不能不争；争则乱，乱则穷。先王恶其乱也，故制礼义以分之[①]，以养人之欲，给人之求，使欲必不穷于物，物必不屈于欲，两者相持而长，是礼之所起也。

【注释】

①分：名分，这里作动词，表示确定名分，即划定人的等级地位职分等。

【译文】

礼是在什么情况下产生的呢？回答说：人生下来就有欲望；如果想要什么而不能得到，就不能没有追求；如果一味地追求而没有个标准限度，就不能不发生争夺；一发生争夺就会有混乱，一有祸乱就会陷入困境。古代的圣王厌恶混乱，所以制定了礼义来确定人们的名分，以此来调养人们的欲望，满足人们的要求，使人们的欲望不因财物的匮乏而得不到满足，使财物不因满足人们的欲望而耗尽，使物质和欲望两者在互相制约中增长，这就是礼产生的原因。

【原文】

故礼者，养也。刍豢稻粱，五味调香[①]，所以养口也；椒兰芬苾[②]，所以养鼻也；雕琢、刻镂、黼黻、文章，所以养目也；钟鼓、管磬，琴瑟、竽笙，所以养耳也；疏房、檖貇、越席、床笫、几筵[③]，所以养体也。故礼者，养也。

【注释】

①调：调和。香：当作"盉"（王念孙说）。通"和"，调味。

②椒：香木名，其叶芳香，古人作茶茗时煮其叶以为香。兰：香草名。芬苾：芬芳。

③疏：窗。檖貇：深邃的房屋。檖，通"邃"，深远。貇，古"貌"字。古代宫室也称"庙"。笫：竹编的床席。几筵：古人席地而坐，放在座位边上供靠的小桌子叫几，倚时用几。筵，竹制的垫席，称"筵"。

【译文】

所以礼这种东西，是用来满足人们欲望的。牛、羊、猪、狗等肉食和稻米、谷子等细粮，五味调和的佳肴，是用来满足嘴巴的；椒树、兰草香气芬芳，是用来满足鼻子的；在器皿上雕刻图案，在礼服上绘彩色花纹，是用来满足眼睛的；钟、鼓、管、磬、琴、瑟、竽、笙等乐器，是用来满足耳朵的；窗户透明的房间、深邃的朝堂、柔软的蒲席、床上的竹子铺、矮桌与垫席，是用来满足躯体的。所以，礼这种东西，是用来满足人们欲望的。

【原文】

君子既得其养，又好其别。曷谓别？曰：贵贱有等，长幼有差，贫富轻重皆有称者也。故天子大路越席，所以养体也；侧载睪芷，所以养鼻也；前有错衡，所以养目也；和鸾之声，步中《武》《象》，趋中《韶》《頀》，所以养耳也；龙旗九斿[①]，所以养信也[②]；寝兕、持虎、蛟韅、丝末、弥龙[③]，所以养威也；故大路之马必倍至教顺，然后乘之，所以养安也。孰知夫出死要节之所以养生也？孰知夫出费用之所以养财也？

孰知夫恭敬辞让之所以养安也？孰知夫礼义文理之所以养情也？故人苟生之为见，若者必死；苟利之为见，若者必害；苟怠惰偷懦之为安，若者必危；苟情说之为乐，若者必灭。故人一之于礼义，则两得之矣；一之于情性，则两丧之矣。故儒者将使人两得之者也，墨者将使人两丧之者也。是儒、墨之分也。

【注释】

①斿：旗上的飘带，古代旌旗下边悬垂的饰物。

②信：符信，凭据。

③寝兕：伏着的犀牛。持虎：蹲着的虎，与寝兕都是画在天子车轮上的图案。蛟韅：系在马肚下的皮带。末：通“幦”，古代车轼上的覆盖物。弥：车耳，车厢两旁供人倚靠的地方。

【译文】

君子得到了礼的调养之后，还喜欢礼的区别。什么叫作礼的区别？回答说：就是高贵和卑贱有不同的等级，年长和年幼有一定的差别，贫穷和富裕的、权轻势微和权重势大的都各有相宜的规定。

天子乘坐宽敞的大车、铺垫柔软的蒲席，是用来保养身体的；旁边放置湖岸上的香草，是用来调养鼻子的；车前画着交错花纹的横木，是用来调养眼睛的；车铃的声音，在车慢行时合乎《武》《象》的节奏，在车奔驰的时候合乎《韶》《頀》的节奏。这是用来调养耳朵的；画着龙的旗帜下边有九条飘带，是用来宣示身份信号的；车子上画着横卧的犀牛和蹲着的老虎、马系着用鲨鱼皮制成的腹带、车前挂着丝织的车帘、车耳刻成龙形，这是用来强调威严的；天子的大车上所用的马，一定要训练得十分顺服，然后才用它拉车，这是用来保证安全的。谁懂得献出生命坚守节操是用来保养生命的呢？谁懂得花费钱财是用来保养钱财的呢？谁懂得恭敬谦让是用来保住安逸的呢？谁懂得礼义仪式是用来调养情操的呢？所以人如果只看见生，这样的人就一定会死；如果只看见利，这样的人就一定会受到损害；如果只是喜欢懈怠苟且偷安，这样的人就一定会遇到危险；如果只是喜欢纵情作乐，这样的人就一定会灭亡。所以，人如果专门把心思放在讲究礼义上，那么礼义性情两方面就不保了。儒家却使人们双双保全它们，墨家却要使人们双双丧失它们，这就是儒家和墨家的区别。

【原文】

礼有三本[①]：天地者，生之本也；先祖者，类之本也；君师者，治之本也。无天地恶生？无先祖恶出？无君师恶治？三者偏亡焉，无安人。故礼上事天，下事地，尊先祖而隆君师，是礼之三本也。

【注释】

①本：根本，本源。

【译文】

礼有三个根本：天地是生存的根本，祖先是种族的根本，君长是政治的根本。没有天地，怎么生存？没有祖先，种族从哪里产生？没有君长，怎么能使天下太平？这三种即使部分地缺失了，人民也不会有安宁的生活。所以礼，上事奉天，下事奉地，尊重祖先而推崇君长。这是礼的三个根本。

【原文】

故王者天太祖[①]，诸侯不敢坏[②]，大夫士有常宗[③]，所以别贵始。贵始，得之本也[④]。郊止乎天子[⑤]，而社止于诸侯，道及士大夫[⑥]，所以别尊者事尊，卑者事卑，宜大者巨，宜小者小也。故有天下者事十世[⑦]，有一国者事五世，有五乘之地者事三世[⑧]，有三乘之地者事二世，持手而食者不得立宗庙，所以别积厚，积厚者流泽广，积薄者流泽狭也。

【注释】

①天：意动用法，把……当作天。太祖：后世称开国皇帝为"太祖"。

②坏：破坏。

③士：官名，地位仅次于大夫。常宗：合法的祖宗，即合乎宗法制度而经常为大宗（嫡长子相继的一系）所祭祀的祖宗，为族人百世不迁之大宗。

④得：通“德”。

⑤郊：古代天子每年冬至在南郊祭天的活动。

⑥道：祭路神。

⑦十：当作“七”字（杨倞说）。

⑧五乘之地：古代兵赋之法规定，六里见方的土地出兵车一乘（包括一辆车、四匹马、二十八甲士、二十个盾手、三十个民夫），所以以六里见方的土地为一乘之地。

【译文】

所以，称王天下的天子可以把创建国家的始祖当作天来祭祀，诸侯不敢破坏始祖的庙，大夫和士有百世不迁的大宗，这种宗法祭祀制度是用来区别各自所尊奉的始祖的。尊重始祖，是道德的根本。到南郊外祭祀天神仅限于天子，而祭祀土地神则是从天子开始到诸侯为止，祭祀路神则向下延及大夫和士，这是用来区别尊贵的人才能侍奉尊贵的人、卑贱的人只能侍奉卑贱的人，适宜做大事的就做大事，适宜做小事的就做小事。所以，拥有天下的天子祭祀七代祖先，拥有一个国家的诸侯祭祀五代祖先，拥有五个六里见方的大夫祭祀三代祖先，拥有三个六里见方土地的士可以祭祀两代祖先，依靠双手糊口的百姓不准建立祖庙，这是用来区别功绩大的人传布恩德应该广远、功绩小的人传布的恩德应该狭窄。

【原文】

大飨[①]，尚玄尊[②]，俎生鱼[③]，先大羹[④]，贵食饮之本也。飨，尚玄尊而用酒醴，先黍稷而饭稻粱。祭，齐大羹而饱庶羞[⑤]，贵本而亲用也。贵本之谓文，亲用之谓理，两者合而成文，以归大一[⑥]，夫是之谓大隆。故尊之尚玄酒也，俎之尚生鱼也，俎之先大羹也[⑦]，一也。利爵之不醮也[⑧]，成事之不俎不尝也，三臭之不食也[⑨]，一也。大昏之未发齐也[⑩]，大庙之未入尸也，始卒之未小敛也，一也。大路之素未集也[⑪]，郊之麻絻也[⑫]，丧服之先散麻也[⑬]，一也。三年之丧，哭之不文也[⑭]，《清庙》之歌，一倡而三叹也，县一钟，尚拊之膈[⑮]，朱弦而通越也[⑯]，一也。

【注释】

①大飨：古代天子或诸侯把远近祖先的神主牌位集合在太祖庙而举行的大合祭，一般三年举行一次。

②尚：通“上”，以……为上等。玄尊：盛着清水的酒杯。

③俎：一种四脚长方形的器皿，是祭祀时陈置鱼肉的礼器。

④大羹：祭祀时所用不加调味品的肉汁。

⑤齐：通“跻”，进献。

⑥大一：“太一”，太古时代。

⑦俎：当为“豆”字（王先谦说）。

⑧利：古代祭祀时用代替死者受祭的活人叫作“尸”，把祭品端给尸的人叫作“利”。醮：喝尽。

⑨臭：通“侑”，劝食。

⑩昏：同“婚”。发：举行。齐：通“醮”，古时婚礼的一种仪式。

⑪未：当为“末”字（俞樾说）。集：当为衍文（同上）。

⑫麻绕：麻布帽。绕，同“冕”。

⑬散麻：小敛使主人在腰间系上麻带。

⑭文：当为“反”字（卢文弨说）。

⑮拊、膈：均为古乐器名。之：当为衍文（王先谦说）。

⑯朱弦：染成红色的丝弦。通越：在瑟底通一孔，使声音凝重。

【译文】

在太庙合祭历代祖先，用盛着清水的酒器以及盛着生鱼为上等祭祀品，首先献上不加调味品的肉汁，这是为了尊重饮食的本源。四季祭祀远祖时，用盛着清水的酒器为最高祭品，供上甜酒，首先献上黍、稷，再端上熟米饭；每月祭祀近祖时，首先献上未加调味品的肉汁，再盛陈各种美味的食物；这些都是为了尊重饮食的本源而又接近实际的食用。尊重饮食的本源叫作形式上的修饰，接近实际的食用叫作内容上合理，这两者结合起来就形成了礼仪制度，然而又使它趋向于远古的质朴状态，这才叫作对礼的最大尊崇。所以，酒杯中用替代的清水为上等祭祀品，俎中以生鱼为上等祭祀品，俎中先盛不加调味品的肉汁，这三种做法与远古的质朴是一致的。代替死者受祭祀的人不把献酒人献上的酒喝尽，祭祀完毕时俎中的生鱼不吃，劝受祭祀者吃东西的人三次劝食而自己不吃，这与远古时代是一致的。

天子祭祀的大车用素色的车帘、郊外祭祀天时的麻布帽、居丧时先在腰间系上散乱的麻带，这与远古时代是一致的。三年服丧，哭着唱《清庙》之歌，一人领唱而三人应和，悬挂一口钟，用拊与膈奏乐，把丝弦染成红色而瑟底通孔，这与远古时代是一致的。

【原文】

凡礼，始乎棁①，成乎文②，终乎悦校③。故至备，情文俱尽④；其次，情文代胜⑤；其下，复情以归大一也。天地以合，日月以明，四时以序，星辰以行，江河以流，万物以昌，好恶以节，喜怒以当，以为下则顺，以为上则明，万物变而不乱，贰之则丧也⑥。礼岂不至矣哉！立隆以为极，而天下莫之能损益也。本末相顺，始终相应，至文以有别，至察以有说。天下从之者治，不从者乱；从之者安，不从者危；从之者存，不从者亡。小人不能测也。

【注释】

①棁：通“脱”，疏略。

②文：文饰，指礼节仪式。

③校：当作“恔”字（郝懿行说），愉悦。

④情：感情，指礼仪所要表达的感情，如丧礼所要表达的悲哀、祭礼所要表达的敬等。

⑤代：交替，轮流。

⑥贰：不专一，背叛。

【译文】

凡是礼，总是从简略开始，逐渐形成仪式，最后达到使人称心如意的程度。所以最完备的礼，要表达的感情和礼节仪式，都发挥得淋漓尽致；其次，是所要表达的感情和礼节仪式互有参差；最后，就是使所要表达的感情回到原始状态，从而趋向于远古的质朴。但无论如何，天地因为礼的作用而风调雨顺，日月因为礼的作用而光辉明亮；四季因为礼的作用而井然有序，星辰因为礼的作用而正常运行；江河因为礼的作用而奔流大海，万物因为礼的作用而繁荣昌盛；爱恨因为礼的作用而有所节制，喜怒因为礼的作用而恰如其分；用它来治理臣民就可使臣民服从依顺，用它来整饬君主就可使君主通达英明；万物千变万化而不混乱，但如果背离了礼就会丧失一切。礼难道不是至高无上的吗？圣人确立了隆盛的礼制而把它作为最高的准则，因而天下没有谁再能增减改变它。这种礼制的根本原则和具体细节之间互不抵触，仪式开始的时候和结束的时候互相应和；极其完美而有明确的等级区别，极其明察而有详尽的理论说明。天下遵循礼的国家治理得好，不遵循礼的国家混乱；遵循礼的国家安定，不遵循礼的国家危险；遵循礼的国家存在，不遵循礼的国家灭亡。礼的这些作用，小人是不能估量的。

【原文】

礼之理诚深矣，“坚白”“同异”之察入焉而溺；其理诚大矣，擅作典制辟陋之说入焉而丧[①]；其理诚高矣，暴慢、恣睢、轻俗以为高之属入焉而队[②]。故绳墨诚陈矣[③]，则不可欺以曲直；衡诚县矣，则不可欺以轻重；规矩诚设矣，则不可欺以方圆；君子审于礼，则不可欺以诈伪。故绳者，直之至；衡者，平之至；规矩者，方圆之至；礼者，人道之极也。然而不法礼，不足礼，谓之无方之民[④]；法礼足礼[⑤]，谓之有方之士。礼之中焉能思索，谓之能虑；礼之中焉能勿易，谓之能固。能虑能固，加好者焉，斯圣人矣。故天者，高之极也；地者，下之极也；无穷者，广之极也；圣人者，道之极也。故学者固学为圣人也，非特学为无方之民也。

【注释】

①辟：通“僻”，邪僻。陋：见识少。

②队：同“坠”，坠落。

③陈：陈列，指拉出来弹画。

④无方：无道，没有原则。

⑤足：指充分地掌握。

【译文】

礼的道理真深奥啊，那些“坚白”“同异”等所谓明察的辨析，一进入礼的道理之中就被湮没了；礼的道理真大啊，那些擅自编造典章制度、邪僻浅陋的学说，一进入礼的道理之中就没命了；礼的道理真高啊，那些把粗暴傲慢、恣肆放荡、轻视习俗作为高尚的人，一进入礼的道理之中就垮台了。所以，木工的墨线确实拉出来了，就不可能再用曲直来欺骗；秤确实挂起来了，就不可能再用轻重来搞欺骗；圆规角尺确实设置了，就不可能再用方圆来搞欺骗；君子对礼了解得明白清楚，就不可能再用诡诈来欺骗他。墨线这种东西，是直的极点；秤这种东西，是平衡的极点；圆规角尺这种东西，是方圆的极点；礼这种东西，是社会道德规范的极点。既然这样，那么不遵循礼，不充分地掌握礼，就叫作没有原则的人；遵循礼，充分地掌握礼，就叫作有原则的贤士。在遵循礼掌握礼的过程中能够思索探索，叫作善于谋虑；在遵循礼掌握礼的过程中能不变，叫作能够坚定。善于谋虑，能够坚定，再加上爱好礼，就是圣人了。天，是高的极点；地，是低的极点；没有尽头，是广阔的极点；圣人，是道德的极点。所以学习的人，本来就应该做个圣人，不是只学做个没有原则的人。

【原文】

礼者，以财物为用①，以贵贱为文，以多少为异，以隆杀为要②。文理繁，情用省，是礼之隆也；文理省，情用繁，是礼之杀也；文理、情用相为内外表里，并行而杂③，是礼之中流也。故君子上致其隆，下尽其杀，而中处其中。步骤、驰骋、厉骛不外是矣④，是君子之坛宇、宫廷也。人有是⑤，士君子也；外是，民也；于是其中焉，方皇周挟⑥，曲得其次序，是圣人也。故厚者，礼之积也；大者，礼之广也；高者，礼之隆也；明者，礼之尽也。《诗》曰：“礼仪卒度，笑语卒获。”⑦此之谓也。

【注释】

①用：用具，工具。

②隆：隆重，丰厚。杀：减少，俭省。

③并：并列。杂：交错，相互配合。

④厉骛：飞跑。

⑤有：通“域”，居住，用作动词，限定在……范围之中。

⑥方皇：同“彷徨”。周挟：周遍。挟，通“浃”。

⑦“《诗》曰”句：见《诗经·小雅·楚茨》。

【译文】

礼，把钱财物品作为工具，把尊贵与卑贱的区别作为礼仪制度，把享受的多少作为尊贵的差别，把隆重和简省作为要领。礼节仪式繁多，但所要表达的感情、所要起到的作用却简约，这是隆重的礼。礼节仪式简约，但所要表达的感情、所要起到的作用却繁多，这是简约的礼。礼节仪式和它所要表达的感情，所要起到的作用互相构成内外表里的关系，两者并驾齐驱而交错配合，这是适中的礼。所以，知礼的君子对隆重的礼仪就极尽隆重，对简约的礼仪就极尽简约，而对适中的礼仪也就做适中的处理。不管慢走快跑、驱马驰骋、剧烈奔跑，都越不出规矩，这就是君子的活动范围。人如果活动限定在这个范围之中，就是士君子；如果超出了这个规矩，就是普通的人；如果在这个范围中间，来回周旋，处处符合它的次序，这就是圣人了。所以，圣人的伟大，是靠礼的积蓄；圣人的大度，是靠礼的广度；圣人的崇高，是靠礼的高大；圣人的明察，是靠礼的透彻。《诗经》中说：“礼仪全都和法度，言谈举止就都合时务。”说的就是这种情况。

【原文】

礼者，谨于治生死者也。生，人之始也；死，人之终也。终始俱善，人道毕矣。故君子敬始而慎终。终始如一，是君子之道，礼义之文也[①]。夫厚其生而薄其死，是敬其有知而慢其无知也，是奸人之道而倍叛之心也[①]。君子以倍叛之心接臧谷[②]，犹且羞之，而况以事其所隆亲乎！故死之为道也，一而不可得再复也，臣之所以致重其君，子之所以致重其亲，于是尽矣。故事生不忠厚、不敬文谓之野，送死不忠厚、不敬文谓之瘠。

君子贱野而羞瘠[③]，故天子棺椁十重[④]，诸侯五重，大夫三重，士再重，然后皆有衣衾多少厚薄之数[⑤]，皆有翣蒌文章之等以敬饰之[⑥]，使生死终始若一，一足以为人愿，是先王之道，忠臣孝子之极也。天子之丧动四海，属诸侯[⑦]；诸侯之丧动通国，属大夫；大夫之丧动一国，属修士；修士之丧动一乡，属朋友；庶人之丧合族党，动州里[⑧]。刑馀罪人之丧不得合族党，独属妻子，棺椁三寸，衣衾三领，不得饰棺，不得昼行，以昏殣[⑨]，凡缘而往埋之[⑩]，反无哭泣之节，无衰麻之服[⑪]，无亲疏月数之等，各反其平，各复其始，已葬埋，若无丧者而止，夫是之谓至辱。

【注释】

①倍：通“背”。

②臧：奴仆。谷：小孩。

③瘠：薄。

④棺椁：古代的棺材多层，最里面的一层叫“棺”，套在“棺”外面的大棺材都叫“椁”。十：当作“七”（王引之说）。

⑤衣衾：当作“衣食”（卢文弨说）。

⑥翣蒌：当作“翣菨”（杨倞说），古代棺木上的一种装饰物。

⑦属：聚集，会合。

⑧州里：周代的行政单位，一万二千五百户为一乡，二千五百户为一州，二十五户为一里。

⑨殣：用土掩埋。

⑩凡缘：指平常衣服。

⑪衰：通“缞”，用麻布做的丧服。

【译文】

礼，是严谨地处理生与死。生，是人生的开始；死，是人生的终结。终结和开始都处理得好，那么为人之道也就完备了。所以，君子严肃地对待人生的开始，而慎重地对待人生的终结。对待终结与开始就像对待同一件事一样，这是君子的原则，也是礼义的具体规定。看重人活着的时候而看轻人的死亡，这是敬重活人的有知觉而怠慢死人没有知觉，这是邪恶之人的原则，是一种背叛别人的心肠。君子拿背叛别人的心肠去对待奴仆、儿童，尚且感到羞耻，更何况是用这种心肠来侍奉自己所尊敬的君主和亲爱的父母呢！再说死亡有一条规律，就是每个人只死一次而不可能再重复一次，所以臣子要表达对君主的敬重，子女表达对父母的敬重，处理了丧事也就到头了。所以侍奉生者不忠诚笃厚、不恭敬有礼，就称之为粗野；葬送死者不忠诚笃厚、不恭敬有礼，就称之为薄待。君子鄙视粗野而把薄待看作羞耻。所以天子的棺材有七层，诸侯五层，大夫三层，士两层；其次，他们又都有衣服被子或多或少，或厚或薄的数目规定，都有棺材遮蔽物以及花纹图案的等级差别；用这些来恭敬地装饰死者，使他们在生前与死后、结束一生时与开始一生时都受到相同的待遇，完全满足人们的愿望，这是古代圣王的原则，也是忠臣孝子的最高准则。天子的丧事牵动整个天下，聚集诸侯来送葬。诸侯的丧事牵动有友好交往的国家，聚集大夫来送葬。大夫的丧事牵动一国，聚集上士来送葬。上士的丧事牵动一乡，聚集朋友来送葬。百姓的丧事，集合同族亲属来送葬，牵动州里。受过刑罚罪犯的丧事，不准聚集同族亲属来送葬，只能有妻子儿女来丧葬，棺材三寸，衣服被子三套，不准文饰棺材，不准白日送葬，只能在黄昏埋葬，而且妻子儿女只能穿着平常的服装去埋掉他，回来后，没有哭泣的礼节，没有披麻戴孝的丧服，没有因为亲戚关系而形成的服丧日期的等级差别，各人都回到自己平常的情况，各人都恢复到自己当初的样子，把他埋葬之后，就像没有死过人一样而什么也不做，这叫作最大的耻辱。

【原文】

礼者，谨于吉凶不相厌者也[①]。纩听息之时[②]，则夫忠臣孝子亦知其闵已[③]，然而殡殓之具未有求也[④]；垂涕恐惧，然而幸生之心未已，持生之事未辍也；卒矣，然后作具之。故虽备家，必逾日然后能殡，三日而成服，然后告远者出矣，备物者作矣。故殡，久不过七十日，速不损五十日。是何也？曰：远者可以至矣，百求可以得矣，百事可以成矣，其忠至矣，其节大矣，其文备矣。然后月朝卜日，月夕卜宅[⑤]，然后葬也。当是时也，其义止，谁得行之？其义行，谁得止之？故三月之葬，其貌以生设饰死者也，殆非直留死者以安生也，是致隆思慕之义也。

【注释】

①厌：同“压”，掩，侵袭。

②纩纩：把新棉絮放在临死者的鼻前，看其是否断气。纩，安放。纩，新棉絮。

③闵：忧患，这是指垂危。

④殡：停放灵柩，也就是入棺后到埋葬的仪式。

⑤“月朝”两句：当作“月朝卜宅，月夕卜日”（王引之说）。

【译文】

礼，是严谨地使吉利的事与凶险的事互不侵犯。把新的棉絮放在临终者的鼻前而听其气息的时候，就是那些忠臣孝子也知道他生命垂危了，但是停柩入殓的用具却还不去考虑；虽然这时他们流着眼泪惊恐害怕，但是希望他能侥幸活下去的心思没有止息，维持他生命的事情也没有终止；直到他死了，才开始准备治丧的物品。所以，即使是治丧物品齐备的人家，也必须过一天才能入棺停柩，到了第三天才穿上丧服守丧。然后去远方报丧的人才出发，准备治丧物品的人才开始操办。所以，停灵柩的时间，长超不过七十天，快也不少于五十天。这是为什么呢？是因为这样远方来奔丧的亲友才可以赶到，办理丧事需要的各种东西才能备齐，各种事情也都不能耽误了。人们的忠诚尽到了，对长辈的礼节盛大了，然后才在月底占卜确定埋葬的地点，在月初占卜确定埋葬的日期，然后才埋葬。这个时候，道义上禁止的事，谁能去做？道义上推行的事，谁能禁止？所以，停柩三个月的葬礼，表面上是用生者的设施来装饰死者，实际上恐怕不只是保留一下死者来安慰生者，这是在表达尊重怀念之情啊！

【原文】

丧礼之凡[①]：变而饰，动而远，久而平。故死之为道也，不饰则恶，恶则不哀，尔则玩[②]，玩则厌，厌则忘[③]，忘则不敬。一朝而丧其严亲，而所以送葬之者不哀不敬，则嫌于禽兽矣[④]，君子耻之。故变而饰，所以灭恶也；动而远[⑤]，所以遂敬也；久而平，所以优生也[⑥]。

【注释】

①凡：常道，指通常的原则。

②尔：通“迩”，近。玩：轻忽，习惯而不经心。

③忘：当为“怠”字（久保爱说）。同下。

④嫌：近。

⑤动：指举行丧礼的各种仪式。

⑥优：调节，协调。

【译文】

丧礼的一般原则是：人死后要装饰，举行丧礼仪式要使死者逐步远去，时间长了便恢复到平常的状态。所以，料理死亡的做法是，不化妆整容就会难看，难看了生者就不会悲哀；离死者近了就不严肃，不严肃就会厌恶，厌恶就会怠慢，怠慢就不恭敬。有朝一日自己的双亲死了，而葬礼不悲哀不恭敬，那就近于禽兽了，君子以此为耻辱。所以，人死了要化妆整容，是用来消除厌恶的；举行丧礼要用很长时间，是为了让死者渐渐远去，是用来表达恭敬的；时间长了内心就恢复了平静，是为了善待生者。

【原文】

礼者，断长续短，损有馀、益不足，达爱敬之文，而滋成行义之美者也。故文饰、粗恶，声乐、苦泣，恬愉、忧戚，是反也，然而礼兼而用之，时举而代御①。故文饰、声乐、恬愉，所以持平奉吉也；粗衰、哭泣、忧戚②，所以持险奉凶也。故其立文饰也，不至于窕冶③；其立粗衰也，不至于瘠弃；其立声乐恬愉也，不至于流淫惰慢；其立哭泣哀戚也，不至于隘慑伤生④，是礼之中流也。

【注释】

①时：更。

②衰：当为“恶”字（王念孙说）。

③窕冶：浮薄，妖艳。窕，通“姚”，妖艳。

④隘：穷。慑：悲戚。

【译文】

礼，是取长补短，减少有余、弥补不足，表达爱慕恭敬的仪式，来养成实行道义的美德的。所以，文饰和粗恶，音乐和哭泣，愉快和忧戚，本是对立的，然而礼都加以采用，交替运用。所以，文饰、音乐、愉快，是用来对待平安吉祥的；粗恶、哭泣、忧戚，是用来对待危险和不幸的。所以，在设立仪式修饰时，不至于妖艳；设立简陋的仪式时，不至于刻薄；设立欢快的仪式时，不至于放荡懈怠；设立哭泣悲哀的仪式时，不至于过分悲伤、损害身体，这是礼的中和之道。

【原文】

故情貌之变足以别吉凶，明贵贱亲疏之节，期止矣[①]；外是，奸也，虽难，君子贱之。故量食而食之，量要而带之[②]。相高以毁瘠，是奸人之道也，非礼义之文也，非孝子之情也，将以有为者也。故说豫娩泽[③]，忧戚萃恶[④]，是吉凶忧愉之情发于颜色者也。歌谣謸笑[⑤]，哭泣谛号[⑥]，是吉凶忧愉之情发于声音者也。刍豢、稻粱、酒醴、餰鬻、鱼肉、菽藿、酒浆[⑦]，是吉凶忧愉之情发于食饮者也。卑绕、黼黻、文织，资粗[⑧]、衰绖、菲繐、菅屦[⑨]，是吉凶忧愉之情发于衣服者也。疏房、檖貌、越席、床笫、几筵，属茨、倚庐、席薪、枕块[⑩]，是吉凶忧愉之情发于居处者也。两情者，人生固有端焉。若夫断之继之，博之浅之，益之损之，类之尽之，盛之美之，使本末终始莫不顺比，足以为万世则，则是礼也。非顺孰修为之君子，莫之能知也。

故曰：性者，本始材朴也；伪者[⑪]，文理隆盛也。无性则伪之无所加，无伪则性不能自美。性伪合，然后圣人之名一，天下之功于是就也。故曰：天地合而万物生，阴阳接而变化起，性伪合而天下治。天能生物，不能辨物也；地能载人，不能治人也；宇中万物、生人之属，待圣人然后分也。《诗》曰："怀柔百神，及河乔岳。"[⑫]此之谓也。

【注释】

①期：当为“斯”（杨倞说）。

②要：同“腰”。

③说：通“悦”。娩：媚。

④萃：同“悴”，面色憔悴。

⑤謸：同“傲”，开玩笑。

⑥谛：通“啼”。

⑦馆鬻：稠粥。鬻，同“粥”。藿：豆叶。酒浆：当为水浆（王念孙说）。

⑧卑绕：通：“裨冕”，祭服。

⑨衰绖：丧服。菲繐：薄而稀的布，粗麻布。菅屦：草鞋。

⑩属茨：用草盖顶的房子，茅屋。倚庐：守丧时住的简陋的木头房子。

⑪伪：人为。

⑫“《诗》曰”句：见《诗经·周颂·时迈》。乔岳，高山。

【译文】

所以，精神容貌的变化，能够用来区别吉利与不幸、表明贵贱亲疏之间的礼节等级，就够了；超出了这个限度，就是奸邪的行为；即使是难以做到的，君子也鄙视他。所以，要根据食量吃饭，根据腰身扎带子。丧礼时故作哀伤，毁坏自己的身体而消瘦不堪，以此来向别人标榜自己的高尚，这是奸邪之人的行径，不是礼义的规定，也不是孝子的真情，而是要用它来有所图谋的。所以，高兴欢乐时和颜悦色容光焕发，忧愁悲伤时面色憔悴愁眉苦脸，这是碰到吉利与不幸时，忧愁愉快的心情在面色上的表现。歌唱嬉笑、哭泣啼嚎，这是碰到吉利与不幸时，忧愁愉快的心情在声音上的表现。牛羊猪狗等肉食、稻米谷子等细粮、甜酒、鱼肉、稀饭、豆叶、汤水，这是碰到吉利与不幸时，忧愁愉快的心情在饮食上的表现。礼服礼帽、礼服上的花纹、有彩色花纹的丝织品，丧服粗布衣、麻条麻带、薄麻衣、用茅草编织成的鞋，这是碰到吉利与不幸时，忧愁愉快的心情在衣服上的表现。窗户通明的房间、深邃的朝堂、柔软的蒲席、床上的竹铺、短桌与竹席，编结茅草而成的屋顶、靠在墙边上的简陋房屋、把柴草当作垫席、把土块当作枕头，这是碰到吉利与不幸时，忧愁愉快的心情在居住上的表现。忧愁愉快这两种心情，是人性本来就有的。至于使这两种心情断绝和继续，是丰富它还是简化它，增加它还是减少它，使它触类旁通而又能充分表达，使它丰盛而又完美，使它本末始终没有不和顺的，足以成为万世的法则，这就是礼。不是顺从、精通于礼义而又努力实践礼义的君子，是不能明白这个道理的。

所以说，人的本性，是自然质朴的；后天的人文教化，则表现在使礼仪隆重盛大。没有本性，那么人文教化就无从施加；没有人文教化，那么本性也不能自行完美。本性与人文教化相结合，然后才能成就圣人的名声，统一天下的功业也因此而完成。所以说：上天和大地相结合，万物就产生了；阴气和阳气相融，变化就出现了；本性和人文教化改造相结合，天下就治理好了。上天能产生万物，但不能治理万物；大地能负载人民，但不能治理人民；宇宙间万物和人类，等待圣人然后才能安排好。《诗经》中说："安抚众位神仙，祭祀黄河高山。"说的就是这个意思。

【原文】

丧礼者，以生者饰死者也，大象其生以送其死也。故如死如生①，如亡如存，终始一也。始卒，沐浴、鬠体、饭唅②，象生执也。不沐则濡栉三律而止③，不浴则濡巾三式而止④。充耳而设瑱⑤，饭以生稻，唅以槁骨⑥，反生术矣。说亵衣⑦，袭三称，缙绅而无钩带矣⑧。设掩面儇目⑨，鬠而不冠笄矣⑩。书其名，置于其重⑪，则名不见而柩独明矣。荐器则冠有鍪而毋縰⑫，瓮、庑虚而不实⑬，有簟席而无床笫，木器不成斫，陶器不成物，薄器不成内⑭，笙竽具而不和，琴瑟张而不均，舆藏而马反，告不用也。具生器以适墓，象徙道也。略而不尽，貌而不功，趋舆而藏之，金革辔靷而不入⑮，明不用也。象徙道，又明不用也，是皆所以重哀也。故生器文而不功，明器貌而不用。

凡礼，事生，饰欢也；送死，饰哀也；祭祀，饰敬也；师旅，饰威也。是百王之所同，古今之所一也，未有知其所由来者也。故圹垄，其貌象室屋也；棺椁，其貌象版盖斯象拂也⑯；无帾丝歶缕翣⑰，其貌以象菲帷帱尉也⑱。抗折⑲，其貌以象槾茨蕃阏也⑳。

故丧礼者，无它焉，明死生之义，送以哀敬而终周藏也。故葬埋，敬藏其形也；祭祀，敬事其神也；其铭、诔、系世，敬传其名也。事生，饰始也；送死，饰终也。终始具而孝子之事毕，圣人之道备矣。刻死而附生谓之墨，刻生而附死谓之惑，杀生而送死谓之贼。大象其生以送其死，使死生终始莫不称宜而好善，是礼义之法式也，儒者是矣。

【注释】

①如：当为“事”字（俞樾说）。下同。

②鬠：把头发束起来。体：肢体，此指整理四肢、剪指甲等。饭唅：把珠、玉、贝、米等放入死者口中。

③栉：梳篦总称。律：梳头发。

④式：通“拭”。

⑤瑱：塞耳的玉或棉。

⑥槁骨：一种贝。

⑦说：疑当为“设”字（卢文弨说）。亵衣：内衣。

⑧缙绅：把笏板插在腰带上。缙，插。绅，束在腰间的大带。

⑨儇目：覆盖死者面部的黑色方巾。

⑩笄：簪子。

⑪重：暂代神主牌的木牌。

⑫鍪：帽子。缕：包头发的丝织物。

⑬庑：同“瓬”，一种陶器。

⑭内：当为“用”字（王念孙说）。

⑮靷：系与车轴的皮带。

⑯版：车两旁挡风沙的厢板。盖：车盖。斯：疑为“靳”字之误（应劭说），车前的一种装置。拂：“茀”，车后的一种装置。

⑰无：尸体上的覆盖物。帾：通“褚”，棺材上的覆盖物。蒿：棺木上的一种装饰物。

⑱菲：草帘。帷：帐子。尉：网状的帷帐。

⑲抗折：葬具。抗，用来挡土。折，用来垫在坑下。

⑳槾：粉刷墙壁或泥涂屋顶。茨：用茅草盖房子。番阏：篱笆编筑成

的围墙。番，篱笆。阙，挡风尘的门。

【译文】

丧礼，是用活人的样子来装饰死人的，大体模仿他活着时的情形来为他送别的。所以，对待死亡就像对待出生一样，对待死人就像对待活人一样，始终如一。刚死时，给他洗头洗澡、束发剪指甲、口中含饭、模仿他活时的行为。不洗头就用梳子梳理三次，不洗澡就用湿毛巾擦拭三遍。用新棉花塞住耳朵，口中放上生饭，含上贝，这和出生时是相反的。穿好内衣，再穿上三件外套，把朝板插在腰带上但没有带钩。用黑色丝巾把脸遮盖起来，束起头发但不戴帽子、不插簪子。写上他的名字放在他的神主牌位上，那么名字看不见，而只能在灵柩前看清楚。陪葬的器物有帽子但没有束发的丝织物，瓮等陶器中空着不放东西，有竹席但没有床垫，木器不雕琢，陶器不制成实物，竹器不能用，笙、瑟具备但没有调节，拉棺材的车子埋葬而马却牵回来，这表明都不用了。把生前的用具送到墓中，就像搬家一样。随葬的器物简略而不完备，只具有外貌而不能实际使用，赶着丧车去把他埋葬，但拉车的马及配置却不埋进去，这些都是为了表明随葬的东西是不用的；模仿搬家的办法，也是表明那些随葬的东西不用了。这些都是为了加重哀悼之情。所以，生前的用具只起礼仪的作用而不再用它，随葬的器物只具有外貌而不精致。

凡是礼仪，侍奉出生，是为了润饰欢乐之情；葬送死者，是为了更好地表示哀悼之情；祭祀，是为了修饰恭敬之情；军队，是为了装饰成威武之势。这是各代帝王都相同的，古今是一致的，但是没有人知道它是什么时候传下来的。所以，墓穴和坟冢，它们的形状像房屋；内棺外椁，它们的形状像车旁板、车顶盖、车前遮盖、车后帘构成车厢，尸体棺材上的被子、丝织麻织的遮蔽物，它们的形状是模仿门帘和各种帷帐的；挡土和垫在坑下的葬具，外表像墙壁、屋顶、篱笆和门。

所以丧礼，没有别的含义，而是彰明生死的意义，以悲哀恭敬的心情去葬送死者，把他周到地掩藏好。所以埋葬，是为了恭敬地掩藏死者的躯体；祭祀，是为了恭敬地侍奉死者的灵魂；那些铭文、悼词、传记、家谱，是为了恭敬地传送死者的名声。侍奉出生的礼仪，是装饰人生的开始；葬送死者的礼仪，是装饰人生的终结。这终结与开始的礼仪全部都做到了，那么孝子的事情也就完成了，圣人的道德也就具备了。削减死者的用度来增加生者的用度叫作刻薄，削减生者的用度来增加死者的用度叫作迷惑，杀掉生者来殉葬叫作残害。大致地模拟他生前来葬送死者，使死生都恰当、适宜而又非常完美，这是礼义的法则，儒者就是这样的。

【原文】

三年之丧何也？曰：称情而立文，因以饰群[①]，别亲疏、贵贱之节，而不可益损也。故曰：无适不易之术也。创巨者其日久，痛甚者其愈迟，三年之丧，称情而立文，所以为至痛极也。齐衰、苴杖、居庐、食粥、席薪、枕块[②]，所以为至痛饰也。

三年之丧，二十五月而毕，哀痛未尽，思慕未忘，然而礼以是断之者，岂不以送死有已，复生有节也哉？凡生乎天地之间者，有血气之属必有知，有知之属莫不爱其类。今夫大鸟兽则失亡其群匹[③]，越月逾时则必反铅[④]；过故乡，则必徘徊焉，鸣号焉，踯躅焉[⑤]，踟蹰焉[⑥]，然后能去之也。小者是燕爵[⑦]，犹有啁噍之顷焉[⑧]，然后能去之。故有血气之属莫知于人，故人之于其亲也，至死无穷。将由夫愚陋淫邪之人与？则彼朝死而夕忘之，然而纵之，则是曾鸟兽之不若也，彼安能相与群居而无乱乎？将由夫修饰之君子与？则三年之丧，二十五月而毕，若驷之过隙，然而遂之，则是无穷也。故先王圣人安为之立中制节，一使足以成文理，则舍之矣。

【注释】

①饰：通“饬”，整治。群：指有亲属关系的群体。

②齐衰：用熟麻布做的孝服。苴杖：服丧所用的竹杖。

③则：若。

④铅：同“沿”。

⑤踯躅：徘徊不进。

⑥踟蹰：犹豫不决。

⑦爵：雀。

⑧啁噍：小鸟鸣叫声，形容细碎杂乱的鸟叫声。

【译文】

三年的服丧，是为了什么呢？回答说：这是根据人的感情来确立的礼仪制度，以此来区别亲疏远近之间、尊卑贵贱之间不同的礼节，而不能有所增减。所以说：这是到哪里都不能改变的规定。创伤大的愈合起来时间就长；疼痛厉害的，痊愈就慢。服丧三年，是根据人的感情来确立的礼仪制度，是用来给极其悲痛的感情所确立的最高期限。穿着丧服、拄着孝棍、住在简陋的房屋中、喝着粥、把柴草当作垫席、把土块当作枕头，是用来给极其悲痛的心情所做的外表装饰。

三年的服丧，二十五个月就结束了，但哀痛之情并没有了结，思念之情并没有终结，恢复正常的生活要有所节制！凡是生长在天地之间的，有血气的动物就必定有智力，有智力的动物就必定有同类。如今那些大的鸟兽如果失去了它的群体或配偶，经过一个月或一段时间就必定返回；经过故乡，就一定徘徊不前，鸣叫啼嚎，飞来飞去，犹豫不决，然后才恋恋不舍地离去。小的燕雀之类，也要悲鸣一会儿，然后才会飞走。所以，有血气的动物没有比人更聪明的了，因此人对于父母的亲情，至死也不会穷尽。要依从那些愚蠢浅陋邪恶的人吗？那么他们的父母早晨死了，到晚上就忘了；像这种情况如果还放任他们，那么他们就连鸟兽都不如了，他们又怎么能互相在一起居住而不发生混乱呢？要依从那些注重道德修养的君子吗？三年服丧，二十五个月就完毕了，他们会觉得时间就像四匹马拉着车子飞过一个缝隙一样，然而依照他们的心愿，那么服丧就没有尽头了。所以，先王为人们设置了适中的制度加以限制，使他们只要做到了礼仪的要求，就结束丧期。

【原文】

然则何以分之[①]？曰：至亲以期断[②]。是何也？曰：天地则已易矣，四时则已遍矣，其在宇中者莫不更始矣，故先王案以此象之也。然则三年何也？曰：加隆焉，案使倍之，故再期也。由九月以下何也？曰：案使不及也。故三年以为隆，缌、小功以为杀[③]，期、九月以为间。上取

象于天，下取象于地，中取则于人，人所以群居和一之理尽矣。故三年之丧，人道之至文者也。夫是之谓至隆，是百王之所同，古今之所一也。

【注释】

①分：半。

②期：周年。

③缌：古代五种丧服中最轻的一种，穿细麻布制的丧服，服期三个月。小功：丧服名，穿用较细的熟麻布制的丧服，服期五个月。

【译文】

既然这样，那么为什么还要对三年的服丧期打折呢？回答说：对于最亲近的父母本来就是一周年时终止服丧的。这是为什么呢？回答说：因为经过一周年，天地都已经变换了，四季也已经循环了一遍，那些在宇宙中的动植物没有不重新开始其生长的了，所以古代的圣王就用这一周年的丧礼来象征性地表达丧礼。既然这样，那么三年的丧期又是为了什么呢？回答说：那是为了使丧礼更加隆重，于是就使它在一年的基础上加倍，所以说过了两周年了。九个月以下的丧期，又是为什么呢？回答说：那是为了使丧礼不如父母的丧礼隆重。所以服丧三年是隆重的丧礼，服丧三个月和五个月的缌和小功是最轻的礼，服丧一年或九个月是中间的礼。上取象于天，下取象于地，中取法于人，人们所以能够群居在一起和谐统一的道理也就会全部体现出来了。所以，三年的服丧，是人道最高的礼仪，这就叫作最隆重的礼，这是历代君王都相似的，古今是一样的。

【原文】

君之丧所以取三年，何也？曰：君者，治辨之主也①，文理之原也，情貌之尽也②，相率而致隆之，不亦可乎？《诗》曰："恺悌君子，民之父母。"③彼君子者④，固有为民父母之说焉。父能生之，不能养之⑤；母能食之，不能教诲之；君者，已能食之矣，又善教诲之者也，三年毕矣哉？乳母，饮食之者也，而三月；慈母，衣被之者也，而九月；君，

曲备之者也，三年毕乎哉！得之则治，失之则乱，文之至也；得之则安，失之则危，情之至也。两至者俱积焉，以三年事之犹未足也，直无由进之耳。故社，祭社也；稷[6]，祭稷也；郊者，并百王于上天而祭祀之也。

【注释】

①辨：通“办”，治理。

②情：指臣民忠诚之情。貌：指臣民恭敬之貌。

③《诗》曰”句：见《诗经·大雅·泂酌》。恺悌，平易近人。

④子：当为衍文（俞樾说）。

⑤养：当为“食”字（王念孙说）。

⑥稷：谷神。

【译文】

君主的丧期之所以选择三年，为什么呢？回答是：君主，是治理天下的主宰，是礼仪制度的本源，是忠诚的内心与恭敬的外表的极致，人们互相争着来极力推崇他，不是应该的吗？《诗经》中说：“平易近人的君子，是人民的父母。”君主，本来就有人民父母的说法。父亲能生育自己，但不能喂养；母亲能喂养自己，但不能教诲；君主，既能养育自己，又善于教诲自己，为他服丧三年就完毕了吗？乳母，喂养自己的，所以为她服丧三个月；养母，是给自己穿衣盖被的，所以为她服丧九个月；君主，是处处照顾自己的人，为他服丧三年就完毕了吗？做到这一点，国家就安定；做不到这一点，国家就危险；这是忠诚之情的最高体现啊！这是最重要的礼节与最高的情感体现都积聚在君主丧礼上了，所以用三年时间来侍奉君主的神灵仍然是不够的，只是无法再将这丧期增加罢了！所以社祭，只祭祀土地神；稷祭，只祭祀谷神；郊祭，就把各代帝王和上天并在一起而祭祀。

【原文】

三月之殡何也？曰：大之也，重之也。所致隆也，所致亲也，将举措之，迁徙之，离宫室而归丘陵也[1]，先王恐其不文也，是以繇其期[2]，

足之日也。故天子七月，诸侯五月，大夫三月，皆使其须足以容事③，事足以容成，成足以容文，文足以容备，曲容备物之谓道矣。

【注释】

①丘陵：小土山叫丘，大土山叫陵。此指坟墓。

②繇：通“遥”。

③须：等待，停留。容：容纳，容许，确保。

【译文】

出殡后三个月再埋葬是什么道理？回答说：这是为了使丧礼盛大，使丧礼隆重。对死者表示极其尊重，极其亲近，要准备安葬他，迁移他，离开宫室而归葬到丘陵中，先王害怕丧葬不合乎礼仪，因此推迟丧葬的日期，使时间充足。所以，天子停柩七个月，诸侯停柩五个月，大夫停柩三个月，使时间足够用来办理各种事情，使事情保证能够成功，成功保证周到完备，各方面都周到、各种事物都完备，这就叫作合乎丧礼的原则。

【原文】

祭者，志意思慕之情也①。愅诡、唈僾而不能无时至焉②。故人之欢欣和合之时，则夫忠臣孝子亦愅诡而有所至矣。彼其所至者甚大动也，案屈然已③，则其于志意之情者惆然不嗛④，其于礼节者阙然不具。故先王案为之立文，尊尊亲亲之义至矣。故曰：“祭者，志意思慕之情也，忠信爱敬之至矣，礼节文貌之盛矣，苟非圣人，莫之能知也。圣人明知之，士君子安行之，官人以为守，百姓以成俗。其在君子，以为人道也；其在百姓，以为鬼事也。故钟鼓、管磬、琴瑟、竽笙，《韶》、《夏》、《護》、《武》、《汋》、《桓》、《箾》、简、《象》⑤，是君子之所以为愅诡其所喜乐之文也。齐衰、苴杖、居庐、食粥、席薪、枕块，是君子之所以为愅诡其所哀痛之文也。师旅有制，刑法有等，莫不称罪，是君子之所以为愅诡其所敦恶之文也。

卜筮视日，斋戒修涂⑥，几筵、馈荐、告祝⑦，如或飨之，物取而皆

祭之，如或尝之；毋利举爵，主人有尊[8]**，如或觞之；宾出，主人拜送，反易服，即位而哭，如或去之。哀夫！敬夫！事死如事生，事亡如事存，状乎无形影，然而成文。**

【注释】

①情：当为“积”字（王念孙说）。

②惮诡：异常感动的样子。唈僾：郁闷不乐的样子。

③屈然：空缺的样子。屈，竭尽。

④惆然：惆怅，伤感。嗛：满足。

⑤《夏》：相传是禹时的舞曲名。《汋》《桓》：均是《诗经·周颂》的篇名，是歌颂周武王能酌取先祖之道以养天下之民的乐章。《箾》：周初期制作歌颂周文王的舞曲名，见《左传·襄公二十九年》。简：当为衍文（王念孙说）。

⑥修涂：通“修除”，指清扫祠庙。

⑦告祝：祭礼的一种仪节。祝：辅助祭祀的人。

⑧有：通“侑”，劝。尊：一种酒器。

【译文】

祭祀，是人们心意和思念之情的积累。人们感动、郁闷就要在一定的时间里表达出来。所以人们欢乐团聚时，那么忠臣孝子也会感动而使思念君主和双亲之情有所表露。他们所要表露的感情很强烈，而礼节空无所有，那么他们的思念之情就会惆怅而不满足，对于礼节就会感到欠缺而不完备。所以先王为此设立了礼仪，使尊重君主、亲爱父母之情就能表达出来。所以说：祭祀，是人们心意和思念之情的积累，是人们忠信敬爱的极点。圣人清楚地了解它的意义，士君子安心地实行它，官吏把它作为自己的职守，百姓把它作为习俗。在君子那里，把它作为为人处世的原则；在百姓那里，把它看作鬼神的事。所以，钟鼓、管磬、琴瑟、芋笙等乐器，《韶》《夏》《護》《武》《汋》《桓》《箾》《象》等乐曲，是君子表达他喜欢感情变化的仪式。穿衣服、拄着竹杖、住在小屋子里、喝稀饭、睡在柴草上、枕着土块，是君子表达哀痛感情变化的仪式。军队有制度，刑罚有等级，刑罚没有不与罪行相符的，是君子表达他憎恶感情变化的仪式。

占卜算卦要看日子，斋戒、清扫祠堂，摆好祭祀的桌椅、献上祭品、受祭的人吩咐辅祭的人，就像神在享用一样；祭品取出来一一祭祀，就像神在品尝一样；不用劝食的人代主人敬酒，主人亲自举杯献酒，就像神在喝酒一样；宾客退出，主人拜送，返回后脱掉祭祀服换上丧服，回到位置上痛哭，就像神真的离开了一样。悲哀啊！恭敬啊！侍奉死亡就像侍奉出生一样，侍奉死人就像侍奉活人一样，虽然无形无影，然而却成为一种礼仪。

乐论第二十

【题解】

本篇主要从音乐的起源及社会作用方面，对音乐进行了具体的阐述，对墨子“非乐”的主张进行了有力的批判。荀子认为，音乐是人们娱悦心情的一种自然流露，人不能没有快乐，因此人也不能缺少音乐。

【原文】

夫乐者，乐也，人情之所必不免也，故人不能无乐。乐则必发于声音，形于动静，而人之道，声音、动静、性术之变尽是矣。故人不能不乐，乐则不能无形，形而不为道①，则不能无乱。先王恶其乱也，故制《雅》《颂》之声以道之②，使其声足以乐而不流，使其文足以辨而不諰③，使其曲直、繁省、廉肉、节奏足以感动人之善心④，使夫邪污之气无由得接焉。是先王立乐之方也，而墨子非之，奈何！

故乐在宗庙之中，君臣上下同听之，则莫不和敬；闺门之内，父子兄弟同听之，则莫不和亲；乡里族长之中⑤，长少同听之，则莫不和顺。故乐者，审一以定和者也⑥，比物以饰节者也⑦，合奏以成文者也，足以率一道，足以治万变。是先王立乐之术也，而墨子非之，奈何！

【注释】

①道：同“导”，引导。

②《雅》《颂》：《诗经》中两类乐曲的名称。

③辨：通“辩”。諰：邪。

④廉肉：指声音的清晰和饱满。

⑤乡里族长：都是指古代的行政单位。

⑥审一以定和：古代的宫、商、角、徵、羽，虽然没有绝对的高音，但是相对音高，只要其中一个音的高音确定了，其他各级的音高也就确定了。

⑦比：并列，配合。物：乐器。

【译文】

音乐，就是快乐，它是人的感情中必不可少的东西。人不可能没有欢乐，欢乐了就一定会通过歌唱吟咏的声音表达出来，在手舞足蹈的举止中表达出来；可见人的所作所为，以及声音、举止、性情及其表现方式的变化，就全部体现在这音乐之中了。所以，人不可能没有快乐，快乐了就不能不表现出来，但这种表现如果不进行引导，就不可能没有祸乱。古代圣王憎恶祸乱，所以创作了《雅》《颂》的音乐来引导他们，使歌声足够用来表达快乐而不淫荡，使歌词足够用来阐明正确的道理而不流于花言巧语，使音律婉转或舒畅、繁复或简单、清脆利落或圆润丰满、节制停顿或推进加快，都足够用来感动人的行善之心，使那些邪恶肮脏的风气没有传播的途径和人民接触的市场。这就是古代圣王设置音乐的原则。但是墨子却反对音乐，可他又能怎么样呢?

所以，音乐在祖庙之中，君臣上下一齐听了它，就再也没有人不和谐恭敬的了；在家门之内，父子兄弟一齐听了它，就再也没有人不和睦相亲的了；在乡村里弄之中，年长的和年少的一齐听了它，就再也没有人不和谐顺从的了。音乐，是审订一个主音再确定其他和音的，是配上各种乐器来调整节奏的，是一起演奏来组成众音和谐的乐曲的；它足能用来率领统一的原则，足能用来整治各种变化的。这就是古代圣王设置音乐的目的和方法啊！但是墨子却反对音乐，可他又能怎么样呢?

【原文】

故听其《雅》、《颂》之声，而志意得广焉；执其干戚[①]，习其俯仰屈伸，而容貌得庄焉；行其缀兆[②]，要其节奏[③]，而行列得正焉，进退得齐焉。故乐者，出所以征诛也，入所以揖让也。征诛揖让，其义一也[④]。出所以征诛，则莫不听从；入所以揖让，则莫不从服。故乐者，天下之

大齐也，中和之纪也，人情之所必不免也。是先王立乐之术也，而墨子非之，奈何！

【注释】

①干戚：武舞的舞具。干，盾牌。戚，斧头。

②缀兆：舞蹈时舞者的行列位置。缀，指舞蹈时行列的标识。兆，界域：指舞蹈者活动的界限。

③要：迎合。

④义：意义，指作用。

【译文】

所以，人们听《雅》《颂》的音乐，意志心胸就开阔了；拿起盾牌、斧头等舞具，练习仰俯、屈伸的动作，而容貌就庄严了；跳跃在舞蹈行列的位置上，迎合着舞曲的节奏，而队形整齐划一。所以音乐，对外可以征伐，对内可以礼让。对于征伐与礼让，它们的意义是一样的。对外用音乐作为征伐的工具，就没有人不听从的；对内用音乐作为礼让的手段，就没有人不服从的。所以音乐是天下最大的齐同，是中正和谐的纲纪，是人的情感必不可少的。这是古代圣王设立音乐的策略。但墨子却反对音乐，可他又能怎么样呢？

【原文】

且乐者，先王之所以饰喜也；军旅鈇钺者[①]，先王之所以饰怒也。先王喜怒皆得其齐焉[②]。是故喜而天下和之，怒而暴乱畏之。先王之道，礼乐正其盛者也，而墨子非之。故曰：墨子之于道也，犹瞽之于白黑也，犹聋之于清浊也，犹欲之楚而北求之也。

【注释】

①鈇钺：都是古代斩杀的刑具，此泛指刑具。鈇，通“斧”。钺，大斧。

②齐：中，适当。

【译文】

况且音乐，是古代的圣王用来表达喜悦的；军队的刑具，是古代的圣王用来表达愤怒的。古代圣王的喜悦和愤怒，都能通过音乐与军队刑具而表达得恰如其分。所以，圣王喜悦了，天下人就附和他；圣王愤怒了，凶暴作乱的人就畏惧他。古代圣王的治国大道，礼乐制度正是其中最重要的内容，而墨子却反对它们。所以说：墨子对于正确的政治原则，就好像盲人不能分辨黑白一样，就像聋人不能分辨音质的清浊一样，就好像是想到南方的楚国却到北方寻找一样。

【原文】

夫声乐之入人也深，其化人也速，故先王谨为之文。乐中平则民和而不流，乐肃庄则民齐而不乱。民和齐则兵劲城固，敌国不敢婴也[①]。如是，则百姓莫不安其处，乐其乡，以至足其上矣。然后名声于是白，光辉于是大，四海之民莫不愿得以为师。是王者之始也。乐姚冶以险，则民流僈鄙贱矣。流僈则乱，鄙贱则争。乱争则兵弱城犯，敌国危之。如是，则百姓不安其处，不乐其乡，不足其上矣。故礼乐废而邪音起者，危削侮辱之本也。故先王贵礼乐而贱邪音。其在序官也，曰："修宪命，审诛赏[②]，禁淫声，以时顺修，使夷俗邪音不敢乱雅，太师之事也。"

【注释】

①婴：通"撄"，触犯，侵犯。

②诛赏：当为"诗商"（王先谦说）。

【译文】

音乐渗入人心是很深的，感化人也是很快的，所以古代的圣王小心地来修饰它。音乐中正平和，那么民众就和睦协调而不淫荡；音乐严肃庄重，那么民众就同心同德而不混乱。民众和睦协调、同心同德，那么兵力就强劲，城防就牢固，敌国就不敢来侵犯了。像这样，那么老百姓就安居乐业，喜欢自己的家乡，从而使自己君主获得满足。然后，君主的名声就会显赫，光辉就会广大，天下的民众没有谁不希望他做自己的君长的。这是称王天下的开端啊！音乐妖冶轻浮而邪恶，那么民众就淫荡轻慢、卑鄙下贱了。民众淫荡轻慢，就会混乱；卑鄙下贱，就会争夺。昏乱又争夺，就会兵力衰弱，城池被破坏，敌国就会来侵犯了。像这样，那么老百姓就不会安居乐业，就不喜欢自己的家乡，也不会对自己的君主满足了。所以，礼乐制度被废弃而靡靡之音兴起，这是国家危险削弱、遭受欺辱的根源。所以古代的圣王看重礼制雅乐而鄙视靡靡之音。他在论述官职时，说："遵循法令，审查诗歌乐章，禁止淫声，按时整治，使蛮夷的风俗和邪恶的音乐不敢扰乱正声雅乐，这是太师的职责。"

【原文】

墨子曰："乐者，圣人之所非也，而儒者为之，过也。"君子以为不然。乐者，圣王之所乐也，而可以善民心，其感人深，其移风易俗，故先王导之以礼乐而民和睦。夫民有好恶之情而无喜怒之应则乱。先王恶其乱也，故修其行，正其乐，而天下顺焉。故齐衰之服，哭泣之声，使人之心悲；带甲婴軸[①]，歌于行伍[②]，使人之心伤；姚冶之容，郑、卫之音[③]，使人之心淫；绅、端、章甫[④]，舞《韶》、歌《武》，使人之心庄。故君子耳不听淫声，目不视女色，口不出恶言。此三者，君子慎之。

【注释】

①婴：系，指把帽带系在颈上。軸，同"胄"，头盔。

②行伍：古代军队的编制，以五人为伍，二十五人为行，所以用"行伍"指称军队。

③郑、卫之音：指《诗经》中郑国和卫国的民歌，古时以郑声和卫声为淫声。

④绅：古时士大夫系在腰间的大带子。端：古代诸侯、大夫、士在祭祀时穿的式样端正的礼服，举行冠礼、婚礼时也穿此。章甫：礼帽。

【译文】

墨子说："音乐，是圣明的帝王所反对的，而儒者却讲究它，那是错误的。"君子认为并不是这样。音乐是圣王所喜欢的，而且可以用来改善民众的思想，它感人至深，改变风俗也容易，所以古代的圣王用礼乐制度来引导人民就和睦。民众有了爱憎的感情而没有表达喜悦愤怒的方式来和它相应，就会混乱。古代圣王憎恶这种混乱，所以修养自己的德行，端正国内的音乐，因而天下人就顺从了他。披麻戴孝的丧服，哭泣的声音，会使人的内心悲痛；穿上铠甲，系上头盔，在部队中唱歌，会使人的内心忧伤；妖艳的容貌，郑国、卫国的靡靡之音，会使人的内心淫荡；系着宽大的腰带、穿着礼服、戴着礼帽，随着《韶》《武》的乐曲载歌载舞，会使人的内心严肃。所以君子耳朵不聆听淫荡的音乐，眼睛不注视女子的美貌，嘴巴不说出邪恶的语言。这三种事，君子是要谨慎对待的。

【原文】

凡奸声感人而逆气应之，逆气成象而乱生焉，正声感人而顺气应之，顺气成象而治生焉。唱和有应，善恶相象，故君子慎其所去就也[①]。

【注释】

①就：接近，接受。

【译文】

大凡淫邪的音乐感动人以后就有歪风邪气来应和它，歪风邪气形成了气候，那么混乱的局面就产生了。正派的音乐感动人以后就有和顺的风气来应和它，和顺的风气成了社会现象，那么秩序井然有序的局面就产生了。有唱必有和，善良的或邪恶的风气也随之而形成，所以君子对自己拒绝什么音乐和接受什么音乐是很慎重的。

【原文】

君子以钟鼓道志[①]**，以琴瑟乐心，动以干戚，饰以羽旄**[②]**，从以磬管。故其清明象天，其广大象地，其俯仰周旋有似于四时。故乐行而志清，礼修而行成，耳目聪明，血气和平，移风易俗，天下皆宁，美善相乐。故曰：乐者，乐也。**

君子乐得其道，小人乐得其欲。以道制欲，则乐而不乱；以欲忘道，

则惑而不乐。故乐者，所以道乐也。金石丝竹，所以道德也。乐行而民乡方矣③。**故乐者，治人之盛者也，而墨子非之。**

【注释】

①道：同“导”。

②羽旄：野鸡毛和牦牛尾，均为舞具。

③乡：通“向”。

【译文】

君子用钟、鼓来引导人们的志向，用琴、瑟使人心情快乐。拿着盾牌、斧头等舞具来跳舞，用野鸡毛和牦牛尾等做装饰，用石磬、箫管来伴奏。所以那乐声像天空一样清朗，像大地一样广大，舞姿的仰俯旋转又和四时的变化相似。所以音乐流行而志向就纯洁了，礼仪美好而德行就养成了。所以说：音乐，就是快乐。

君子把从音乐中获得道义作为快乐，小人把从音乐中满足欲望当作快乐。用道义来控制欲望，就能快乐而不淫乱；为了满足欲望而忘记了道义，就会迷惑而不快乐。所以音乐是用来引导人们娱乐的。金钟、石磬、琴瑟、箫管等乐器，是用来引导人们修养道德的。音乐流行后民众就向往道义了。所以，音乐是治理人民的重大工具，但墨子却反对它。

【原文】

且乐也者，和之不可变者也；礼也者，理之不可易者也。乐合同，礼别异，礼乐之统，管乎人心矣。穷本极变①，**乐之情也；著诚去伪，礼之经也。墨子非之，几遇刑也。明王已没，莫之正也**②。**愚者学之，危其身也。君子明乐，乃其德也。乱世恶善，不此听也。於乎哀哉！不得成也。弟子勉学，无所营也**③。

【注释】

①穷：穷究，深入到极点。极：达到最高限度。

②正：纠正。

③营：通“瞀”，惑乱。

【译文】

况且音乐，是协调人的性情时不可变更的手段；礼制，是治理社会时不可更换的原则。音乐使人们区别出等级的差异。所以礼制和音乐的纲领，可以总管人们的思想了。深入地触动、极大地改变人的心性，是音乐的实际情形；显明真诚、去掉虚伪，是礼制的永恒原则。墨子反对它们，近乎犯罪。圣明的君主已经死去，没有人来纠正它的错误。愚蠢的人学习它，会危害自己的生命。君子倡导音乐，这才是道德的表现。混乱的世道厌恶善行，不会听从这些话。可悲啊！音乐不能流行。弟子们要努力学习，不要被迷惑。

【原文】

声乐之象①：鼓大丽②，钟统实③，磬廉制④，竽笙箫和⑤，筦籥发猛⑥，埙篪翁博⑦，瑟易良，琴妇好⑧，歌清尽，舞意天道兼。鼓，其乐之君邪！故鼓似天，钟似地，磬似水，竽笙、箫和、筦籥似星辰日月⑨，鞉、柷、拊、鞷、椌、楬似万物⑩。曷以知舞之意？曰：目不自见，耳不自闻也，然而治俯仰、诎信、进退、迟速莫不廉制，尽筋骨之力以要钟鼓俯会之节，而靡有悖逆者，众积意谔谔乎！⑪

【注释】

①象：象征。

②丽：通“厉”，声音激越高亢。

③统：通“充”。指声音洪亮。实：充实，指声音浑厚。

④廉制：指声音清晰有节奏。

⑤箫：当为“肃”字（王引之说）。

⑥筦籥：都是古代编管乐器。筦，同“管”。

⑦埙：古代一种陶制乐器。篪：一种单管横吹乐器。翁博：通“滃渤”，声音低沉而宽广。

⑧妇好：同“女好”，形容声音柔和婉转。

⑨箫和：当为衍文（王先谦说）。

⑩鞉、柷、拊、鞷、椌、楬：都是古代打击乐器。

⑪谔谔：谆谆，态度诚恳认真的样子。

【译文】

音乐的象征：鼓声宏大高亢，钟声洪亮浑厚，磬声清晰明亮，竽笙、箫和、管籥等管乐的声音激越昂扬，埙、篪的声音低沉宽广，瑟的声音平和温良，琴的声音婉转悠扬，歌声清朗完美，舞蹈的意象与天道相合。鼓，大概是音乐中的主旋律吧！所以鼓声像天，钟声像地，磬声像水，竽笙、箫和、管、籥等管乐的声音像日月星辰，鞉、柷、拊、鞷、椌、楬的声音像万物。凭什么来了解舞蹈的意象呢？回答说：跳舞的人眼睛不能看见自己的形体，耳朵不能听到自己的声音，但是俯仰、屈伸、进退、快慢的动作无不清晰而有节奏，竭尽全力来跟上钟鼓的节奏，而无所违背，可见他们的注意力是多么集中啊！

【原文】

吾观于乡[①]，而知王道之易易也。主人亲速宾及介[②]，而众宾皆从之，至于门外，主人拜宾及介而众宾皆入，贵贱之义别矣。三揖至于阶，三让以宾升，拜至，献酬[③]，辞让之节繁，及介省矣。至于众宾，升受，坐祭，立饮，不酢而降。隆杀之义辩矣。工人，升歌三终[④]，主人献之；笙入三终[⑤]，主人献之；间歌三终，合乐三终，工告乐备，遂出。二人扬觯[⑥]，乃立司正[⑦]，焉知其能和乐而不流也。宾酬主人，主人酬介，介酬众宾，少长以齿，终于沃洗者焉。知其能弟长而无遗也。降，说屦[⑧]，升坐，修爵无数。饮酒之节，朝不废朝，莫不废夕。宾出，主人拜送，节文终遂。焉知其能安燕而不乱也[⑨]。贵贱明，隆杀辨，和乐而不流，弟长而无遗，安燕而不乱。此五行者，是足以正身安国矣。彼国安而天下安。故曰：吾观于乡，而知王道之易易也。

【注释】

①乡：此处指乡中饮酒礼仪。

②主人：指乡大夫，即主管乡中政教禁令的官。速：迎接。宾、介：乡饮酒中，最贤能的人叫“宾”，次之的叫“介”，地位最低的叫“众宾”。

③献酬：古代主客互相敬酒，主人向客人敬酒叫“献”，客人回敬主人答谢酒叫“酢”，主人再回敬客人叫“酬”。

④终：将一首歌或乐曲从头到尾唱一遍或演奏一遍叫“一终”。

⑤间：轮流。

⑥觯：酒杯。

⑦司正：负责监督礼仪的人。

⑧说：通“脱”。

⑨燕：通“宴”。

【译文】

我观察乡中人饮酒的礼仪，就知道王道的政治原则实施起来是非常容易的。主人亲自迎接贵宾和贵宾的陪客，而其他客人都跟随着，到了门外，主人向贵宾和陪客拱手鞠躬，而一般客人就都进来了，对高贵者和卑贱者的礼仪就区别开来了。主人拱手作揖三次才与贵宾来到厅堂的台阶下，再辞让三次而使贵宾登上厅堂，再拜谢贵宾的到来，主人献酒酬宾推辞礼让的礼节繁多；至于陪客，礼节就减少了；至于一般客人，登堂受酒，坐着酢酒祭神，站着饮酒，不用敬酒回敬主人就退下了。隆重与简省的礼仪就这样区别开来了。

乐工进来，到了堂上演奏三首歌后，主人献酒；吹笙的人进来演奏三首乐曲，主人献酒；乐工和吹笙的人轮流演奏三首歌，又共同演奏三首歌，乐工报告主人演奏完毕，就出去了。主人的两个侍从举起酒杯敬酒，于是设立两个负责监督礼仪的人，从中能看出他们能够和睦快乐而不入俗流。贵宾向主人敬酒，主人向陪客敬酒，陪客向其他客人敬酒，根据年龄依次酬谢，最后轮到向主人手下盥洗酒杯的人酬谢。从这些礼仪之中可以知道他们能够尊重年轻的、尊敬年长的，而不遗漏一个人。退下堂去，脱去鞋子，再登堂就坐，依次不断地敬酒。请人喝酒的限度是，在早晨饮酒不耽误早上的工作，在傍晚喝酒不耽误晚上的事情。贵宾出门，主人拱手鞠躬送行，礼节仪式完成了。从这些礼仪中可以知道他们安闲而不混乱。高贵者和卑贱者被区别清楚，隆重的礼仪和简省的礼仪被分别开来，和睦安乐而不淫荡，尊重年轻的、尊敬年长的而不遗漏一人，安闲而不混乱。这五种行为，足够用来端正身心、安定国家了。国家安定了，那么整个天下也就安定了。所以说：我观察乡中人饮酒的礼仪，就知道先王王道的政治原则实施起来是极其容易的。

【原文】

乱世之征：其服组[①]，其容妇，其俗淫，其志利，其行杂，其声乐险，其文章匿而采[②]，其养生无度，其送死瘠墨[③]，贱礼义而贵勇力，贫则为盗，富则为贼。治世反是也。

【注释】

①组：华丽。

②匿：同"慝"，邪恶。

③瘠墨：刻薄俭葬，指葬送死者不笃厚恭敬。

【译文】

混乱社会的特征是：人们服装华丽，男子打扮得像女子一样妩媚，风俗淫荡，唯利是图，行为混乱，音乐邪僻，文章邪恶而辞藻华丽，追求享受而没有节制，葬送死者刻薄俭省，轻视礼仪而崇尚武力，贫穷的就去盗窃，富裕的就去残害他人。安定的社会恰好与此相反。

解蔽第二十一

【题解】

本文阐述的是荀子的认识论思想，对了解先秦诸子学术思想有重要的参考价值。荀子认为，人们思想上的毛病在于“蔽于一曲而暗于大理”，对事物缺乏全面的认识，因此主张“解蔽”，要求人们认识事物要以“道”为标准，而认识“道”要靠心，心必须“虚壹而静”才能达到“大清明”的境界，这样才能对事物进行全面的认识。

【原文】

凡人之患，蔽于一曲而暗于大理。治则复经①，两疑则惑矣②。天下无二道，圣人无两心。今诸侯异政，百家异说，则必或是或非，或治或乱。乱国之君，乱家之人③，此其诚心莫不求正而以自为也，妒缪于道而人诱其所迨也④。私其所积，唯恐闻其恶也；倚其所私，以观异术，唯恐闻其美也。是以与治虽走而是己不辍也⑤，岂不蔽于一曲而失正求也哉！心不使焉，则白黑在前而目不见，雷鼓在侧而耳不闻，况于使者乎⑥！德道之人⑦，乱国之君非之上，乱家之人非之下，岂不哀哉！

【注释】

①经：大道。

②两：指“一曲”和“大理”两个方面。

③乱家：指“蔽于一曲而暗于大理”的各家学派。

④缪：谬误。迨：通“怡”，喜爱。

⑤虽：当为“离”字（郝懿行说）。

⑥使：当为“蔽”字（俞樾说）。

⑦德：通“得”。

【译文】

人们的通病，是被片面的事物所迷惑，而不能明白全面的道理。纠正片面的认识就能够回到大道上来，在偏见和大道之间徘徊就会迷惑。天下没有两个大道。圣人不会对大道三心二意。现在诸侯施行不同的政治，百家之言更是五花八门，那么其中必定有的对有的错，有的可以用来治国，有的可以用来误国。使国家陷入混乱的国君，使家庭陷入混乱的人，他们的内心并不是不想走正道，而是他们自以为是。但他们由于偏离了正道，其他的人也会投其所好引诱他们。偏好自己的经验，唯恐听不到美好的话语。依靠自己的偏见，来观察他人的学说，唯恐听到赞美别人的好话。这样一来，就背离正道越来越远，并且还在不停地走下去。这难道不是被片面的事物所蒙蔽而造成的吗？自己的心思不在这里，即使黑白分明放在你的眼前也看不出他们的差别，即使雷声响在耳边也听不见，更何况是被片面事物所蒙蔽的人呢？得道的人，使国家混乱的君主在上面非难他，使家庭混乱的小人在下面反对他，这难道不是很可悲吗？

【原文】

故为蔽[①]：欲为蔽，恶为蔽；始为蔽，终为蔽；远为蔽，近为蔽；博为蔽，浅为蔽；古为蔽，今为蔽。凡万物异则莫不相为蔽，此心术之公患也。

【注释】

①故：通“胡”，什么。

【译文】

人们为什么会被蒙蔽：人们的欲望会造成蒙蔽，厌恶会造成蒙蔽；只看到开始会造成蒙蔽，只看到结果也会造成蒙蔽；疏远会造成蒙蔽，亲近也会造成蒙蔽；广博会造成蒙蔽，浅薄也会造成蒙蔽；好古会造成蒙蔽，好今也会造成蒙蔽。天下万事万物都有差异，有差异就会造成蒙蔽，这是人们思想方法上共有的通病。

【原文】

昔人君之蔽者，夏桀、殷纣是也。桀蔽于末喜、斯观[①]，而不知关龙逢[②]，以惑其心而乱其行；纣蔽于妲己、飞廉[③]，而不知微子启，以惑其心而乱其行。故群臣去忠而事私，百姓怨非而不用[④]，贤良退处而隐逃，此其所以丧九牧之地而虚宗庙之国也[⑤]。桀死于亭山[⑥]，纣县于赤旆[⑦]。身不先知，人又莫之谏，此蔽塞之祸也。成汤监于夏桀，故主其心而慎治之，是以能长用伊尹而身不失道，此其所以代夏王而受九有也[⑧]。文王监于殷纣，故主其心而慎治之，是以能长用吕望而身不失道，此其所以代殷王而受九牧也。远方莫不致其珍。故目视备色，耳听备声，口食备味，形居备宫，名受备号，生则天下歌，死则四海哭，夫是之谓至盛。《诗》曰："凤凰秋秋，其翼若干，其声若箫。有凤有凰，乐帝之心。"[⑨]此不蔽之福也。

【注释】

①末喜："妹喜"，桀的妃子。斯观：桀的佞臣。

②关龙逢：桀的贤臣。

③妲己：纣的妃子。飞廉：纣的佞臣。

④非：通"诽"，责骂。

⑤九牧：九州。相传古代天下有九州，州的官长叫"牧"，故称"九牧"。虚：同"墟"。废墟，这里用作动词。

⑥亭：当为"鬲"字（王念孙说）。

⑦县：悬挂。

⑧九有：九州。

⑨"《诗》曰"句：不见于今本《诗经》，当为逸诗。秋秋，同"跄跄"，舞姿优美。

【译文】

从前，国君被蒙蔽的，夏桀、殷纣王就是代表。夏桀被妹喜、斯观所蒙蔽，而不信任关龙逢，结果导致思想迷茫和行为混乱；殷纣王被妲己、飞廉所蒙蔽，而不信任微子启，思想被迷惑而行为混乱。因此群臣抛弃了忠心而谋求私利，百姓怨恨而不听从他们的命令，贤能的人离开朝廷而隐居逃亡，这是他们丧失天下、宗庙被毁的主要原因。夏桀死于鬲山，殷纣王被杀后头颅悬挂在红色的旗帜上。自己没有什么预见性，而又不采纳他人的谏言，这就是被蒙蔽的祸患啊！成汤借鉴夏桀的教训，始终保持清醒的头脑，于是能够长久地重用伊尹为相，而自己不被迷失，这就是他取代夏桀赢得天下的原因。文王借鉴殷纣王的教训，所以他能够保持清醒的头脑，于是他重用吕望，而自己不被迷失，这是他能够取代殷纣王赢得天下的原因。远方诸侯各国没有不献出自己珍宝的，所以他们眼睛能够看到美色，耳朵能够听到美音，嘴巴能够吃到美味，身体能够居住在宫殿，享受各种尊贵的称号，活着的时候天下人称颂他，死了天下人哭泣他，这就叫作达到了极盛。《诗经》中说："凤凰翩翩地飞翔，翅膀像盾牌一样，声音似箫悠扬，有凤又有凰，帝王心中多欢畅。"这就是并不被蒙蔽的幸福啊！

【原文】

昔人臣之蔽者，唐鞅、奚齐是也①**。唐鞅蔽于欲权而逐载子**②**，奚齐蔽于欲国而罪申生**③**，唐鞅戮于宋，奚齐戮于晋。逐贤相而罪孝兄，身为刑戮，然而不知，此蔽塞之祸也。故以贪鄙、背叛、争权而不危辱灭亡者，自古及今，未尝有之也。鲍叔、宁戚、隰朋仁知且不蔽**④**，故能持管仲而名利福禄与管仲齐；召公、吕望仁知且不蔽，故能持周公而名利福禄与周公齐。传曰："知贤之谓明，辅贤之谓能。勉之强之，其福必长。"此之谓也。此不蔽之福也。**

【注释】

①唐鞅：战国时宋康王的臣子，后被宋康王所杀。奚齐：晋献公宠妃丽姬的儿子。

②载子：当作"戴子"，指宋国太宰戴驩，后被唐鞅驱逐而逃到齐国。

③申生：晋献公的太子，奚齐的异母兄弟。后献公听信丽姬的谗言，

逼申生自杀，立奚齐为继承人。

④鲍叔、宁戚、隰朋：三人都是齐桓公的大臣。

【译文】

从前，大臣中有被蒙蔽的，唐鞅、奚齐就是代表。唐鞅被权欲所迷惑，驱逐戴驩到齐国，后又被宋康王所杀害；奚齐被夺取政权所迷惑，而陷害了晋献公的太子申生。唐鞅被杀死在宋国，奚齐被杀死于晋国。唐鞅驱除了贤相，奚齐加罪于大孝子申生。他们被杀了，还不知道自己哪里做错了，这就是被蒙蔽所造成的祸患啊！由于贪婪、背叛、争权而不遭受危险、受辱和灭亡的人，从古至今，还没有这样的。鲍叔牙、宁戚、隰朋三人仁德、智慧而且不受蒙蔽，所以能够支持管仲治理齐国，从而得到与管仲相同的名利福禄。召公、吕望两个人仁德、智慧而且没有被自己的私欲所迷惑，所以能够支持周公治理国家，从而得到与周公相等的名利福禄。古书上说："了解贤能的人叫明，辅助贤能的人叫能，勤勉努力自强，他的福气一定久长。"说的就是这个道理。这就是没有被蒙蔽的福气啊！

【原文】

昔宾孟之蔽者①，乱家是也②。墨子蔽于用而不知文③，宋子蔽于欲而不知得④，慎子蔽于法而不知贤，申子蔽于势而不知知⑤，惠子蔽于辞而不知实⑥，庄子蔽于天而不知人⑦。故由用谓之道，尽利矣；由俗谓之道⑧，尽嗛矣⑨；由法谓之道，尽数矣；由势谓之道，尽便矣；由辞谓之道，尽论矣；由天谓之道，尽因矣。此数具者，皆道之一隅也。夫道者，体常而尽变，一隅不足以举之。曲知之人，观于道之一隅而未之能识也，故以为足而饰之，内以自乱，外以惑人，上以蔽下，下以蔽上，此蔽塞之祸也。

孔子仁知且不蔽，故学乱术⑩，足以为先王者也。一家得周道，举而用之，不蔽于成积也。故德与周公齐，名与三王并，此不蔽之福也。

【注释】

①宾孟：亦作“宾萌”，战国时来往于各诸侯国之间的游士。

②家：“百家争鸣”之“家”，指学派。

③文：指文辞的修饰。

④欲：指少欲。得：贪得。

⑤申子：指申不害，战国中期郑国人，法家代表人物之一，曾任韩昭侯宰相。

⑥辞：说辞，指不切实际的事理分析与逻辑推理。

⑦庄子：指庄周，战国时宋国人，道家主要代表人物之一。

⑧俗：当为“欲”字（杨倞说）。

⑨嗛：通“慊”，满足。

⑩乱：治。

【译文】

从前游说之士被蒙蔽的，那些使人们思想混乱的人就是代表。墨子过分强调实用性而轻视礼乐的重要性，宋子过分强调人的寡欲而不懂得如何正确地得到欲，慎子过分地强调法的作用而不懂得贤能人的作用，申子过分强调权势的重要性而忽视了智慧的重要性，惠子过分地强调言辞而不知道事物的实际情况，庄子过分地强调天理而忘记了人的作用。所以，若是只从功用的角度来谈论道，道就全部是功利了；若是只从情欲的角度来谈论道，道就全部是欲望了；若是只从法的角度来谈论道，道就全部是权术了；若是只从权势的角度来谈论道，道就是使众人都去追求方便行事了；若是只从言辞的角度来谈论道，道只剩下争论了；若是只从天理的角度来谈论道，道就是要人们消极地听天由命了。这几种游说之人的学说相同的地方，在于都是道的一个方面。道，它的本身是不会变化的，然而能把天下的事物汇集在一起，仅从某一方面是不能说明道的。被蒙蔽的人，看见道的一个方面而不能全面把握它，就自认为得到全部而加以夸耀，对内混乱了自己，对外迷惑了别人，在上面君主蒙蔽了臣下，在下面臣下蒙蔽了君主，这就是蒙蔽造成的祸患啊！

孔子仁德而有智慧而且没有受到蒙蔽，所以，他的学说成为治国之道，足以能够像先王那样。孔子继承周王朝的治国大道，推广运用，而不被旧习俗所蒙蔽。所以，他的道德与周公齐名，名声与三王并列，这就是孔子不被蒙蔽的福气啊！

【原文】

圣人知心术之患，见蔽塞之祸，故无欲无恶[①]，无始无终，无近无远，无博无浅，无古无今，兼陈万物而中县衡焉[②]。是故众异不得相蔽以乱其伦也。

何谓衡？曰：道。故心不可以不知道。心不知道，则不可道而可非道。人孰欲得恣而守其所不可，以禁其所可？以其不可道之心取人，则必合于不道人，而不知合于道人[③]。以其不可道之心，与不道人论道人，乱之本也。夫何以知？曰[④]：心知道，然后可道；可道，然后能守道以禁非道。以其可道之心取人，则合于道人，而不合于不道之人矣。以其可道之心，与道人论非道，治之要也。何患不知？故治之要在于知道。

【注释】

①恶：厌恶，不喜欢。

②县：悬挂。衡：秤，指标准。

③知：当为衍文（俞樾说）。

④曰：当为衍文（同上）。

【译文】

圣人知道人们思想上的毛病，能看出被蒙蔽的祸患，所以没有什么欲望，没有什么憎恶的事物。不只是看事物的开始，也不只看事物的终结；不只看眼前的事物，也不只看远处的事物；不只看博大的一面，也不只看浅近的一面；不只看古代的情况，也不只看现代的情况，而是把各种错综复杂的事物全面地进行考察，然后用统一的标准来衡量。这样，就不会被错综复杂的事物所迷惑和蒙蔽，以致搅乱了本末的关系。

什么是标准？回答说：就是道。所以，思想上不可能没有道。若是思想上没有道，就不会坚守正道而去走歪门邪道。有谁会放纵自己而固守自己不愿做的事情，而禁止自己做愿意做的事情呢？用自己否定正道的思想方法来选择人，就一定会和那些邪道上的人谈论正道上的人，这就是混乱的根本原因。怎么知道的呢？回答说：思想上了解正道，这样才能坚守正道；坚守正道，这样才能守护正道而防止邪道，用自己正道的思想方法来选择人，就会与正道的人合得来，从而和邪道上的人合不来。用自己正道的思想方法与正道上的人谈论邪道，这才是治理国家的关键。怎么会担心不能了解道呢？所以说治国的关键在于了解道。

【原文】

人何以知道？曰：心。心何以知？曰：虚壹而静。心未尝不臧也，然而有所谓虚；心未尝不满也①，然而有所谓一；心未尝不动也，然而有所谓静。人生而有知，知而有志。

志也者，臧也，然而有所谓虚，不以所已臧害所将受谓之虚。心生而有知，知而有异，异也者，同时兼知之。同时兼知之，两也，然而有所谓一，不以夫一害此一谓之壹。心，卧则梦，偷则自行②，使之则谋。故心未尝不动也，然而有所谓静，不以梦剧乱知谓之静③。未得道而求道者，谓之虚壹而静。作之，则将须道者之虚则人④，将事道者之壹则尽，尽将思道者静则察⑤。知道察，知道行，体道者也。虚壹而静，谓之大清明。万物莫形而不见，莫见而不论，莫论而失位。坐于室而见四海，处于今而论久远，疏观万物而知其情，参稽治乱而通其度，经纬天地而材官万物，制害大理，而宇宙里矣⑥。恢恢广广⑦，孰知其极！睪睪广广⑧，孰知其德！涫涫纷纷⑨，孰知其形！明参日月，大满八极⑩，夫是之谓大人！夫恶有蔽矣哉！

【注释】

①满：当为“两”字（杨倞说）。

②偷：松懈。

③剧：烦乱。

④人：当为“入”字（王引之说）。

⑤尽：当作衍文（杨倞说）。

⑥里：通“理”，治理。

⑦恢恢：宽广的样子。广广：通“旷旷”，空旷的样子。

⑧睪睪：通“皞皞”，广大的样子。

⑨涫涫：水沸腾的样子。

⑩八极：东、西、南、北、东南、东北、西南、西北八个方向，形容极其广大。

【译文】

人怎样才能了解道呢？回答：用心。心怎么会了解道呢？回答：虚心、专一而且宁静。心是有偏好的，但只要虚心，就能接受新生事物；心有时候会三心二意，但只要专一，就能一件一件事地去做；心是活动的，但只要宁静，就能有所节制。人生下来就有知觉，有知觉就有记忆。记忆，就是把事物的印象储藏起来。但这里所说的虚心，不是由于自己的记忆而妨碍自己将要接受的新事物。人生下来就有认识能力，有了认识能力，就能够同时接受许多事物，同时接受许多知识，这就叫作两用。然而所谓的专一，就是不因为对某一事物的认识而妨碍对另一种事物的认识，这就叫作专一。心，在睡觉的时候就会做梦，思想不集中的时候就会胡思乱想，运用的时候就会有所谋划。所以心是活动的，所谓的安静，是不因为梦和胡思乱想而打扰认识就叫作安静。对于没有掌握大道而正在追求大道的人，告诉他要虚心、专心而宁静，作为认识大道的准则。想要了解大道的人，虚心就能得道；想要学习大道的人，专心就能够得道；想要研究大道的人，宁静了就能够明察大道的真义。明察大道的真义，认识大道又能身体力行，这就是体会了大道的人。虚心、宁静专一，就叫作到认识上的透彻明白。这样就能全面了解各种事物的形态，对于纷繁事物就能够分门别类，分门别类就不会有所差错。坐在自己的屋子里就能了解天下万物，处在当下就能够分析出古代的情况。粗略地了解万物就能够知道它们的本质，考察社会的治乱就能够通晓它的规律，治理天地就能够利用万物，掌握了大道的规律就能够了解宇宙万物的规律。大道广阔无垠啊，有谁知道他的思想有多么的博大精深！大道浩瀚无边啊，有谁知道他的道德有多么的高深！大道错综复杂啊，有谁知道圣人的形象有多么的伟大！圣人的光辉可以和日月媲美！圣人思想的深邃可以充满宇宙空间！这就是所谓的大人。这样的人怎么还能被蒙蔽呢！

【原文】

心者，形之君也，而神明之主也，出令而无所受令。自禁也，自使也，自夺也，自取也，自行也，自止也。故口可劫而使墨云[①]，形可劫而使诎申[②]，心不可劫而使易意，是之则受，非之则辟。故曰：心容其择也，无禁必自见，其物也杂博，其情之至也不贰[③]。《诗》云："采采卷耳，不盈顷筐。嗟我怀人，寘彼周行。"[④]顷筐易满也，卷耳易得也，然而不可以贰周行。故曰：心枝则无知[⑤]，倾则不精，贰则疑惑。以赞稽之，万物可兼知也。身尽其故则美，类不可两也，故知者择一而壹焉。

【注释】

①墨：通"黙"，静墨，沉默。

②诎申：通"屈伸"。

③情：通"精"。

④"《诗》云"句：见《诗经·周南·卷耳》。卷耳，又名"苓耳"，一种植物，既可食用，也可入药。

⑤枝：分散。

【译文】

心，是身体和智慧的君主，它只发号施令而不接受其他的命令。自我禁止、自我使用、自我取得、自我行动、自我停止。所以，嘴巴可以说话可以沉默，身体可以弯曲可以伸展，心不能使它改变意志，认为对的就实行，认为不对的就拒绝。所以说，心有容量，它的选择是有界限的，必定要自主地表现不能够违心，它虽认识错综复杂的事物，但它的精神本质是一致的，不会改变的。《诗经》中说："采呀采卷耳，却总是采不满一浅筐。思念我的心上人啊，把筐子放在大路旁。"浅筐容易装满，卷耳容易采到，然而不能神不守舍地跑到大路旁。所以说：心思分散就不能学到知识，思想动摇了就不能做到精深，三心二意就容易产生疑惑。一个人只要竭尽全力做到一心一意，万事万物也是可以被认识的；一个人只要做到身体力行，其精神境界就可以达到完美。对任何事物都不能三心二意，所以明智的人选择一件事情，就会一心一意地去研究它。

【原文】

农精于田而不可以为田师，贾精于市而不可以为贾师[①]，工精于器而不可以为器师。有人也，不能此三技而可使治三官，曰：精于道者也，精于物者也。精于物者以物物，精于道者兼物物。故君子壹于道而以赞稽物[②]。壹于道则正，以赞稽物则察，以正志行察论，则万物官矣。

【注释】

①贾：当为“市”字（王念孙说）。

②赞：辅助，辅佐。稽：考察，考核。

【译文】

农民善于种田，但是不能做管理农业的官员；商人善于经商，但不能做管理商业的官员；工匠善于制作器具，但不能做管理工业的官员。有这样的人，他不精通这三种技术，但却可以做管理这三种行业的官员，这是他善于用道来管理的缘故，而以上那三种人只是善于操作具体事物而已。善于使用具体事物的人能够利用于物，善于运用大道的人能够运用于各种事物。所以，君子只把握大道就能够考察万物。专一于道就能思想正确，用道来考察万物就能够明察，用正确的思想方法来推行明察万物的道理，那么万物就会得到治理。

【原文】

昔者舜之治天下也，不以事诏而万物成。处一危之，其荣满侧；养一之微，荣矣而未知。故《道经》曰[①]：“人心之危，道心之微。”危微之几，惟明君子而后能知之。故人心譬如槃水[②]，正错而勿动[③]，则湛浊在下而清明在上[④]，则足以见鬒眉而察理矣。微风过之，湛浊动乎下，清明乱于上，则不可以得大形之正也。心亦如是矣。故导之以理，养之以清，物莫之倾，则足以定是非，决嫌疑矣。小物引之则其正外易，其心内倾，则不足以决庶理矣。故好书者众矣，而仓颉独传者[⑤]，壹也；好稼者众矣，而后稷独传者[⑥]，壹也；好乐者众矣，而夔独传者[⑦]，壹也；

好义者众矣，而舜独传者，壹也。倕作弓[8]，浮游作矢[9]，而羿精于射；奚仲作车[10]，乘杜作乘马[11]，而造父精于御。自古及今，未尝有两而能精者也。曾子曰[12]：“是其庭可以博鼠[13]，恶能与我歌矣！”

【注释】

①《道经》：老子的《道德经》。

②槃：通“盘”。

③错：通“措”。

④湛：同“沉”。

⑤仓颉：传说黄帝时的史官，发明了文字。

⑥后稷：传说是尧时的农官，周朝的始祖，姬姓，名弃。

⑦夔：相传是尧、舜时的乐官。

⑧倕：相传是古时的巧匠。

⑨浮游：相传是箭的发明者，黄帝时人。

⑩奚仲：相传是夏禹时掌管车服的官，相传他善于造车。

⑪乘杜：相土，商朝祖先契的孙子，发明了四马驾车法。

⑫曾子：孔子的学生，名参，著有《大学》一书。

⑬是：通“视”。庭：同“莛”，草茎。

【译文】

从前舜治理天下，并非事事都给予指示而所有的事都完成了。专于一道而又居安思危，荣耀就会来到他的身边；有培养专一于道的能力而又关注细节，荣耀就会在不知不觉中到来。所以《道经》中说：“人的思想在于居安思危，道的精要在于养心知微。”居安思危和见微知著之间的关系，只有君子才能做到。所以，人的心好比盘子中的水，端正地放着就不动摇，就会浑浊的沉在下面而清澈的在上面，清晰的程度足够观察到胡须眉毛的纹理了。一阵微风吹过，浑浊的就在下面活动，清澈的就在上面活动，就不能看清事物的本来面目了。心也是这样的，所以用理性来引导它，用清和之气来养护它，使它保持清醒的状态，外物就不能干扰它，于是就能够判断是非，决断嫌疑了。如果外界的小事情干扰引诱了它，它就外面不能保持端正，内心又随之倾倒，就连粗浅的道理也不懂了。所以喜欢写字的人很多，但只有仓颉造的字流传了下来，这是由于他专一的结果；喜欢种庄稼的人很多，但只有后稷的名声流传下来了，这是由于他专一的结果；喜欢音乐的人很多，但只有夔的名声流传下来了，这是由于他专一的结果；喜欢道义的人很多，但只有舜的名声流传下来了，这是由于他的专一的结果。倕制造了弓，浮游创造了箭，而只有后羿善于射箭；奚仲创造了车，乘杜首先用马驾车，而只有造父精于驾车。从古至今，没有谁是由于三心二意而能够精通一件事情的。曾子说："看着打拍子的小棍，心里想着可以用它来打老鼠，怎么能和我一起唱歌呢！"

【原文】

空石之中有人焉①，其名曰觙。其为人也，善射以好思②。耳目之欲接则败其思，蚊虻之声闻则挫其精③，是以辟耳目之欲④，而远蚊虻之声，闲居静思则通。思仁若是，可谓微乎？孟子恶败而出妻⑤，可谓能自强矣；有子恶卧而焠掌⑥，可谓能自忍矣，未及好也⑦。辟耳目之欲，可谓能自强矣，未及思也。蚊虻之声闻则挫其精，可谓危矣，未可谓微也。夫微者，至人也。至人也，何强，何忍，何危？故浊明外景，清明内景。圣人纵其欲⑧，兼其情，而制焉者理矣。夫何强，何忍，何危？故仁者之行道也，无为也；圣人之行道也，无强也。仁者之思也恭，圣者之思也乐。此治心之道也。

【注释】

①空石：穷石，古地名。

②射：射覆，猜谜。

③挫：扰乱。

④辟：同"避"。

⑤出：遗弃，休妻。

⑥有子：孔子的学生有若。焠：烧灼。

⑦"好"下当脱一"思"字（杨倞说）。

⑧纵：当为"从"字（王先谦说）。

【译文】

空石城中有一个人，叫作觙。他善于猜谜又喜欢思考。但听到音乐、看到美色就会扰乱他的思考，蚊子、苍蝇的声音就会分散他的注意力，所以他避开耳朵、眼睛的欲望，远离蚊子、苍蝇的声音，独自居住，静心思考，就会通达明白。如果思考仁义也能这样，是否就能够达到精微的程度呢？孟子怕败坏了自己的道德而休掉了自己的妻子，可以算得上是能够自我勉励了，但还没有达到思考到精微的地步。有子读书害怕睡觉而用火灼烧自己的手掌，可以说是能够克制了，但都不如觙喜欢思考。他避开耳朵、眼睛的欲望，可以说是能够自我克制了，但还不如思考。听到蚊子、苍蝇的声音，就不能够聚精会神，可以说内心警惕了，但还没有达到思考到精微的地步。能够达到精微地步的人，就是最完美的至人了。最完美的至人，是多么自制、自强、自我警惕啊！所以驳杂的人了解外物，清明的人了解大道。圣人能够随心所欲，放纵自己的性情，可是处理事情还是非常理性的。这是多么自强、多么自制、多么自我警惕啊！所以仁人奉行大道，可以达到无为的境界；圣人奉行大道，不用勉强去做。仁德的人思考恭敬谨慎，圣人思考欢乐愉快。这是修养身心的方法。

【原文】

凡观物有疑，中心不定，则外物不清。吾虑不清，则未可定然否也。冥冥而行者，见寝石以为伏虎也，见植林以为后人也[①]，冥冥蔽其明也。醉者越百步之沟，以为跬步之浍也[②]；俯而出城门，以为小之闺也[③]，酒乱其神也。厌目而视者[④]，视一以为两；掩耳而听者，听漠漠而以为哅哅[⑤]，势乱其官也。故从山下望牛者若羊，而求羊者不下牵也，远蔽其大也；从山下望木者，十仞之木若箸[⑥]，而求箸者不上折也，高蔽其长也。水动而景摇[⑦]，人不以定美恶，水势玄也[⑧]。瞽者仰视而不见星，人不以定有无，用精惑也。有人焉，以此时定物，则世之愚者也。彼愚者之定物，以疑决疑，决必不当。夫苟不当，安能无过乎？

【注释】

①后：当为“立”字（俞樾说）。

②浍：田间小沟渠。

③闺：宫中上圆下方的小门。

④厌：通“压”，按压。

⑤呴呴：喧闹声。

⑥仞：古代长度单位，八尺为一仞。箸：筷子。

⑦景：通“影”。

⑧玄：通“眩”。

【译文】

凡是观察事物时有疑问，心中不能确定的，就不可能认识清楚外界的事物。认识不清楚，就不可能判断是非对错。在夜色中行走的人，看见卧着的石头，误以为卧着的老虎；看见直立的树木，误以为站着的人：这是由于昏暗蒙蔽了他的眼睛。喝醉酒的人跨越百步宽的大沟，误以为跨越半步的小沟；低着头过城门，误以为一个小门洞：这是由于酒精迷乱了他的神志。掩住眼睛看东西的人，误以为一个东西是两个；掩住耳朵听东西的人，误以为很大的声音是很小的声音：这是由于外力干扰了他的感官。所以从山上远望山下的牛就像羊，但是寻找羊的人不会下山去牵它，这是距离远蒙蔽了牛羊的大小。从山下眺望山上的树木，几丈高的树木就像筷子一样，但是寻找筷子的人不会上山去折它，这是由于山的高度遮蔽了树木的高度。河水摇动，水中的倒影也跟着摇动，人们不会以此来判定美丑，这是河水的晃动使人眼花缭乱。眼瞎的人抬头看却看不见星星，但人们不会以此判定天上没有星星，这是由于瞎子的眼睛看不清东西。假如有这样的人，凭借此时的情况判断事物，这是世界上最愚蠢的人。这种愚蠢的人判断事物，是用疑惑的眼光来判断疑惑的事物，一定不会是正确的。既然不会是正确的，怎么可能不出差错呢？

【原文】

夏首之南有人焉[①]，曰涓蜀梁[②]。其为人也，愚而善畏。明月而宵行，俯见其影，以为伏鬼也；卬视其发[③]，以为立魅也；背而走，比至其家，失气而死，岂不哀哉！凡人之有鬼也，必以其感忽之间、疑玄之时正之[④]。

此人之所以无有而有无之时也，而已以正事。故伤于湿而击鼓鼓痹[5]，则必有敝鼓丧豚之费矣，而未有俞疾之福也[6]。故虽不在夏首之南，则无以异矣。

【注释】

①夏首：古地名，在今湖北省。

②涓蜀梁：人名，事迹不详。

③卬：古“仰”字，抬头。

④正：当为“定”（王念孙说）。

⑤本句当有脱误，疑应为“伤于湿而痹，痹而击鼓烹豚”（王念孙说）。

⑥俞：通“愈”。

【译文】

夏首的南边有个人，叫作涓蜀梁，他这个人，愚蠢而胆小。有一天他在月光下行走，低头看见自己的影子，认为是趴在地上的鬼；抬头看见自己的头发，以为是站着的怪物；转身跑回家中，气绝而亡，这难道不是很可悲吗！大凡人疑惑有鬼的时候，一定是他的精神恍惚、神志迷乱的时候做出的判断。这就是人把无当成有，而把有当成无的时候，而他却在这时候判断事物。所以有人得了风湿，就打鼓驱鬼，杀猪祭神，结果必定会打破鼓、白白花掉猪的费用，却没有治好病的福气。所以这人即使不住在夏首的南面，却也和涓蜀梁没有什么区别。

【原文】

凡以知，人之性也；可以知，物之理也。以可以知人之性，求可以知物之理，而无所疑止之[1]，则没世穷年不能遍也。其所以贯理焉虽亿万[2]，已不足以浃万物之变[3]，与愚者若一。老身长子而与愚者若一，犹不知错[4]，夫是之谓妄人。故学也者，固学止之也。恶乎止之？曰：止诸至足。曷谓至足？曰：圣也[5]。圣也者，尽伦者也；王也者，尽制者

也。两尽者，足以为天下极矣。故学者，以圣王为师，案以圣王之制为法，法其法，以求其统类，以务象效其人。向是而务，士也；类是而几，君子也；知之，圣人也。故有知非以虑是，则谓之惧[⑥]；有勇非以持是，则谓之贼；察孰非以分是，则谓之篡；多能非以修荡是[⑦]，则谓之知；辩利非以言是，则谓之泄[⑧]。传曰："天下有二：非察是，是察非。"谓合王制与不合王制也。天下有不以是为隆正也，然而犹有能分是非、治曲直者邪？若夫非分是非，非治曲直，非辨治乱，非治人道，虽能之无益于人，不能无损于人。案直将治怪说，玩奇辞，以相挠滑也[⑨]；案强钳而利口，厚颜而忍诟，无正而恣睢，妄辨而几利；不好辞让，不敬礼节，而好相推挤。此乱世奸人之说也，则天下之治说者方多然矣。传曰："析辞而为察，言物而为辨，君子贱之；博闻强志，不合王制，君子贱之。"此之谓也。

【注释】

①疑：通"凝"，固定。

②贯：习。

③已：终。浃：周遍。

④错：通"措"，搁置，放弃。

⑤"圣"下当脱一"王"字（杨倞说）。

⑥惧：当为"攫"字（王引之说）。

⑦荡：推行。

⑧泄：多言。

⑨挠滑：扰乱。

【译文】

一般来说，对事物的认识能力，是人的本性；可以被认识，这是事物的规律。依靠可以被认识事物的本性，来感知被认识事物的规律，如果没有一定的限制，那么一辈子也不能遍察事物。事物内部蕴含的规律虽然很多，但还是不能应对千变万化的事物，这也和愚蠢的人想法一致。直等到老了，儿女都长大了，还是和愚蠢的人相同，还不知道放弃，这就叫作无知的妄人。所以学习就要学到最高境界。什么是学习的最高境界？回答：就是最圆满。什么叫最圆满？回答：就是通晓圣人之道。圣人，就是完全精通自然和社会关系的人。王者，就是掌握了社会法制的人。把这两个方面都掌握的人，就是最高的标准了。所以，善于学习的人把圣人作为榜样，把圣王制定的社会制度当作自己的法度，效法圣王的法制从而寻求他的大纲，以便努力地效法他的为人。朝着这个目标努力的人，就是士；接近这个目标的人，就是君子；完全掌握这个标准的人，就是圣人。所以，有智慧的人不去理解圣王之道，这就叫作瞎抓；有力气不用来维护圣王之道的，就叫作贼害；能够明察却不用来分辨圣王的法制，就叫作篡夺；有才能却不用来学习推广圣王之道的，就叫作巧诈；能言善辩的人却不用来宣传圣王之道的，就叫作废话。古书上说："天下的事情有两个方面：用错误来考察正确，用正确来考察错误。"意思是说符合王制和不符合王制的两种情况。天下如果不把王制作为判断是非的最高标准，那么还怎么区分是非曲直呢？假如不能分出是非、不能断定曲直、不能辨别之乱、不能研究做人的道理，即使有才能对人又有什么好处，没有才能对人又有什么害处，只不过研究一些奇谈怪论，玩弄一些华丽的辞藻，来互相攻击干扰罢了。强行压制别人而又能言善辩，厚颜无耻而又忍受辱骂，不走正路而又胡作非为，妄图诡辩而又图谋私利，不会谦虚礼让，不顾礼节礼仪，却喜欢互相倾轧，这就是扰乱社会的奸邪学说。现在社会上的学说，多半是这样的。古书上说："玩弄辞藻而自以为明察秋毫，空谈名物自以为能言善辩，君子看不起这种人。见识广博，记忆力强，却不符合圣王的法制，君子鄙视这种人。"说的就是这种人。

【原文】

为之无益于成也，求之无益于得也，忧戚之无益于几也①，则广焉能弃之矣②。不以自妨也，不少顷干之胸中。不慕往，不闵来，无邑怜之心③，当时则动，物至而应，事起而辨④，治乱可否，昭然明矣。

【注释】

①几：通"冀"，指实现愿望。

②广：通"旷"，远。

③邑：通“悒”，忧愁。

④辨：通“办”，治理。

【译文】

做一件事对成功没有什么好处，追求一件事对利益没有什么好处，忧戚对危机解除没有什么好处，就应该把它远远地抛弃掉，不应该妨碍自己，不把它留在心里片刻。不羡慕过去，不担心未来，不要有怜悯可惜之心，时机到来迅速行动，事情来了及时应对解决，这样，是治还是乱，就清楚明白了！

【原文】

周而成，泄而败，明君无之有也；宣而成，隐而败，暗君无之有也。故君人者周则谗言至矣，直言反矣[①]**，小人迩而君子远矣。《诗》云：“墨以为明，狐狸而苍。”**[②]**此言上幽而下险也。君人者宣则直言至矣，而谗言反矣，君子迩而小人远矣。《诗》云：“明明在下，赫赫在上。”**[③]**此言上明而下化也。**

【注释】

①反：通“返”，返回，回去。

②《诗》云句：不见今本《诗经》，当为逸诗。

③《诗》云句：见《诗经·大雅·大明》。

【译文】

隐蔽真情就会成功，公开真情就会失败，明君是不会做这种事的；公开真情就会成功，隐蔽真情就会失败，昏君也不会做这种事的。所以统治者若是隐蔽真情，谗言就会随之而来，直言就会离开，小人围了上来，君子就会疏远。《诗经》中说：“你把黑暗当光明，他说狐狸呈深蓝。”这是说君主昏庸愚昧，那么臣民就会阴险。君主如果开诚布公，那么正直的话就会来了，毁谤的话就会缩回去了，君子亲近而小人就会远离了。《诗经》中说：“明亮在下面，显赫在上面。”这就是说君主光明正大，而臣下就会被感化。

正名第二十二

【题解】

本篇全面地阐述了名与实的逻辑关系。荀子针对当时各个学派干扰名实而使天下混乱的现象，对名与实的关系进行了系统的阐述。

【原文】

后王之成名：刑名从商，爵名从周，文名从《礼》①。散名之加于万物者②，则从诸夏之成俗曲期③，远方异俗之乡则因之而为通。散名之在人者：生之所以然者谓之性。性之和所生，精合感应④，不事而自然谓之性⑤。性之好、恶、喜、怒、哀、乐谓之情。情然而心为之择谓之虑。心虑而能为之动谓之伪⑥。虑积焉、能习焉而后成谓之伪。正利而为谓之事。正义而为谓之行。所以知之在人者谓之知。知有所合谓之智。智所以能之在人者谓之能⑦。能有所合谓之能。性伤谓之病。节遇谓之命。是散名之在人者也，是后王之成名也。

【注释】

①《礼》：指周《仪礼》。

②散名：指各种琐碎具体事物的名称。

③曲期：共同的约定。曲，委屈周遍的意思。期，会合，约定。

④合：会合，接触。感应：被感动而产生的反应。

⑤不事：无为，不做主观人为的努力。

⑥伪：人为。

⑦智：当为衍文（卢文弨说）。

【译文】

近代君主给事物确定名称：刑法的名称仿照商朝，爵位的名称仿照周朝，礼节的名称仿照《仪礼》。赋予万物的各种名称，则是依照中原各国约定俗成的，远方习俗不同的地方则凭借这些名称进行沟通。一般事物名称之中，关于人的：与生俱来的叫作天性。天性是阴阳二气相互作用而产生，精神和外界事物接触产生的反应，不必后天学习的，叫作本性。本性的好、坏、喜、怒、哀、乐，就叫作情。情由心生加以选择，就叫作虑。内心考虑后再照着做，就叫作人为。思虑的反复积累和人的无数次行动，然后形成了人的行为。为了正当的利益去做的，叫作事业。为了正义去做的，叫作德行。人与生俱来的认识能力，叫作认识能力。人的认识能力与客观事物相结合所产生的认知，叫作智慧。人本身具有的某些能力，叫作本能。本能与外界事物相结合而产生的能力，叫作才能。人的天性受到损害，叫作疾病。偶然的遭遇，叫作命运。这些人本身的各种名称，是近代君主所确定的名称。

【原文】

故王者之制名，名定而实辨，道行而志通，则慎率民而一焉。故析辞擅作名以乱正名[①]，使民疑惑，人多辨讼[②]，则谓之大奸，其罪犹为符节、度量之罪也[③]。故其民莫敢托为奇辞以乱正名，故其民悫，悫则易使，易使则公。其民莫敢托为奇辞以乱正名，故壹于道法而谨于循令矣。如是，则其迹长矣。迹长功成，治之极也，是谨于守名约之功也。

今圣王没，名守慢，奇辞起，名实乱，是非之形不明，则虽守法之吏，诵数之儒，亦皆乱也。若有王者起，必将有循于旧名，有作于新名。然则所为有名，与所缘以同异，与制名之枢要，不可不察也。

【注释】

⑧句中第一个“名”字当为衍文（王念孙说）。

①辨：通“辩”。讼：争辩。

②为：通“伪”。

【译文】

所以，王者制定事物的名称，名称确定了，各种事物就有了分别，制定名称的基本原则施行了，思想意志就互相沟通了，所以圣王就率领人民来推行这些名称。在这一前提下，如果玩弄辞藻、擅自制造名称，用来扰乱正确的名称，使人民疑惑，引起人民的辩论，就叫作最大的奸人。他们的罪行就像伪造符节契约和度量衡的罪恶一样大。所以，王者的人民不敢凭借伪造的奇谈怪论来扰乱正确的名称，因此他的人民就诚实，诚实就容易役使，容易役使就公平。人民不敢凭借伪造的奇谈怪论来扰乱正确的名称，人民就一心施行礼法而谨慎地遵守法令。像这样，才能业绩长远。事业长久功成名就，这是治理国家的极致，这就是遵守名称的功效。

现在圣王已逝去，遵守统一名称的事情懈怠了，各种奇谈怪论产生了，名与实的关系混乱了。是非之间的界限不明显，即使是那些维护法制的官吏，讲述典章制度的儒生，也开始混乱了。如果有新的圣王兴起，就必定会沿用旧有的名称，制定一些新的名称。既然这样，所以就必须搞清楚名与实的关系，以及制定名称的关键，就不能不考察了。

【原文】

异形离心交喻①，异物名实玄纽②，贵贱不明，同异不别，如是则志必有不喻之患，而事必有困废之祸。故知者为之分别，制名以指实，上以明贵贱，下以辨同异。贵贱明，同异别，如是则志无不喻之患，事无困废之祸，此所为有名也。

【注释】

①形：形体，指人。离：背离。

②玄：通“眩”，迷乱。纽：结。

【译文】

万物形体不同，人们的认识有别，只有互相交流才能明白。如果不同事物的名与实混杂纠缠在一起，就会贵贱不能明确，同异就不能分别。这样一来，思想上会有不明白的地方，事情也必定有废弃的祸患。所以明智的人对这些加以分别，用名称来指代实物，对上可以分出贵贱，对下可以分辨同异。贵贱明确，同异有别，如此，思想认识不会混乱，事情也不会有什么遗漏，这就是事物之所以要制定名称的原因。

【原文】

然则何缘而以同异？曰：缘天官①。凡同类、同情者，其天官之意物也同，故比方之疑似而通②，是所以共其约名以相期也③。形体、色、理以目异，声音清浊、调竽奇声以耳异④；甘、苦、咸、淡、辛、酸、奇味以口异；香、臭、芬、郁、腥、臊、洒、酸、奇臭以鼻异⑤；疾、养、沧、热、滑、铍、轻、重以形体异⑥；说、故、喜、怒、哀、乐、爱、恶、欲以心异⑦。心有征知⑧。征知则缘耳而知声可也，缘目而知形可也，然而征知必将待天官之当簿其类然后可也⑨。五官簿之而不知，心征之而无说，则人莫不然谓之不知，此所缘而以同异也。

【注释】

①天官：天生的感官，指耳、目、鼻、口、身等器官。

②比方：比拟，指对事物进行描摹。疑：通“拟”，模拟。

③约名：概括的名称。期：会合，交际。

④声音：古代乐音分为宫、商、角、徵、羽五音，单发的某一音叫“声”，相配合而发出的几个音叫“音”。调竽：当为“调节”（王先谦说）。

⑤郁：草木腐臭，指鸟身上一种腐臭的气味。腥：猪身上的臊臭气味。臊：狗身上的腥臭气味。洒：当为“漏”字（杨倞说），通“蝼”，马身上的臊臭味。酸：当为“庮”字，牛身上的臊臭味。

⑥沧：寒冷。铍：当为“钑”字（杨倞说），通“涩”。

⑦故：通“固”，烦闷。

⑧征：验证。

⑨簿：通“薄”，迫近，接触。

【译文】

既然这样，那么根据什么来区别名称的同异呢？回答是：根据人的感受。只要是相同的事物，他们给人的感觉是一样的，因此，比方、模仿的大体相似就能互相理解，这就是人们共同约定俗成的原因。事物的形体、颜色、纹理，用眼睛来区别；声音的清晰或浑浊、乐曲的和谐与杂乱，用耳朵来区别；甜、苦、咸、淡、辣、酸、怪味，用嘴巴来分别；香、臭、芬芳、腐臭、腥、臊、马膻气、牛膻气、奇怪的气味，用鼻子来区别；疾病、瘙痒、寒、热、滑、涩、轻、重，用身体来区别；心悦诚服、做作、喜、怒、哀、乐、爱、厌恶、私欲，用心来区别。

心对事物有感知的能力。感知，在耳朵方面可以听到声音，在眼睛方面可以看见形状。但是，这种感知必须等到感觉器官对事物进行接触以后才能发挥作用。五官能够靠近事物却不能对事物进行分析，心能够感知事物却不能说出道理，但是人们不承认就是无知的。这就是区分名称同异的根据了。

【原文】

然后随而命之：同则同之，异则异之，单足以喻则单①，单不足以喻则兼，单与兼无所相避则共②，虽共，不为害矣。知异实者之异名也，故使异实者莫不异名也，不可乱也，犹使异实者莫不同名也③。故万物虽众，有时而欲遍举之④，故谓之物。物也者，大共名也。推而共之，共则有共，至于无共然后止。有时而欲遍举之，故谓之鸟兽。鸟兽也者，大别名也。推而别之，别则有别，至于无别然后止。名无固宜，约之以命。约定俗成谓之宜，异于约则谓之不宜。名无固实，约之以命实，约定俗成谓之实名。名有固善，径易而不拂⑤，谓之善名。物有同状而异所者⑥，有异状而同所者，可别也。状同而为异所者，虽可合，谓之二实。状变而实无别而为异者，谓之化。有化而无别，谓之一实。此事之所以稽实定数也，此制名之枢要也。后王之成名，不可不察也。

【注释】

①单：单名，指单音词。

②共：指共用。

③异实：当为“同实”（王念孙说）。

④遍：当为“偏”字（俞樾说）。

⑤拂：违反。

⑥所：实质，这里用来指形状寄寓的实体。

【译文】

然后我们可以根据这些道理来随心给事物命名了：相同的事物取相同的名称，不同的事物取不同的名称；单个字能够使人明白就用单名，单个字不能使人明白就用复名；单名与复名不需要相互回避的就用一个名称；即便使用了共名，也不会造成什么混乱和损害。知道不同的事物具有不同的名称，所以就给不同事物取不同的名称，这是不能混乱的，就像同样的事物没有不同的名称一样。所以万物虽然千变万化，但把它们归纳概括起来，就统称为“物”。“物”这个名称，是一个归纳概括的共名。以此类推，直到无法再共名为止。有时候把它们的一部分归纳概括起来，就叫鸟兽，鸟兽这个名称，也是归纳概括的名称。依此类推来确定具体的名称，具体的名称中又有个别具体的名称，直到再也没有个别的名称为止。名称没有什么适合不适合的，只不过是人们约定俗成而已，对一种事物约定俗成一种名称，人们习惯了也就适宜了，不合习惯的就叫不适宜。名称没有一定的实际意义，人们约定俗成它代表一种事物，习惯了也就是这种事物的名称了。名称本来就起得很好，直接易懂而不互相矛盾，就叫作好的名称。事物有相同的形状而实体不同的，有形状不同而实体相同的，这就可以区别名称了。形状相同而实质不同的，即使可以合用一个名称，但仍然是两个实体。形状变化了而实质没有变化的，这就叫作“化”。有了变化而实质没有变化的，仍然叫作一个实体。这就是考察事物的实质，来确定事物的法度的缘故，这也是给事物取名的关键。近代君主在给事物取名的时候，不能不明察。

【原文】

“见侮不辱”[①]，“圣人不爱己”[②]，“杀盗非杀人也”[③]，此惑于用名以乱名者也。验之所以为有名而观其孰行，则能禁之矣。“山渊平”[④]，“情欲寡”[⑤]，“刍豢不加甘，大钟不加乐”[⑥]，此惑于用实以乱名者也。验

之所缘无以同异而观其孰调[7]，则能禁之矣。“非而谒楹有牛[8]，马非马也[9]”，此惑于用名以乱实者也。验之名约，以其所受悖其所辞[10]，则能禁之矣。凡邪说辟言之离正道而擅作者[11]，无不类于三惑者矣。故明君知其分而不与辨也。

【注释】

①见侮不辱：这是战国中期宋钘的说法。

②圣人不爱己：此说出于何家不详，也可能是指《墨子》中的说法。

③杀盗非杀人也：这是墨子的说法，见《墨子·小取》。

④山渊平：惠施的说法。

⑤情欲寡：这是宋钘的说法。

⑥刍豢不加甘，大钟不加乐：这是墨子的说法。（杨倞说）。

⑦无：当为衍文（郭嵩焘说）。

⑧非而谒楹有牛：不详其说。

⑨马非马：疑为公孙龙的说法。

⑩悖：违反，反驳。

⑪辟：通“僻”，邪僻。

【译文】

“受到了侮辱而不以为耻辱”“圣人不爱惜自己”“杀死盗贼不是杀人”，这些错误的说法，是用名称来混淆名称的说法。验证一下所以要名称的原因，再观察他们的行为，就能够制止这种错误的说法了。“高山和深渊是一样平”“人的本性是欲望少”“猪牛羊等肉食并不甘美”“大钟的声音并不一定悦耳”，这些是用实体来混淆名称的说法。只要考察一下有同有异的原因，再看看他们这些说法哪种更适合实际情况，就能够制止他们的这种说法了。“互相排斥也有互相包容，马不是马”，这些错误的说法是用名称来混淆实体。只要考察一下约定俗成的名称，用它互相矛盾的地方来攻击他的言辞，就能够制止他们的说法了。凡是离开正道而擅自制作的邪说怪论，都逃脱不出这三种情况。所以英明的君主应该知道它们的区别而加以禁止，不用去争辩。

【原文】

夫民易一以道而不可与共故[①]，故明君临之以势，道之以道，申之以命，章之以论[②]，禁之以刑。故其民之化道也如神，辨势恶用矣哉[③]！今圣王没，天下乱，奸言起，君子无势以临之，无刑以禁之，故辨说也。实不喻然后命，命不喻然后期，期不喻然后说，说不喻然后辨。故期、命、辨、说也者，用之大文也，而王业之始也。名闻而实喻，名之用也。累而成文，名之丽也[④]。用、丽俱得，谓之知名。名也者，所以期累实也。辞也者，兼异实之名以论一意也。辨说也者，不异实名以喻动静之道也。期命也者，辨说之用也。辨说也者，心之象道也。心也者，道之工宰也[⑤]。道也者，治之经理也。心合于道，说合于心，辞合于说，正名而期，质请而喻[⑥]，辨异而不过，推类而不悖，听则合文，辨则尽故。以正道而辨奸，犹引绳以持曲直。是故邪说不能乱，百家无所窜[⑦]。有兼听之明而无奋矜之容，有兼覆之厚而无伐德之色。说行则天下正，说不行则白道而冥穷[⑧]，是圣人之辨说也。《诗》曰："颙颙卬卬，如珪如璋，令闻令望。岂弟君子，四方为纲。"[⑨]此之谓也。

【注释】

①故：原因。

②章：同"彰"，使之……明白清楚。

③辨势：当为"辩说"（卢文弨说）。

④丽：匹，配合。

⑤工宰：主宰。工，官。

⑥质：本。请：通"情"。

⑦窜：躲藏。

⑧穷：通"躬"。

⑨"《诗》曰"：见《诗经·大雅·卷阿》。颙颙：恭敬温和的样子。卬卬：志气高昂的样子。珪：一种玉器，上圆下方。璋：一种玉器，形状像半个珪。珪与璋都是帝王、诸侯在朝会时所拿的玉器，所以用来喻指美德。岂弟：同"恺悌"，和乐平易。

【译文】

人民容易用正道来引导，但不能同他们讲明道理。所以，英明的君主用权势来引导他们，用道义来领导他们，用命令来告诫他们，用正确的言论来开导他们，用严刑来禁止他们。所以人民遵从正道，好像有神的帮助一样，哪里还用什么辩论呢！现在圣王已经死了，天下大乱，奸邪的言论四起，君子没有权势来引导民众，没有刑法来制止民众，所以只好采用民众辩论的方式。事实不明显就只好命名，命名不明白就用约定，约定不明白就靠说服，说服不明白就开始辩论。所以，约定、命名、说服、辩论，这些都是实际运用中的方式，也是王业的起点。听到名称就知道它的实体，这就是名称的作用。积累了许多名称就成了文章，这就是名称的配合。名称的功用、配合都得当，就叫作懂得名称。名称，是用来约定表示各种实物的。文辞，是用不同的实体名称来表达一个意义的。辩论和说服，是用不同的实体名称来显示动静道理的。约定和命名，这是辩论和说服的运用。辩论和说服，这是心对道的表达。心，是道的主宰。道，是治理天下的根本原则。心符合道义，辩说符合心，文辞符合辩说，运用正确的名称又符合约定，实际情况就明白了。辨别各种不同的事物的名称而没有过错，推论各种事物的类别没有违背正道，听起来又非常符合礼节，辩说就可以把事物的原因弄清楚。用正道来辨别奸邪之说，就像木匠拿着墨绳来辨别曲直一样。这样一来，邪说就不会混淆人们的视听了，百家争鸣的言论就没有藏身之处了。有了全面地听取各家学说的明智，却没有骄傲的表情；有兼容并包的胸怀，却没有自夸的神色。这种学说风行天下，就能够使天下纳入正道；这种学说如果不能被人接受，就隐居，这就是圣人的辩说。《诗经》中说："态度谦和，志气昂扬，就像珪和璋，名声好、声誉旺。和乐平易的君子啊，是天下人的好榜样。"说的就是这种情况。

【原文】

辞让之节得矣，长少之理顺矣，忌讳不称，祆辞不出，以仁心说，以学心听，以公心辨。不动乎众人之非誉，不治观者之耳目[①]，不赂贵者之权势[②]，不利传辟者之辞[③]，故能处道而不贰，吐而不夺[④]，利而不流，贵公正而贱鄙争，是士君子之辨说也。《诗》曰："长夜漫兮，永思骞兮。

大古之不慢兮，礼义之不愆兮，何恤人之言兮！”⑤此之谓也。

【注释】

①治：当为“冶”字（王念孙说），通“蛊”。

②赂：用财物收买。

③辟：通“僻”，邪僻不正。

④吐：当为“咄”字（俞樾说），通“诎”，困顿。

⑤“《诗》曰”句：不见于今本《诗经》，当为逸诗。骞，咎。愆，违反。大古，远古。

【译文】

谦让的礼节得当了，长幼的伦理有序了，忌讳的话不讲，奇谈怪论不说。用仁爱之心讲道理，用学习的心去倾听，用公正的心去辩解，不为众人的毁誉而动摇，不用动听的言辞去蛊惑别人的耳目，不贿赂显贵的权势，不为亲信人的言辞而喜欢。所以，才能坚持正道而不倾斜，不被他人的胁迫而改变，口才流利而不流俗，重视公正的言论而鄙视争斗，这是士君子的辩说。《诗经》中说：“在那慢慢的长夜里，我常常检讨着自己的过错。对远古流传下来的道理从不敢怠慢，对礼节从没有出过差错，何必担心别人的议论呢！”说的就是这种情况。

【原文】

君子之言，涉然而精①，俛然而类②，差差然而齐③。彼正其名，当其辞，以务白其志义者也。彼名辞也者，志义之使也，足以相通则舍之矣；苟之，奸也。故名足以指实，辞足以见极，则舍之矣。外是者谓之讱④，是君子之所弃，而愚者拾以为己宝。故愚者之言，芴然而粗⑤，啧然而不类⑥，諮諮然而沸⑦。彼诱其名，眩其辞，而无深于其志义者也。故穷藉而无极，甚劳而无功，贪而无名。故知者之言也，虑之易知也，行之易安也，持之易立也，成则必得其所好而不遇其所恶焉。而愚者反是。《诗》曰：“为鬼为蜮，则不可得；有靦面目，视人罔极。作此好歌，以极反侧。”⑧此之谓也。

【注释】

①涉然：深入的样子。

②俛然：贴近的样子。俛：同“俯”，贴近。

③差差然：参差不齐的样子。

④讱：难。

⑤芴然：同“忽然”，模糊不清的样子，形容不可捉摸，没有根据。

⑥啧然：深奥的样子。

⑦諮諮然：嘈杂的样子。

⑧“《诗》曰”句：见《诗经・小雅・何人斯》。见《儒效》篇。

【译文】

君子的言论，深奥而精辟，中肯而有条理，纷繁而又一致。他运用正确的名称，使用恰当的言辞，以此来阐明他的思想。这种名称和言辞，是为了表达他思想的，能够用来互相沟通就可以了。那些投机取巧的，就是奸言。所以，名称能够说明事实，词语能够表达思想，就可以了。不以这个为目的的就叫作故意讲一些难以理解的话，是君子要抛弃的行为，而愚蠢的人却把这些当作宝贝。所以，愚蠢的人话，轻浮粗俗，杂乱而没有道理，七嘴八舌吵吵闹闹。他们用名称来引诱别人，用词语来使人眼花缭乱，却没有深刻的内容。所以他搬弄各种词语却不着边际，非常辛苦却没有功效，贪图名望却不能得到。因此，明智人的言辞，理解起来容易明白，实行起来容易做到，坚持起来容易站得住脚；有所成就必定使自己喜欢，而不会使自己厌恶。愚蠢的人正好与此相反。《诗经》中说：“你是鬼还是怪，我还不清楚；但你这丑陋的面目，我迟早会看清楚。做了这首歌曲来揭穿你，你这个反复无常的小人。”说的就是这种人。

【原文】

凡语治而待去欲者①，无以道欲而困于有欲者也②。凡语治而待寡欲者③，无以节欲而困于多欲者也。有欲无欲，异类也，生死也，非治乱也。欲之多寡，异类也，情之数也，非治乱也。欲不待可得，而求者从所可。欲不待可得，所受乎天也；求者从所可，受乎心也。所受乎天之一欲，

制于所受乎心之多，固难类所受乎天也。人之所欲，生甚矣；人之所恶，死甚矣。然而人有从生成死者④，非不欲生而欲死也，不可以生而可以死也。故欲过之而动不及，心止之也。心之所可中理，则欲虽多，奚伤于治！欲不及而动过之，心使之也。心之所可失理，则欲虽寡，奚止于乱！故治乱在于心之所可，亡于情之所欲。不求之其所在，而求之其所亡，虽曰我得之，失之矣。

【注释】

①去欲：这是道家的观点。

②道：同“导”，引导。

③寡欲：这是孟子、宋钘的观点。

④从：通“纵”，放弃。成：趋向。

【译文】

凡是谈论治理国家要靠去掉人们欲望的，却没有办法引导人们欲望的，反而被欲望所困惑。凡是谈论治理国家靠减少人们欲望的，却没有办法节制人们的欲望，反而被人们过多的欲望所困惑。有欲望和没有欲望，这是不一样的，这是生和死的问题，不是治乱的问题。欲望的多少，是不一样的，是性情的变化，不是国家治乱的问题。欲望不是在有所追求的时候才有，而是与生具有的；追求欲望的人认为可以得到才去追求，这是受心的驱使和支配。天生就有的欲望是单纯的，而受到内心支配的欲望是比较多的，所以人们的欲望很难和与生俱来单纯的欲望相比。人们都非常希望永久地活着，人们都非常不希望自己死去。然而，还是有人放弃生而去死，不是他不愿意生而愿意死，而是在某些情况下不能够苟且偷生而应该杀身成仁。所以欲望非常强烈而现实的情况达不到，是由于心的支配。心中的欲望符合道理，即使欲望再多，又怎么会伤害国家的治理呢？所以，国家的治乱，在于心理的支配，与情欲多少没有任何关系。不去寻找国家治乱的根源，却从无关紧要的方面去寻求，即使找到了，又有什么关系呢！

【原文】

性者，天之就也；情者，性之质也；欲者，情之应也。以所欲为可得而求之，情之所必不免也；以为可而道之，知所必出也[①]。故虽为守门，欲不可去，性之具也。虽为天子，欲不可尽。欲虽不可尽，可以近尽也；欲虽不可去，求可节也。所欲虽不可尽，求者犹近尽；欲虽不可去，所求不得，虑者欲节求也。道者，进则近尽，退则节求，天下莫之若也。

【注释】

①知：通“智”。

【译文】

人的本性，是天生造就的；人的感情，是本性的实质；人的欲望，是人的感情对外界事物的反应。认为自己的欲望可以达到就去追求，这是感情不可避免的。认为欲望可以达到就去实行，这是人的智慧必然做出的选择。所以即使一个守门的小卒，他的欲望也是不可去掉的，这是人的本性所固有的。即使是天子，欲望也不可能得到完全满足。欲望虽然没有尽头，但是可以接近满足；欲望虽然不能去掉，但是可以节制它；欲望虽然不能穷尽，但是对欲望的追求可以抑制。按照正确的原则行事，在条件允许的情况下尽量得到满足，在条件不允许的情况下尽量节制自己的欲望，天下没有比这更好的了。

【原文】

凡人莫不从其所可，而去其所不可。知道之莫之若也，而不从道者，无之有也。假之有人而欲南无多；而恶北无寡，岂为夫南者之不可尽也，离南行而北走也哉[①]？今人所欲无多[②]，所恶无寡[③]，岂为夫所欲之不可尽也，离得欲之道而取所恶也哉？故可道而从之，奚以损之而乱！不可道而离之，奚以益之而治！故知者论道而已矣，小家珍说之所愿皆衰矣。

【注释】

①走：跑。

②无多：无所谓多，指再多也不嫌多。

③无寡：无所谓少，指再少也不要。

【译文】

凡是人都是顺从自认为正确的原则来做事，而抛弃自认为不正确的原则。了解了别人为人处世原则的，都会这样做，没有按照为人处世原则来做事的人，是没有的。假如有个人想去南方，不管路程有多远都会去；假如不想去北方，不管路有多近都不会去，难道说由于南方的路程比较远，就舍弃南方而去北方吗？现在人的欲望，希望得到的，再多也不嫌多；厌恶的东西，再少也不嫌少。难道说由于欲望多，就背离自己的欲望而取自己所厌恶的吗？所以，符合道义的欲望就顺从它，哪里会因为欲望多而混乱呢？不符合道义的欲望要抛弃它，哪里会因为欲望少而使国家安定呢？所以，睿智的人只要遵循道义行事，那些奇谈怪论就会衰亡了。

【原文】

凡人之取也，所欲未尝粹而来也[①]；其去也，所恶未尝粹而往也。故人无动而不可以不与权俱[②]。衡不正[③]，则重县于仰而人以为轻[④]，轻县于俛而人以为重，此人所以惑于轻重也。权不正，则祸托于欲而人以为福，福托于恶而人以为祸，此亦人所以惑于祸福也。道者，古今之正权也，离道而内自择，则不知祸福之所托。

【注释】

①粹：纯粹，引申为完全彻底。

②权：秤锤，引申为衡量行为的准则，即“道”。

③衡：秤杆，秤。

④县：同“悬”，悬挂。

【译文】

大凡人想得到的东西，他想要的不一定能够得到；想不要和厌恶的东西，不一定能够丢掉。所以，人们的行为标准不可能不加以衡量。衡器不准确，虽然挂上了重物，也会反过来，人就会认为是轻的；虽然挂上的是轻物，反而会低下来，人会认为是重物，这是人被轻重迷惑的缘故。衡量的标准不正确，祸患就会包含在欲望之中，人们认为它是福气；福气包含在厌恶的事情中，人们认为那是祸患，这是人们被祸福所迷惑的缘故。道义，古今都是正确的衡量标准。背离了道义而自行选择，就不会知道祸福在什么地方了。

【原文】

易者以一易一，人曰无得亦无丧也；以一易两，人曰无丧而有得也；以两易一，人曰无得而有丧也。计者取所多，谋者从所可。以两易一，人莫之为，明其数也。从道而出，犹以一易两也，奚丧？离道而内自择，是犹以两易一也，奚得？其累百年之欲，易一时之嗛[①]，然且为之，不明其数也。

【注释】

①嗛：通“慊”，满足。

【译文】

在交换的过程中，拿一个东西换取另外一件东西，人们认为没有什么损失；拿一件东西换取两件东西，人们认为没有损失而有所获得；拿两件东西换取一件东西，人们认为这是没有获得而有所损失。善于算计的人希望以少换多，善于谋划的遵从自己认为合适的办法。拿两件东西换取一件东西，没有人会这么做，是因为数量的关系。遵循道义而行动的人，就好像是拿一件东西来换取两件东西，这又有什么损失呢？背离道义而自行去选择，就好像是拿两件东西换取一件东西，这又有什么值得的呢？积累了百年的欲望，换取一时的满足，还这样去做，这是不明白简单的数量关系。

【原文】

有尝试深观其隐而难其察者[①]，志轻理而不重物者[②]，无之有也；外重物而不内忧者，无之有也。行离理而不外危者，无之有也；外危而不

内恐者，无之有也。心忧恐则口衔刍豢而不知其味，耳听钟鼓而不知其声，目视黼黻而不知其状，轻暖平簟而体不知其安[③]。故向万物之美而不能嗛也，假而得问而嗛之[④]，则不能离也。故向万物之美而盛忧，兼万物之利而盛害。如此者，其求物也，养生也？粥寿也[⑤]？故欲养其欲而纵其情，欲养其性而危其形，欲养其乐而攻其心，欲养其名而乱其行。如此者，虽封侯称君，其与夫盗无以异；乘轩戴绕[⑥]，其与无足无以异。夫是之谓以己为物役矣。

【注释】

①有：通“又”。后“其”字，当为衍文（王念孙说）。

②“重”前当脱一“外”字（顾千里说）。

③平：通“枰”，独坐的板床。簟：竹席。

④得问：当为“得间”（王念孙说）。

⑤粥：同“鬻”，卖。

⑥轩：一种有蓬遮蔽的车，为卿大夫及诸侯等达官贵人所乘的车。绕：同“冕”，大夫以上的贵族所戴的礼帽。

【译文】

我曾经试着深入观察隐蔽而又难以揣摩的人类心理，凡是内心轻视道义而又不重视物质的，根本没有；重视外物而又内心不忧虑的人，根本没有；行为背离道义而又不遭受危险的人，根本没有；遭受外来危险而内心不忧虑的人，根本没有。如果内心恐惧，就是嘴里吃着美味佳肴也不知道滋味，耳朵听着美妙的音乐也不知道旋律，眼睛看着华丽的衣服也不知道形状，躺在轻暖柔软的褥子上，底下铺着平整的竹席，身体也不会安逸。所以，享受着世间的美妙却不能得到满足。即使得到片刻的满足，忧虑的心情却挥之不去。所以，享受着世间万物的美妙而忧心忡忡，得到万物的利益却危害着自身。像这样的人，他追求物质，是为了养护生命还是为了伤害生命呢？所以，想要放纵自己的欲望就会放纵自己的感情，想要放纵自己的本性就会伤害自己的身体，想要得到享乐就会伤害自己的心志，想要得到好的名声就会败坏自己的行为。这样的人，即使封侯或者成为君主，也与盗贼没有什么区别；乘着高车，戴着桂冠，也与衣食不足的人没有什么区别。这就是被物质役使的人。

【原文】

心平愉，则色不及佣而可以养目，声不及佣而可以养耳①，蔬食菜羹而可以养口②，粗布之衣、粗紃之履而可以养体③，屋室、庐庾、葭稾蓐、尚几筵而可以养形④。故无万物之美而可以养乐，无势列之位而可以养名。如是而加天下焉，其为天下多，其和乐少矣⑤，夫是之谓重己役物。无稽之言，不见之行，不闻之谋，君子慎之。

【注释】

①佣：平庸，平常。

②蔬食：同“疏食”，粗食。

③紃：麻绳。

④屋室：当作“局室”。庐庾：当作“庐帘”。葭：当为衍文（以上皆王念孙说）。尚：同“敝”，破旧。

⑤和：当为“私”字（王念孙说）。

【译文】

心情如果平静愉快，即使颜色一般也可以大饱眼福，音乐一般也可以大饱耳福，粗茶淡饭也可以大饱口福，粗布衣服、粗麻鞋子也可以满足身体，身居狭小的屋子、芦苇做的窗帘、草褥子、低矮的桌子也可以满足身体的要求。所以，即使没有世间万物的美妙也可以享受其中的快乐，没有高官厚禄也可以得到美好的名声。像这样的人，若是得到天下，就会心系天下人民的福祉，很少想到自己的享受，这就是看重自己的内心而役使物质的人。没有根据的话语，没有个人体验过的行为，没有听说过的谋略，君子要慎重地对待。

性恶第二十三

【题解】

本篇系统阐述了荀子“性恶论”的思想，是其哲学思想的基石和出发点。荀子从“人之性恶，其善者伪也”的观点出发，通过分析人的生理要求和物质欲望，提出了“人性本恶”的主张，并批判了孟子的“性善论”。

【原文】

人之性恶，其善者伪也。今人之性，生而有好利焉，顺是，故争夺生而辞让亡焉；生而有疾恶焉[①]**，顺是，故残贼生而忠信亡焉；生而有耳目之欲，有好声色焉，顺是，故淫乱生而礼义文理亡焉。然则从人之性**[②]**，顺人之情，必出于争夺，合于犯分乱理而归于暴。故必将有师法之化，礼义之道**[③]**，然后出于辞让，合于文理，而归于治。用此观之，然则人之性恶明矣，其善者伪也。**

【注释】

①疾：忌妒。

②从：同“纵”。

③道：同“导”，引导。

【译文】

人的本性是恶的，善良的行为是人为的。人的本性，生下来就有喜好利益之心，顺着这种本性，所以就会产生争夺而没有辞让了；人生下来就有忌妒憎恨之心，顺着这种本性，所以残杀陷害的行为就会产生，而忠诚信用的美德就没有了；人生下来就有耳朵、眼睛的欲望，就爱好美音、美色，顺着这种本性，所以淫乱就产生了，礼法就消失了。所以，放纵人的本性、顺从人的感情，就一定会产生争夺，出现违背等级名分、扰乱事理的事情而导致暴乱。所以，必定要有老师、法度的教化，礼义的引导，然后才会从谦让出发，行为合乎礼法的规范，从而使社会安定。由此看来，人的本性是恶就很明显了，而那些善良的行为是人为的。

【原文】

故枸木必将待檃栝烝矫然后直[①]，钝金必将待砻厉然后利[②]。今人之性恶，必将待师法然后正，得礼义然后治。今人无师法则偏险而不正，无礼义则悖乱而不治。古者圣王以人之性恶，以为偏险而不正，悖乱而不治，是以为之起礼义、制法度，以矫饰人之情性而正之，以扰化人之情性而导之也。始皆出于治，合于道者也。今之人，化师法，积文学，道礼义者为君子；纵性情，安恣睢，而违礼义者为小人。用此观之，然则人之性恶明矣，其善者，伪也。

【注释】

①枸木：曲木。枸，盘曲的树根。檃栝：矫正弯木的工具。

②砻：磨。厉：同“砺”，磨刀石。

【译文】

所以，弯曲的木头一定要依靠矫正木头的工具进行蒸烤和矫正然后变直，不锋利的金属一定要依靠磨砺然后才能锋利。而人的本性是恶的，一定要依靠老师的教诲和法度的约束才能端正，懂得礼义才能治理。假如人们没有老师的教诲和法度的约束就会偏斜阴险而不端正，没有礼义规范就会悖理混乱而不能治理。古代的圣王认为人性本恶，认为人偏斜阴险而不端正，悖理混乱而不能治理，所以为他们设立了礼义、制定了法度，用来约束、规范、整饬人们的性情而使之端正，用来教化人们的性情而加以引导，使他们的行为开始遵循秩序，合乎正道。现在的人，得到老师的教诲和法度的教化，积累文化知识，遵循礼义的就是君子；放纵性情，恣意妄为，违背礼义的就是小人。由此看来，人的本性是恶的就明显了，善良的行为是人为的。

【原文】

孟子曰："今之学者，其性善。"曰：是不然。是不及知人之性，而不察乎人之性、伪之分者也。凡性者，天之就也，不可学、不可事；礼义者，圣人之所生也，人之所学而能，所事而成者也。不可学，不可事而在人者谓之性，可学而能、可事而成之在人者谓之伪。是性、伪之分也。今人之性，目可以见，耳可以听。夫可以见之明不离目，可以听之聪不离耳，目明而耳聪，不可学明矣。孟子曰："今人之性善，将皆失丧其性故也。"曰：若是，则过矣。今人之性①，生而离其朴②，离其资③，必失而丧之。用此观之，然则人之性恶明矣。所谓性善者，不离其朴而美之，不离其资而利之也。使夫资朴之于美，心意之于善，若夫可以见之明不离目，可以听之聪之不离耳，故曰目明而耳聪也。今人之性，饥而欲饱，寒而欲暖，劳而欲休，此人之情性也。今人饥，见长而不敢先食者④，将有所让也；劳而不敢求息者，将有所代也。夫子之让乎父，弟之让乎兄，子之代乎父，弟之代乎兄，此二行者，皆反于性而悖于情也；然而孝子之道，礼义之文理也。故顺情性则不辞让矣，辞让则悖于情性矣。用此观之，然则人之性恶明矣，其善者伪也。

【注释】

①人：疑当为"天"字（顾千里说）。

②朴：质朴。

③资：材，指天性的禀赋。

④长：尊长。

【译文】

孟子说："人们所以学习，是因为本性是善的。"回答说："这是不对的。这是没有了解人的本性，没有明察人的本性与人之间的区别。人的本性，是天然生成的，不通过学习，不通过人为就能够做到的；礼义，是圣人制定的，人们通过学习，努力去做就能够达到。不通过学习，不通过人为的努力做到而天然生成的，就叫作本性；通过学习，通过人为的努力达到的，就叫作人为。这是本性、人为之间的区别。人们的本性，眼睛可以看，耳朵可以听。可以看得清离不开眼睛，可以听得清离不开耳朵，眼睛明亮和耳朵灵敏，是不能通过学习得到的，这就充分证明这是人天生的本性。孟子说："人的本性是善的，人由于丧失了人的本性才变成了恶。"回答是：这样的论断，是不对的。人的本性，生下来就脱离了他的质朴，脱离了他的本质，必定丧失了本性。由此看来，人的本性恶就更明显了。所谓的性善，是指不离开他的质朴而觉得美，不离开他的本质而觉得好。本质、质朴对于美，思想对于善良，就像可以看得清楚离不开眼睛，可以听得清楚离不开耳朵一样，所以说眼睛明亮而耳朵灵敏。人们的本性是，饿了就想吃饱，冷了就想暖和，累了就想休息，这是人的性情。现在的人如果饿了，看到长辈就不敢吃，要有所谦让；累了不敢要求休息，要为长辈代劳。儿子谦让父亲，弟弟谦让兄长；儿子代劳父亲，弟弟代劳兄长，这都是违反人的本性而背离性情的；然而这却是当下孝子的原则，礼义的制度。所以，顺着性情就不会谦让了，谦让就背离了真性情。由此看来，人的本性是恶就更明显了，善良的行为是人为的。

【原文】

问者曰："人之性恶，则礼义恶生？"应之曰：凡礼义者，是生于圣人之伪，非故生于人之性也①。故陶人埏埴而为器②，然则器生于工人之伪③，非故生于人之性也。故工人斫木而成器，然则器生于工人之伪，非故生于人之性也。圣人积思虑，习伪故，以生礼义而起法度，然则礼义法度者，是生于圣人之伪，非故生于人之性也。若夫目好色，耳好声，口好味，心好利，骨体肤理好愉佚，是皆生于人之情性者也，感而自然，不待事而后生之者也。夫感而不能然，必且待事而后然者，谓之生于伪④。是性、伪之所生，其不同之征也。故圣人化性而起伪，伪起而生礼义，礼义生而制法度。然则礼义法度者，是圣人之所生也。故圣人之所以同于众，其不异于众者，性也；所以异而过众者，伪也。夫好利而欲得者，此人之情性也。假之人有弟兄资财而分者，且顺情性，好利而欲得，若

是则兄弟相拂夺矣；且化礼义之文理，若是则让乎国人矣。故顺情性则弟兄争矣，化礼义则让乎国人矣。

【注释】

①故：本来。

②埏埴：调和黏土。

③工人：当为“陶人”（王念孙说）。

④生于：当为衍文（王引之说）。

【译文】

有人问：“人的本性是恶的，那么礼义是怎么产生的呢？”回答说：凡是礼义，都是圣人人为制定出来的，不是本来就由人的本性产生的。所以，制定陶器的人把黏土调和起来就制成陶器，这些陶器是陶器工人人为制造的，并不是由人的本性产生的。所以，木匠砍削木材制成器具，而此器具是由木匠人为加工而成的，并不是由人的本性产生的。圣人经过深思熟虑，学习为人的道理，设立礼义而制定法度，而这些礼义法度是由圣人制定的，并不是由人的本性产生的。至于眼睛喜爱美色，耳朵喜爱美声，嘴巴喜爱美味，内心喜爱私利，身体喜爱愉快安逸，这些都产生于人的性情，感触了就自然而生，是不依靠人为就产生的。那些受到感触而无动于衷的，必定是依靠后天的努力才会形成，这就叫作人为。这就是本性与人为产生的情况，也是它们不同的特征。所以，圣人改变人们恶的本性是经过了后天人为的努力，就产生了礼义，礼义产生了就制定了法度。这就是说礼义和法度，是圣人制定的。所以，圣人与众不同，圣人和众人相同的地方，就是先天的本性；和众人不同又超越众人的地方，是后天的作为。喜欢私利而想得到，这是人们的性情。假如兄弟二人分配财产，如果顺着性情，喜欢私利而想得到，那么兄弟二人就会互相争夺；如果受到礼义的教化，就会互相推让给对方。所以，顺着性情，兄弟二人就会争夺；受到礼义教化，就会互相推让。

【原文】

凡人之欲为善者，为性恶也。夫薄愿厚，恶愿美，狭愿广，贫愿富，贱愿贵，苟无之中者[①]，必求于外；故富而不愿财，贵而不愿势，苟有之中者，必不及于外。用此观之，人之欲为善者，为性恶也。今人之性，固无礼义，故强学而求有之也；性不知礼义，故思虑而求知之也。然则生而已，则人无礼义，不知礼义。人无礼义则乱，不知礼义则悖。然则生而已，则悖乱在已。用此观之，人之性恶明矣，其善者伪也。

【注释】

①中：本身。

【译文】

人们想做善事，就是因为本性是恶的。薄的希望厚，丑的希望美，窄的希望宽，穷的希望富，卑贱的希望高贵，如果本身没有的，一定要向外寻求；所以富裕的就不那么想钱财，高贵的就不那么想权势，如果本身就有的，就不用向外寻求。由此看来，人们想做善事，是因为人的本性是恶的。现在人的本性，本来没有礼义，所以努力学习而力求得到它；本性不知道礼义，所以努力思索而力求了解它。就人的本性而言，人们没有礼义，也不了解礼义。人们没有礼义就会混乱，不知道礼义就会背离正道。然而就人的本性而言，悖乱就在于自身了。由此看来，人的本性是恶的就非常明显了，那些善良的行为是人为的。

【原文】

孟子曰："人之性善。"曰：是不然。凡古今天下之所谓善者，正理平治也；所谓恶者，偏险悖乱也。是善恶之分也已。今诚以人之性固正理平治邪？则有恶用圣王，恶用礼义矣哉！虽有圣王礼义，将曷加于正理平治也哉！今不然，人之性恶。故古者圣人以人之性恶，以为偏险而不正，悖乱而不治，故为之立君上之势以临之，明礼义以化之，起法正以治之，重刑罚以禁之，使天下皆出于治，合于善也。是圣王之治，而礼义之化也。今当试去君上之势[①]，无礼义之化，去法正之治，无刑罚

之禁，倚而观天下民人之相与也[②]。若是，则夫强者害弱而夺之，众者暴寡而哗之，天下之悖乱而相亡不待顷矣。用此观之，然则人之性恶明矣，其善者伪也。

【注释】

①当试：当为“尝试”（王先谦说）。

②倚：立。

【译文】

孟子说：“人的本性是善的。”回答说：这种说法不对。凡是古往今来天下人所说的善，就是符合法度、准守秩序；所说的恶，就是偏邪阴险、悖道作乱。这就是善和恶的区分。现在真认为人的本性本来就合乎法度、遵守秩序吗？如果是真的，还用得着圣王，用得着礼义吗？即使有圣王礼义，又能在合乎法度、遵守秩序的本性上增加什么呢？现实并不是这样，因为人的本性是恶的。所以古时圣人认为人性本恶，认为人性偏邪阴险而不端正，悖道作乱而不能治理，所以为他们设立了君主用权势来统治他们，倡导礼义来教化他们，制定制度来治理他们，加重刑罚来禁止他们，使天下人都安定有序，行为善良。这是圣王的治理和教化。假如我们尝试去掉君主的权势，取消了礼义的教化，废除了法度的治理，没有刑罚的禁止，站在一旁观看天下人的交往。如果这样，那么强者就会恃强凌弱而掠夺弱者，就会依众凌少而侵扰寡者，天下人悖道作乱而各国相互灭亡就立等可待了。由此看来，人的本性是恶的就更明显了，善良的行为是人为的。

【原文】

故善言古者必有节于今[①]，善言天者必有征于人。凡论者，贵其有辨合[②]，有符验，故坐而言之，起而可设，张而可施行。今孟子曰：“人之性善”，无辨合符验，坐而言之，起而不可设，张而不可施行，岂不过甚矣哉！故性善则去圣王，息礼义矣；性恶则与圣王，贵礼义矣。故檃栝之生，为枸木也；绳墨之起，为不直也；立君上，明礼义，为性恶也。

用此观之，然则人之性恶明矣，其善者伪也。

直木不待檃栝而直者，其性直也；枸木必将待檃栝烝矫然后直者，以其性不直也。今人之性恶，必将待圣王之治，礼义之化，然后皆出于治，合于善也。用此观之，然则人之性恶明矣，其善者伪也。

【注释】

①节：征验。

②辨：通“别”，古代借贷所用的一种凭证，一分为二，两家各执其一。

【译文】

所以善于谈论古代事情的人一定要用现代做验证，善于谈论天的人一定要用人做论证。凡是辩论，重要的是能够核对，能够检验，所以坐着论道，站起来就可以布置，推广就可以施行。而现在孟子却说：“人的本性是善的。”这种论点，不能核对，不能验证，坐而论道，不能起身布置，不能推广施行，这难道不是大错特错吗？所以，如果本性是善的就可以去掉圣王，取消礼义；本性恶就应该赞同圣王，推崇礼义了。所以，矫正木材工具的产生，是因为有弯曲的木材；绳墨的产生，是因为有不直的木材；设立君主，倡导礼义，是因为人性恶。由此开来，人的本性是恶就明显不过了，善良的行为是人为的。

直木不需要矫正木材的工具就自然直，因为它的本性是直的；弯曲的木材必定需要矫正木材的工具蒸烤和矫正然后才能直，因为它的本性是不直的。事实证明人的本性是恶的，就必定需要圣王的治理，礼义的教化，然后才能遵守秩序，行为善良。由此看来，人的本性是恶的就再明显不过了，善良的行为是人为的。

【原文】

问者曰：“礼义积伪者，是人之性，故圣人能生之也。”应之曰：是不然。夫陶人埏埴而生瓦，然则瓦埴岂陶人之性也哉？工人斫木而生器，然则器木岂工人之性也哉？夫圣人之于礼义也，辟则陶埏而生之也①，然则礼义积伪者，岂人之本性也哉？凡人之性者，尧、舜之与桀、跖，

其性一也；君子之与小人，其性一也。今将以礼义积伪为人之性邪？然则有曷贵尧、禹[②]，曷贵君子矣哉？凡所贵尧、禹、君子者，能化性，能起伪，伪起而生礼义。然则圣人之于礼义积伪也，亦犹陶埏而生之也。用此观之，然则礼义积伪者，岂人之性也哉？所贱于桀、跖、小人者，从其性，顺其情，安恣睢，以出乎贪利争夺。故人之性恶明矣，其善者伪也。

天非私曾、骞、孝己而外众人也[③]，然而曾、骞、孝己独厚于孝之实而全于孝之名者，何也？以綦于礼义故也。天非私齐、鲁之民而外秦人也，然而于父子之义、夫妇之别，不如齐、鲁之孝具敬父者[④]，何也？以秦人之从情性，安恣睢，慢于礼义故也。岂其性异矣哉？

【注释】

①辟：通“譬”。

②有：通“又”。

③曾、骞：指孔子的学生曾参和闵子骞，都以孝著称。孝己：殷高宗的太子，有孝道。

④具：疑当为“工”字（王念孙说），通“恭”。父：当为“文”字（杨倞说）。

【译文】

有人问：“礼义是人为积累而成的，是人的本性，所以圣人能制定出礼义。”回答说：这种说法不对。制作陶器的人调和黏土而制成瓦器，然而黏土制成的瓦器难道是陶工的本性吗？圣人对于礼义，犹如制陶工调和黏土而制成的瓦器一样，那么人为积累而制定出的礼义，难道是圣人的本性吗？人的本性，尧、禹和桀、盗跖，他们的本性是一样的；君子和小人的本性也是一样的。现在要把人为积累而创造出的礼义，能作为人的本性吗？那么又为何尊重尧、禹，为何尊重君子呢？凡是尊重尧、禹、君子，是因为他们能改变人的本性，能做出人为的努力，人为的努力之后就产生了礼义。然而圣人对于人为积累而创造出的礼义，就像陶器工人调和黏土而制成的瓦器一样。由此看来，那么人为积累而创造出的礼义，难道是人的本性吗？所以，鄙视桀、盗跖、小人，是因为他们放纵本性，顺着本性，恣意妄为，从而贪图利益互相争夺。所以，人的本性是恶的在明显不过了，善良的行为是人为的。

上天并不偏袒曾参、闵子骞和孝己而排斥众人，然而曾参、闵子骞和孝己特别重视孝道的事实成全了他们孝道的名声，为什么呢？他们尽力追求礼义的缘故。上天并不是偏袒齐国人和鲁国人而排斥秦国人，然而秦国人对于父子的道义、夫妇的区别，不如齐国人、鲁国人有礼，为什么呢？秦国人放纵性情，恣意妄为，怠慢礼义的缘故。这难道是他们的本性有差别的缘故吗？

【原文】

“涂之人可以为禹。”[①]曷谓也？曰：凡禹之所以为禹者，以其为仁义法正也。然则仁义法正有可知可能之理，然而涂之人也，皆有可以知仁义法正之质，皆有可以能仁义法正之具，然则其可以为禹明矣。今以仁义法正为固无可知可能之理邪？然则唯禹不知仁义法正[②]，不能仁义法正也。将使涂之人固无可以知仁义法正之质，而固无可以能仁义法正之具邪？然则涂之人也，且内不可以知父子之义，外不可以知君臣之正。不然。今涂之人者，皆内可以知父子之义，外可以知君臣之正，然则其可以知之质，可以能之具，其在涂之人明矣。今使涂之人者以其可以知之质，可以能之具，本夫仁义之可知之理，可能之具，然则其可以为禹明矣。今使涂之人伏术为学[③]，专心一志，思索孰察，加日县久[④]，积善而不息，则通于神明，参于天地矣。故圣人者，人之所积而致矣。

【注释】

①涂：通“途”，道路。

②唯：即使，虽然。

③伏：通“服”。

④县：悬挂。

【译文】

“普通人都可以成为禹。”这是什么意思？回答是：禹之所以成为禹，是因为他能够施行仁义和法度。既然这样，施行仁义法度可以懂得、可以做到的道理，那么普通人都可以懂得仁义法度，都可以施行仁义法度，所以人人都能够成为禹。仁义法度，本来就可以使人人懂得、人人可以做到的吗？如果普通人都不能够懂得仁义法度，那么禹也不可能懂得仁义法度，不能够施行仁义法度。难道普通人都不具备懂得仁义法度，都不能够施行仁义法度吗？难道普通人对内不知道父子之间的道义，对外不知道君臣之间的准则吗？不是这样的，普通人大都懂得对内知道父子之间的道义，对外大都知道君臣之间的准则，所以普通人都具备仁义法度的素质，都有可施行仁义法度的条件，这是非常明显的。普通人通过努力学习道义，只要专心致志，认真思考，仔细观察，天长日久，积累善行而不停止，就会和神明相通，和天地匹配了。所以圣人，是人天长日久积累善行的结果。

【原文】

曰："圣可积而致，然而皆不可积，何也？"曰：可以而不可使也。故小人可以为君子而不肯为君子，君子可以为小人而不肯为小人。小人、君子者，未尝不可以相为也，然而不相为者，可以而不可使也。故涂之人可以为禹则然，涂之人能为禹，则未必然也。虽不能为禹，无害可以为禹。足可以遍行天下，然而未尝有能遍行天下者也。夫工匠、农、贾，未尝不可以相为事也，然而未尝能相为事也。用此观之，然则可以为，未必能也；虽不能，无害可以为。然则能不能之与可不可，其不同远矣，其不可以相为明矣。

【译文】

有人说："圣人可以积累善行而达到，然而人们大都不能积累善行，为什么呢？"回答说：可以做到但不等于人们都能够做到。所以小人可以成为君子而不肯成为君子，君子可以成为小人而不肯成为小人。小人、君子未尝不可以互相转化，然而却没有互相转化，这就是可以做到但未必做到的缘故。所以说普通人可以成为禹是对的，普通人都成为禹，就不一定对了。普通人即使不能成为禹，但并不是不能成为禹。比如脚可以走遍天下，但却不见有走遍天下的人。工匠、农民、商人，未尝不可以互相调换做事，但互相调换的人却很少。由此看来，可以做到，未必能够做到；即使做不到，但并不是完全不能做到。这就是说，能不能做到和可不可以做到是两回事，它们之间的差距还是很大的，它们不可以互相调换也是很明显的了。

【原文】

尧问于舜曰：“人情何如？”舜对曰：“人情甚不美，又何问焉？妻子具而孝衰于亲，嗜欲得而信衰于友，爵禄盈而忠衰于君。人之情乎！人之情乎！甚不美，又何问焉？”唯贤者为不然。有圣人知之者，有士君子之知者，有小人之知者，有役夫之知者。多言则文而类，终日议其所以，言之千举万变，其统类一也，是圣人之知也。少言则径而省，论而法①，若佚之以绳②，是士君子之知也。其言也谄③，其行也悖，其举事多悔④，是小人之知也。齐给便敏而无类，杂能旁魄而无用⑤，析速粹孰而不急⑥，不恤是非，不论曲直，以期胜人为意，是役夫之知也。

【注释】

①论：通“伦”。

②佚：序。

③谄：荒诞。

④悔：咎。

⑤旁魄：同“旁薄”。

⑥粹：通“萃”，聚集。

【译文】

尧问舜说：“人情怎么样？”舜回答说：“人情很不好，又何必明知故问呢？人们有了妻子儿女之后对父母的孝顺就减少了，满足了自己的嗜好欲望之后对朋友的诚信就减少了，爵位俸禄满足了之后对于君主的忠诚就减少了。人情啊！人情啊！非常不好，又何必明知故问呢？”只有少数贤德之人不是这样。有圣人的智慧，有君子的智慧，有小人的智慧，有劳役者的智慧。说话多，既有文采又合礼法，终日谈论主张理由，说得千变万化，但纲领却始终如一，这是圣人的智慧。说话少，直接简约，既有条理又符合法度，就像用墨绳比着，这是士君子的智慧。说话荒诞不羁，行为悖乱，做事常常漏洞百出，这是小人的智慧。能说会道，行为敏捷而合法度，技能繁多，见多识广而没有用处，分析迅速、言辞熟练而无关紧要，不顾是非，不管曲直，总希望以胜过别人为目的，这是劳役者的智慧。

【原文】

有上勇者，有中勇者，有下勇者。天下有中，敢直其身；先王有道，敢行其意；上不循于乱世之君，下不俗于乱世之民；仁之所在无贫穷，仁之所亡无富贵；天下知之，则欲与天下同苦乐之；天下不知之，则傀然独立天地之间而不畏，是上勇也。礼恭而意俭，大齐信焉而轻货财，贤者敢推而尚之，不肖者敢援而废之，是中勇也。轻身而重货，恬祸而广解[①]，苟免，不恤是非、然不然之情，以期胜人为意，是下勇也。

【注释】

①恬：安。

【译文】

有上等的勇敢，有中等的勇敢，有下等的勇敢。天下有正道，敢于挺身而出；先王有正道，敢于实行；对上不顺从混乱时代的君主，对下不混同于混乱时代的人民；仁存在的地方无所谓贫穷，仁不存在的地方无所谓富贵；天下人了解自己，就与天下人同甘苦共患难；天下人不了解自己，就岿然独立于天地之间而无所谓畏惧，这是上等的勇敢。礼貌恭敬而内心谦让，注重信用而轻视货财，对于贤人敢于推荐他处在上位，对于不贤的人敢于将他拉下来废除他，这是中等的勇敢。轻视生命而重视货财，习惯于闯祸而又多方解脱，苟且豁免，不顾是非，对与不对的实际，把希望胜过别人作为目的，这是下等的勇敢。

【原文】

繁弱、钜黍[①]，古之良弓也，然而不得排檠则不能自正[②]。桓公之葱[③]，太公之阙，文王之录，庄君之曶，阖闾之干将、莫邪、钜阙、辟闾[④]，

此皆古之良剑也，然而不加砥厉则不能利，不得人力则不能断。骅骝、骥𫘬、纤离、绿耳[⑤]，此皆古之良马也，然而前必有衔辔之制，后有鞭策之威，加之以造父之驭，然后一日而致千里也。夫人虽有性质美而心辨知，必将求贤师而事之，择良友而友之。得贤师而事之，则所闻者尧、舜、禹、汤之道也；得良友而友之，则所见者忠信敬让之行也。身日进于仁义而不自知也者，靡使然也[⑥]。今与不善人处，则所闻者欺诬诈伪也，所见者污漫、淫邪、贪利之行也，身且加于刑戮而不自知者，靡使然也。传曰："不知其子视其友，不知其君视其左右。"靡而已矣，靡而已矣。

【注释】

①繁弱、钜黍：都是古代良弓名。

②排檠：辅正弓弩的器具。

③葱：齐桓公的良剑名。以下"阙""录""曶"，均良剑名。

④干将、莫邪、钜阙、辟闾：都是吴王阖闾的良剑名。

⑤骅骝、骥𫘬、纤离、绿耳：都是古代良马名。

⑥靡：通"摩"，熏陶，影响。

【译文】

繁弱、钜黍，都是古代的良弓，然而没有排檠辅正的工具也不能自己端正。齐桓公的葱，姜太公的阙，周文王的录，楚庄王的曶，阖闾的干将、莫邪、钜阙、辟闾，这些都是古代的良剑，然而不加以磨砺就不会锋利，不借助人力也不能斩断东西。骅骝、骥𫘬、纤离、绿耳，都是古代的良马名，然而前面必定要有马嚼子与辔头的约束，后面必定有鞭子的威胁，加以造父高超的驾驭技术，然后才能够日行千里。人即使有美好的资质和辨别理解的能力，也必定要寻求贤能的老师来教诲他，选择好的朋友互相切磋帮助。得到贤能老师的教诲，就能够听到尧、舜、禹、汤的正道；得到好友的相互切磋，就能够看到忠诚、诚信、恭敬、谦让的行为。自己不知不觉中融入仁义的行列，这是潜移默化的结果。假如与不好的人相处，就会经常听到欺骗、谄谀、陷害、欺诈、虚伪的话语，看到污秽肮脏、淫荡邪恶、贪图私利的行为，自己将要遭受刑罚杀戮还不知道，这也是潜移默化的结果。古书上说："不了解自己的儿子看看他的朋友，不了解君主看看他的左右。"这就是环境的熏陶啊，这就是环境的熏陶啊！

君子第二十四

【题解】

本篇题目虽为《君子》，实际上是在阐述为君之道。荀子认为，君主具有独一无二的地位，享有至高无上的权势，因此治理国家，就要遵从先王之道，做到“刑罚綦省”“论法圣王”“以义制事”，建立“赏贤使能，等贵贱，分亲疏，序长幼”的社会制度，而不应该像乱世之君那样“刑罚怒罪，爵赏逾德，以族论罪，以世举贤”，以致国破身亡。

【原文】

天子无妻①**，告人无匹也**②。**四海之内无客礼，告无适也**③。**足能行，待相者然后进**④**；口能言，待官人然后诏**⑤。**不视而见，不听而聪，不言而信，不虑而知，不动而功，告至备也**。**天子也者，势至重，形至佚，心至愈**⑥**，志无所诎，形无所劳，尊无上矣**。**《诗》曰：“普天之下，莫非王土；率土之滨，莫非王臣。”**⑦ **此之谓也**。

【注释】

①妻：有“齐”的意思，天子至高无上，不能有人与他齐等，故天子之妻称“后”，不称“妻”，所以说“天子无妻”。

②告：言。

③适：往。言天子以天下为家，没有外出做客的情况，故“无适”。

④相者：赞礼的人。

⑤官人：传达命令的官员。

⑥愈：通“愉”。

⑦“《诗》曰”句：见《诗经·小雅·北山》。率，循。滨，涯。

【译文】

天子没有妻子，是说没有人能够和他匹敌。四海之内没有人用接待客人的礼节接待天子，是说天子没有外出做客的情况。脚能够走路，但要依靠礼官才能向前行走；嘴能够说话，但要依靠传达命令的官吏才能下旨。不用眼睛就看得见，不用耳朵就听得见，不用说话就有信用，不用思考就有智慧，不用行动就有功效，这是说天子的官员非常完备。天子，权势最重，形体最安逸，心情最愉悦，心志没有委屈，身体没有劳累，至尊无比，至高无上。《诗经》中说：“整个天下，没有不是天子的土地；从陆地到海滨，没有人不是天子的臣民。”说的就是这个意思。

【原文】

圣王在上，分义行乎下，则士大夫无流淫之行，百吏官人无怠慢之事，众庶百姓无奸怪之俗，无盗贼之罪，莫敢犯大上之禁[①]**。天下晓然皆知夫盗窃之人不可以为富也**[②]**，皆知夫贼害之人不可以为寿也，皆知夫犯上之禁不可以为安也。由其道，则人得其所好焉；不由其道，则必遇其所恶焉。是故刑罚綦省而威行如流，世晓然皆知夫为奸则虽隐窜逃亡之由不足以免也，故莫不服罪而请。《书》曰：“凡人自得罪。”**[③]**此之谓也。**

【注释】

①本句当为“莫敢犯上之大禁”（俞樾说）。

②人：当为衍文（王念孙说）。下同。

③“《书》云”句：引文见《尚书·康诰》，但文义与今本《尚书》不尽相同。

【译文】

圣王在上面，名义、道义在下面施行，那么大夫就没有放肆淫荡的行为，各级官吏就没有懈怠傲慢的事情，普通百姓就没有奸邪怪诞的习俗，没有盗贼的罪行，不敢冒犯君主的禁令。天下人都清楚地知道盗窃不可能富裕，都知道残害别人不可能长寿，都知道冒犯君主不可能安宁。遵循正道，人们就能够得到他所喜欢的；不遵循正道，就必定遭遇他所厌恶的。所以刑罚极其简约，而圣王的威行如同流水一样。社会上都清楚地知道那些为奸作乱的人，即使隐藏逃跑也不能免除惩罚，所以没有人不自行认罪而请求制裁的。《尚书》中说："人人自愿得到惩罚。"说的就是这个意思。

【原文】

故刑当罪则威，不当罪则侮；爵当贤则贵，不当贤则贱。古者刑不过罪，爵不逾德[①]，故杀其父而臣其子，杀其兄而臣其弟。刑罚不怒罪[②]，爵赏不逾德，分然各以其诚通。是以为善者劝，为不善者沮[③]，刑罚綦省而威行如流，政令致明，而化易如神。传曰："一人有庆，兆民赖之[④]。"此之谓也。

乱世则不然：刑罚怒罪，爵赏逾德，以族论罪，以世举贤。故一人有罪而三族皆夷，德虽如舜，不免刑均，是以族论罪也。先祖当贤[⑤]，后子孙必显，行虽如桀、纣，列从必尊，此以世举贤也。以族论罪，以世举贤，虽欲无乱，得乎哉？《诗》曰："百川沸腾，山冢崒崩，高岸为谷，深谷为陵。哀今之人，胡憯莫惩！"[⑥]此之谓也。

【注释】

①逾：过。

②怒：超过。

③沮：阻止。

④兆：数量单位，十亿为一兆。

⑤当：通"尝"。

⑥"《诗》曰"：见《诗经·小雅·十月之交》。冢，山顶。崒，通"碎"。憯，乃。

【译文】

所以，刑罚与罪行相称就有威力，与罪行不相称就会受到轻侮；爵位与贤能相称就会受到尊重，与贤能不相称就会受到鄙视。古代刑罚不超过罪行，爵位不超过德行，所以杀死父亲而臣使他的儿子，杀死哥哥而臣使他的弟弟。刑罚不超过罪行，赏赐爵位不超过德行，按照各自的实际情况区分得一清二楚。因此，行善的人就得到勉励，作恶的人就受到阻止，刑罚极其简约而威力如同流水一样；政令极其明确，而教化实施犹如神明。古书上说："一个人有德行，万民依赖他。"说的就是这个意思。

混乱的世道不是这样，刑罚超过罪行，爵位的赏赐超过德行，按照宗族来论处罪行，根据世系来举用贤明。所以，一个人有罪三族都遭到诛灭，即使有道德如舜一样的人，也难免受到同样的刑罚，这是按照宗族来论处罪行。先祖曾经贤德，后世子孙必定显达，即使有人像桀、纣一样，地位也照样尊贵，这是根据世系来举贤用人。按照宗族来论处罪行，根据世系来举用贤人，即使不想混乱，可以吗？《诗经》中说："江河沸腾，高山崩溃，巍峨的高山变成山谷，深深的山谷变成山陵。哀叹现在的人啊，为什么还不警醒！"说的就是这种情况。

【原文】

论法圣王，则知所贵矣；以义制事，则知所利矣。论知所贵，则知所养矣；事知所利，则动知所出矣①**。二者，是非之本，得失之原也。故成王之于周公也，无所往而不听，知所贵也。桓公之于管仲也，国事无所往而不用，知所利也。吴有伍子胥而不能用，国至于亡，倍道失贤也。**

故尊圣者王，贵贤者霸，敬贤者存，慢贤者亡，古今一也。故尚贤使能，等贵贱，分亲疏，序长幼，此先王之道也。故尚贤使能，则主尊下安；贵贱有等，则令行而不流②**；亲疏有分，则施行而不悖；长幼有序，则事业捷成而有所休。故仁者，仁此者也；义者，分此者也；节者，死生此者也；忠者，惇慎此者也**③**。兼此而能之，备矣。备而不矜，一自善也，谓之圣。不矜矣，夫故天下不与争能而致善用其功。有而不有也，夫故为天下贵矣。《诗》曰："淑人君子，其仪不忒；其仪不忒，正是四国。"**④ **此之谓也。**

【注释】

①动：当为衍文（俞樾说）。

②流：通“留”。

③惇慎：敦厚真诚。

④“《诗》曰”句：见《诗经·曹风·尸鸠》。

【译文】

议论效法圣王之道，就知道什么是尊贵的；用道义来处理政事，就知道什么是有利的。议论时知道什么是尊贵的，就知道什么是可耻的；处理政事时知道什么是有利的，就知道应该从什么地方开始了。这两个方面，是正确与错误的根本区别，是得与失的本源。所以，成王对于周公，没有什么地方不听从的，是因为知道什么是尊贵。齐桓公对于管仲，处理国家大事没有什么地方不信任的，是因为知道什么是有利国家的。吴国有伍子胥而不能任用，以致国家灭亡，是因为吴王背离了正道而失去了贤人。

所以，尊重圣人就能称王，重视贤人就能称霸，礼敬贤人的就存在，怠慢贤人的就灭亡，古今是一样的。所以，崇尚贤能使用能人，贵贱有等级、亲疏有区别，长幼有顺序，这是先王的治国大道。因此，崇尚贤能的人，君主就会尊贵、臣民就会安定；贵贱有等级，政令就会畅行无阻；亲疏有区别，恩惠就会施行而不悖理；长幼有顺序，事业就会迅速成功而有时间休息。所以仁，就是喜爱它们；道义，就是分清它们；节操，就是为它们生、为它们死；忠诚，就是敦厚真诚地奉行它们。这些都能够做到，就完备无缺了。完备而不炫耀，一切顺其自然，就叫作圣人。不炫耀，所以天下人不同他争而能够很好地发挥功效。有功而不居功自傲，就会受到天下人的尊重。《诗经》中说：“善良的君子啊，他的言行没有差错；他的言行没有差错，就可以治理四国。”说的就是这个道理。

成相第二十五

【题解】

本篇荀子以“成相”的形式，表达了他的政治思想。所谓“相”，是指古代的一种击打乐器，“成相”，就是边击乐、边演唱的一种文艺样式。通过对历史的回顾，宣扬了“隆礼重法”“尚贤使能”“贵贱有等”“务本节用”的政治主张。

【原文】

请成相①，世之殃，愚暗愚暗堕贤良②。人主无贤，如瞽无相何伥伥③！

【注释】

①成：奏。相：古代一种打击乐器。

②堕：毁弃。

③瞽：盲人。相：扶持盲人走路的人。伥伥：无所适从的样子。

【译文】

请让我来唱一唱，先唱人间那灾殃，愚昧无知又昏庸，居然毁弃众贤良。君主没有贤良助，好像瞎子无人帮，不知正路多迷茫！

【原文】

请布基①，慎圣人②，愚而自专事不治。主忌苟胜，群臣莫谏必逢灾。

【注释】

①布：陈述。基：根本。

②圣人：疑作“听之”（俞樾说）。

【译文】

陈述一下那根基，请你仔细将它听，愚蠢霸道又独断，事情定会很混乱。君主猜忌又好胜，群臣缄口必遭难。

【原文】

论臣过，反其施[①]，尊主安国尚贤义[②]。拒谏饰非，愚而上同国必祸。

【注释】

①施：行。

②义：通“仪”。这里指贤人。

【译文】

评论臣下的过错，反观他做得如何，是否尊敬君主、安定国家又尚贤。拒绝纳谏又饰过，愚蠢而又善迎和，国家必定遭大祸。

【原文】

曷谓罢[①]？国多私，比周还主党与施[②]。远贤近谗，忠臣蔽塞主势移。

【注释】

①罢：无能。

②还：通“营”，迷惑。

【译文】

什么叫作无德行？国人大多将利图，拉帮结伙蒙蔽主，上下处处设党羽。

疏远贤人任用谗人，忠臣蔽塞无出路，君主的权势遭人夺。

【原文】

曷谓贤？明君臣，上能尊主爱下民[①]。主诚听之，天下为一海内宾[②]。

【注释】

①爱下民：当为“下爱民”（王念孙说）。

②宾：服从。

【译文】

什么叫作有贤能？君臣道义很分明，上能尊君，下能使民。君主真心把话听，天下统一，四海之内都服从。

【原文】

主之孽[①]，谗人达，贤能遁逃国乃蹷[②]。愚以重愚[③]，暗以重暗成为桀。

【注释】

①孽：灾祸。

②蹷：颠覆。

③重：更加。

【译文】

至于君主的灾祸，就是奸邪佞人都显达，贤能逃跑全躲避，国家因而被颠覆。愚蠢的人更加愚蠢，昏庸的人更加昏庸，必定像桀一样的下场。

【原文】

世之灾，妒贤能，飞廉知政任恶来[①]。卑其志意，大其园囿高其台。

【注释】

①飞廉：商纣王的宠臣。下文“恶来”是其子，也是商纣王的大臣。

【译文】

人世间的灾殃，就是忌妒贤良，飞廉掌握殷商朝政大权，任凭其子恶来搅乱朝政。使得商纣王意志衰退堕落，扩大园林、高筑亭台楼阁、纵情怠政误国。

【原文】

武王怒，师牧野①，纣卒易乡启乃下②。武王善之，封之于宋立其祖③。

【注释】

①牧野：地名。今河南淇县，周武王在此打败商纣王的军队。

②易乡：倒戈。乡，通“向”。启：微子启。下：投降。

③祖：祖庙。

【译文】

周武王终于发了怒，陈兵牧野与商纣王决战，商纣王的军队纷纷倒戈投降。武王善待微子启，把他封在宋国住，并立祖庙供他祭祀。

【原文】

世之衰，谗人归①，比干见刳箕子累②。武王诛之，吕尚招麾殷民怀③。

【注释】

①归：趋附。

②累：通“缧”，囚禁。

③招麾：指挥。怀：归顺。

【译文】

商代已经很衰亡，谗人趋附商纣王，比干被剖腹挖心脏，箕子被囚入牢房。武王诛杀了商纣王，姜子牙帅旗空中飘扬，殷民纷纷来归降。

【原文】

世之祸，恶贤士，子胥见杀百里徙①。**穆公任之，强配五伯六卿施**②。

【注释】

①百里：百里奚，春秋时虞国大夫。虞被晋灭，后来晋献公把女儿嫁给秦国时把他作为陪嫁之臣，途中逃跑，被楚国抓获。秦穆公闻其贤，用五张黑羊皮将他赎回，委以重任，后来辅佐穆公称霸。

②五伯：五霸。荀子不把穆公作为“五霸”之一，故曰“强配”。施：设置。

【译文】

人世间的灾祸，莫过于君主憎恶贤良，伍子胥被冤屈沉江，百里奚流落到异邦。秦穆公重用百里奚，就能与五霸对抗，六卿设置国家强。

【原文】

世之愚，恶大儒，逆斥不通孔子拘①。**展禽三绌**②，**春申道缀基毕输**③。

【注释】

①逆：拒绝。通：显达。孔子拘：指孔子周游列国时被困在匡城和陈、蔡之事。

②展禽：春秋时鲁国大夫，姓展，名获，字子禽，封于柳下，世称“柳下惠”。绌：通“黜”，罢免。

③春申：春申君黄歇，战国时人，曾任楚相，后为李园所杀。缀：通“辍”，停止。输：毁坏。

【译文】

世间的蠢事，就是憎恨那大儒，处处碰壁不得志，就连孔子也遭拘。展禽三次被废黜，春申君遇害事业止，基业全部被废除。

【原文】

请牧基[①]，贤者思，尧在万世如见之。谗人罔极，险陂倾侧此之疑[②]。

【注释】

①牧：治。

②陂：邪僻，偏邪。疑：畏。

【译文】

请听治国的根基，一定要把贤者思，尧离现在虽万世，仍然可见其业绩。谗人作恶用心计，阴险邪僻心狠毒，使人内心生畏惧。

【原文】

基必施[①]，辨贤罢，文武之道同伏戏[②]，由之者治，不由者乱何疑为？

【注释】

①施：张。

②伏戏：伏羲，相传是人类的始祖。

【译文】

基业一定要发展，首先要把贤愚辨，文王、武王治国之道如同伏羲，遵循它就兴盛，违背它就混乱，又有什么可怀疑？

【原文】

凡成相[①]，辨法方，至治之极复后王。复慎、墨、季、惠[②]，百家之说诚不详。

【注释】

①相：治。

②慎：指慎到。墨：指墨翟。季：指季梁，战国时人，杨朱的朋友。惠：指惠施，庄子的朋友。

【译文】

凡是治国与安邦，一定要把方针讲，最高的准则是效法古代圣王。慎到、墨翟、季梁与惠施，百家的学说实在是不吉祥。

【原文】

治复一，修之吉，君子执之心如结。众人贰之，谗夫弃之形是诘[①]。

【注释】

①形：通“刑”。诘：责问。

【译文】

治国大道归于一，修行此道就大吉，君子执行这法则，内心如同打个结。众人行为不一致，谗佞之徒把它抛弃，利用刑罚来处置。

【原文】

水至平，端不倾，心术如此象圣人。而有势[①]，直而用抴必参天[②]。

【注释】

①“而”前疑脱一“人”字（郝懿行说）。

②拙：通“枻”，短桨，指船。

【译文】

一碗水平又平，端起碗来水不倾，人们的心术都如此，可与圣人相比拟。人们如果有权势，待人正直又大度，功高必定与天齐。

【原文】

世无王，穷贤良，暴人刍豢仁人糟糠[①]。礼乐灭息，圣人隐伏墨术行[②]。

【注释】

①“仁人”之“人”当为衍文（王引之说）。

②墨术：墨家的学说。

【译文】

世上没有圣明的王，贤良一定饿肚肠，恶人食酒肉，仁人咽糟糠。礼崩乐坏都消亡，圣人隐伏无声息，墨术反而更猖狂。

【原文】

治之经，礼与刑，君子以修百姓宁。明德慎罚，国家既治四海平。

【译文】

治理国家的总纲领，礼法与刑罚一起并用，君子用它来修行，百姓靠它得安宁。宣扬德行慎用刑，国家安定四海平。

【原文】

治之志，后势富，君子诚之好以待。处之敦固，有深藏之能远思[①]。

【注释】

①有：通“又”。

【译文】

治理国家的方针，权势和财富放后边，君子诚心待君命。为人敦厚意志坚，深谋远虑不显现。

【原文】

思乃精，志之荣，好而壹之神以成。精神相反[①]，一而不贰为圣人。

【注释】

①反：当为“及”字之误（王引之说）。

【译文】

思维能专精，思想自然就光明，只要专心致志，就会通于神明。聚精会神，一心不要二用，定会成为圣人。

【原文】

治之道，美不老，君子由之佼以好[①]。下以教诲子弟，上以事祖考[②]。

【注释】

①佼：好。

②祖考：祖先。

【译文】

治国平天下的正道，美好而又不会落伍，君子遵循此正道，就会好上加好。对下能教育子弟，对上能光宗耀祖。

【原文】

成相竭，辞不蹶[①]，君子道之顺以达。宗其贤良[②]，辨其殃孽。

【注释】

①蹶：尽。

②宗：崇尚。

【译文】

成相曲就说到此，可我的意思还没止，君子遵循它，顺利又通达。定要尊崇那贤良，仔细分辨祸与殃。

【原文】

请成相，道圣王，尧、舜尚贤良辞让。许由、善卷[①]，重义轻利行显明。

【注释】

①许由、善卷：尧、舜时人，传说尧把帝位让给许由，舜把天下让给善卷，两人都不接受。事见《庄子》。

【译文】

请让我来唱一唱，唱唱古代那圣王，尧、舜推崇贤德人，自己来把天下让。许由和善卷，重视道义把利忘，他们的德行真高尚。

【原文】

尧让贤，以为民，泛利兼爱德施均。辨治上下[①]，贵贱有等明君臣。

【注释】

①辨：同“办”，治理。

【译文】

尧让帝位给贤能，一心为了老百姓，造福大众行兼爱，恩惠布施很均平。上下名分都具备，贵贱等级有差别，君臣之义很明确。

【原文】

尧授能，舜遇时，尚贤推德天下治。虽有贤圣，适不遇世孰知之？

【译文】

尧把帝位授贤能，虞舜遇到了好时机，崇尚贤能与德行，天下因此得太平。天下即使有贤圣，生不逢时又有谁知？

【原文】

尧不德，舜不辞，妻以二女任以事。大人哉舜！南面而立万物备。

【译文】

尧不自夸德行高，舜不推辞有天下，尧把二女嫁给舜，并把君权让给他。舜啊，真是伟大。面南背北坐帝位，万事万物都具备。

【原文】

舜授禹，以天下，尚得推贤不失序①。外不避仇，内不阿亲贤者予②。

【注释】

①得：通“德”。

②予：通“与”。

【译文】

舜将帝位禅让给禹，一心为了天下人，崇尚贤德举贤人，不把秩序来失去。

对外不把仇人避，对内不把亲人护，只将贤能来授予。

【原文】

禹劳心力[①]，尧有德，干戈不用三苗服[②]。举舜甽亩[③]，任之天下身休息。

【注释】

①心：当为衍文（王引之说）。

②三苗：又称“有苗”，古代南方的一个少数民族。

③甽亩：亦作“畎亩”，田间的小沟。甽，同“畎”，田间。

【译文】

大禹为民操劳，尧有德行天下知，不用武力三苗服。并从田间将舜举，后把天下交给他，自己离职去休息。

【原文】

得后稷，五谷殖，夔为乐正鸟兽服。契为司徒[①]，民知孝弟尊有德[②]。

【注释】

①契：传说是商朝的始祖，因助禹治水有功，被封为司徒。司徒：掌管民政教化的官。

②弟：同“悌”。

【译文】

重用后稷掌农事，教会人民种五谷，夔作乐正管音乐，使得鸟兽也起舞。契管政教为司徒，民知孝悌懂礼仪，都把贤人来敬慕。

【原文】

禹有功，抑下鸿[①]，辟除民害逐共工[②]。北决九河[③]，通十二渚疏三江[④]。

【注释】

①抑：遏。鸿：大小，洪水。

②共工：古时掌管水利的官。

③九河：指黄河的九条支河。

④渚：州。相传中国有“九州”和“十二州”之说。三江：指三条河，详不可考。一说为松江、娄江、东江。

【译文】

大禹治水建大功，遏制疏导制大洪，铲除民害驱逐了共工。北面挖掘了九条河，十二州的水道都疏通，并使三江也畅通。

【原文】

禹傅土[①]，平天下，躬亲为民行劳苦。得益、皋陶、横革、直成为辅[②]。

【注释】

①傅：通“敷”，分布。传说禹将中国分为九州而治。

②益、皋陶、横革、直成：均是辅佐禹治水有功的人。

【译文】

禹将中国划分为九州，天下从此得太平，一心为民身劳苦。得到益、皋、横革、直成等贤臣的辅助。

【原文】

契玄王[①]，生昭明[②]，居于砥石迁于商[③]。十有四世，乃有天乙是

成汤[4]。

【注释】

①玄王：指契，传说其母简狄吞食玄鸟卵而生他，故称“玄王”。

②昭明：指玄王的儿子。

③砥石：古地名。商：地名。指河南商丘。

④天乙：成汤，商朝开国之君。

【译文】

契因玄鸟称玄王，生下儿子叫昭明，他从砥石迁到商。一直传到十四代，才有天乙称帝王，此人便是那成汤。

【原文】

天乙汤，论举当，身让卞随举牟光[1]。**道古贤圣基必张**[2]。

【注释】

①卞随、牟光：均是汤时隐士。传说汤把天下让给二人，二人拒不接受。牟光，务光。事见《庄子》。

②“道”句前当脱四字。

【译文】

商王天乙是成汤，知人善任很得当，亲把天下让与卞随和牟光。遵循古代那圣王，基业必定能扩张。

【原文】

愿陈辞，世乱恶善不此治[1]。**隐讳疾贤，良由奸诈鲜无灾**[2]。

【注释】

①“世”句前当脱三字。

②良：当为“长”字（王念孙说）。

【译文】

愿把意见来陈述，世道混乱善恶不分，无人来治理。掩饰过错嫉妒贤能，长期任用奸佞，哪会没有祸事！

【原文】

患难哉！阪为先[①]，圣知不用愚者谋。前车已覆，后未知更何觉时[②]？

【注释】

①阪：通“反”。先：疑当为“之”字（王念孙说）。

②更：改。

【译文】

真是大灾难啊！与别人对着干，不能任用圣贤，却使愚蠢的人来决断。前车已经倾覆，后面的却不知改变，有没有觉悟的那一天啊？

【原文】

不觉悟，不知苦，迷惑失指易上下[①]。中不上达[②]，蒙掩耳目塞门户。

【注释】

①指：方向。

②中：通“忠”，忠言。

【译文】

不知道悔改觉悟，不知道什么叫吃苦，糊涂得把方向迷误，上面的居然像下属。忠直的话传不到君主，蒙住了耳朵堵塞了门户。

【原文】

门户塞，大迷惑，悖乱昏莫不终极[①]。是非反易，比周欺上恶正直[②]。

【注释】

①莫：同“暮”，昏暗。

②恶：憎恶。

【译文】

蒙住了昏君的耳朵、堵塞了昏君言路，昏君极其迷惑又糊涂，悖乱昏暗何时止。正确的说成错误，结党营私骗君主，却把正直来憎恶。

【原文】

正直恶，心无度，邪枉辟回失道途[①]。己无邮人[②]，我独自美岂独故无？

【注释】

①辟：邪僻。

②邮：通“尤”，归咎。

③后一“独”字，当为衍文（卢文弨说）。

【译文】

正直的人受到憎恶，昏君的心中全然没法度，邪恶乖僻失正路。不要把责任归给别人，认为自己美好，难道就没失误？

【原文】

不知戒，后必有，恨后遂过不肯悔[①]。谗夫多进，反覆言语生诈态[②]。

【注释】

①恨：通“很”，违逆，不听从。后：当为“复”字之误，同“愎”，拒绝规劝。

②态：通“慝”，邪恶。

【译文】

前车之鉴不警惕，以后必定会失误，刚愎自用不悔悟。谗人多进用，说三道四丑态百出。

【原文】

人之态，不知备[①]，争宠嫉贤相恶忌[②]。妒功毁贤，下敛党与上蔽匿[③]。

【注释】

①如：当为“知”字（杨倞说）。

②利：当为“相”字（王念孙说）。

③敛：聚。

【译文】

君主对于奸人的邪僻，却不知道防备，争宠献媚嫉贤能，互相憎恶并猜忌。妒忌功臣毁贤良，暗地里结党又营私，对上把君主来蒙蔽。

【原文】

上壅蔽，失辅势，任用谗夫不能制。郭公长父之难[①]，厉王流于彘[②]。

【注释】

①郭公长父：虢公长父，周厉王的宠臣。

②彘：古地名。在今山西霍县。

【译文】

君主在上被蒙蔽，失去了辅佐和权势，任用谗人不能将他来控制。虢公长父惹灾难，厉王最后被流放到彘地。

【原文】

周幽、厉，所以败，不听规谏忠是害。嗟我何人，独不遇时当乱世！

【译文】

周幽王和周厉王之所以会失败，是因为不听忠臣的规劝和进谏，反把忠臣来迫害。哎哟，我这个人，生不逢时没有遇到好时代！

【原文】

欲衷对[1]，言不从，恐为子胥身离凶[2]。进谏不听，刭而独鹿弃之江[3]。

【注释】

①欲衷对：当为“欲对衷”（俞樾说）。

②离：遭受。

③独鹿：同“属镂”，剑名。相传吴王把此剑赐给子胥逼他自杀。

【译文】

本想倾心诉衷情，担心君王不听从，怕像子胥遭不幸。苦口婆心也不听，却赐属镂割脖颈，马革裹尸扔进江。

【原文】

观往事，以自戒，治乱是非亦可识。托于成相以喻意[1]。

【注释】

①“托”句前当脱四字。

【译文】

纵观古代的历史，值得我们来警惕，治乱是非很清晰。借助说唱寄托我心意。

【原文】

请成相，言治方，君论有五约以明[①]。君谨守之，下皆平正国乃昌。

【注释】

①论：通“伦”。

【译文】

请让我来唱一唱，唱一唱治国的大方向，为君之道有五条，简约而明了。君主小心来遵守，臣民思想都端正，国家自然会昌盛。

【原文】

臣下职，莫游食，务本节用财无极。事业听上，莫得相使一民力[①]。

【注释】

①相使：相互役使。

【译文】

臣子要把职责记，不能游手好闲吃白食，以农为本节费用，财富才会很充实，做事要听君布置，不能相互来指使，民力一定要统一。

【原文】

守其职，足衣食，厚薄有等明爵服。利往卬上[1]，莫得擅与孰私得？

【注释】

①往：当为“隹”字（王引之说），通“唯”。卬：同“仰”。

【译文】

臣下坚守其本职，才会有的穿来有的吃，俸禄多少有等级，爵位服饰有高低。财利倚仗君主赐，不能擅自来布施，谁敢私自得好处？

【原文】

君法明，论有常，表仪既设民知方[1]。进退有律，莫得贵贱孰私王？

【注释】

①表仪：法度。

【译文】

君主的法度要严明，言论要合乎准则，规章制度已设立，人民知道大方向。任免官吏依法律，贵贱不能任意定，谁敢私自走邪径？

【原文】

君法仪[1]，禁不为，莫不说教名不移[2]。修之者荣，离之者辱孰它师？

【注释】

①仪：准则。

②说：同“悦”。

【译文】

君主的法度是准则，禁止的事情不能做，他的教令众人悦，他的政权不旁落。遵循它的就光荣，背离它的受严惩，谁还敢不走正路？

【原文】

刑称陈，守其银①，下不得用轻私门。罪祸有律②，莫得轻重威不分。

【注释】

①银：通“垠”，界限。

②祸：通“过”，罪过。

【译文】

刑法的标准示于众，严格遵守那规定，不得循私轻用刑。处罚罪过有律令，不许减轻或加重，否则君权不分明。

【原文】

请牧祺，明有基①，主好论议必善谋。五听修领②，莫不理续主执持。

【注释】

①“请牧祺”两句：当为“请牧基，明有祺”（俞樾说）。祺，吉祥。

②五听：言上文的五条为君之道。领：治理。

【译文】

请听治国的根基，善于明察是大吉，君主喜好把事议，必会深思又熟虑。五种原则把国治，百官尽责又尽职，君主的权力才牢固。

【原文】

听之经[①]，明其请[②]，参伍明谨施赏刑[③]。显者必得，隐者复显民反诚。

【注释】

①听：听政。经：道。

②请：通“情”。

③参伍：同“叁伍”，即“三五”，指多次调查研究。

【译文】

处理政事的要领，在于搞清楚那真情，反复调查小心实施赏和刑。明显的要弄清，隐藏的要显明，人民才能归真诚。

【原文】

言有节[①]，稽有实，信诞以分赏罚必。下不欺上，皆以情言明若日。

【注释】

①节：法度。

【译文】

说话要依据法令，必须考察那实情，真实、荒唐要分清，赏罚一定要施行。下民不敢欺君主，无人不来吐实情，就像太阳一样明。

【原文】

上通利，隐远至，观法不法见不视。耳目既显，吏敬法令莫敢恣。

【译文】

君主通达事理，偏远的人民都会来归服，能观法于法不及之事、见众人所未见之处。眼睛明亮耳朵聪，官吏敬重严法令，不敢放肆来妄行。

【原文】

君教出，行有律，吏谨将之无铍滑[1]。下不私请，各以宜舍巧拙。

【注释】

①铍滑：纷乱。

【译文】

君主教令一公布，行动就要有依据，官吏谨慎来行事，不敢做那邪僻事。臣不枉法来殉情，各以其道来事君，就会舍弃机巧心。

【原文】

臣谨修[1]，君制变，公察善思论不乱。以治天下，后世法之成律贯。

【注释】

①修：当为“循”字（王念孙说）。

【译文】

臣下要有法律观，君主掌管着变法权，公正明察善思考，秩序就会不混乱。用它来把天下安，后代效法成典范。

赋第二十六

【题解】

“赋”的意思是铺叙朗诵，引申为一种着意铺陈事物、不配乐歌唱而朗诵（又叫“不歌而诵”）的文体。本篇是最早以《赋》为篇名的文章，在赋体的发展史上具有重要的作用。

【原文】

爰有大物[①]，非丝非帛，文理成章[②]。非日非月，为天下明。生者以寿，死者以葬，城郭以固，三军以强。粹而王，驳而伯[③]，无一焉而亡。臣愚不识，敢请之王。王曰：此夫文而不采者与？简然易知而致有理者与？君子所敬而小人所不者与[④]？性不得则若禽兽，性得之则甚雅似者与？匹夫隆之则为圣人，诸侯隆之则一四海者与？致明而约，甚顺而体，请归之礼。礼

【注释】

①爰：于是，在这里。

②文理：这里语带双关，字面上承丝帛而言，指丝织品的花纹，实指礼节仪式。章：也是双关语，表面指有花纹的纺织品，实指规章制度。

③伯：通“霸”。

④不：同“否”。

【译文】

这里有个庞然大物，不是丝绸，不是巾帛，却条理清晰，蔚然成章。不是太阳，不是月亮，却给天下带来光明。活着的人靠它以长寿，死去的人靠它以安葬，城郭靠它以稳固，三军靠它以强大。完全运用它就能够称王，不完全运用它也能够称霸，完全背离它就会灭亡。我很愚昧而不识得此物，大胆地请教君王。君王说："这个物体虽有条理，但还不够华丽吧？简单明了而又有条理吧？君子敬重它而小人否定它吧？人性得不到它就像禽兽，人性得到它就非常高尚吧？普通人崇尚它就会成为圣人，诸侯崇尚它就会统一天下吧？它极其明确简约，非常顺理而得体，把它归结成一个字为'礼'。"以上就是礼赋。

【原文】

皇天隆物①，以示下民②，或厚或薄，帝不齐均③。桀、纣以乱，汤、武以贤。涽涽淑淑④，皇皇穆穆⑤，周流四海，曾不崇日⑥。君子以修，跖以穿室。大参乎天，精微而无形。行义以正，事业以成。可以禁暴足穷，百姓待之而后宁泰⑦。臣愚不识，愿问其名。曰：此夫安宽平而危险隘者邪？修洁之为亲而杂污之为狄者邪⑧？甚深藏而外胜敌者邪？法禹、舜而能弇迹者邪⑨？行为动静，待之而后适者邪？血气之精也，志意之荣也，百姓待之而后宁也，天下待之而后平也，明达纯粹而无疵也，夫是之谓君子之知。知

【注释】

①隆：通"降"，降下。

②示：当为"施"字（王念孙说）。

③帝：当为"常"字（同上）。

④涽涽：水浑浊的样子，喻指神志不清。淑淑：水清澈的样子，喻指头脑清醒。

⑤皇皇：盛大的样子，形容智慧浩瀚。穆穆：细微的样子，形容智慧的无声无息。

⑥崇：通"终"。

⑦宁泰：当为"泰宁"（杨倞说）。

⑧狄：通"逖"，远。

⑨弇：覆盖，承袭。后作“掩”。

【译文】

上天降下一种东西，施予老百姓，有的丰厚、有的微薄，常常不均衡。桀、纣因此而祸乱，汤、武因它而贤能。有的浑浑沌沌、有的清清明明，有的盛大无比、有的精细无比，它流行于四海，走遍天下，用不了一天的时间。君子用它来修身养性，盗跖用它来穿墙越室。它可以和天一样大，也可以精细微小到无形。德行道义靠它来端正，事业靠它来成功。可以用它来制止暴力，可以用它使穷人变富，百姓靠它才能够安定太平。我因为愚昧不认识它，希望请教它的名字。回答说：这种东西能使人安静、平和而远离危险吧？修身养性的人亲近它而远离杂乱污秽的人吧？深深地藏在心中而又能对外战胜敌人吧？效法禹、舜而又能继承他们的道义吧？行为举止依靠它就会恰当吧？他是血气凝聚的精华，是思想和意志的荣耀。百姓依靠它才能得到安宁，天下依靠它才能得以太平。它明澈通达而没有半点瑕疵，这就是君子的智慧。以上是智慧赋。

【原文】

有物于此，居则周静致下，动则綦高以钜[①]。圆者中规，方者中矩。大参天地，德厚尧、禹。精微乎毫毛，而大盈乎大寓[②]。忽兮其极之远也，攭兮其相逐而反也[③]，印印兮天下之咸蹇也[④]。德厚而不捐，五采备而成文。往来惛惫，通于大神，出入甚极，莫知其门。天下失之则灭，得之则存。弟子不敏，此之愿陈，君子设辞，请测意之。曰：此夫大而不塞者与？充盈大宇而不窕[⑤]，入郄穴而不逼者与[⑥]？行远疾速而不可托讯者与？往来惛惫而不可为固塞者与？暴至杀伤而不亿忌者与[⑦]？功被天下而不私置者与[⑧]？托地而游宇，友风而子雨。冬日作寒，夏日作暑。广大精神，请归之云。云

【注释】

①钜：大。

②大：当为“充”字（王念孙说）。寓：宇。

③檒：旋转的样子。

④印印："昂昂"，高高的样子。褰：通"攓"，取。

⑤不窕：没有间隙。窕，有间隙。

⑥郄：同"隙"，空隙。

⑦亿：通"意"，疑。

⑧置：通"德"。

【译文】

这里有种东西，静止的时候就会静静地弥漫在地面，活动的时候就会高高在上广大无边。圆形的可以符合圆规，方形的可以符合矩尺。广大的可以和天地相比，道德比尧、禹更高尚。精细微小的比毫毛还微小，然而却能够充满整个宇宙。忽然之间能够达到非常遥远的地方，回旋时互相追逐而往返，聚集在一起可以化成雨水，天下万物都可以得到它的润泽。它道德敦厚而不骄傲，五彩缤纷成为美丽的文饰。它往来隐蔽，变化如神，出入迅速，没有人知道它来自何处。天下失去它就会灭亡，得到它才能生存。弟子愚昧，愿意把它的种种现象加以陈述，君子比较能说会道，猜猜它叫什么名字。回答说：它广大而不会堵塞吧？充满宇宙而不留空隙吧？进入狭小的空穴洞里而不会感到狭窄吧？它能飞快地行走却不能托人捎带口信吧？来往隐蔽神秘却不能被堵塞吧？它突然而至杀伤万物而毫无顾忌吧？它功德可与天地相比却不自以为有德吧？它依托大地却在宇宙间游荡，以风为友，雨却是它的儿子。它使得冬天寒冷，夏天炎热。它广大无边，变化莫测，就把它归结为云吧。以上是描述赞美"云"的赋。

【原文】

有物于此，儳儳兮其状[①]，屡化如神。功被天下，为万世文。礼乐以成，贵贱以分。养老长幼，待之而后存。名号不美，与暴为邻。功立而身废，事成而家败。弃其耆老[②]，收其后世。人属所利[③]，飞鸟所害。臣愚而不识，请占之五泰[④]。五泰占之曰：此夫身女好而头马首者与[⑤]？屡化而不寿者与？善壮而拙老者与？有父母而无牝牡者与？冬伏而夏游[⑥]，食桑而吐丝，前乱而后治，夏生而恶暑，喜湿而恶雨。蛹以为母，

蛾以为父。三俯三起，事乃大已。夫是之谓蚕理。蚕

【注释】

①儳儳：通“倮倮”，没有毛、羽的样子。

②耆老：老年人。此处指蚕蛾。

③人属：人类。

④五泰：神巫的名字。

⑤女好：柔婉。头马首：头像马头。

⑥伏：蛰伏，指蚕眠。即蚕每次脱皮前不食不动的现象。蚕在生长过程中要脱皮四次。

【译文】

这里有一种东西，它的形状赤身裸体，变化多端奇妙如神。功劳覆盖天下，成为万世的文饰。礼乐依靠它成功，贵贱靠它得以分明。奉养老人抚育孩子，依靠它来进行。它的名字并不美好，和“残”暴相邻。建功立业之后全身而退，事情办完之后而家庭败落。人们丢弃了它的老人却收养了它的后代。它有利于人民，却被飞鸟伤害。我由于愚蠢不认识它，请五泰来占卜。五泰占卜说：它身体柔媚，然而头却像马头吧？它善于变化却不长寿吧？它壮年被善待而老年却被抛弃吧？它有父母却没有雌雄之分吧？它冬天蛰伏而夏天游动，吃的是桑叶而吐出来的是细丝，开始比较混乱而后面有条有理，夏天生长却厌恶酷暑，喜欢湿润却厌恶下雨。蛹是它的母亲，蛾是它的父亲。三次睡眠而又三次睡醒，做茧的事情才算成功。这就是蚕的道理。以上描述是赞美“蚕”的赋。

【原文】

有物于此，生于山阜①，处于室堂。无知无巧，善治衣裳。不盗不窃，穿窬而行②。日夜合离，以成文章。以能合从③，又善连衡④。下覆百姓，上饰帝王。功业甚博，不见贤良。时用则存，不用则亡。臣愚不识，敢请之王。王曰：此夫始生钜，其成功小者邪？长其尾而锐其剽者邪⑤？头铦达而尾赵缭者邪⑥？一往一来，结尾以为事。无羽无翼，反复甚极。

尾生而事起，尾邅而事已⑦。簪以为父，管以为母。既以缝表，又以连里。夫是之谓箴理。箴

【注释】

①山阜：山冈。制成针的铁矿石在山中，故“生于山阜”。

②穿窬：打通洞。这是双关语，表面指打通墙洞而入室偷窃的行为，实指针钻洞缝纫的动作。

③合从：指战国时，苏秦游说山东六国诸侯联合抗秦，六国的位置呈南向北，故称合纵。此文字面上借用“合从”一词，实际上比喻指针能将竖向的东西缝合在一起。

④连衡：战国时，秦国为了对付合纵，采纳张仪的主张，与六国分别结成联盟，以各个击破。秦国在六国之西，东西联合，故称连横。此文字面上借用这“连衡”一词，实际上喻指针缝合横向的东西。

⑤剽：末梢，指针尖。

⑥铦达：锐利。达，畅通无阻，来去自由的样子。赵缭：很长的样子。

⑦邅：回旋，指打结。

【译文】

这里有种东西，生长在山岗中，居住在屋子里。没有智慧没有技巧，却善于缝制衣裳。它不偷盗行窃，却经常穿洞而行。它不分昼夜把分离的东西缝合在一起，从而使衣物变成各种美丽的花纹。既能合纵，又能连横。下至百姓，上至帝王。功业博大，却从不显示自己的才能。用它时就出现，不用它时就隐藏。为臣我愚昧不认得此物，大胆请教一下君王是什么。君王说：这东西开始制作它时很巨大，制成以后却很细小吧？尾巴是长长的而末端却是尖尖的吧？它一来二往，接线打结才开始做事。没有羽毛没有翅膀，往返来回却很迅速。把线打结开始工作，把线回旋打结后大功告成。顶针是它的父亲，管子是它的母亲。既可以缝制外表，又可以缝制里面。这就是针的道理。以上是对针的描述和赞美。

【原文】

天下不治，请陈佹诗[①]：天地易位，四时易乡[②]。列星殒坠[③]，旦暮晦盲。幽晦登昭，日月下藏。公正无私，反见纵横；志爱公利，重楼疏堂[④]；无私罪人，憼革贰兵[⑤]。道德纯备，谗口将将[⑥]。仁人绌约[⑦]，敖暴擅强。天下幽险，恐失世英。螭龙为蝘蜓[⑧]，鸱枭为凤皇[⑨]。比干见刳，孔子拘匡。昭昭乎其知之明也，郁郁乎其遇时之不祥也，拂乎其欲礼义之大行也[⑩]，暗乎天下之晦盲也。皓天不复，忧无疆也。千岁必反，古之常也。弟子勉学，天不忘也。圣人共手[⑪]，时几将矣。与愚以疑，愿闻反辞。

【注释】

①佹诗：诡异激切的诗。佹，同“诡”，奇异反常。因为诗中揭露了天下各种奇异反常的现象，所以称“佹诗”。

②乡：通“向”。

③殒：通“陨”。

④重楼：重叠之楼，即楼房。

⑤憼：同“儆”，戒备，防备。革：铠甲，指代战争。贰：当为“戒”字（王念孙说）。

⑥将将：同“锵锵”，吵嚷的样子。

⑦绌：通“黜”，废黜，贬退。约：穷困。

⑧螭：传说中的一种没有角的龙。蝘蜓：壁虎。

⑨鸱枭：指猫头鹰。

⑩“郁郁乎”两句：当作“拂乎其遇时之不祥也，郁郁乎其欲礼义之大行也”。拂，违背。郁郁，有文采的样子。

⑪共：通“拱”，拱手，表示恭敬。

【译文】

天下不安定，请让我陈述奇异的诗：天地变换了位置，四时移动了方位。天上的星星坠落了下来，一天到晚灰蒙蒙。阴险的小人登上了显赫的位置，光亮如日月的君子却要隐藏。公正无私却被诬蔑为反复无常的小人，一心为公的人却被诬蔑为索要高楼大堂；不以私心加罪别人，却被作为敌人来严防。道德高尚的人却被谗言所攻击，仁德的人却被罢免，骄横残暴的人却到处逞强。天下黑暗凶险，恐怕一世的精英将要失掉。蛟龙被当作壁虎，猫头鹰被说成凤凰，比干被剖腹挖心，孔子被拘留在匡地。他们的智慧是多么明亮啊，他们的遭遇却是那么不吉祥！他们想要实行的仁义是多么美好啊，而天下却是那么黑暗！皓天一去不复返，他们的忧愁无边无际。经过千年之后必定达到安定，这是古代的常理。弟子们勤奋努力吧，上天不会把你们忘。圣人拱手而立，等待着上天赐予的时机。我愚昧又疑惑，愿意聆听他人的见解。

【原文】

其小歌曰：念彼远方①，何其塞矣②。仁人绌约，暴人衍矣。忠臣危殆，谗人服矣。琁、玉、瑶、珠③，不知佩也。杂布与锦，不知异也。闾娵、子奢④，莫之媒也。嫫母、力父⑤，是之喜也。以盲为明，以聋为聪；以危为安，以吉为凶。呜呼上天，曷维其同！

【注释】

①远方：这是一种委婉之词，实指荀子所在的楚国。

②塞：阻塞，指仕途不畅，贤能不被重用。

③琁：同“璇”，似玉的美石。瑶：美玉。

④闾娵：战国时魏惠王的美女，此文代指美女。子奢：子都，春秋时郑国的美男子。

⑤嫫母：丑女，黄帝时人。力父：不详，当是丑男子。

【译文】

民歌中唱道：想到那遥远的地方，是多么闭塞啊！仁德的人被罢免，残暴之人到处横行。忠臣遇危难，奸人得重用。美玉珠宝，不知佩戴。粗布和锦帛，不知区分。美女吕娵和美男子奢都没有人为他们说媒。丑女嫫母和丑男力父却受人欢迎。把瞎子当作目明，把聋子当作耳聪，把危险当作安全，把吉祥当作凶险。呜呼，苍天啊，我们怎么能和这样的人混同！

大略第二十七

【题解】

本篇为荀子的弟子收集荀子的言论编辑整理而成，内容涉及荀子一贯的思想主张。

【原文】

大略：君人者，隆礼尊贤而王，重法爱民而霸，好利多诈而危。

【译文】

大要：作为人君，推崇礼义尊重贤人就称王，重视法度爱护人民就称霸，贪得无厌多行欺诈就危险。

【原文】

欲近四旁，莫如中央，故王者必居天下之中，礼也。

【译文】

想要接近四边，没有比中间更好的了，所以王者必定居住在天下的中央，这是一种礼。

【原文】

天子外屏[①]，诸侯内屏，礼也。外屏，不欲见外也；内屏，不欲见内也。

【注释】

①屏：对着门的小墙，后来称为“照壁”。

【译文】

天子的屏壁在门外，诸侯的屏壁在门内，这是一种礼。屏壁在门外，是不想让里面看到外面；屏壁在门内，是不想让外面看到里面。

【原文】

诸侯召其臣，臣不俟驾，颠倒衣裳而走，礼也。《诗》曰：“颠之倒之，自公召之。”[①]天子召诸侯，诸侯辇舆就马[②]，礼也。《诗》曰：“我出我舆，于彼牧矣。自天子所，谓我来矣。”[③]

【注释】

①“《诗》曰”句：见《诗经·齐风·东方未明》。
②辇：用人拉车。舆：车。
③“《诗》曰”句：见《诗经·小雅·出车》。

【译文】

诸侯召见自己的臣子，臣子不等到驾车，来不及整理衣裳就跑，这是一种礼仪。《诗经》中说：“颠三倒四穿衣裳，因为公侯召见我。”天子召见诸侯，诸侯叫人驾马套车，这是一种礼仪。《诗经》中说：“拉出我的车，到牧地去套马。这是天子的使者，说我马上就到了。”

【原文】

天子山冕，诸侯玄冠，大夫裨冕[①]，士韦弁[②]，礼也。

【注释】

①裨：古代的次等礼服。

②韦：熟牛皮。

【译文】

天子身穿绣有山的礼服、戴礼帽，诸侯身穿黑色的礼服、戴礼帽，大夫穿裨衣、戴礼帽，士戴皮帽子。这是一种礼。

【原文】

天子御珽[①]，诸侯御荼[②]，大夫服笏[③]，礼也。

【注释】

①御：用。珽：大珪，古代帝王所持的玉笏。

②荼：古“舒”字。一种玉，上圆下方。

③笏：古代大臣上朝时拿的记事用的手板。

【译文】

天子用珽，诸侯用舒，大大手拿笏，这是一种礼。

【原文】

天子雕弓，诸侯彤弓，大夫黑弓，礼也。

【译文】

天子用雕有花纹的弓，诸侯用红色的弓，大夫用黑色的弓，这是一种礼。

【原文】

诸侯相见，卿为介，以其教出毕行[①]，使仁居守。

【注释】

①出：当为“士”字（王念孙说）。

【译文】

诸侯会盟时，卿为引见人，受过礼仪训练的士人全部陪同，让仁人留下。

【原文】

聘人以珪，问士以璧[①]，召人以瑗[②]，绝人以玦[③]，反绝以环。

【注释】

①士：同“事”。

②瑗：玉器的一种，孔大边小。

③玦：圆形有缺口的璧。

【译文】

派使者到他国问候用珪，访问国事用璧，召见下臣用瑗，同人断绝关系用玦，重新召见断交的人用环。

【原文】

人主仁心设焉，知其役也，礼其尽也，故王者先仁而后礼，天施然也。

【译文】

君主仁心存在了，智慧是仁心的役使，礼义是仁心的完善，所以王者先要有仁心然后才讲礼义，天道的施行就是这样。

【原文】

《聘礼》志曰[①]：“币厚则伤德，财移则殄礼[②]。”礼云礼云，玉帛云乎哉？《诗》曰：“物其指矣，唯其偕矣。”[③]不时宜，不敬交[④]，不驩欣[⑤]，虽指非礼也。

【注释】

①《聘礼》:《仪礼》中的篇名。

②殄：破坏。

③“《诗》曰”句：见《诗经·小雅·鱼丽》。指，通“旨”，美好。偕，通“谐”。

④交：当为“文”字（俞樾说）。

⑤驩：通“欢”。

【译文】

《聘礼》记载说：“礼物丰厚就伤害德，财物奢侈就破坏礼。”礼啊礼啊，难道说的是那些玉帛吗？《诗经》中说：“食物是多么美好，要同口味相调和。”不合乎时宜，不恭敬有礼，不欢乐高兴，即使味美也不合乎礼义。

【原文】

水行者表深，使人无陷；治民者表乱，使人无失。礼者，其表也，先王以礼表天下之乱。今废礼者，是去表也。故民迷惑而陷祸患，此刑罚之所以繁也。

【译文】

涉水的人要标明水的深度，使人不要陷入水中；治理人民要表明祸乱，使人不要有过失。礼，就是那标志，先王用礼义表明天下的祸乱。现在废弃了礼，就是丢弃了标志。所以，人民迷惑而陷入祸乱，这就是刑罚繁多的原因。

【原文】

舜曰："维予从欲而治。"故礼之生，为贤人以下至庶民也，非为成圣也，然而亦所以成圣也。不学不成。尧学于君畴[①]，舜学于务成昭[②]，禹学于西王国[③]。

【注释】

①君畴：尧时人，一作"尹寿"。

②务成昭：舜时人。

③西王国：不详。

【译文】

舜说："我能随心所欲地治理国家。"所以礼的产生，是为了贤人以下到普通百姓而设的，不是为了使人成为圣人，然而它也有使人成为圣人的可能性。不学礼不能成为圣人。尧曾经跟君畴学习，舜曾经跟务成昭学习，禹曾经跟西王国学习。

【原文】

五十不成丧，七十唯衰存。

【译文】

五十岁的人不需要恪守丧葬的礼节，七十岁的人只要穿丧服就行。

【原文】

亲迎之礼：父南乡而立[①]，子北面而跪，醮而命之[②]："往迎尔相[③]，成我宗事，隆率以敬先妣之嗣，若则有常。"子曰："诺，唯恐不能，敢忘命矣！"

【注释】

①乡：通“向”。

②醮：古代婚礼用酒祭神的一种仪式。

③相：助。这里指妻子。

【译文】

亲自迎接新娘的礼仪：父亲向南站立，儿子向北跪着，父亲行醮礼时命令儿子说：“去迎接你的妻子，完成我们宗族的大事，努力勉励她做一个像你母亲那样的继承人，你的行为要符合常规。”儿子说：“是。唯恐自己做不好，绝不敢忘记父亲的教导！”

【原文】

夫行也者，行礼之谓也。礼也者，贵者敬焉，老者孝焉，长者弟焉，幼者慈焉，贱者惠焉。

【译文】

所谓行为，就是实行礼仪的意思。所谓礼义，就是对尊贵的人要尊敬，对年老的人要孝顺，对年长的人要敬爱，对年幼的人要慈爱，对卑贱的人要布施恩惠。

【原文】

赐予其宫室，犹用庆赏于国家也；忿怒其臣妾，犹用刑罚于万民也。

【译文】

对家庭人员的赏赐，就像在国家中使用奖赏一样；对臣妾发怒，就像对万民施行刑罚一样。

【原文】

君子之于子，爱之而勿面，使之而勿貌，导之以道而勿强。

【译文】

君子对于子女，疼爱他们而不形于色，使唤他们而不用和颜悦色，要用道理引导他们而不强迫。

【原文】

礼以顺人心为本，故亡于《礼经》而顺于人心者，皆礼也。

【译文】

礼以顺应人心为根基，所以在《礼经》上没有而能顺应人心的，都是礼。

【原文】

礼之大凡：事生，饰驩也；送死，饰哀也；军旅，饰威也。

【译文】

礼的大体情况是：侍奉生者，为了表达欢乐；葬送死者，为了表达哀痛；军队中的礼，为了表达威严。

【原文】

亲亲、故故、庸庸、劳劳①，仁之杀也②。贵贵、尊尊、贤贤、老老、长长，义之伦也。行之得其节，礼之序也。仁，爱也，故亲。义，理也，故行。礼，节也，故成。仁有里，义有门。仁非其里而虚之③，非礼也④。义非其门而由之，非义也。推恩而不理，不成仁；遂理而不敢，不成义；审节而不知⑤，不成礼；和而不发，不成乐。故曰：仁、义、礼、乐，其致一也。君子处仁以义，然后仁也；行义以礼，然后义也；制礼反本

成末，然后礼也。三者皆通，然后道也。

【注释】

①庸：功。

②杀：差等。

③虚：当为“处”字（王念孙说）。

④礼：当为“仁”字（同上）。

⑤知：当为“和”字（同上）。

【译文】

亲近父母、友爱朋友、奖励有功的人、慰问劳苦的人，这是仁的等级差别。尊重地位高的人、尊重显贵的人、尊重贤者、爱护老人、尊重长者，这是义的伦理。实行起来很适当，这是礼的秩序。仁，就是爱人，所以亲近别人。义，就是合乎道理，所以可行。礼，就是适当，所以成功。仁有安居的地方，义有出入的门户。仁，如果不是它安居的地方而待在那里，就不是仁。义，如果不是出入的门户而从那里出入，就不是义。布施恩惠如果不合道理，就不成为仁；合乎道理而不敢实行，就不成为义；明察礼节而不和谐，就不成为礼；和谐而不表现出来，就不成为音乐。所以说：仁、义、礼、乐，它们的目标是一样的。君子用义来处理仁，然后才是仁；根据礼来实行义，然后才是义；制定礼要抓住根本、完成细节，然后才是礼。这三方面都明白，然后才合乎大道。

【原文】

货财曰赙[①]，舆马曰赗[②]，衣服曰襚[③]，玩好曰赠，玉贝曰啥。赙、赗所以佐生也，赠、襚所以送死也。送死不及柩尸，吊生不及悲哀，非礼也。故吉行五十，奔丧百里，赗、赠及事，礼之大也。

【注释】

①赙：赠送财物帮助别人办丧事。

②赗：以车马赠送死者家属。

③襚：赠送死者衣服。

【译文】

赠送财物帮助别人办丧事叫作赙，赠送车马叫作赗，赠送衣服叫作襚，送去死者生前喜欢的东西叫作赠，赠送供死者含在口中的珠玉贝叫作唅。赙、赗是用来帮助死者家属的，赠、襚是用来送死者的。送别死者不见棺材里的尸体，悼念死者安慰家属不达到悲哀，不符合礼。所以喜事一天走五十里，奔丧一天要走一百里，赠送别人办丧事的东西一定要赶上丧事，这是礼中的大事情。

【原文】

礼者，政之挽也。为政不以礼，政不行矣。

【译文】

礼，是政治的引导。处理政事不用礼，政令就不能实行。

【原文】

天子即位，上卿进曰："如之何忧之长也！能除患则为福，不能除患则为贼。"授天子一策[①]。中卿进曰："配天而有下土者，先事虑事，先患虑患。先事虑事谓之接[②]，接则事优成；先患虑患谓之豫[③]，豫则祸不生。事至而后虑者谓之后，后则事不举；患至而后虑者谓之困，困则祸不可御。"授天子二策。下卿进曰："敬戒无怠。庆者在堂，吊者在闾。祸与福邻，莫知其门。豫哉！豫哉！万民望之。"授天子三策。

【注释】

①策：用于记事的竹筒。

②接：通"捷"，迅速。

③豫：预防。

【译文】

天子登上帝位，上卿上前说："忧患是如此深长！能除掉祸患就是幸福，不能除掉患祸就是灾难。”他献给天子第一篇册书。中卿上前说：“德高配天而拥有天下的人，在事情发生之前应考虑到，在祸患发生之前就应意识到。在事情发生之前考虑到叫作迅速，迅速就会圆满完成；在祸患发生之前就意识到叫作预防，预防及时祸患就不会发生。事情发生了然后才考虑就叫作落后，落后了事情就完不成；祸患发生了然后才意识到叫作困窘，困窘了祸患就不可防御。”他献给天子第二册书。下卿上前说：“恭敬警惕而不懈怠。庆祝的人在大堂上，哀悼的人已到了门口。祸患与幸福邻近，没有人知道它们的所在。警惕啊！警惕啊！万民都在看着您。”他献给天子第三篇册书。

【原文】

禹见耕者耦立而式[①]，过十室之邑必下。

【注释】

①耦：两人共耕叫作“耦”。式：通“轼”，车前横木。此处指手扶横木致意。

【译文】

大禹看到两人并肩耕地就站起来手扶横木致意，经过有十户人家的村落必定下车。

【原文】

杀大蚤[①]，朝大晚，非礼也。治民不以礼，动斯陷矣。

【注释】

①杀：指田猎。蚤：同“早”。

【译文】

猎取禽兽太早，上朝太晚，不合乎礼。治理人民不按照礼，举动就会失误。

【原文】

平衡曰拜[①]，下衡曰稽首[②]，至地曰稽颡[③]。大夫之臣拜不稽首，非尊家臣也，所以辟君也。

【注释】

①平衡：行跪拜礼时拱两手，头与腰平，叫作“平衡”。

②下衡：两手拱至地，头至手，叫作“稽首”。

③稽颡：跪时两手拱至地，头触地。颡，额。

【译文】

行跪拜礼时拱两手、头至手不至地叫作拜；两手拱至地、头至手叫作稽首；头着地叫作稽颡。大夫的家臣行拜礼而不稽首，这并不是尊重家臣，是为了避免和君礼相同。

【原文】

一命齿于乡[①]；再命齿于族；三命，族人虽七十，不敢先。上大夫，中大夫，下大夫。

【注释】

①一命：周代的官爵分九个等级，称“九命”。一命，指公侯之士。再命，二命，指大夫。三命，指卿。

【译文】

士在乡里饮酒时按年龄大小安排座次；大夫和同族的人饮酒按年龄大小安排座次；至于卿，那么同族人即使七十岁了，也不敢坐在他的前面。上大夫是三命，中大夫是二命，下大夫是一命。

【原文】

吉事尚尊，丧事尚亲。

【译文】

吉事按地位安排座次，丧事按亲疏关系安排座次。

【原文】

君臣不得不尊，父子不得不亲，兄弟不得不顺，夫妇不得不驩。少者以长，老者以养。故天地生之，圣人成之[①]**。**

【注释】

①一说此节应在下面“国家无礼不宁”句后（汪中说）。

【译文】

君臣得不到礼就不会尊重，父子得不到礼就不会亲近，兄弟得不到礼就不会和顺，夫妇得不到礼就不会欢乐，年幼的靠它成长，年老的靠它赡养。所以天地生育了他，圣人成就了他。

【原文】

聘，问也。享，献也。私觌[①]**，私见也。**

【注释】

①觌：见。

【译文】

聘，就是问候。享，就是进献礼品。私觌，就是私下相见。

【原文】

言语之美，穆穆皇皇[①]。**朝廷之美，济济鎗鎗**[②]。

【注释】

①穆穆：恭敬的样子。皇皇：光明正大的样子。

②济济：众多的样子。鎗鎗：通“跄跄”，行列整齐的样子。

【译文】

言语的美好，可以用“穆穆皇皇”来形容。朝廷的美好，可以用“济济鎗鎗”来形容。

【原文】

为人臣下者，有谏而无讪[①]，**有亡而无疾**[②]，**有怨而无怒**。

【注释】

①讪：诽谤。

②疾：嫉恨。

【译文】

做人臣的，能劝谏而不能诽谤，能离开而不能憎恨，能埋怨而不能愤怒。

【原文】

君于大夫，三问其疾，三临其丧；于士，一问一临。诸侯非问疾吊丧，不之臣之家。

【译文】

君主对于大夫，在他生病时要问候三次，在他死后要祭奠三次；对于士，问候一次祭奠一次。诸侯如果不是问候疾病、悼念死者，不到臣子家里去。

【原文】

即葬，君若父之友，食之则食矣，不辟粱肉，有酒醴则辞。

【译文】

父母安葬之后，君主像父亲的朋友，招待自己吃，不回避米饭和肉食，如果有酒就要谢绝。

【原文】

寝不逾庙，设衣不逾祭服[①]**，礼也。**

【注释】

①设：当为“讌”字之误（王念孙说），同“宴”。

【译文】

住宅的规模不能超过宗庙，宴饮时穿的衣服不能超过祭服，这是一种礼。

【原文】

《易》之《咸》[①]**，见夫妇。夫妇之道，不可不正也，君臣父子之本也。咸，感也，以高下下，以男下女，柔上而刚下。**

【注释】

①《易》之《咸》：指《周易》中的《咸》卦，上面是阴卦“兑”，下面是阳卦“艮”。

【译文】

《周易》中的《咸》卦，表现的是夫妻之间的关系。夫妇之道，不能不端正，它是君臣、父子之间的根本。咸，是感应的意思，表示把高的放在低的下面，把男的放在女的下面，把柔弱的放在刚强的上面。

【原文】

聘士之义，亲迎之道，重始也。

【译文】

聘请贤士的礼仪，亲自迎接新娘的办法，都注重开始。

【原文】

礼者，人之所履也，失所履，必颠蹶陷溺。所失微而其为乱大者，礼也。

【译文】

礼，是人们行为的依据，失去了这个行为依据，必定会跌倒沉溺。失去虽小的礼而造成的混乱却很大，就是礼。

【原文】

礼之于正国家也，如权衡之于轻重也，如绳墨之于曲直也。故人无礼不生，事无礼不成，国家无礼不宁。

【译文】

礼对于治理国家，就像秤对于轻重一样，就像绳墨对于曲直一样。所以人们没有礼就不能生存，做事没有礼就不能成功，国家没有礼就不得安宁。

【原文】

和鸾之声，步中《武》、《象》，趋中《韶》、《護》。君子听律习容而后士[①]。

【注释】

①士：当为“出”字（王先谦说）。

【译文】

车上的铃声，慢行时合乎《武》《象》的节奏，快跑时合乎《韶》《護》的节奏。君子听着音乐的节奏，练习举止，端正仪表然后才出门。

【原文】

霜降逆女①，冰泮杀内②，十日一御③。

【注释】

①霜降：二十四节气之一，在农历九月。逆：迎娶。

②泮：融化。“杀”字后当有一“止”字，“内”字属下句（王引之说）。

③御：男女同房。

【译文】

霜降开始娶妻，到来年冰融化时终止，夫妻十天同房一次。

【原文】

坐视膝，立视足，应对言语视面。立视前六尺而大之①，六六三十六，三丈六尺。

【注释】

①大：当为“六”字（王引之说）。

【译文】

坐着要看对方的膝，站着要看对方的脚，回答说话时看着对方的脸。站着时在他面前六尺看着他，最远不过六倍，六六三十六，即三丈六尺。

【原文】

文貌情用，相为内外表里，礼之中焉。能思索谓之能虑。

【译文】

礼仪和感情，是互为内外表里的，这是适中的礼。根据礼进行思索就叫作思考。

【原文】

礼者，本末相顺，终始相应。

【译文】

礼，它的根本和末节要相互顺从，开头和结尾要相互呼应。

【原文】

礼者，以财物为用，以贵贱为文，以多少为异。下臣事君以货，中臣事君以身，上臣事君以人。

【译文】

礼，把财物作为工具，把贵贱作为文饰，把多少作为差别。下等的臣用财物侍奉君主，中等的臣用生命侍奉君主，上等的臣用举荐人才侍奉君主。

【原文】

《易》曰："复自道，何其咎？"① 《春秋》贤穆公，以为能变也。

【注释】

①"《易》曰"句：见《周易·小畜·初九》。

【译文】

《易经》中说："返回到正道，有什么过错？"《春秋》赞许秦穆公，认为他能转变。

【原文】

士有妒女，则贤交不亲；君有妒臣，则贤人不至。蔽公者谓之昧，隐良者谓之妒，奉妒昧者谓之交谲[①]**。交谲之人，妒昧之臣，国之萝孽也**[②]**。**

【注释】

①交：通"狡"。

②萝：污秽。

【译文】

士有妒忌的朋友，那么同贤人的交往就不亲密；君主有妒忌的臣下，那么贤人就不会到来。隐蔽公正就叫作昏昧，埋没贤人就叫作忌妒，奉承妒忌、昏昧的人叫作狡猾欺诈。狡猾欺诈的人，妒忌、昏昧的臣，是国家的污秽和灾孽。

【原文】

口能言之，身能行之，国宝也。口不能言，身能行之，国器也。口能言之，身不能行，国用也。口言善，身行恶，国妖也。治国者敬其宝，爱其器，任其用，除其妖。

【译文】

嘴能说，身体能力行，是国家的宝贝。嘴不能说，身体能力行，是国家的器具。嘴能说，身体不能力行，这是国家的工具。嘴里说好话，干的却是坏事，是国家妖孽。治理国家的人，尊敬他的宝贝，爱护他的器具，使用他的工具，除掉他的妖孽。

【原文】

不富无以养民情，不教无以理民性。故家五亩宅，百亩田，务其业而勿夺其时，所以富之也。立大学[①]，设庠序[②]，修六礼[③]，明十教[④]，所以道之也。《诗》曰："饮之食之，教之诲之。"[⑤]王事具矣。

【注释】

①大学：国家设立的最高学府。

②庠序：古代地方学校，殷代叫"序"，周代叫"庠"。

③六礼：指冠、婚、丧、祭、乡饮、相见。

④十教：当为"七教"（王念孙说）。七教，指父子、兄弟、夫妇、君臣、长幼、朋友、宾客等七个方面的伦理教育。

⑤"《诗》曰"句：见《诗经·小雅·绵蛮》。

【译文】

不使人民富裕就不能调养人民的感情，不教育就不能改变人民的本性。所以每家都有五亩的宅地，百亩耕田，使他们努力从事生产而不要侵夺他们的农时，这样就能使他们富裕。建立太学，设立学校，学习六种礼仪，明确七个方面的伦理教育，这样就可以引导他们。《诗经》中说："给人喝、给人吃，教育他、指导他。"王者的政事就具备了。

【原文】

武王始入殷，表商容之间[①]，释箕子之囚，哭比干之墓，天下乡善矣[②]。

【注释】

①表：设立标志表彰。商容：殷时贤人，被殷纣王贬退。闾：里巷的大门。

②乡：通"向"。

【译文】

武王刚进入殷都时，在商容居住的门口设立标志表彰他的贤德，释放被囚禁的箕子，到比干的墓前痛哭，于是天下都向善了。

【原文】

天下、国有俊士，世有贤人。迷者不问路，溺者不问遂[①]，亡人好独。《诗》曰：“我言维服，勿用为笑。先民有言，询于刍荛。”[②]言博问也。

【注释】

①遂：可以涉水而过的路。

②“《诗》曰”句：见《诗经·大雅·板》。刍荛，砍柴的人。

【译文】

天下、各国都有俊杰之士，世代都有贤能之人。迷路的人不知问路，溺水的人不知问清过河的地方，亡国的人喜爱独断专行。《诗经》中说：“我说的是正事，不要以为是玩笑。古人有句话，向砍柴的人询问。”就是说要广泛地听取众人的意见。

【原文】

有法者以法行，无法者以类举。以其本知其末，以其左知其右，凡百事异理而相守也。

【译文】

有法律规定的依照法律办，没有法律规定的用类推的方法处理。根据它的根本原则就知道它的末节，根据左面就知道它的右面，各种事情道理虽然不同而有一个共同的准则。

【原文】

庆赏刑罚，通类而后应；政教习俗，相顺而后行。

【译文】

奖赏和刑罚，标准统一而后百姓才响应；政治教化和风俗习惯，要相互顺从然后才能实行。

【原文】

八十者一子不事，九十者举家不事，废疾非人不养者，一人不事。父母之丧，三年不事；齐衰大功[①]，三月不事。从诸侯不[②]，与新有昏，期不事。

【注释】

①齐衰大功：都是古代丧服名。古时以亲疏关系把丧服分为五种：斩衰、齐衰、大功、小功、缌麻。

②不：当为“来”字（杨倞说）。

【译文】

八十岁的人可以有一个儿子不服役，九十岁的人全家不服役，离开了人就不能生活的残疾人家中有一人可以不服役。遇到父母的丧事，三年不服役；齐衰和大功之丧，三月不服役。从其他诸侯国迁来的和新婚的，一年不服役。

【原文】

子谓子家驹续然大夫[①]，不如晏子[②]；晏子，功用之臣也，不如子产；子产，惠人也，不如管仲。管仲之为人，力功不力义，力知不力仁，野人也，不可以为天子大夫。

【注释】

①子家驹：春秋时鲁国大夫。续：古“庚”字，刚强貌。

②晏子：晏婴，春秋时齐国相。

【译文】

孔子说子家驹是个刚正不阿的大夫，比不上晏子；晏子，是讲究功效的臣，比不上子产；子产，是个施舍恩惠的人，比不上管仲。管仲的为人致力于功效不致力于道义，注重智慧不注重仁义，是个不修礼义的人，不能做天子的大夫。

【原文】

孟子三见宣王不言事。门人曰：“曷为三遇齐王而不言事？”孟子曰：“我先攻其邪心。”

【译文】

孟子三次见到齐宣王而不谈论国家大事。他的学生问：“为什么三次遇到齐王而不谈论国家大事？”孟子说：“我先要攻破他的邪心。”

【原文】

公行子之之燕①，遇曾元于涂②，曰：“燕君何如？”曾元曰：“志卑。志卑者轻物，轻物者不求助；苟不求助，何能举？氐、羌之虏也。不忧其系垒也③，而忧其不焚也。利夫秋毫，害靡国家④，然且为之，几为知计哉？”

【注释】

①公行子之：齐国大夫。

②曾元：战国时人，曾参之子。

③系垒：捆绑。垒，通“累”。

④靡：毁灭。

【译文】

公行子之到燕国去，在路上遇到曾元，问："燕国的君主怎么样？曾元说："他的志向很卑微。志向卑微的人轻视事业，轻视事业的人不求贤人的帮助；如果不求贤人的帮助，怎么能成就事业呢？只能做氐族、羌族人的俘虏罢了。不担心自己被捆绑，而担心死后不被焚烧。得到的利益像毫毛一样，而危害却足以毁灭国家，然而还这么做，能算是懂得治国大计吗？"

【原文】

今夫亡箴者，终日求之而不得，其得之，非目益明也，眸而见之也[①]。**心之于虑亦然。**

【注释】

①眸：通"瞀"，低头仔细看。

【译文】

现在有个丢失了针的人，整天找也找不到，后来找到了，并不是眼睛比以前明亮了，而是低头仔细找才找到了。心中思考问题也是这样。

【原文】

义与利者，人之所两有也。虽尧、舜不能去民之欲利，然而能使其欲利不克其好义也。虽桀、纣亦不能去民之好义，然而能使其好义不胜其欲利也。故义胜利者为治世，利克义者为乱世。上重义则义克利，上重利则利克义。故天子不言多少，诸侯不言利害，大夫不言得丧，士不通货财，有国之君不息牛羊，错质之臣不息鸡豚[①]，**冢卿不修币**[②]，**大夫不为场园**[③]，**从士以上皆羞利而不与民争业，乐分施而耻积臧。然故民不困财，贫窭者有所窜其手**[④]。

【注释】

①错：通“措”。

②冢卿：上卿。

③园：当为“圃”字之误（王念孙说）。

④贫窭：贫穷。

【译文】

道义与利益，是人们兼有的。即使尧、舜也不能去掉人民追求利益的欲望，然而他们能使人民对利益的追求不超过对道义的爱好。即使桀、纣也不能去掉人民对道义的爱好，然而他们能使人民对道义的爱好不超过对利益的追求。所以道义胜过利益的就是安定的社会，利益胜过道义的就是混乱的社会。君主重视道义那么道义就胜过利益，君主重视利益那么利益就胜过道义。所以，天子不说财物的多少，诸侯不说有利还是有害，大夫不说得到还是失去，士不进行财物贸易，拥有国家的君主不养牛羊，委身于君的臣子不养鸡和猪，上卿不放贷收取利息，大夫不种菜，士以上都羞于追求私利而不和百姓争夺职业，乐于施舍而耻于积藏。所以人民就不会为钱财所困，贫穷的人都有事情干。

【原文】

文王诛四，武王诛二，周公卒业，至成康则案无诛已[①]。

【注释】

①成康：指周成王和周康王。此节可参阅《仲尼》篇。

【译文】

文王诛灭了四国，武王诛杀了二人，周公完成了大业，到成王、康王时就没有诛伐了。

【原文】

多积财而羞无有，重民任而诛不能，此邪行之所以起，刑罚之所以多也。

【译文】

积累很多财产而以贫穷为耻辱，加重人民的负担而杀害不堪重负的人，这是邪恶产生的原因，也是刑罚繁多的原因。

【原文】

上好羞[①]，则民暗饰矣；上好富，则民死利矣。二者，乱之衢也[②]。民语曰："欲富乎？忍耻矣，倾绝矣，绝故旧矣，与义分背矣。"上好富，则人民之行如此，安得不乱？

【注释】

①羞：当为"义"字（王念孙说）。

②衢：道。

【译文】

君主喜爱道义，那么人民就会暗自修正自己；君主喜爱财富，那么人民就会为利而死。这两方面，是治和乱的分界。民间俗语说："想富裕吗？忍受耻辱吧，肆无忌惮吧，和老朋友断交吧，和道义背道而驰吧。"君主喜爱财富，人民的行为就会这样，社会怎会不混乱呢？

【原文】

汤旱而祷曰："政不节与？使民疾与？何以不雨至斯极也！宫室荣与？妇谒盛与[①]？何以不雨至斯之极也！苞苴行与[②]？谗夫兴与？何以不雨至斯极也！"

【注释】

①谒：请。

②苞苴：贿赂。

【译文】

汤因大旱而对天祷告说："政治不合适吗？使人民很劳苦吗？为什么旱到了这种程度！宫室太华丽吗？妇人的话听得太多了吗？为什么旱到了这种程度！是贿赂盛行吗？还是谗人被重用了？为什么旱到了这种程度！"

【原文】

天之生民，非为君也；天之立君，以为民也。故古者列地建国，非以贵诸侯而已；列官职，差爵禄，非以尊大夫而已。

【译文】

上天生育人民，不是为了君主；上天设立君主，却是为了人民。所以古时划分土地建立国家，不是为了尊重诸侯；安排各种官职，确定爵位、奉禄的差别，并不是为了尊重大夫。

【原文】

主道知人，臣道知事。故舜之治天下，不以事诏而万物成。农精于田而不可以为田师，工贾亦然。

【译文】

为君之道在于了解人，为臣之道在于了解事。所以舜治理天下，不用事事吩咐而各种事情都完成了。农民精于种田而不能做管理农业的官吏，工匠和商人也是这样。

【原文】

以贤易不肖，不待卜而后知吉。以治伐乱，不待战而后知克。

【译文】

用贤人替代不贤的人，不用占卜就知道是吉利的。用安定的国家征伐混乱的国家，不用战争就知道能攻克。

【原文】

齐人欲伐鲁，忌卞庄子①**，不敢过卞。晋人欲伐卫，畏子路，不敢过蒲**②。

【注释】

①卞庄子：春秋时鲁国卞邑大夫，以勇闻名。卞，在今山东泗水。

②蒲：卫国邑名。在今河南长垣附近，孔子学生子路时为蒲宰。

【译文】

齐国人想伐鲁国，惧怕卞庄子的勇猛，不敢经过卞邑。鲁国人想伐卫国，畏惧子路威武，不敢经过蒲邑。

【原文】

不知而问尧、舜，无有而求天府①**。曰："先王之道，则尧、舜已；六贰之博**②**，则天府已。"**

【注释】

①天府：帝王的仓库。

②六贰：当为"六艺"（卢文弨说）。即"六经"。

【译文】

不懂政治就问尧、舜，没有钱财就求助于帝王的府库。说：先王的大道，就是尧、舜；博大的六经，就是帝王的府库。

【原文】

君子之学如蜕，幡然迁之[①]。故其行效，其立效，其坐效，其置颜色、出辞气效。无留善，无宿问。

【注释】

①幡然：剧变的样子。幡，通“翻”。

【译文】

君子的学习如同蝉蜕变一样，变化很快。所以他走路学习，站着学习，坐着学习，面容表情、说话口气也模仿学习。不留下好事不做，不带着疑问过夜。

【原文】

善学者尽其理，善行者究其难。

【译文】

善于学习的人穷尽事物的道理，善于行动的人穷尽困难。

【原文】

君子立志如穷，虽天子三公问正[①]，以是非对。

【注释】

①正：通“政”。

【译文】

君子树立志向要像处在困境时一样，即使天子、三公询问政事，也依据是非回答。

【原文】

君子隘穷而不失，劳倦而不苟，临患难而不忘细席之言[①]**。岁不寒无以知松柏，事不难无以知君子无日不在是。**

【注释】

①细席：当作“茵席”（郝懿行说），平时。

【译文】

君子穷困而不失志气，劳累而不苟且，身居困境也不忘平时的话。岁月不寒冷不知道松柏，事情不困难就不知道君子，没有一天不这样。

【原文】

雨小，汉故潜[①]**。夫尽小者大，积微者著，德至者色泽洽，行尽而声问远**[②]**。小人不诚于内而求之于外。**

【注释】

①汉：疑为衍文（俞樾说）。

②问：通“闻”，声闻。

【译文】

雨下得细微，所以入地很深。包罗细小的就能成为巨大的，积累细微的就能成为显著的，道德高尚的人面色温润，行为完美的人名声传得远。小人内心不诚实而只追求表面的东西。

【原文】

言而不称师谓之畔[①]，教而不称师谓之倍[②]。倍畔之人，明君不内[③]，朝士大夫遇诸涂不与言。

【注释】

①畔：通“叛”。

②倍：通“背”。

③内：同“纳”。

【译文】

说话不称道老师叫作叛离，教学不称道老师叫作违背。背叛老师的人，贤明的君主不接纳他，朝廷里的士大夫在路上遇到他不打招呼。

【原文】

不足于行者说过，不足于信者诚言。故《春秋》善胥命[①]，而《诗》非屡盟，其心一也。善为《诗》者不说，善为《易》者不占，善为《礼》者不相[②]，其心同也。

【注释】

①胥命：相互约定。春秋时诸侯会盟，不订立盟约，只在口头上约定。

②相：替人赞礼。

【译文】

行动上做得不够的人往往说大话，不守信用的人往往说话的样子很诚实。所以《春秋》肯定口头上相互约定，而《诗经》反对屡次盟约，他们的用心是一样的。精通《诗经》的人不作解说，精通《易经》的人不占卜，精通《礼》的人不替人赞礼，他们的用心是相同的。

【原文】

曾子曰："孝子言为可闻，行为可见。言为可闻，所以说远也；行为可见，所以说近也。近者说则亲，远者说则附。亲近而附远，孝子之道也。"

【译文】

曾子说："孝子的话可以让人听到，行为可以让人看到。话可以让人听到，是让远方的人高兴；行为可以让人看到，是让近处的人高兴。近处的人高兴就亲近，远方的人高兴就归附。近处的人亲近而远方的人归附，这是孝子的原则。"

【原文】

曾子行，晏子从于郊，曰："婴闻之，君子赠人以言，庶人赠人以财。婴贫无财，请假于君子，赠吾子以言：乘舆之轮，太山之木也，示诸檃栝①，三月五月，为帱菜敝而不反其常②。君子之檃栝，不可不谨也。慎之！兰茝、稿本③，渐于蜜醴，一佩易之。正君渐于香酒，可谗而得也。君子之所渐，不可不慎也。"

【注释】

①示：通"置"。

②帱菜：当作"帱革"，缠在车毂周围的皮革。

③兰茝、稿本：都是香草名。

【译文】

曾子出门，晏子送到郊外，说："晏婴我听说，君子用言语赠送人，百姓用财物赠送人。我贫穷没有财物，请借君子的名义、赠送您几句话：车子的轮子，是用泰山的木头做的，放在矫木工具上经过三个月或五个月就做成了，就是周围车毂的皮革坏了也不会恢复到它本来的样子了。君子对于像檃栝一样正身的工具不能不小心对待。一定要小心啊！兰茝、稿本等香草，浸在甜酒中，佩带一次就更换。正直的君主如果浸泡在甜言蜜语中，谗言就有机会侵入。君子对于环境，不能不小心啊！”

【原文】

人之于文学也[①]**，犹玉之于琢磨也。《诗》曰：“如切如磋，如琢如磨。”**[②] **谓学问也。和之璧**[③]**，井里之厥也**[④]**，玉人琢之，为天子宝。子赣、季路**[⑤]**，故鄙人也，被文学，服礼义，为天下列士。**

【注释】

①文学：文献典籍。

②“《诗》曰”句：见《诗经·卫风·淇奥》。

③和：指春秋时楚国人卞和。

④厥：石。

⑤子赣：子贡，孔子弟子。

【译文】

人们对于文献典籍，就像玉器对于雕琢一样。《诗经》中说：“就像打磨骨头象牙，就像雕琢玉器石头一样。”说的是做学问。卞和的璧，是乡里的一块石头，加工玉器的工匠雕琢了它，成为天子的宝物。子贡、季路，原来是浅陋的人，学习了文献典籍，遵从礼义，成为天下名士。

【原文】

学问不厌，好士不倦，是天府也。

【译文】

学习不满足，喜爱贤士不厌倦，这就像帝王储备府库。

【原文】

君子疑则不言，未问则不立[①]**，道远日益矣。**

【注释】

①立：当为“言”字（王念孙说）。

【译文】

君子有疑惑的就不说，没有请教过的就不说，道路遥远而知识一天天增加。

【原文】

多知而无亲，博学而无方，好多而无定者，君子不与。

【译文】

知识很多而不亲近老师，学习广泛而没有方法，兴趣很广而没有定准，君子不赞成。

【原文】

少不讽①，壮不论议，虽可，未成也。

【注释】

①“讽”后当脱一“诵”字（王念孙说）。

【译文】

少年不读书，壮年不发表议论，即使资质好，也不能有所成就。

【原文】

君子壹教，弟子壹学，亟成。

【译文】

君子专心致志地教，学生一心一意地学，就能迅速成功。

【原文】

君子进则能益上之誉而损下之忧。不能而居之，诬也；无益而厚受之，窃也。学者非必为仕，而仕者必如学。

【译文】

君子做官就能增加君主的荣誉而减少百姓的忧虑。没有才能而居其位，就是欺骗；不能给国家和人民带来好处却享受高官厚禄，就是盗窃。学习的人不一定都要做官，而做官的人一定要学习。

【原文】

子贡问于孔子曰："赐倦于学矣，愿息事君。"孔子曰："《诗》云：'温恭朝夕，执事有恪。'① 事君难，事君焉可息哉！""然则赐愿息事亲。"孔子曰："《诗》云：'孝子不匮，永锡尔类。'② 事亲难，事亲焉可息哉！""然则赐愿息于妻子。"孔子曰："《诗》云：'刑于寡妻，至于兄弟，以御于家邦。'③ 妻子难，妻子焉可息哉！""然则赐愿息于朋友。"孔子曰："《诗》云：'朋友攸摄，摄以威仪。'④ 朋友难，朋友焉可息哉！""然则赐愿息耕"。孔子曰："《诗》云：'昼尔于茅，宵尔索绹，亟其乘屋，其始播百谷。'⑤ 耕难，耕焉可息哉！""然则赐无息者乎？"孔子曰："望其圹⑥，皋如也⑦，嵮如也⑧，鬲如也⑨，此则知所息矣。"子贡曰："大哉死乎！君子息焉，小人休焉。"

【注释】

①"《诗》云"句：见《诗经·商颂·那》。

②"《诗》云"句：见《诗经·大雅·既醉》。锡，赐予。

③"《诗》云"句：见《诗经·大雅·思齐》。

④"《诗》云"句：见《诗经·大雅·既醉》。

⑤"《诗》云"句：见《诗经·豳风·七月》。

⑥圹：坟墓。

⑦皋：通“高”。

⑧嵮：山顶。

⑨鬲：鼎一类的器物。

【译文】

子贡问孔子说：“我厌倦学习了，希望停下来侍奉君主。”孔子说：“《诗经》中说：‘早晚要温和恭敬，做事要认真小心。’侍奉君主不容易，侍奉君主怎么可以停止学习呢！”“那么，我希望停下来侍奉父母。”孔子说：“《诗经》中说：‘孝子的孝心没有穷尽，永远赐给同类人。’侍奉父母不容易，侍奉父母怎么可以停止学习呢！”“那么我愿意停下来照顾妻子儿女。”孔子说：“《诗经》中说：‘给妻子做榜样，影响到兄弟，然后来治理国家。’照顾妻子儿女不容易，照顾妻子儿女哪能停止学习呢！”“那么我愿意停下来和朋友在一起。”孔子说：“《诗经》中说：‘朋友之间要互相帮助，帮助要用礼仪。’和朋友在一起不容易，和朋友在一起怎么可以停止学习呢！”“那么我愿意停下来种田。”孔子说：“《诗经》中说：‘白天去割茅草，晚上要将绳搓好，赶紧上去修理屋顶，又要开始播种了。’种田不容易，种田哪能停止学习呢！”“那么我就不能停下来了吗？”孔子说：“远望那坟墓，高高的样子，像个小山顶一样，像鼎器一样，这里就是可以停止学习的地方了。”子贡说：“死亡真伟大啊！君子休息了，小人终结了。”

【原文】

《国风》之好色也[①]，传曰：“盈其欲而不愆其止[②]。其诚可比于金石，其声可内于宗庙。”《小雅》不以于污上，自引而居下，疾今之政，以思往者，其言有文焉，其声有哀焉。

【注释】

①《国风》：《诗经》由“风、雅、颂”三部分组成。《国风》多是地方民歌，其中有很多男女恋歌。雅由《大雅》《小雅》组成，《小雅》里面有不少怨愤的诗歌。

②愆：超过。

【译文】

对于《国风》的好色，书上说："它满足了人们的欲望而不超出礼仪。它的真诚可与金石相比，它的歌声可纳入宗庙。"《小雅》的作者不被腐朽的君主所利用，自动引退而居下位，他怨恨当时的政治，思念过去，《小雅》的言辞有文采，它的歌声很哀怨。

【原文】

国将兴，必贵师而重傅，贵师而重傅则法度存。国将衰，必贱师而轻傅，贱师而轻傅则人有快，人有快则法度坏。

【译文】

国家将要兴盛时，一定尊敬老师而重视师傅，尊敬老师而重视师傅，那么法度就能存在。国家将要衰亡时，一定鄙视老师而轻视师傅，鄙视老师而轻视师傅，那么人就会放纵，人放纵那么法度就会被破坏。

【原文】

古者匹夫五十而士。天子、诸侯子十九而冠，冠而听治，其教至也。

【译文】

古时平民百姓五十岁才能做官。天子、诸侯的儿子十九岁就加冠礼，加冠礼后就能处理政事，因为他们受到良好教育的缘故。

【原文】

君子也者而好之，其人；其人也而不教，不详。非君子而好之，非其人也；非其人而教之，赍盗粮、借贼兵也。

【译文】

爱慕君子的人，就是理想的人，对于理想的人不教育，不吉利。爱慕不是君子的人，不是理想的人；对于不是理想的人而教育他，就是把粮食送给盗贼、借兵器给贼寇。

【原文】

不自嗛其行者[①]，言滥过。古之贤人，贱为布衣，贫为匹夫，食则饘粥不足[②]，衣则竖褐不完[③]，然而非礼不进，非义不受，安取此?

【注释】

①嗛：通“歉”，不足。

②饘粥：稀饭。古时的粥，稠的叫“饘”，稀得叫“粥”。

③竖褐：短褐。

【译文】

不认为自己德行不足的人，言论往往流于浮夸。古时的贤人，卑贱得做个平民，贫穷得做个百姓，连稀饭也吃不上，连短小的粗布衣也穿不上，然而不合乎礼的官不做，不合乎道义的事物不接受，怎么会像浮夸的人那样呢?

【原文】

子夏贫，衣若县鹑[①]。人曰：“子何不仕?”曰：“诸侯之骄我者，吾不为臣；大夫之骄我者，吾不复见。柳下惠与后门者同衣而不见疑，非一日之闻也。争利如蚤甲而丧其掌[②]。”

【注释】

①县鹑：比喻衣服破烂。

②蚤：通“爪”。

【译文】

子夏家境贫穷，衣服破烂得就像悬挂着鹌鹑。有人问："你为什么不做官？"回答说："诸侯看不起我的，我不做他的臣子；大夫看不起我的，我不想再见他。柳下惠和看门的人穿着同样的破衣服而不被怀疑，这不是一天的传闻了。争夺私利就像得到了指甲而丧失了手掌。"

【原文】

君人者不可以不慎取臣，匹夫不可以不慎取友。友者，所以相有也①。道不同，何以相有也？均薪施火，火就燥；平地注水，水流湿。夫类之相从也，如此之著也，以友观人，焉所疑？取友善人，不可不慎，是德之基也。《诗》曰："无将大车，维尘冥冥。"② 言无与小人处也。

【注释】

①有：通"友"。

②"《诗》曰"句：见《诗经·小雅·无将大车》。

【译文】

君主不可以不谨慎地选取臣子，百姓不可以不谨慎地选择朋友。朋友，是为了互相友好的。奉行的大道不同，用什么来互相友好呢？把柴草均匀地铺好而点上火，火就向干燥的地方燃烧；在平地上倒上水，水就向低洼潮湿的地方流去。同类是相互依从的，是如此明显，根据朋友来观察人，有什么怀疑？选择朋友、与人为善，不能不小心谨慎，这是道德的根基。《诗经》中说："不要扶着那大车，尘土飞扬弄脏身。"意思是说不要和小人相处。

【原文】

蓝苴路作①，似知而非。偄弱易夺②，似仁而非。悍戆好斗③，似勇而非。

【注释】

①蓝苴路作：疑当作“滥狙略诈”（刘师培说），伺机欺诈之意。

②偄：懦弱，软弱。

③戆：愚蠢而刚直。

【译文】

伺机欺诈，看似明智其实是愚蠢。软弱而立场不定，看似仁慈其实是愚昧。凶暴愚蠢喜欢争斗，看似勇敢其实鲁莽无知。

【原文】

仁义礼善之于人也，辟之若货财粟米之于家也，多有之者富，少有之者贫，至无有者穷。故大者不能，小者不为，是弃国捐身之道也。

【译文】

仁、义、礼、善对于人来说，打个比方就像货财、钱粮对于家庭一样，拥有多的就富足，拥有少的就贫苦，一点没有的就穷困。所以，大事不会做，小事又不做，这是亡国灭身的道路。

【原文】

凡物有乘而来，乘其出者[①]**，是其反者也。**

【注释】

①乘：疑为衍文（王念孙说）。

【译文】

所有的事物都有一定的原因才会出现，它出现的地方，就是它将返回的地方。

【原文】

流言灭之，货色远之。祸之所由生也，生自纤纤也，是故君子蚤绝之。

【译文】

流言蜚语一定要消灭，财货女色一定要远离。祸患产生的根源，都是来自细微的地方，所以君子一定要趁早灭绝它。

【原文】

言之信者，在乎区盖之间[①]**。疑则不言，未问则不立**[②]**。**

【注释】

①区盖：通“丘盖”，阙疑。区，通“丘”。盖，疑。

②立：当为“言”字（郝懿行说）。

【译文】

说话可信的人，在于存疑之中。有疑问的不说，没有请教过的不说。

【原文】

知者明于事，达于数，不可以不诚事也。故曰：“君子难说，说之不以道，不说也。”

【译文】

智者明白事情、通晓事理，不能不真诚地对待他们。所以说：“君子难以讨他喜欢，不用正道讨他喜欢，他是不会高兴的。”

【原文】

语曰："流丸止于瓯、臾[①]，流言止于知者。"此家言邪学之所以恶儒者也。是非疑则度之以远事，验之以近物，参之以平心，流言止焉，恶言死焉。

【注释】

①瓯、臾：都是盛物的瓦器。这里指地面不平处。

【译文】

俗话说："滚动的圆球滚到低洼的地方就停下来了，流言蜚语传到智者那里就停止了。"这是各家之言与邪恶的学说痛恨儒者的原因。是非有疑问时，就要用过去的事情来衡量，用近处的事物来验证，用公正的态度来对待，流言就会停止，恶言就会消亡。

【原文】

曾子食鱼有馀，曰："泔之[①]。"门人曰："泔之伤人，不若奥之[②]。"曾子泣涕曰："有异心乎哉！"伤其闻之晚也。

【注释】

①泔之：用米汁将剩下的鱼浸渍起来。泔，米汁。

②奥：腌藏。

【译文】

曾子吃鱼有剩余，说："把它用米汁浸渍起来吧。"学生说："用米汁浸渍起来容易伤害人，不如腌渍起来吧。"曾子流着泪说："我难道别有用心吗？"为听到得太晚而伤心。

【原文】

无用吾之所短遇人之所长，故塞而避所短，移而从所仕[1]。疏知而不法[2]，察辨而操辟，勇果而亡礼，君子之所憎恶也。

【注释】

①仕：疑为“任”字（俞樾说）。

②疏：通。

【译文】

不要用自己的短处对待别人的长处，所以要避开自己的短处，发挥自己的长处。智慧通达而不合法度，明察善辨而行为邪僻，勇敢果断而不合礼义，这是君子所憎恶的。

【原文】

多言而类，圣人也；少言而法，君子也；多言无法而流喆然[1]，虽辩，小人也。

【注释】

①喆：当为“湎”字（杨倞说）。

【译文】

说话多而合乎法度，是圣人；说话少而合乎法度，是君子；说话多而不合乎法度，却沉湎其中，即使善辩，也是小人。

【原文】

国法禁拾遗，恶民之串以无分得也[1]。有夫分义则容天下而治，无分义则一妻一妾而乱。

【注释】

①串：习惯。

【译文】

国家的法律禁止捡别人丢失的东西，这是憎恶人民习惯于不按等级名分取得财物。有了等级名分那么整个天下也能治理好，没有等级名分那么就是只有一妻一妾也会混乱。

【原文】

天下之人，唯各特意哉[①]，然而有所共予也。言味者予易牙[②]，言音者予师旷[③]，言治者予三王。三王既已定法度，制礼乐而传之，有不用而改自作，何以异于变易牙之和，更师旷之律？无三王之法，天下不待亡，国不待死。

【注释】

①唯：虽然，即使。

②易牙：春秋时齐国的著名厨师，掌管齐桓公的饮食。

③师旷：春秋时晋国著名的乐师。

【译文】

天下的人，虽然各人有各人的想法，然而也有共同肯定的东西。谈论味道的人肯定易牙，谈论音乐的人肯定师旷，谈论治国的人肯定三王。三王已经确定了法律制度，制定了礼乐并流传下来，如果不用而自己重搞一套，那和改变易牙的调味，更改师旷的音律有什么不同？没有三王的法度，天下不用多久就会灭亡，国家不用多久就会沦丧。

【原文】

饮而不食者，蝉也；不饮不食者，浮蝣也[①]。

【注释】

①浮蝣："蜉蝣"，一种寿命很短的昆虫。

【译文】

只喝水不吃东西的，是蝉；不喝水也不吃东西的，是蜉蝣。

【原文】

虞舜、孝己孝而亲不爱，比干、子胥忠而君不用，仲尼、颜渊知而穷于世。劫迫于暴国而无所辟之，则崇其善，扬其美，言其所长而不称其所短也。

【译文】

虞舜、孝己孝顺而父母不疼爱，比干、子胥忠诚而君主不任用，孔子、颜渊智明而被世道所困。被迫生活在残暴的国家而没有办法避开，那么就推崇善良，宣扬其美德，只谈他们的长处而不谈他们的短处。

【原文】

惟惟而亡者，诽也；博而穷者，訾也；清之而俞浊者，口也。

【译文】

恭卑而顺从却身亡的，是因为诽谤；见多识广却穷困的，是因为污蔑；想清白却更加污浊的，是因为口舌。

【原文】

君子能为可贵，不能使人必贵己；能为可用，不能使人必用己。

【译文】

君子能够做到使自己可贵，不能使人一定尊贵自己；能够做到使自己成为可用人才，不能使人一定任用自己。

【原文】

诰誓不及五帝，盟诅不及三王[①]，交质子不及五伯。

【注释】

①诅：誓约。

【译文】

向天下发布的诰令及誓言追溯不到五帝，盟约追溯不到三王，交换儿子作为人质追溯不到五霸。

宥坐第二十八

【题解】

本篇取第一节中的“宥坐”为名，意在以“宥坐之器”给人以警示，提醒人们要以道守身。全篇内容比较杂乱，但都是借孔子的言行、事迹来寄托荀子的理想。

【原文】

孔子观于鲁桓公之庙，有欹器焉[①]。孔子问于守庙者曰：“此为何器？”守庙者曰：“此盖为宥坐之器。”[②]孔子曰：“吾闻宥坐之器者，虚则欹，中而正，满则覆。”孔子顾谓弟子曰：“注水焉。”弟子挹水而注之，中则正，满则覆，虚则欹，孔子喟然而叹曰：“吁！恶有满而不覆者哉！”子路曰：“敢问持满有道乎？”孔子曰：“聪明圣知，守之以愚；功被天下，守之以让；勇力抚世，守之以怯；富有四海，守之以谦。此所谓挹而损之之道也[③]。”

【注释】

①欹器：一种倾斜易覆的器皿。

②宥坐：宥通“右”，放在座位右边。

③挹：通“抑”。

【译文】

孔子在鲁桓公的庙里参观，看到一个倾斜的容器。孔子问看守庙的人说：“这是什么容器？”守庙的人说：“这是放在君主座位右边的一种容器。”孔子说：“我听说放在右边的一种容器，空着的时候是倾斜的，灌入一半水就会端正，灌满水就会倾倒。”孔子回头对弟子说：“把它灌上水。”弟子舀水灌进去，灌入一半的时候就端正了，灌满水后就翻倒把水倒空了，将水倒空就又倾斜了。

孔子喟然长叹说：“哎！哪里有满了还不倾倒的呢？”子路说：“请问老师有保持满而不倒的方法吗？”孔子说：“聪明睿智，用愚钝来持守它；功盖天下，用谦让来持守它；勇敢盖世，用怯懦来持守它；富有天下，用谦逊来持守它。这就是谦让抑制，再谦让抑制的方法。”

【原文】

孔子为鲁摄相①，朝七日而诛少正卯②。门人进问曰：“夫少正卯，鲁之闻人也，夫子为政而始诛之，得无失乎？”孔子曰：“居！吾语女其故。人有恶者五，而盗窃不与焉：一曰心达而险，二曰行辟而坚③，三曰言伪而辩，四曰计丑而博，五曰顺非而泽。此五者有一于人，则不得免于君子之诛，而少正卯兼有之。故居处足以聚徒成群，言谈足以饰邪营众，强足以反是独立，此小人之桀雄也④，不可不诛也。是以汤诛尹谐⑤，文王诛潘止⑥，周公诛管叔，太公诛华仕⑦，管仲诛付里乙⑧，子产诛邓析、史付⑨。此七子者，皆异世同心，不可不诛也。《诗》曰：‘忧心悄悄，愠于群小。’⑩小人成群，斯足忧矣。”

【注释】

①摄：辅助，帮助。

②少正卯：春秋时鲁国大夫，与孔子同时在鲁国讲学时，孔子的学生大都去听讲。

③辟：偏僻，邪僻。

④桀雄：犹言“枭雄”。

⑤尹谐：人名。不详。

⑥潘止：人名。不详。

⑦华仕：西周初年齐国隐士。

⑧付里乙：人名。不详。

⑨邓析：春秋时郑国人，刑名学家。史付：人名。不详。

⑩“《诗》曰”句：见《诗经·邶风·柏舟》。

【译文】

孔子代理鲁国宰相，执政七天就杀了大夫少正卯。学生上前问道：“少正卯，乃是鲁国的名人啊，您刚刚当政就诛杀了他，不会有什么过失吗？”孔子说：“坐下！我告诉你们原因。人有五种恶行，而偷盗不算在内：一是内心通达却行为邪恶；二是行为怪僻却坚定不移；三是说话虚伪却能言善辩；四是善于记诵怪异之事而又非常广博；五是顺从错误的行为而推波助澜。这五种罪恶，人有其中一种，就不免被君子诛杀，而少正卯五毒俱全。所以，他居住的地方足够聚众成群，他的妖言足以惑众、粉饰罪恶，他的力量足够独树一帜、反对正道，这是小人中的枭雄，罪不容赦。商汤之所以诛杀尹谐，文王之所以诛杀潘止，周公之所以诛杀管叔，姜太公之所以诛杀华仕，管仲之所以诛杀付里乙，子产之所以诛杀邓析、史付，因为这七个人，都是与时代相违背，都有害人的思想，不能不诛杀。《诗经》中说：‘忧心忡忡啊，被群小所怨恨。’小人得势成群，就足以令人担忧了。”

【原文】

孔子为鲁司寇，有父子讼者，孔子拘之，三月不别[①]。其父请止，孔子舍之[②]。季孙闻之不说[③]，曰：“是老也欺予，语予曰：‘为国家必以孝。’今杀一人以戮不孝[④]，又舍之。”冉子以告[⑤]。孔子慨然叹曰：“呜呼！上失之，下杀之，其可乎？不教其民而听其狱，杀不辜也。三军大败，不可斩也；狱犴不治[⑥]，不可刑也，罪不在民故也。嫚令谨诛[⑦]，贼也；今生也有时，敛也无时，暴也；不教而责成功，虐也。已此三者，然后刑可即也。《书》曰：‘义刑义杀，勿庸以即，予维曰未有顺事。’[⑧]言先教也。

【注释】

①别：判决。

②舍：赦免。

③季孙：指季桓子，当时鲁国执政的贵族。

④戮：羞辱。

⑤冉子：指冉求，孔子的学生。

⑥犴：乡间牢狱。

⑦嫚：通“慢”，松弛，懈怠。

⑧“《书》曰”句：见《尚书·康诰》。

【译文】

孔子做鲁国司寇，主管司法，有父子二人打官司，孔子拘留了儿子，三个月还没有判决，父亲请求撤讼，孔子释放了儿子。季孙听说后不高兴，说：“这个老头儿欺骗了我们，他告诉我们说：‘治理国家一定要遵从孝道。现在杀一个不孝的人，可以警告天下不孝的人，可他又把他放了。’冉有把他的话告诉了孔子。孔子深有感慨地说：“哎！君主丧失了孝道，却要杀死不孝的百姓，这可以吗？不教育自己的百姓，却判决他们，这是在滥杀无辜啊。三军打了败仗，不能全部把士兵杀掉；法律不恰当，就不能滥用刑法，是因为罪过不在人民。法令松弛而刑罚严酷，这是残害；现在人的生命有限度，而征收赋税却没有限度，这是残暴；不进行教育却要求成功，这是虐待。停止这种行为，然后刑罚才能施行。《尚书》中说：‘根据道义来行刑，根据道义来诛杀，也不要立即执行，我是说没有把事情处理好。’说的就是要先进行教育感化。

【原文】

“故先王既陈之以道，上先服之；若不可，尚贤以綦之[①]；若不可，废不能以单之[②]；綦三年而百姓从往矣。邪民不从，然后俟之以刑，则民知罪矣。《诗》曰：‘尹氏大师，维周之氐。秉国之均，四方是维。天子是庳[③]，卑民不迷[④]。’是以威厉而不试，刑错而不用[⑤]，此之谓也。

【注释】

①綦：教导。

②单：畏惧，害怕。

③庳：通“毗”，辅佐。

④卑：通“俾”，使。

⑤错：通“措”。

【译文】

“所以，古代圣王已经讲述了治国之道，君主要首先带头遵守执行；如果做不到，推荐贤能的人来劝导君主；若是还不行，就罢免了没有才能的人来警诫君主；三年之后百姓就会顺从教化了。奸邪之人若是不顺从，就用刑罚教训他们，那么他们就知道罪过了。《诗经》上说：‘尹太师是周朝的中流砥柱，掌握了国家的政权，四方靠他来维系，天子依靠他，使人民不迷失方向。’所以，刑罚的威力虽然严厉却不用它，刑罚虽好也可以搁置一边，说的就是这个道理。

【原文】

“今之世则不然：乱其教，繁其刑，其民迷惑而堕焉，则从而制之，是以刑弥繁而邪不胜。三尺之岸而虚车不能登也[①]，百仞之山任负车登焉，何则？陵迟故也。数仞之墙而民不逾也，百仞之山而竖子冯而游焉[②]，陵迟故也。今夫世之陵迟亦久矣[③]，而能使民勿逾乎？《诗》曰：‘周道如砥，其直如矢。君子所履，小人所视。眷焉顾之，潸焉出涕。’[④]岂不哀哉！”

【注释】

①岸：崖。

②冯：登。

③陵迟：坡度斜缓。

④“《诗》曰”句：见《诗经·小雅·大东》。

【译文】

“现在的社会却不是这样：教化混乱，刑罚繁多，人民迷惑而堕落，就用刑罚来杀戮，这样一来，刑罚越来越繁重而奸邪的事情却越来越多。三尺高的陡坡，空车也不能推上去；百丈高的山崖，载重的车子却能够推上去，这是为什么？这是因为高山是一个从高到低的缓坡。几丈高的墙头，百姓不能越过，百丈高的山峰，小孩子也可以爬上去游玩，这也是由于山峰是一个由高到低的过程。现在世上的政令教化松弛，就像缓坡逐渐下滑一样，人民能够不犯法吗？《诗经》中说：‘大道平如磨刀石，直得像飞箭；君子在上面走，百姓在注视着他。留恋着回头看啊，眼泪禁不住往下流。’难道不是悲哀吗？”

【原文】

《诗》曰：“瞻彼日月，悠悠我思。道之云远，曷云能来。”①子曰：“伊稽首②，不其有来乎？”

【注释】

①“《诗》曰”句：见《诗经·邶风·雄雉》。

②伊：语气词。稽首：古时的一种礼节，跪下，拱手至地，头也至地。首，当作“道”（俞樾说）。

【译文】

《诗经》中说：“远远望着那日月，我的思念之情绵绵不绝。道路是那样的遥远，他何时才能够到来。”孔子说：“如果人们归向你，即使道路遥远，他能不来吗？”

【原文】

孔子观于东流之水。子贡问于孔子曰：“君子之所以见大水必观焉者是何？”孔子曰：“夫水，大遍与诸生而无为也①，似德。其流也埤下②，裾拘必循其理③，似义。其洸洸乎不淈尽④，似道。若有决行之，其应佚

若声响⑤，其赴百仞之谷不惧，似勇。主量必平⑥，似法。盈不求概⑦，似正。淖约微达⑧，似察。以出以入，以就鲜絜⑨，似善化。其万折也必东，似志。是故君子见大水必观焉。”

【注释】

①大：当为衍文（王念孙说）。

②埤：低，下。

③裾拘：同“倨勾”，曲折。裾，通“据”，依据。拘，束缚，限制。

④洸洸：通“滉滉”，汹涌澎湃的样子，形容水势很大。淈尽：竭尽。淈，混浊，混乱。

⑤佚：奔跑。

⑥主：通“注”，注入。

⑦概：古时量谷物时刮平斗斛的木板。

⑧淖约：柔弱。淖，通“绰”。

⑨絜：通“洁”。

【译文】

孔子聚精会神地观看向东流去的水。子贡问孔子说：“君子看见大水一定要观看，这是为什么呢？”孔子说：“水，孕育万物而无所作为，像德；它总是向低处流，千回百转曲曲折折却始终遵循其规律，像义；它浩浩荡荡而永不停息，像道；如果掘开堤岸使它畅行无阻时，就汹涌澎湃，一泻千里，奔赴万丈深渊而无所畏惧，像勇；它注入低洼处必定很平，像法；它将器物注满，自然很平，像公正；它柔弱细小而无所不至，像明察；万物经过水的洗礼，就会变得新鲜洁净，像教化；它千回百转却始终向东流，像志。所以，君子见水一定要仔细观看。”

【原文】

孔子曰：“吾有耻也，吾有鄙也①，吾有殆也②。幼不能强学③，老无以教之，吾耻之。去其故乡，事君而达，卒遇故人④，曾无旧言，吾

鄙之。与小人处者，吾殆之也。”

【注释】

①鄙：轻视。

②殆：危险。

③强：勉力。

④卒：同“猝”，突然，仓促。

【译文】

孔子说：“我认为有些事情是耻辱的，有些事情是卑鄙的，有些事情是危险的。幼年时不努力学习，年老了没有什么东西可以传授给别人，我认为这是耻辱。离开了故乡，侍奉君主而显达了，忽然遇到老朋友，竟然没有怀旧之言，我鄙视这种人。和小人相处，我认为是危险的。”

【原文】

孔子曰：“如垤而进[①]**，吾与之；如丘而止，吾已矣。”今学曾未如肬赘**[②]**，则具然欲为人师。**

【注释】

①垤：蚂蚁做窝时堆在穴口的小土堆，也叫蚁封、蚁冢，这里泛指小土堆。

②肬赘：指人体上的瘤子，比喻无用的东西。

【译文】

孔子说：“学习和成就像小土堆一样，积少成多，我赞赏这样的人；学习和成就像小丘陵一样，故步自封，我反对这样的人。”现在学习的人并没有成就，有些人学到的东西还不如个累赘的肉瘤，就自我满足地想做别人的老师。

【原文】

孔子南适楚，厄于陈、蔡之间，七日不火食，藜羹不糂①，弟子皆有饥色。子路进问之曰："由闻之：为善者天报之以福，为不善者天报之以祸。今夫子累德、积义、怀美，行之日久矣，奚居之隐也②？"

孔子曰："由不识，吾语女。女以知者为必用邪？王子比干不见剖心乎！女以忠者为必用邪？关龙逢不见刑乎！女以谏者为必用邪？吴子胥不磔姑苏东门外乎③！夫遇不遇者，时也；贤不肖者，材也；君子博学深谋不遇时者多矣。由是观之，不遇世者众矣，何独丘也哉！且夫芷兰生于深林，非以无人而不芳。君子之学，非为通也；为穷而不困，忧而意不衰也，知祸福终始而心不惑也。夫贤不肖者，材也；为不为者，人也；遇不遇者，时也；死生者，命也。今有其人不遇其时，虽贤，其能行乎？苟遇其时，何难之有？故君子博学、深谋、修身、端行以俟其时。"

孔子曰"由！居！吾语女。昔晋公子重耳霸心生于曹④，越王勾践霸心生于会稽⑤，齐桓公小白霸心生于莒⑥。故居不隐者思不远，身不佚者志不广⑦。女庸安知吾不得之桑落之下！"

【注释】

①藜：一种野菜。糂：同"糁"，以米和羹。

②隐：穷困。

③磔：弃市，古时的一种酷刑。

④重耳：晋文公，他在外流亡时，途经曹国，曹国国君对他无礼，激起了他的霸心，从此发愤图强，终于成就霸业。

⑤会稽：指会稽山，在今浙江绍兴。越王勾践曾被吴王夫差困于会稽山，与吴王求和成功，后卧薪尝胆二十年，灭掉了吴国，终于成就了霸业。

⑥莒：周代诸侯国名，在今山东莒县一带。桓公即位前曾逃到莒，遭到了无礼的待遇。

⑦佚：奔逃。

【译文】

孔子往南到楚国去，被围困在陈国和蔡国之间，七天没有吃过熟食，野菜汤中连米粒都没有，弟子们脸上都带有饥色。子路上前问孔子："我听说：行善的人上天会赐福与他；作恶的人，上天会降祸与他。现在先生积累德行、奉行道义、心怀美德，这样做已经很久了，为什么处境还如此穷困呢？"

孔子说："仲由你不知道，我告诉你。你以为有智慧的人一定受到重用吗？没有听说王子比干不是被剖腹挖心了吗！你以为忠心的人一定受到重用吗？关龙逢不是被杀戮了吗！你以为劝谏的人一定会受到重用吗？伍子胥不是在姑苏城东门外身首异处了吗！遇到还是遇不到贤明的君主，要靠机遇；贤能还是不贤能，在于个人的资质；君子中博学、远虑的人碰不到机遇的多得很。由此看来，遇不到好世道的人多得很，哪里只有孔丘我一人呢！况且芷兰生在深林中，并不因为没有人欣赏就不芳香。君子学习，并不是为了通达显贵；而是身处贫穷时不感到困窘，内心忧患时而意志不衰，知道祸福生死的道理而心中不迷惑。贤能还是不贤能，这是才能的问题；做还是不做，这是个人的问题；遇到还是遇不到贤明的君主，这是机遇的问题；生还是死，这是命运的问题。现在人生不逢时，即使贤能，能有所作为吗？如果遇到好时机，又有什么困难？所以君子广泛地学习、深谋远虑、修养身心、端正行为来等待时机。"

孔子说："子路，坐下！我告诉你。从前晋国公子重耳称霸之心产生在被困的曹国，越王勾践称霸之心产生在被困的会稽山，齐桓公小白称霸之心产生在被冷落的莒国。所以处境不穷困的人考虑得不远，没有逃亡过的人志向不广大。你哪里知道我今日的穷困，不包含着将来得志的可能呢！"

【原文】

子贡观于鲁庙之北堂，出而问于孔子曰："乡者赐观于太庙之北堂，吾亦未辍，还复瞻被九盖皆继[①]，被有说邪？匠过绝邪？"孔子曰："太庙之堂，亦尝有说。官致良工，因丽节文，非无良材也，盖曰贵文也。"

【注释】

①被：当为"彼"（杨倞说）。下同。九：当为"北"（同上）。

【译文】

子贡参观鲁国宗庙的北堂，出来问孔子说："刚才我参观鲁国宗庙的北堂，我也没停步，可转回来又看那九扇门，都是拼接起来的，那有什么讲究吗？是工匠不小心弄断了吗？”孔子说：“太庙的北堂，应当是有讲究的。官吏把好的工匠都招来，根据木材进行文饰加以装饰成为花纹，并不是没有好的木材，大概是看重上面的花纹吧。”

子道第二十九

【题解】

本篇主要阐述荀子对孝、礼和君子的看法，意在说明奉行“孝”和“礼”也要有所变通，视具体情况而定；君子一定要自知自爱，以自己的追求为终生之乐。

【原文】

入孝出弟[①]，人之小行也；上顺下笃，人之中行也；从道不从君，从义不从父，人之大行也。若夫志以礼安，言以类使[②]，则儒道毕矣。虽舜，不能加毫末于是矣。孝子所以不从命有三：从命则亲危，不从命则亲安，孝子不从命乃衷[③]；从命则亲辱，不从命则亲荣，孝子不从命乃义；从命则禽兽，不从命则修饰[④]，孝子不从命乃敬。故可以从而不从，是不子也；未可以从而从，是不衷也。明于从不从之义，而能致恭敬、忠信、端悫以慎行之，则可谓大孝矣。传曰：“从道不从君，从义不从父。”此之谓也。故劳苦雕萃而能无失其敬[⑤]，灾祸患难而能无失其义，则不幸不顺见恶而能无失其爱，非仁人莫能行。《诗》曰：“孝子不匮。”[⑥]此之谓也。

【注释】

①弟：同“悌”。

②类：法度。

③衷：忠诚。

④饰：通“饬”。

⑤雕萃：通“凋悴”，憔悴。

⑥“《诗》曰”句：见《诗经·大雅·既醉》。

【译文】

在家孝顺父母、出门尊敬兄长，这是较小的德行；对上顺从、对下忠厚，这是中等的德行；顺从大道而不顺从君主，顺从道义而不顺从父亲，这是最大的德行。至于志向安于礼义，言语合乎法度，那么儒家的大道就具备了。即使舜，也不能丝毫有所增益了。孝子不听从命令有三种原因：听从命令那么父母就危险，不听从命令那么父母就安全，孝子不听从命令就是忠诚；听从命令父母就会受到耻辱，不听从命令父母就会光荣，孝子不听从命令就是奉行道义；听从命令就是禽兽，不听从命令就是行为端正，孝子不听从命令就是恭敬。所以可以听从而不听从，就是不孝之子；不可以听从而听从，是不忠诚。明白了听从和不听从的道理，而能够非常恭敬、忠诚守信、端正忠厚地来小心实行它，这就可以称为最大的孝顺了。古书上说：“顺从大道而不顺从君主，顺从道义而不顺从父亲。”说的就是这个道理。所以，劳苦憔悴而能够不丧失对父母的恭敬，遇到灾祸患难也能够不失去对父母的道义，那么即使不幸因不顺从父母被憎恶也能够不失去对他们的爱，不是仁人就不能做到这一点。《诗经》中说：“孝子的孝心没有穷尽。”说的就是这个意思。

【原文】

鲁哀公问于孔子曰：“子从父命，孝乎？臣从君命，贞乎？”三问，孔子不对。孔子趋出，以语子贡曰：“乡者君问丘也，曰：‘子从父命，孝乎？臣从君命，贞乎？’三问而丘不对，赐以为何如？”

子贡曰：“子从父命，孝矣；臣从君命，贞矣。夫子有奚对焉[①]？”孔子曰：“小人哉！赐不识也。昔万乘之国有争臣四人[②]，则封疆不削；千乘之国有争臣三人，则社稷不危；百乘之家有争臣二人，则宗庙不毁。父有争子，不行无礼；士有争友，不为不义。故子从父，奚子孝？臣从君，奚臣贞？审其所以从之之谓孝、之谓贞也。”

【注释】

①有：通“又”。

②争：通“诤”。

【译文】

鲁哀公问于孔子说：“儿子听从父亲的命令，是孝顺吗？臣子服从君主的命令，是忠贞吗？”问了三遍，孔子不回答。孔子快步出来，把这件事告诉子贡说：“刚才国君问我说：‘儿子听从父亲的命令，是孝顺吗？臣子服从君主的命令，是忠贞吗？’问了三遍而我没有回答，你是怎样理解的？”

子贡说：“儿子听从父亲的命令，是孝顺；臣子服从君主的命令，是忠贞。先生又有什么不可回答的呢？”孔子说：“你是个见识浅陋的人呀！子贡你不懂。从前拥有万辆战车的国家有四个谏诤之臣，那么疆域就不会削减；拥有千辆战车的国家有三个谏诤之臣，那么社稷就不会有危险；拥有百辆战车的国家有两个谏诤之臣，那么宗庙就不会毁灭。父亲有劝谏的儿子，就不会做不合礼的事；士有劝谏的朋友，就不会做不合道义的事。所以儿子完全听从父亲，怎么能说儿子孝顺呢？臣子无条件服从君主，怎么能说臣子忠贞呢？要弄清所以服从的原因才能叫作孝顺，叫作忠贞。”

【原文】

子路问于孔子曰：“有人于此，夙兴夜寐，耕耘树艺，手足胼胝①，以养其亲，然而无孝之名，何也？”孔子曰：“意者身不敬与？辞不逊与？色不顺与？古之人有言曰：‘衣与，缪与②，不女聊。’今夙兴夜寐，耕耘树艺，手足胼胝，以养其亲，无此三者，则何以为而无孝之名也？”孔子曰：“由志之，吾语女。虽有国士之力，不能自举其身，非无力也，势不可也。故入而行不修，身之罪也；出而名不章③，友之过也。故君子入则笃行，出则友贤，何为而无孝之名也？”

【注释】

①胼胝：手脚上磨出的老茧。

②缪：绸缪，准备。与：语气词，同“欤”。

③章：显著，明显。

【译文】

子路问孔子说：“有这样的人，早起晚睡，耕耘栽种，手脚上都磨出了老茧，来赡养他的双亲，然而却没有得到孝顺的名声，这是为什么呢？”孔子说：“大概是态度不恭敬吧？言语不谦逊吧？脸色不温顺吧？古代有人说：‘给我穿衣服，给我准备一切，对我不恭敬就不依赖你。’现在他早起晚睡，耕耘栽种，手脚上都磨出了老茧来赡养他的双亲，没有这三种行为那为什么会没有孝顺的名声呢？”孔子继续说：“仲由你记住，我告诉你。即使有国家大力士的力气，也不能自己举起自己的身体，这并不是他没有力气，而是客观形势不允许。所以回到家中而行为不端正，是自己的罪过；在外而名声不显扬，是朋友的罪过。所以君子在家就行为敦厚，出门在外就结交贤人，怎么会没有孝顺的名声呢？”

【原文】

子路问于孔子曰：“鲁大夫练而床[①]，礼邪？”孔子曰：“吾不知也。”子路出，谓子贡曰：“吾以夫子为无所不知，夫子徒有所不知[②]。”子贡曰：“女何问哉？”子路曰：“由问：‘鲁大夫练而床，礼邪？’夫子曰：‘吾不知也。’子贡曰：‘吾将为女问之。’子贡问曰：‘练而床，礼邪？’”孔子曰：“非礼也。”子贡出，谓子路曰：“女谓夫子为有所不知乎？夫子徒无所不知。女问非也。礼，居是邑，不非其大夫。”

【注释】

①练：白色的熟绢。古代父母死后一周年进行祭祀，身上要戴练，不能睡床。

②徒：乃。

【译文】

子路问孔子：“鲁国大夫祭祀父母身戴白绢睡在床上，合乎礼吗？”孔子说：“我不知道。”子路出来，对子贡说：“我以为先生没有什么不知道的，先生竟然也有不知道的。”子贡说：“你问的是什么？”子路说：“我问：‘鲁国大夫祭祀父母时身戴白绢睡在床上，合乎礼吗？’先生回答说：‘我不知道。’”子贡说：“我去替你问问。”子贡问孔子说：“祭祀父母身戴白绢睡在床上，合乎礼吗？”孔子说：“不合乎礼。”子贡出来，对子路说：“你说先生有不知道的事？先生是没有什么不知道的。是你问得不对。依礼的规定，居住在这个城邑，不非议此城的大夫。”

【原文】

子路盛服见孔子，孔子曰：“由，是裾裾何也[1]？昔者江出于岷山[2]，其始出也，其源可以滥觞[3]，及其至江之津也，不放舟、不避风则不可涉也[4]。非维下流水多邪？今女衣服既盛，颜色充盈，天下且孰肯谏女矣？由！”子路趋而出，改服而入，盖犹若也[5]。孔子曰：“志之，吾语女。奋于言者华[6]，奋于行者伐，色知而有能者，小人也。故君子知之曰知之，不知曰不知，言之要也；能之曰能之，不能曰不能，行之至也。言要则知，行至则仁。既知且仁，夫恶有不足矣哉！”

【注释】

①裾裾：形容衣服整齐的样子。

②岷山：在今四川省西北部。

③滥觞：水流极小，仅能浮起酒杯。觞，酒器。

④放舟：同“方舟”，两船并在一起。

⑤犹若：舒适和顺的样子。

⑥华：通“哗”，浮夸。

【译文】

子路身着盛服来见孔子，孔子说：“仲由，你穿得如此整齐，有什么事吗？从前长江发源于岷山，开始流出时，它的水流小的只能浮起酒杯，等到了长江的渡口时，如果不把船并在一起、不避开大风就不能渡过去。这不是下流水大的缘故吗？现在你身着盛装，神气十足，天下人有谁还肯规劝你呢？仲由啊！”子路快步走出去，换了衣服又进来，显得舒适和顺。孔子说：“记住，我告诉你。

争着说话的人浮夸，争着行动的人炫耀，从脸上就能看出聪明而又有才能的人，是小人。所以，君子知道就说知道，不知道就说不知道，这是说话的要领；能做就说能做，不能做就说不能做，这是行为的最高准则。说话合乎要领就聪明，行为合乎准则就有仁德。既聪明又有仁德，又哪里还会有不足的地方呢！”

【原文】

子路入，子曰：“由，知者若何？仁者若何？”子路对曰：“知者使人知己，仁者使人爱己。”子曰：“可谓士矣。”子贡入，子曰：“赐，知者若何？仁者若何？”子贡对曰：“知者知人，仁者爱人。”子曰：“可谓士君子矣。”颜渊入，子曰：“回，知者若何？仁者若何？”颜渊对曰：“知者自知，仁者自爱。”子曰：“可谓明君子矣。”

【译文】

子路进来，孔子说：“仲由，什么是聪明的人？什么是仁德的人？”子路回答说：“聪明的人使人了解自己，仁德的人使人热爱自己。”孔子说：“你可以称作士了。”子贡进来，孔子说：“端木赐，什么是聪明的人？什么是仁德的人？”子贡回答说：“聪明的人了解别人，仁德的人热爱别人。”孔子说：“你可以称作士君子了。”颜渊进来，孔子说：“颜回，什么是聪明的人？什么仁德的人？”颜渊回答说：“聪明的人自己了解自己，仁德的人自己热爱自己。”孔子说：“你可以称作明君子了。”

【原文】

子路问于孔子曰：“君子亦有忧乎？”孔子曰：“君子，其未得也，则乐其意；既已得之，又乐其治。是以有终生之乐，无一日之忧。小人者，其未得也，则忧不得；既已得之，又恐失之。是以有终身之忧，无一日之乐也。”

【译文】

子路问孔子说：“君子也有忧虑吗？”孔子说：“君子，在还没有得到职位时，就为自己的志向而快乐；已经得到职位，又为自己的事业而快乐。所以终生都快乐，没有一天忧虑。小人，在没有得到职位时，就为得不到职位而忧虑；已经得到职位，又害怕失去。所以一生都忧虑着，而没有一天的快乐。”

法行第三十

【题解】

本篇以《法行》为题，意在阐述君子要遵守的行为准则，强调君子要端正行为，加强自身修养，时刻自我警诫。

【原文】

公输不能加于绳[①]，圣人莫能加于礼。礼者，众人法而不知，圣人法而知之。

【注释】

①公输：公输般，春秋时期鲁国著名的木匠，又名“鲁班”。绳：墨线。“绳”字下疑脱一“墨”字（顾千里说）。

【译文】

公输般对于绳墨不能有所增益，圣人对于礼不能有所增益。礼，众人效法它而不知道它的意义，圣人效法它而知道它的意义。

【原文】

曾子曰：“无内人之疏而外人之亲，无身不善而怨人，无刑已至而呼天。内人之疏而外人之亲，不亦远乎[①]！身不善而怨人，不亦反乎！刑已至而呼天，不亦晚乎！《诗》曰：‘涓涓源水，不雝不塞。毂已破碎，乃大其辐。事已败矣，乃重大息。’[②]其云益乎！”

【注释】

①远：当与下文的“反”字互换（王念孙说）。

②“《诗》曰”句：不见于今本《诗经》，当为逸诗。雝，通“壅”，堵塞。毂，车轮中心的圆木。

【译文】

曾子说：“不要疏远亲人而亲近外人，不要自己做得不好而埋怨别人，不要等已经面临刑罚了才呼喊上天。疏远亲人而亲近外人，不是违反情理吗？自己做得不好而埋怨别人，不是离事实太远了吗？刑法已经降临了才呼喊上天，不是很晚了吗？《诗经》中说：‘细细的流水，不加堵塞就不断绝。车毂已经破碎，才增大那车辐。事情已经失败了，才深深长叹。’这有什么益处呢？”

【原文】

曾子病，曾元持足[①]，曾子曰：“元志之！吾语汝。夫鱼鳖鼋鼍犹以渊为浅而堀其中[②]，鹰鸢犹以山为卑而增巢其上[③]，及其得也，必以饵。故君子苟能无以利害义，则耻辱亦无由至矣。”

【注释】

①曾元：曾子的儿子。

②鼋：大鳖。鼍：鳄鱼的一种。堀：通“窟”。下当脱一“穴”字（俞樾说）。

③增巢：聚集柴木做成巢。

【译文】

曾子病重，他的儿子曾元抱着他的脚，曾子说：“曾元，你记住！我告诉你，鱼鳖鼋鼍还认为深渊太浅而在下面挖洞穴，鹰鸢还认为山太低而在上面筑巢窝，它们被人捉住，一定是诱饵的缘故。所以，君子如果能够做到不以利益损害道义，那么耻辱也就不会到来了。”

【原文】

子贡问于孔子曰："君子之所以贵玉而贱珉者[①]，何也？为夫玉之少而珉之多邪？"孔子曰："恶！赐，是何言也！夫君子岂多而贱之，少而贵之哉！夫玉者，君子比德焉。温润而泽，仁也；栗而理，知也；坚刚而不屈，义也；廉而不刿[②]，行也；折而不桡[③]，勇也；瑕适并见，情也；扣之，其声清扬而远闻，其止辍然[④]，辞也。故虽有珉之雕雕[⑤]，不若玉之章章。《诗》曰：'言念君子，温其如玉。'[⑥]此之谓也。"

【注释】

①珉：似玉的石。

②廉：棱角。刿：划伤。

③桡：屈从，屈服。

④辍然：突然停止的样子。

⑤雕雕：文采显著的样子。下"章章"同。

⑥"《诗》曰"句：见《诗经·秦风·小戎》。

【译文】

子贡问孔子说："君子之所以看重宝玉而轻视珉石，是为什么？是宝玉很少而珉石很多的缘故吗？"孔子说："哎！端木赐，你这是什么话！君子难道因为多就轻视它，少就珍视它吗？那宝玉，君子把它比作美德。温和滋润而有光泽，像仁；坚硬而有文理，像智；刚强而不屈，像义；有棱角而不伤人，像行；折断也不弯曲，像勇；瑕疵都表现在外面，像真性情；敲敲它，声音清扬悠远，停下来就戛然而止，像言辞。所以珉石，即使有文彩，也比不上宝玉的明亮。《诗经》中说：'思念君子，温和地像宝玉。'说的就是这个意思。"

【原文】

曾子曰："同游而不见爱者，吾必不仁也；交而不见敬者，吾必不长也；临财而不见信者，吾必不信也。三者在身，曷怨人？怨人者穷，怨天者无识。失之己而反诸人，岂不亦迂哉！"

【译文】

曾子说："共同游玩而不被别人喜爱，一定是自己不仁爱；与人交往而不被尊敬，一定是自己不尊敬别人；接近财物而不被信任，一定是自己不讲信用。这三个原因都在自己身上，怎么还能埋怨别人？埋怨别人的人就会穷困，埋怨上天的人是没有见识。自己失误反而责备别人，难道不是太迂腐了吗？"

【原文】

南郭惠子问于子贡曰[①]："夫子之门，何其杂也？"子贡曰："君子正身以俟，欲来者不距[②]，欲去者不止。且夫良医之门多病人，檃栝之侧多枉木，是以杂也。"

【注释】

①南郭惠子：其人不祥。

②距：通"拒"。

【译文】

南郭惠子问子贡说："孔子的学生，为什么那么混杂呢？"子贡说："君子端正自身来对待别人，想来的人不拒绝，想走的人不阻止。正如良医的门前病人多，矫木工具旁弯曲的木头多，所以混杂。"

【原文】

孔子曰："君子有三恕[①]：有君不能事，有臣而求其使，非恕也；有亲不能报，有子而求其孝，非恕也；有兄不能敬，有弟而求其听令，非恕也。士明于此三恕，则可以端身矣。"

【注释】

①恕：推己及人之心。

【译文】

孔子说："君子有三种恕道：有君主不能侍奉，有臣子却要役使他们，这不是恕道；有父母不能奉养，有儿子却想要他孝顺，这不是恕道；有兄长不能尊敬，有弟弟却要他听从命令，这不是恕道。士人明白这三种恕道，就可以端正身心了。"

【原文】

孔子曰："君子有三思，而不可不思也。少而不学，长无能也；老而不教，死无思也；有而不施，穷无与也。是故君子少思长则学，老思死则教，有思穷则施也。"

【译文】

孔子说："君子有三种需要思考的事，不能不思考。年少不学习，长大了就没有才能；年老时不教育人，死后就没人思念；富足时不施舍，穷困了就没人帮助。所以君子年少时思考年老的事就会学习，老了思考死后的事就会教育人，富足了思考穷困的事就会施舍人。"

哀公第三十一

【题解】

本篇通过鲁哀公与孔子、鲁定公与颜渊的对话，强调君主要善于选贤任能和爱护人民。

【原文】

鲁哀公问于孔子曰："吾欲论吾国之士①，与之治国，敢问何如取之邪？"孔子对曰："生今之世，志古之道，居今之俗，服古之服，舍此而为非者②，不亦鲜乎！"哀公曰："然则夫章甫、絇屦、绅而搢笏者③，此贤乎？"孔子对曰："不必然。夫端衣、玄裳、絻而乘路者④，志不在于食荤；斩衰、菅屦、杖而啜粥者⑤，志不在于酒肉。生今之世，志古之道，居今之俗，服古之服，舍此而为非者，虽有，不亦鲜乎！"哀公曰："善！"

【注释】

①论：选择。

②舍：处。

③章甫：商代的一种帽子。絇屦：带有絇饰的鞋。絇，古代鞋头上的装饰，用于穿系鞋带。"绅"下当脱一"带"（王念孙说）。搢：插。

④端衣：祭祀时穿的礼服。玄裳：祭祀时穿的黑色的裙。路：大车。

⑤斩衰：古代最重的一种丧服，用粗布制成，不缉边，裁割而成，所以叫斩衰。菅屦：草鞋。啜：吃。

【译文】

鲁哀公问孔子说："我想选择我国有才能的人，同他们一起治理国家，请问怎样选取他们？"孔子回答说："生在当今社会，记得古代治国大道，处在当今习俗中，穿着古时服装，能够做到这些而做坏事的人，不是很少吗？"哀公说："既然这样，戴着古代的礼帽、穿着古代绚饰的鞋子、束着腰带而且腰上插着上朝时的笏板，这样的人贤能吗？"孔子回答说："不一定。穿着祭祀礼服、黑色的礼裙、戴着礼帽而乘坐大车的人，他们心里想的不是吃荤；身穿丧服、脚穿草鞋、拄着孝棍而且喝着稀粥的人，他们心里想的不是酒肉。生在当今社会，记得古时的治国大道，处在当今习俗中，穿着古时的服装，能够做到这些而做坏事的人，即使有，不是很少吗？"哀公说："好！"

【原文】

孔子曰："人有五仪①：有庸人，有士，有君子，有贤人，有大圣。"哀公曰："敢问何如斯可谓庸人矣？"孔子对曰："所谓庸人者，口不能道善言，心不知色色②；不知选贤人善士托其身焉以为己忧，勤行不知所务③，止交不知所定④；日选择于物，不知所贵；从物如流，不知所归；五凿为正⑤，心从而坏。如此，则可谓庸人矣。"

哀公曰："善！敢问何如斯可谓士矣？"孔子对曰："所谓士者，虽不能尽道术，必有率也；虽不能遍美善，必有处也。是故知不务多，务审其所知；言不务多，务审其所谓；行不务多，务审其所由。故知既已知之矣，言既已谓之矣，行既已由之矣，则若性命肌肤之不可易也。故富贵不足以益也，卑贱不足以损也。如此，则可谓士矣。"

哀公曰："善！敢问何如斯可谓之君子矣？"孔子对曰："所谓君子者，言忠信而心不德，仁义在身而色不伐，思虑明通而辞不争，故犹然如将可及者，君子也。"哀公曰："善！敢问何如斯可谓贤人矣？"孔子对曰："所谓贤人者，行中规绳而不伤于本，言足法于天下而不伤于身，富有天下而无怨财⑥，布施天下而不病贫。如此，则可谓贤人矣。"

哀公曰："善！敢问何如斯可谓大圣矣？"孔子对曰："所谓大圣者，知通乎大道，应变而不穷，辨乎万物之情性者也。大道者，所以变化遂

成万物也；情性者，所以理然不、取舍也⑦。是故其事大辨乎天地⑧，明察乎日月，总要万物于风雨，缪缪肫肫⑨。其事不可循⑩，若天之嗣⑪；其事不可识，百姓浅然不识其邻⑫。若此，则可谓大圣矣。”哀公曰：“善！”

【注释】

①仪：等级。

②色色：当为“邑邑”（郝懿行说），愁闷忧郁不安的样子。

③勤：当为“动”字（卢文弨说）。

④交：当为“立”字（同上）。

⑤五凿：五情。

⑥怨：通“蕴”，蓄积。

⑦不：同“否”。

⑧辨：通“遍”。

⑨缪缪肫肫：严肃、和睦的样子。缪缪，通“穆穆”，和美的样子。肫肫，通“纯纯”，精密的样子。

⑩循：同“揗”，模仿。

⑪嗣：同“司”。

⑫邻：连接。

【译文】

孔子说：“人有五种：有庸俗的人，有士人，有君子，有贤人，有大圣人。”哀公问：“请问什么样的人是庸俗的人？”孔子回答说：“所谓庸俗的人，口中不能说好话，心中不知道忧愁；不懂得选择贤人善士来为自己分忧，行动时不知目的，坐和站的时候不知道规则；每天在事物中选来选去，不知道什么贵重；被物欲所左右，不知道归宿；为情欲所主宰，思想也跟着变坏。这样的人，就是庸俗的人。”

哀公说：“好！请问什么样的人是士人呢？”孔子回答说：“所谓士人，虽然不能精通治国之道，也必定有所遵循；虽然不能尽善尽美，必定有所固守。所以知识不求多，必定要明审所知道的；话不求多，必定要明审所说的；做事不求多，必定要明审所作所为。所以，知识已经通晓了，话已经说出来了，事已经做了，就像自己的性命和肌肤一样不能改变了。因此富贵不能使他增加，卑贱不能使他受损，就像这样，就可以称为士人了。”

哀公说：“好！请问什么样的人是君子呢？”孔子回答说：“所谓的君子，说话忠诚守信而心中不认为自己有美德，心存仁义而脸上没有炫耀之色，思虑通达而说话不与人争辩，所以从容不迫就像自己没有什么超过别人一样，这就是君子。”

哀公说：“好！请问什么样的人是贤人呢？”孔子回答说：“所谓贤人，行为合乎规矩而不伤害本性，说话足以被天下人效法而不伤害自身，富足得拥有天下而没有私蓄财产，把财产布施天下而不担心自己贫穷，像这样，就可以称为贤人了。”

哀公说：“好！请问什么样的人是大圣人？”孔子回答说：“所谓大圣人，智慧通晓大道，应付变化而没有穷尽，能辨别万物的情性与规律。大道，是变化成就万物的根源；性情，是判断是非、取舍的依据。所以大圣人的事业大得像天地一样大，明察事物清楚得像日月一样明，总览万物的规律，就像风雨的滋润一样，和美精纯。他做的事不能模仿，像天主宰万物一样；他做的事不能被认识，就像百姓连自己的邻居都不认识一样。像这样，就可以称为大圣人了。”哀公说：“好！”

【原文】

鲁哀公问舜冠于孔子，孔子不对。三问，不对。哀公曰：“寡人问舜冠于子，何以不言也？”孔子对曰：“古之王者，有务而拘领者矣①，其政好生而恶杀焉，是以凤在列树，麟在郊野，乌鹊之巢可俯而窥也。君不此问，而问舜冠，所以不对也。”

【注释】

①务：通“冒”，便帽。拘领：曲领，用以绕颈。拘，弯曲。

【译文】

鲁哀公向孔子问舜的帽子，孔子不回答。问了三次，孔子都没有回答。哀公说："我问你舜戴帽子的事情，你为什么不回答？"孔子回答说："古时的君王，头上只有头盔，脖子上系着围巾，他们实行的政策是喜欢养民而憎恶杀人，所以凤凰栖息在树林中，麒麟生活在在郊外，乌鸦喜鹊的窝巢低头就可以看到。君王不问这个，而问舜的帽子，所以不回答。"

【原文】

鲁哀公问于孔子曰："寡人生于深宫之中，长于妇人之手，寡人未尝知哀也，未尝知忧也，未尝知劳也，未尝知惧也，未尝知危也。"

孔子曰："君之所问，圣君之问也。丘，小人也，何足以知之？"曰："非吾子无所闻之也。"孔子曰："君入庙门而右，登自胙阶[①]，仰视榱栋[②]，俛见几筵[③]，其器存，其人亡，君以此思哀，则哀将焉而不至矣[④]？君昧爽而栉冠[⑤]，平明而听朝，一物不应，乱之端也，君以此思忧，则忧将焉而不至矣？君平明而听朝，日昃而退[⑥]，诸侯之子孙必有在君之末庭者，君以思劳，则劳将焉而不至矣？君出鲁之四门以望鲁四郊，亡国之虚则必有数盖焉[⑦]，君以此思惧，则惧将焉而不至矣？且丘闻之：君者舟也，庶人者水也。水则载舟，水则覆舟。君以此思危，则危将焉而不至矣？"

【注释】

①胙阶：东阶，大堂前东面的台阶。古代宾客相见时，客人走西面的台阶，主人走东面的台阶。古代的封建帝王常常登上胙阶来主持祭祀。胙，通"阼"，台阶。

②榱：古代指椽子。

③俛：同"俯"。

④而：能。

⑤昧爽：黎明。栉冠：梳头戴帽。

⑥昃：太阳偏西。

⑦虚：同"墟"。数盖：数处。

【译文】

鲁哀公问孔子说："我出生在深宫之中，在妇人的怀抱中长大，我从来不知道什么是悲哀，从来不知道什么是忧愁，从来不知道什么是劳苦，从来不知道什么是恐惧，从来不知道什么是危险。"

孔子说："君王所问的，是圣君所问的问题，孔丘，只是一个俗人，怎么会知道这些呢？"哀公说："除了你，别人更不知道了。"孔子说："您走进宗庙大门的右边，登上大堂东边的台阶，抬头看见屋顶，低头看见供桌，玉器物品仍在，人已经故去了。您从这里想想悲哀，悲哀怎么会没有呢？您黎明起来梳头戴帽，天亮时上朝听政，只要一件事情处理不好，就会成为祸乱的开端，您从这里想想忧愁，忧愁怎么会不产生呢？您天亮了上朝听政，傍晚退朝，别国诸侯的孙子一定有逃亡到您这里来的，在朝廷最末的座位上来侍奉您，您从这里想想劳苦，劳苦怎么会不产生呢？您走出鲁国的四边城门，瞭望鲁国的四邻，在亡国的废墟一定有好多草屋散落其间，您从这里想想恐惧，恐惧怎么会不产生呢？况且孔丘听说：君主，好比是船；百姓，好比是水。水能载船，水也能使船倾覆，您从这里想想危险，危险怎么会不产生呢？"

【原文】

鲁哀公问于孔子曰："绅、委、章甫有益于仁乎①？"孔子蹴然曰②："君号然也③！资衰、苴杖者不听乐，非耳不能闻也，服使然也。黼衣、黻裳者不茹荤④，非口不能味也，服使然也。且丘闻之：好肆不守折⑤，长者不为市。窃其有益与其无益，君其知之矣。"

【注释】

①委：周代的一种黑色丝织礼帽。

②蹴然：变色的样子。

③号：又当为"胡"字（杨倞说）。

④黼衣、黻裳：均为祭服。

⑤肆：市场。

【译文】

鲁哀公问孔子说："腰上系着大带子，穿着古代的衣服，头上戴着礼帽，这对于仁有什么好处吗？"孔子严肃地说："您怎么能这样问呢！穿丧服、拄孝棍的人不听音乐，不是耳朵不能听，是身穿丧服的缘故。穿着祭服的人不吃荤菜，不是嘴巴没有口味，是身穿丧服的缘故。况且孔丘听说：善于经商的人不会使自己亏本，有德行的人不会去做生意。它有益还是无益，君王您知道了吧。"

【原文】

鲁哀公问于孔子曰："请问取人？"孔子对曰："无取健[①]，无取诎[②]，无取口哼[③]。健，贪也；诎，乱也；口哼，诞也。故弓调而后求劲焉，马服而后求良焉，士信悫而后求知能焉。士不信悫而有多知能，譬之其豺狼也，不可以身尔也[④]。语曰：'桓公用其贼，文公用其盗。'故明主任计不信怒[⑤]，暗主信怒不任计。计胜怒则强，怒胜计则亡。"

【注释】

①健：指争强好胜的人。

②诎：通"钳"，指用武力胁制人。

③哼：通"谆"，指能说会道的样子。

④尔：通"迩"，近。

⑤怒：此处泛指恩怨情感。

【译文】

鲁哀公问孔子说："请问如何选取人才？"孔子回答说："不要选取争强好胜急于求成的人，不要选取好用武力仗势欺人的人，不要选取能说会道的人。争强好胜急于求成的人，就会贪婪；好用武力仗势欺人的人，就会犯上作乱；能说会道的人，就会夸夸其谈而误事。正如弓调好后才能求其强劲，马驯服后才能求其成为良马，士忠厚诚实才能求其聪明有才能。士不忠厚诚实而又聪明有才能，那就像豺狼一样，不能接近他。俗话说：'齐桓公任用贼人，晋文公任用强盗。'所以圣明的君主注重策略，不注重私人感情；昏庸的君主注重私人感情，不注重策略。策略战胜感情，就会使国家强大；私人感情胜过了策略，就会使国家就灭亡。”

【原文】

定公问于颜渊曰[①]：“东野子之善驭乎[②]？”颜渊对曰：“善则善矣。虽然，其马将失[③]。”定公不悦，入谓左右曰：“君子固谗人乎！”三日而校来谒[④]，曰：“东野毕之马失。两骖列[⑤]，两服入厩。”定公越席而起曰：“趋驾召颜渊[⑥]！”颜渊至，定公曰：“前日寡人问吾子，吾子曰：‘东野毕之驭，善则善矣。虽然，其马将失。’不识吾子何以知之？”颜渊对曰：“臣以政知之。昔舜巧于使民而造父巧于使马。舜不穷其民，造父不穷其马，是舜无失民[⑦]，造父无失马也。今东野毕之驭，上车执辔，衔体正矣；步骤驰骋，朝礼毕矣；历险致远，马力尽矣。然犹求马不已，是以知之也。”定公曰：“善！可得少进乎？”颜渊对曰：“臣闻之：鸟穷则啄，兽穷则攫，人穷则诈。自古及今，未有穷其下而能无危者也。”

【注释】

①定公：鲁国国君，名宋。

②东野子：鲁定公时善于驯马驾车的人，姓东野，名毕。“子”是对人的尊称。

③失：逃奔。

④校：负责养马的官。

⑤骖：古时用四马拉车，两旁的马称“骖”，中间的马称“服”。列：同“裂”。

⑥趋：督促，归向。

⑦是：当后脱一“以”字（王念孙说）。

【译文】

鲁定公问颜渊说：“东野毕车驾得好吗？颜渊说：“好倒是很好。但是，他的马将要逃跑了。”定公不高兴，回到宫中对左右的人说：“君子也会诽谤人吗？”三天后，养马的官吏来报告说：“东野的马逃跑了。车旁的两匹马挣脱缰绳逃跑了，中间的两匹马回到了马棚。”鲁定公从席子上跳起来说：“赶快驾车召见颜渊！”颜渊到了，定公说：“前天我问您，您说：‘东野毕驾车好是好，但他的马将要逃跑。’不知道您是怎样知道的？”颜渊说：“我是按照事物的规律知道的。从前舜善于役使人民，而造父善于驱使马。舜不使他的人民穷困潦倒，造父不使他的马疲于奔命；所以舜没有逃跑的人民，造父没有逃跑的马。现在东野毕驾车，登上车子手握缰绳，马嚼子和马都端正了；快慢驰骋自如，各种规定的礼仪要求都达到了；经历各种险隘到达远方，马的力气用完了。然而，仍然要求马不停地奔跑，所以知道他的马将要逃跑。”定公说：“好！能再进一步说明吗？”颜渊说：“我听说：鸟急了就会乱啄，兽急了就会乱抓，人走投无路了就会欺诈。从古到今，还没有使百姓困窘而君主能没有危险的。”

尧问第三十二

【题解】

末篇是荀子的弟子为荀子呐喊叫屈，认为荀子具有圣人高尚的道德，具有圣君治理国家天下的德能，总之，是生不逢时，难以大显身手，匡扶天下，光辉日月，名垂千秋！其实，历史并没有埋没荀子，其在历史上的地位，已被后世赞扬肯定。荀子的励志哲学，荀子的以礼治国，荀子的用世之道，已被后世发扬光大！

【原文】

尧问于舜曰："我欲致天下，为之奈何？"对曰："执一无失，行微无怠，忠信无倦，而天下自来。执一如天地，行微如日月，忠诚盛于内，贲于外①，形于四海。天下其在一隅邪②！夫有何足致也？"

【注释】

①贲：通"奋"。

②隅：角落。

【译文】

尧问舜说："我想取得天下，该怎么办？"舜回答说："专心政事不要出错，勤奋做事不要懈怠，忠诚守信不要厌倦，那么天下人民就会自动归顺。专心政事像天地一样长久，勤奋做小的事情像日月一样不停，忠诚充满于内心，表现在外面，体现在四海。那天下不就像屋子中的一个角落吗？又哪里用得着去取呢？"

【原文】

魏武侯谋事而当[1]，群臣莫能逮，退朝而有喜色。吴起进曰："亦尝有以楚庄王之语闻于左右者乎？"武侯曰："楚庄王之语何如？"吴起对曰："楚庄王谋事而当，群臣莫能逮，退朝而有忧色。申公巫臣进问曰[2]：'王朝而有忧色，何如？'庄王曰：'不穀谋事而当[3]，群臣莫能逮，是以忧也。其在中蘬之言也[4]，曰："诸侯自为得师者王，得友者霸，得疑者存，自为谋而莫己若者亡。"今以不穀之不肖而群臣莫能逮，吾国几于亡乎！是以忧也。'楚庄王以忧，而君以憙[5]。"武侯逡巡再拜曰[6]："天使夫子振寡人之过也。"

【注释】

①魏武侯：战国时魏国国君，魏文侯的儿子，名击。

②申公巫臣：楚国申邑大夫，姓屈，名巫臣，字子灵。

③不穀：古代君王的谦称。

④中蘬：同"仲虺"，商汤的左相。

⑤憙：同"喜"。

⑥逡巡：徘徊或后退。

【译文】

魏武侯谋事很得当，群臣没有人能够比得上，退朝后他面带喜色。吴起上前说："曾经听到左右说过楚庄王的话吗？"武侯问："楚庄王怎么说的？"吴起回答说："楚庄王谋事很得当，群臣没有人能够比得上，退朝后面带忧色。申公巫臣上前问道：'君王上朝后面带忧色，为什么？'庄王说：'我谋事很得当，群臣没有人能够比得上，所以忧虑。仲虺说过这样的话："诸侯能够得到师傅的教诲就称王，得到朋友的规劝就称霸，得到解决疑惑的人就能生存，自己谋划而没有人比得上的就灭亡。"现在我这样无能而群臣没有人能够比得上，我的国家接近灭亡了！所以忧虑。'楚庄王因而忧虑，而君王因而高兴。"武侯后退几步拜了两拜说："上天让您来补救我的过错呀。"

【原文】

伯禽将归于鲁[①]，周公谓伯禽之傅曰：“汝将行，盍志而子美德乎[②]？”对曰：“其为人宽，好自用，以慎。此三者，其美德已。”周公曰：“呜呼！以人恶为美德乎？君子好以道德，故其民归道。彼其宽也，出无辨矣，女又美之。彼其好自用也，是所以窭小也[③]。君子力如牛，不与牛争力；走如马，不与马争走；知如士，不与士争知。彼争者，均者之气也，女又美之。彼其慎也，是其所以浅也。闻之曰：‘无越逾不见士。’见士问曰：‘无乃不察乎？’不闻[④]，即物少至，少至则浅。彼浅者，贱人之道也，女又美之。吾语女：我，文王之为子，武王之为弟，成王之为叔父，吾于天下不贱矣，然而吾所执贽而见者十人[⑤]，还贽而相见者三十人，貌执之士者百有馀人，欲言而请毕事者千有馀人，于是吾仅得三士焉，以正吾身，以定天下。吾所以得三士者，亡于十人与三十人中，乃在百人与千人之中。故上士吾薄为之貌，下士吾厚为之貌。人人皆以我为越逾好士，然故士至，士至而后见物，见物然后知其是非之所在。戒之哉！女以鲁国骄人，几矣！夫仰禄之士犹可骄也，正身之士不可骄也。彼正身之士，舍贵而为贱，舍富而为贫，舍佚而为劳，颜色黎黑而不失其所[⑥]，是以天下之纪不息，文章不废也。”

【注释】

①伯禽：周公的儿子，封于鲁。

②而：你。

③窭：小。

④闻：通“问”。

⑤贽：古时初见尊长所送的礼物。

⑥黎：通“黧”。

【译文】

周公的儿子伯禽将要回到鲁国封地去，周公问伯禽的老师说：“你们就要走了，何不说说伯禽的美德呢？”老师回答说：“他待人宽厚，喜欢自己处理事情，而且谨慎细微。这三方面，就是他的美德。”周公说：“唉！你怎么把人们厌恶的当作美德吗？君子喜欢依道德行事，所以他的民众归于正道。他待人宽厚，处理政事就没有分别，你却称赞他。他喜欢自己处理事情，就会气量狭小、事必躬亲。君子力气大得像牛一样，却不与牛较力；跑起来快得像马一样，却不与马赛跑；智慧像士一样，却不与士争高低。那竞争，是势均力敌的人意气之争，你却称赞他，他的谨慎，是他之所以浅陋的原因。听到别人说：'不要怕越过等级不接近士人。'见到士就要问道：'我是不是不明察？'不问，了解的事情就少，了解得少就浅陋。那些浅陋，是下贱的人待人接物的方法，你却称赞他。我告诉你；我，作为文王的儿子，武王的弟弟，成王的叔父，我在天下不算卑贱了，然而我拿着礼物去求见的有十人，带着礼物回见的有三十人，以礼相待的有一百人，想进言而让他说完的有一千多人，从这些人中我仅得到三个士人，来端正我的行为，来帮我安定天下，我得到这三个士人，不是在十人和三十人中选取的，而是在一百多人和一千多人中选取的。所以，我对于上等的士礼貌轻一些，对于下等的士礼貌就重一些。每个人都认为我越过等级喜欢士人，所以士人来到了，士人来到了后我了解事情，了解事情后知道它们的是非在什么地方。警惕啊！你因为鲁国而对人傲慢，就危险了！那依靠俸禄生活的士人还可以骄傲。那些端正身心的士人，舍弃尊贵而甘为卑贱，舍弃富足而甘为贫穷，舍弃安逸甘为劳累，脸色黝黑而不放弃自己的立场，所以天下的纲纪不会停止，古代的文献典章不会荒废。"

【原文】

语曰：缯丘之封人见楚相孙叔敖曰[1]："吾闻之也：处官久者士妒之，禄厚者民怨之，位尊者君恨之。今相国有此三者而不得罪楚之士民，何也？"孙叔敖曰："吾三相楚而心愈卑，每益禄而施愈博，位滋尊而礼愈恭[2]，是以不得罪于楚之士民也。"

【注释】

①缯丘：同"鄫丘"，古地名。鄫国的故地，属楚，在今湖北随县一带。封人：负责守卫边疆的官。

②滋：更加。

【译文】

传说：鄙丘负责守卫边疆的官吏拜见楚国的相国孙叔敖说："我听说：做官久的人，士人忌妒他；俸禄丰厚的人，民众怨恨他；地位尊贵的人，君主痛恨他。现在相国具备这三个方面而没有得罪楚国的士人和民众，为什么？"孙叔敖说："我三次做楚相而心里越来越谦卑，每增加俸禄而施舍更加广博，地位越尊贵而礼仪越恭敬，所以没有得罪楚国的士人和民众。"

【原文】

子贡问于孔子曰："赐为人下而未知也。"孔子曰："为人下者乎？其犹土也？深抇之而得甘泉焉[①]，树之而五谷蕃焉，草木殖焉，禽兽育焉，生则立焉，死则入焉，多其功而不息[②]。为人下者，其犹土也！"

【注释】

①抇：古"掘"字，挖掘。

②息：当为"悳"字（王引之说），同"德"。

【译文】

子贡问孔子说："我想为人谦虚却不知该如何做。"孔子说："为人谦虚吗？应该像土地一样吧？深深地挖掘就能得到甘泉，播种就会五谷丰盛，草木繁殖，禽兽繁衍，活着的站在上面，死了的埋在下面，功劳大而不以为有功德。为人谦虚的，就要像土地一样。"

【原文】

昔虞不用宫之奇而晋并之[①]，莱不用子马而齐并之[②]，纣刳王子比干而武王得之。不亲贤用知，故身死国亡也。

【注释】

①虞：春秋时一个小国，姬姓，故址在今山西平陆北，公元前655年为

晋国所灭。宫之奇：虞国的大夫。

②莱：春秋时莱国，故址在今山东黄县东南，公元前567年为齐国所灭。子马：莱国的贤臣。

【译文】

从前虞国不任用宫之奇而被晋国吞并了，莱国不任用子马而被齐国吞并了，纣王将王子比干剖腹挖心而被武王得到了天下。不亲近贤人、任用明智的人，所以身死国亡了。

【原文】

为说者曰："孙卿不及孔子。"是不然。孙卿迫于乱世，鰌于严刑[①]，上无贤主，下遇暴秦，礼义不行，教化不成，仁者绌约，天下冥冥，行全刺之，诸侯大倾。当是时也，知者不得虑，能者不得治，贤者不得使，故君上蔽而无睹，贤人距而不受。然则孙卿怀将圣之心[②]，蒙佯狂之色，视天下以愚[③]。《诗》曰："既明且哲，以保其身。"[④]此之谓也。是其所以名声不白，徒与不众，光辉不博也。今之学者，得孙卿之遗言馀教，足以为天下法式表仪，所存者神，所过者化。观其善行，孔子弗过，世不详察，云非圣人，奈何！天下不治，孙卿不遇时也。德若尧、禹，世少知之；方术不用，为人所疑。其知至明，循道正行，足以为纪纲。呜呼！贤哉！宜为帝王。天地不知，善桀、纣，杀贤良，比干剖心，孔子拘匡，接舆避世[⑤]，箕子佯狂，田常为乱[⑥]，阖闾擅强。为恶得福，善者有殃。今为说者又不察其实，乃信其名。时世不同，誉何由生？不得为政，功安能成？志修德厚，孰谓不贤乎！

【注释】

①鰌：迫。

②将圣：大圣。

③视：通"示"。

④"《诗》曰"句：见《诗经·大雅·烝民》。

⑤接舆：春秋时楚国人，佯狂避世。

⑥田常：田成子，也作“田恒”“陈成子”，春秋时齐国大臣，公元前481年，他杀死齐简公，拥立齐平公，任相国摄政。

【译文】

持某些说法的人说：“孙卿比不上孔子。”这不对。孙卿被迫生活在乱世之中，处于严刑峻法之世，上面没有贤明的君主，下面遇到了残暴的秦国，礼义不能推行，教化不能成功，仁人被罢免压制，天下昏暗，德行美好的人反受讥讽，诸侯相互倾轧。在这个时代，聪明的人不能为国谋虑，有才能的人不能参与治国，贤能的人得不到任用，所以君主被蒙蔽而看不清楚，贤人遭到拒绝而不能被接受。然而孙卿心怀圣人的志向，假装疯狂的样子，像天下人显示自己的愚蠢。《诗经》中说：“既明智又聪明，来保全自己。”说的就是这种人。这就是他名声不显赫，门徒不多，光辉不博大的原因。现在的学者，得到孙卿遗留下来的言论和教导，足以成为天下的法则和表率，他所在的地方都能得到全面治理，他所经过的地方都能得到教化。观察他的善良行为，孔子不能超过，世人不仔细观察，说他不是圣人，有什么办法！天下得不到治理，因为孙卿没有遇到好时机啊！他的道德像尧、舜一样，世人很少知道；治国的策略不被采用，却被人们怀疑。他的智慧非常明达，遵循大道端正行为，足以成为世人的楷模。唉！贤能啊！他应该成为帝王。天地不明智，善待桀、纣，杀害贤良。比干被挖了心，孔子被囚拘在匡地，接舆逃避社会，箕子佯装疯狂，田常作乱，阖闾逞强。作恶的得到幸福，为善的得到灾殃。现在持某些说法的人又不考察实际，竟相信他们的名声。时代不同，荣誉从什么地方产生？得不到任用，功业怎么成功？他思想美好、道德深厚，谁能说他不贤能！